Politische Online-Konferenzen des Deutschen Bundestages

Eine funktional-pragmatische Untersuchung am Beispiel
von Rechtfertigungshandlungen

von

Liubov Gordienko

Tectum Verlag
Marburg 2005

Gordienko, Liubov:
Politische Online-Konferenzen des Deutschen Bundestages.
Eine funktional-pragmatische Untersuchung am Beispiel von
Rechtfertigungshandlungen.
/ von Liubov Gordienko
Coverabbildung: Deutscher Bundestag/Lichtblick/Achim Melde
- Marburg : Tectum Verlag, 2005
Zugl.: Viadrina, Frankfurt/Oder, Univ. Diss. 2004
ISBN 978-3-8288-8883-8

Tectum Verlag
Marburg 2005

Meiner Mutter in Dankbarkeit

VORWORT

Diese Arbeit ist als Dissertation an der Europa-Universität Viadrina in Frankfurt an der Oder entstanden. Sie wurde Ende 2003 abgeschlossen.

Ohne die Hilfe und Unterstützung meiner Familie und vieler Freunde, die hier nicht alle namentlich erwähnt werden können, wäre diese Arbeit nicht geschrieben worden.

Mein besonderer Dank gilt Herrn Prof. Dr. H. Schröder, der mich bei der Abfassung dieser Arbeit leitete, für die motivierende Haltung und die ständige Bereitschaft, mir mit Rat und Tat zur Seite zu stehen. Seine förderlichen Hinweise und weiterführenden Anregungen waren für mich sehr hilfreich.

Besonders dankbar bin ich auch Herrn Prof. Dr. R. Wittmann für seine Unterstützung und kritische Durchsicht des Manuskripts.

Ich bedanke mich auch bei Frau C. Baumann für das Korrekturlesen.

Nicht zuletzt möchte ich auch der Friedrich-Naumann-Stiftung für die finanzielle Förderung danken.

INHALTSVERZEICHNIS

GLOSSAR

Im Glossar werden die in der Arbeit vorkommenden Begriffe und Abkürzungen aus dem Bereich der Online-Kommunikation geklärt[1].

APRANET
Vorläufer des Internets. Vom Namen des „Advanced Research Projects Agency" (APRA), eines amerikanischen Militär-Forschungsinstituts, wo 1968 das erste Kommunikationsnetz aufgebaut worden ist und die Daten von einem Rechner zum anderen in kleinen Paketen verschickt worden sind. Das Projekt der Vernetzung verschiedener Rechenzentren hieß „APRANet". Dadurch, dass die Ressourcen im APRANet verteilt waren, war es möglich, „bei einer lokalen Zerstörung bzw. bei einem ‚zivilen' Ausfall von einzelnen Teilen des Netzes umgehend andere Strecken zur Datenübertragung zu verwenden." (http://www.glossar.de/glossar/index.htm)

AKRONYMEN
Die aus den Anfangsbuchstaben mehrerer Wörter gebildeten Abkürzungen. Außer den allgemein bekannten Akronymen wie z.b. NATO (North Atlantic Treaty Organisation) oder CD-ROM (Compact Disc Read-Only Memory) haben sich in digitalen Kommunikationspraxen spezielle Kurzwörter herausgebildet, die manchmal aus einer Verbindung von Buchstaben und Ziffern bestehen, z.B. CU (see you), L8R (later), B4 (before). Zurzeit werden in Chat-Gesprächen mehr als 75 Akronyme verwendet.

CHAT
Ein Begriff aus dem Englischen für direkte Unterhaltung zweier oder mehrerer Personen im Internet, die über Computer, Tastatur und Modem bzw. Internet-

---

[1] Bei der Erklärungen der Glossar-Begriffe wurden folgende Online-Computelexikone benutzt:
- ARCHmatic-Glossar / -Lexikon. URL: http://www.glossar.de/glossar/index.htm (25.11.2002)
- Netlexikon. URL: http://netlexikon.akademie.de/query (25.11.2002)
- Computerlexicon.com. URL: http://www.computerlexikon.com/ (25.11.2002)
- Das Online-Lexikon der Datenkommunikation. URL: http://www.uni-kassel.de/~seidler/MAIN.HTM (25.11.2002)
- Vogel, Martin: Kleines EDV-Lexikon. URL: http://www.martinvogel.de/lexikon/ (25.11.2002)
- Computer-Woerterbuch. URL: http://www.computer-woerterbuch.de/ (25.11.2002)
- Die Welt der Abkürzungen und Akronyme. URL: http://www.web-akronym.de/index1024.htm (25.11.2002)
- Encarta. URL: http://www.encarta.msn.de (28.11.2002)

Anschluss erfolgt. Die ‚Gesprächspartner' sitzen an ihren Computern und tippen ihre Redebeiträge, die fast gleichzeitig von anderen Chattern vom Bildschirm abgelesen werden können. Es gibt Chats zu verschiedenen Themen, die rund um die Uhr laufen und solche, die nur zu einer bestimmten Zeit stattfinden, wie z.B. die in dieser Arbeit untersuchten Online-Konferenzen des Deutschen Bundestages. Heutzutage gibt es drei Chat-Möglichkeiten:

„1. **WebChat** - Im WWW findet man viele Seiten, auf denen die Möglichkeit zum Chat angeboten wird. Das Prinzip ist sehr einfach. Man wählt einen Namen aus, unter dem man am Chat teilnehmen, und ein Thema, über das man reden will. Dann kann es schon losgehen.

2. **IRC** - steht für Inter Relay Chat. Man benötigt eine spezielle Software, z.B. „Homer", um an diesem Chat teilnehmen zu können. Der IRC ist der Tummelplatz der Chat-Profis. Hier findet man oft kompetente Gesprächspartner zu allen möglichen Themen.

3. **Provider Chat** - Fast alle Online-Dienste bieten eigene Chaträume. Hier finden neben den ‚normalen' Chats auch Veranstaltungen statt. Chats mit Prominenten, Politikern, Sportlern oder Fachleuten zu bestimmten Themen gehören zum festen Programm."
(http://www.computer-woerterbuch.de/content_c.htm#Chat).

CHATIQUETTE
Eine Sammlung von Verhaltensregeln in der Chat-Kommunikation. Analog zu Netiquette in den Newsgroups.

CYBERSLANG
Wird auch „Netzjargon" genannt. Das ist ein Vereinigungsbegriff für alle in der Internet-Kommunikation gebräuchlichen Ausdrücke, Abkürzungen, Redewendungen, die das Besondere an der Netz-Kommunikation ausmachen und inzwischen ein Teil der Netzkultur geworden sind.

CYBERSPACE
„Der Begriff „Cyber" stammt aus den 50er Jahren. Kybernetik (Cybernetics) bezeichnet seit dieser Zeit die Wissenschaft der Computertechnik. Die Endung „Space" wurde erst in den 80er Jahren angehängt. Der Ausdruck „Cyberspace" erschien zum ersten Mal 1984 in dem Fantasy-Roman "Neuromancer" des Amerikaners William Gibson. Er bezeichnet dort den virtuellen Raum eines weltumspannenden Computernetzes."
(http://www.goversystems.de/Lexikon/javlexsta.htm)

DISKUSSIONSFORUM
S. Newsgroups.

E-COMMERCE

Allgemeine Bezeichnung für über das Internet laufenden Geschäftsverkehr. Sie bedeutet das Kaufen und Verkaufen von Produkten und Dienstleistungen im Netz. Das Gesetz zum elektronischen Geschäftsverkehr trat in Deutschland am 20.12.2001 in Kraft. Ein Beispiel für den erfolgreichen Handel per Internet liefert z.b. der Buchkonzern Amazon.

EMOTICONS

Gebildet von zwei englischen Wörtern: „emotion" („Gefühl") und „icon" („Bild"). Als Emoticons bzw. Smileys werden Zeichenkombinationen bezeichnet, die in der zwischenmenschlichen Kommunikation per Tastatur zur Wiedergabe von Mimik und Gestik dienen. Mithilfe von Emoticons werden auf den Bildschirm Stimmungen, Gefühle und Gemütszustände übertragen. Diese aus Buchstaben, Zeichen und Satzteilen zusammengesetzten Zeichen stellen Gesichter dar, man kann sie erkennen, wenn man den Kopf um 90 Grad nach links dreht. Inzwischen gibt es in der Welt des Cyberspace über 50 Emoticons, die gebräuchlichsten davon sind:
:-) Standard-Smiley: Ich freue mich,
:-(Ich bin traurig,
;-) Zwinkern,
:-O Ich bin schockiert.

FRAME

„Rahmen" auf Englisch. „Frames sind Rahmen, die in vielen Bereichen der EDV auftauchen, in der Bildbearbeitung bezeichnet man damit ein Einzelbild in einer Ablaufsequenz, im WWW – die Unterteilung einer Web-Seite in mehrere voneinander unabhängige Ausschnitte."
(http://www.uni-kassel.de/~seidler/LEX_F.HTM#Frames)

FTP

Abkürzung für „File Transfer Protocol" („Datenübertragungsprotokoll"). Das ist einer der ältesten Dienste im Internet, mir dem im Internet und in lokalen Netzen Daten übertragen werden. FTP-Programme zeichnen sich dadurch aus, dass sie im Vergleich zu den WWW-Programmen leichter zu bedienen sind, nach einer Anmeldung können die Dateien von FTP-Servern heruntergeladen bzw. eigene Dateien auf entfernt stehende Server geladen werden. Außerdem braucht man für viele FTP-Server keine persönliche Zugangsberechtigung. S. auch Protokoll.

HYPERTEXT

Als „Hypertext" wird der nicht-lineare Aufbau eines elektronischen Textes bezeichnet, auf weiterführende Informationen wie Texte, Bilder, Grafiken etc. wird im Text mit Hyperlinks oder Links verwiesen. Die Hyperlinks ermöglichen es dem Nutzer, per Mausklick von einem Dokument auf ein anderes zugreifen zu können. Dadurch können vertiefende Informationen zu einem bestimmten

14

Thema abgerufen werden, der Nutzer kann ebenso per Mausklick jederzeit zu der Startseite zurückkehren. Der Hypertext bildet eine Basis für das World Wide Web. Zur Übertragung von Hypertext-Informationen durch das Internet wird das „HyperText Transfer Protocol" (HTTP) verwendet.

INTERNET
Das weltweit größte Computernetzwerk, das oft als Informationsautobahn bezeichnet wird. Das Internet besteht „aus vielen miteinander verbundenen Netzwerken und auch einzelnen Ressourcen. Zu den wichtigsten Leistungen des Internets – man spricht auch von „Diensten" – gehören:
die elektronische Post (*E-Mail*),
hypertextbasierter Content - also Inhalte - mit entsprechenden Suchdiensten (*WWW*),
Dateitransfer (*FTP*) und
Diskussionsforen (*Usenet / Newsgroups*).
Die Bedeutung des Internets, der unumstrittenen Schlüsseltechnologie für das 21. Jahrhundert, wächst rapide. Populär geworden ist das globale Netz aber hauptsächlich durch Einführung des *World Wide Webs*, das nicht selten mit dem Internet gleichgesetzt wird, tatsächlich aber nur eine Untermenge - also einen von mehreren Diensten - des Internets darstellt."
(http://www.glossar.de/ glossar /index.htm)
Früher wurde das Internet staatlich finanziert, heute wird er von einem Firmenkonsortium, der Advanced Network & Services (ANS), betrieben.

INTERNET RELAY CHAT (IRC)
Das ist ein Internet-Dienst, der textbasierte Kommunikation mit vielen Teilnehmern in Echtzeit ermöglicht. Der Informationsaustausch erfolgt auf speziellen IRC-Kanälen (Channels), die themenorientiert sind und nicht selten von einem Diskussionsleiter moderiert werden. Online-Konferenzen des Deutschen Bundestages, die zu einem festgelegten Termin stattfinden, laufen auch auf einem solchen Kanal, dabei können sich die Teilnehmer nach dem Einloggen ‚live' miteinander unterhalten.

MASSENMEDIEN
Die Gesamtheit von technischen Einrichtungen, die einem breiten Publikum ein vielfältiges Programm von Nachrichten, Unterhaltung und Wissen anbieten. Im Einzelnen versteht man unter Massenmedien Presse, Hörfunk, Fernsehen und – seit einigen Jahren – die elektronischen Medien. „Print- und audiovisuelle Medien – und zukünftig die sich immer schneller verbreitenden elektronischen Medien (z.B. Online- und Internet-Anschlüsse) – sind die Grundpfeiler des Mediensystems einer Gesellschaft. Als Kommunikationsträger und -vermittler stellen sie eine Medienorganisation dar, die als Institution einen gesellschaftlich wichtigen öffentlichen Kommunikationsauftrag hat."
(http://www.encarta.msn.de/find/Concise.asp?z=1&pg=2&ti=761597897)

MAILING-LISTE

Eine Mailing-Liste ist ein E-Mail-Verteiler. Heutzutage existieren im Cyberspace Tausende von Mailing-Listen zu unterschiedlichsten Themen, auf die sich die Nachrichten innerhalb der Liste beziehen. Es gibt offene Verteiler, wo sich die Interessenten einschreiben müssen und die Nachrichten an alle anderen Teilnehmer der Liste verschicken können. Offene E-Mail-Verteiler können von einer Person bzw. mehreren Personen moderiert werden. Diese Person hat das Recht, Nachrichten zu löschen, wenn sie beleidigende, werbende oder vom Thema abweichende Beiträge enthalten.

Im Vergleich zu den offenen Listen muss man für die Aufnahme in eine geschlossene Liste einen Antrag an den Listenadministrator stellen. Der entscheidet dann über die Aufnahme bzw. Ablehnung des Antrages.

Die Kommunikation auf einer Mailing-Liste ist bidirektional, d.h. jeder Teilnehmer kann sowohl Absender wie auch Empfänger einer Nachricht sein.

Mailing-Listen bieten den Interessenten die Möglichkeit, auszutauschen und über Neuheiten und Entwicklungen auf dem Laufenden zu bleiben.

MEDIEN

„Allgemein Mittel zur Übertragung und Verbreitung von Information (Nachrichten, Bildung und Unterhaltung) durch Sprache, Schrift, Bild, Musik oder nonverbale (gestische, mimische) Verständigungsweisen; im engeren Sinn technisch bestimmte Kommunikationskanäle wie Druck (Buch, Zeitungen, Zeitschriften), Photographie, Film, Hörfunk und Fernsehen, Schallplatte, Tonband und elektronische Medien. Dabei richten sich Massenmedien im Rahmen einer asymmetrischen Kommunikationssituation an ein anonymes Publikum, während Individualmedien wie das Telefon eine bidirektionale Kommunikation zwischen einzelnen Personen ermöglichen."
(http://www.encarta.msn.de/find/Concise.asp?z=1&pg=2&ti=721536806#s4)

MULTIMEDIA

Bezeichnung für den gleichzeitigen Einsatz von mehreren Darstellungsmedien wie z.B. Ton, Grafik, Video, Animation. Ein moderner Computer verbindet die bislang separaten Medien zu einem einzigen. Die Leistungsanforderungen an einen Multimedia-PC sind in Standards fixiert.

NETIQUETTE

„Netz" + „Etikette". Eine informelle, aber verbindliche Sammlung, die Verhaltensregeln im Netz festlegt. Wird auch „Netz-Knigge" genannt. So werden in der Netiquette z.B. nicht nur persönliche Beleidigungen oder Aufforderungen zur Gewalt und kriminellen Handlungen verboten, sondern es wird auch empfohlen, auf die Rechtschreibung und Orthographie zu achten oder z.B. die Beiträge nicht in Großbuchstaben zu verfassen, um die Leute nicht anzuschreien. Verstöße gegen die Netiquette können mit dem Ausschluss aus den Mailing-Listen oder Newsgroups oder mit der Sperrung des Accounts bestraft werden.

NEUE MEDIEN

Ein einheitliches Verständnis des Begriffs „Neue Medien" lässt sich in der Fachliteratur für Kommunikationswissenschaften nicht ausmachen. Während einige Autoren davon ausgehen, dass es sich hierbei um weiterentwickelte ‚alte' Medien handelt, sprechen andere von der genuinen Neuartigkeit der neuen Medien. Hinter diesem Begriff verbirgt sich eine Sammelbezeichnung für kabeltechnisch ermöglichte Telekommunikation (wie z.b. Videotext) und für optisch-elektronische Formen der Informationsspeicherung und –wiedergabe (wie CD-ROM und Internet), die Information in codierter Form transportieren und sie dann am Zielort in unmittelbar verständliche Signale (Text, Ton, Bild) übersetzen.

Die Neuartigkeit des Internets sehe ich vor allem in den neuen Methoden der Vervielfältigung, des Transports und der Verteilung von Informationen. Es präsentiert seinen Inhalt „als Hypertext, als nichtlineares Gewebe aus Informationseinheiten, die untereinander durch Hyperlinks miteinander verknüpft sind und vom User in beliebiger Reihenfolge abgerufen werden können."
(http://www.encarta.msn.de/find/Concise.asp?z=1&pg=2&ti=721536806#s4)
Eine für diese Arbeit angemessene Definition der neuen Medien findet sich bei Marco Aller: „Die Bezeichnung Neue Medien bildet den Oberbegriff für alle Verfahren und technischen Mittel, die mit Hilfe neuer und erweiterter Technologien neuartige Formen von Informationserfassung, -verarbeitung, -speicherung, -übermittlung und -abruf ermöglichen. Der Begriff Neue Medien bezeichnet zurzeit die auf digital- und computertechnischer Basis arbeitenden Informations- und Kommunikationstechnologien."
(http://people.freenet.de/aller/handout.pdf)

NEWSGROUPS

Werden auch „Schwarze Bretter" des Internets genannt. Ähnlich wie Mailing-Listen dienen auch Newsgroups der Kommunikation innerhalb einer Interessengruppe. Der grundsätzliche Unterschied zwischen diesen zwei Diensten besteht darin, dass für die Aufnahme in eine Newsgroup ein Newsreader benötigt wird, um neue Nachrichten vom Server abrufen zu können. Heutzutage existieren weltweit mehr als 13 000 Newsgroups, in welchen Benutzer ihre Nachrichten veröffentlichen bzw. Nachrichten anderer Benutzer lesen, auf vorherige Beiträge antworten oder neue Newsgroups bilden.

NEWSLETTER

Ein Informationsbrief, der per E-Mail an einen bestimmten Abonnentenkreis verschickt wird. Im Vergleich zu Mailing-Listen und Newsgroups erfolgt die

Kommunikation über ein Newsletter eindirektional, d.h. von einem Absender zu mehreren Empfängern.

PROTOKOLL

Ein Protokoll enthält Standards für die kontrollierte Übermittlung von Daten (DFÜ). In Protokollen wird beispielsweise die Datenstruktur, der Aufbau der Datenpakete, Quell- bzw. Zieladresse, die Codierung festgelegt. „Die wichtigsten Protokolle im Internet sind:
http:// = World Wide Web
ftp:// = File Transfer Protocol
telnet:// = Rechner fernsteuern
gopher:// = Gopher (Vorläufer des WWW)
mailto: = eMail
news: = Newsgroups." (http://www.goversystems.de/Lexikon/javlexsta.htm)

PUBLIC DOMAIN

„Unter Public Domain versteht man Programme, Bücher, Musik oder andere Werke, die der Autor ohne Einschränkungen zum Vertrieb und Kopieren freigegeben hat. Diese Daten und Programme sind urheberrechtlich nicht geschützt - jeder kann damit machen, was er will, z.b. Software in eigene Programme einbinden und verändern."
(http://www.computer-woerterbuch.de/content_p.htm#PublicDomain)

TALK

Ähnlich wie beim Chat erlaubt das „talk"-Programm eine Unterhaltung per Computer, aber nur zwischen zwei Internet-Nutzern. Am Anfang des „Gesprächs" muss man sich vergewissern, dass der Kommunikationspartner an seinem Rechner sitzt und eingeloggt ist. „Das Talk-Fenster wird dabei horizontal in zwei Hälften unterteilt: in dem oberen Teil ist der Text des ‚Gesprächsteilnehmers' zu lesen, im unteren der eigene. Im Gegensatz zu den meisten *Chats* erscheinen eingegebene Buchstaben unmittelbar auf dem Bildschirm des Gegenübers, man sieht also dessen Schreibgeschwindigkeit und Tippfehler. In Chats schickt man dagegen fertig geschriebene Sätze per Enter-Taste auf die Reise." (http://www.uni-kassel.de/~seidler/LEX_T.HTM#talk)

TCP/IP

Abkürzung für „Transmission Control Protocol over Internet Protocol", das Standard-Internet-Protokoll, welches die Grundlage für die Internet-Kommunikation bildet. Im TCP/IP –Protokoll werden Regeln für die Datenübertragung im Internet festgelegt. Dabei werden mithilfe vom „Internet Protocol" die Daten in Pakete zerlegt, adressiert und vom Sender zum Empfänger verschickt. Das „Transmission Control Protocol" baut die Verbindung zwischen den einzelnen Arbeitsstationen auf und setzt die Pakete in der richtigen Reihenfolge zur ursprünglichen Datei beim Empfänger zusammen.

18

Es übernimmt auch die Sicherheitsfunktion, indem Übertragungsfehler vom TCP automatisch korrigiert werden. Auf TCP/IP basieren unter anderen das „File Transfer Protocol" (s. FTP), das „Hypertext Transfer Protocol" (s. Hypertext), die Telnet-Protokolle (s. Telnet).

TELNET
Telnet ist einer der ältesten Internet-Dienste. Telnet erlaubt den berechtigten (angemeldeten) Personen den Zugriff auf einen bestimmten entfernten Rechner. So können mit Telnet die Ressourcen anderer Computer online genutzt werden, die Daten können von diesen Computern heruntergeladen bzw. auf sie eingegeben und gespeichert werden, man kann auf spezielle Datenbanken (wie z.b. OPAC-Bibliothekskataloge) zugreifen. Mit Telnet lässt sich also ein Computer über eine Internet-Verbindung vollständig fernsteuern.

USENET
Abkürzung für „Users Network", bezeichnet die Gesamtheit aller Newsgroups im Internet.

WORLD WIDE WEB (WWW)
Das WWW ist ein „Internet-Dienst, der den Zugriff auf Dokumente erlaubt, die auf weltweit verteilten Servern zugänglich sind, bestehend aus Hypertext-Dokumenten, Grafiken, Animationen, Videoklip, Audiodateien usw. Das Web hat keinen zentralen Index oder Startpunkt. Es gibt keine zentrale Einrichtung, die es kontrolliert" (Schönherr/Tiedemann 1999: 157). Die Server sind über das HTTP-Protokoll vernetzt, auf die „Datenautobahn" gelingt man durch einen Browser wie beispielsweise Netscape oder den MS-Internet-Explorer und eine Verbindungseinrichtung wie ein Modem oder einen ISDN- bzw. DSL-Anschluss.

EINLEITUNG

Entwicklung der Computertechnologie in Deutschland in den letzten vier –
sechs Jahren hat viele bemerkenswerte Veränderungen nicht nur im tagtäglichen
Leben einfacher Bürger, sondern vor allem im gesellschaftlich-institutionellen
Alltag bewirkt. Die Anwendung des Computers als Medium[2] schlägt sich in
erster Linie in der Sprache der Computer-Kommunikation nieder, in der neben
den alten auch neuentstandene spezifische Formen verwendet werden.
Elektronische Kommunikationsnetze wie das Internet schaffen kommunikative
Bedingungen, die nach Lenke und Schmitz (1995) geeignet scheinen, ähnlich
wie einst der Buchdruck eine neue Ära kommunikativer Verhaltensweisen zu
eröffnen. In verschiedenen Lebensbereichen entwickeln sich aber neue
computergestützte Kommunikationsmöglichkeiten nicht gleichermaßen: So
verbreiten sich computerbasierte Kommunikationspraxen im Bildungs- bzw.
Wirtschaftsbereich wesentlich schneller als in der politischen Sphäre. Aber auch
dort hinterlässt das rasante Wachstum der Informations- und
Kommunikationstechnologie in den westlichen Staaten seine Spuren. Politische
Akteure können diesen Auswirkungen nicht entkommen und bedienen sich
immer mehr der neuen Möglichkeiten des Internets in der Praxis der politischen
Kommunikation sowohl im parlamentarischen wie im außerparlamentarischen
Raum. In den USA spricht man längst von der „elektronischen Demokratie", in
Europa bzw. Deutschland wird dieser Terminus zwar vorsichtig und mit einigen
Einwänden, aber immer öfter benutzt.

Zu den neuen Formen politischer Kommunikation, die über das Medium
Internet laufen, zählt auch das Objekt der vorliegenden Untersuchung –
politische Online-Konferenzen des Deutschen Bundestages. Diese Form
institutionell-politischer Kommunikation findet in Form eines zeitlich
begrenzten und thematisch fokussierten Online-Chats zwischen Abgeordneten
des Deutschen Bundestages und Bürgern statt. Die Hauptaufgabe eines solchen
„Gesprächs" ist die Vermittlung des Kontakts zwischen Bürgerschaft und
politischen Akteuren in Form eines organisierten, öffentlichen Austauschs.

---

[2] Eine ausführliche Beschreibung von Verwendungsformen des Computers findet sich in
Weingarten (1997). Er unterscheidet drei Verwendungsformen: *"als symbolisches Werkzeug,
als Medium und als metaphorisches Modell.* Im ersten Fall wird der Computer zur
Einwirkung auf Objekte (z.B. CNC) oder zur reinen Symbolmanipulation (z.B. bei der
Lösung mathematischer Aufgaben) verwendet. Im zweiten Fall steht der Computer innerhalb
eines kommunikativen Systems mehrerer Subjekte, wobei eine Seite Informationen in den
Computer eingibt und eine andere Seite ihm Informationen entnimmt. Im Fall seiner
Verwendung als metaphorisches Modell muß der Computer in der Kommunikationssituation
selbst nicht präsent sein. Vielmehr wird eine Vorstellung von ihm und eine damit verbundene
Redeweise dazu verwendet, Sachverhalte neu zu interpretieren und ihnen eine neue
sprachliche Form zu geben." (Weingarten 1997: 9f.)

Die bislang erschienenen Untersuchungen zu der politischen Internet-Kommunikation sind entweder politikwissenschaftliche Arbeiten[3], oder die Autoren befassen sich mit dem Gesamtspektrum möglicher Kommunikationsformen per Internet[4], wobei die einzelnen politischen Internet-Kommunikationspraxen wenig berücksichtigt bzw. überhaupt außer acht gelassen werden. Im Vergleich dazu wird in der vorliegenden linguistischen Arbeit nur eine Form politischer Internet-Kommunikation thematisiert und am Beispiel eines bestimmten Sprechhandlungstyps[5] untersucht.

Im Laufe der menschlichen Entwicklung haben sich in der Gesellschaft mehrere Institutionen entwickelt, die für die Regulierung der Prozesse in unterschiedlichen Lebensbereichen zuständig sind. Der Deutsche Bundestag ist eine solche Institution, eine von vielen „Organisationsformen gesellschaftlicher Praxis auf einer bestimmten Höhe von deren Entwicklung" (Ehlich 1986c: 136). Im Rahmen von Institutionen und ihrer historischen Entwicklung bilden sich in der Gesellschaft Handlungsmuster heraus, darunter auch sprachliche Handlungsmuster. Gegenstand der Untersuchung in der vorliegenden Arbeit ist eine Klasse von Sprechhandlungen, die in der politischen Rhetorik zur Selbst- bzw. Fremdverteidigung eingesetzt werden und einen obligatorischen Bestandteil eines Vorwurf-Rechtfertigungsmusters bilden. Dabei beschränkt sich die Analyse auf die Vorkommnisse der Rechtfertigungshandlungen in ausgewählten Online-Konferenzen.

In der politischen Kommunikation erfüllen sprachliche Rechtfertigungen eine bestimmte Funktion: Sie dienen nämlich dazu, einen Konsens zwischen den politischen Akteuren und der Öffentlichkeit zu erzielen. Die analysierten Beispiele umfassen ein Korpus von 20 Vorwurf-Rechtfertigungsmustern aus fünf verschiedenen Online-Konferenzen, welche im Zeitraum vom 21.04.1999 bis 16.05.2002 stattfanden. Die Auswahl erfolgte nach bestimmten Kriterien: Zuerst wurden die Rechtfertigungshandlungen eines Abgeordneten im Rahmen einer Konferenz, dann – die Konferenz-Beiträge mehrerer Abgeordneter zu einem Thema auf Rechtfertigungshandlungen untersucht, und schließlich auch einige Konferenzen zu anderen Themen in die Analyse mit einbezogen. Eine solche Herangehensweise ermöglichte eine breitere Reichweite der Untersuchungsergebnisse.

Die Arbeit verfolgt zwei Ziele, die miteinander eng verknüpft sind: Erstens muss der Frage nachgegangen werden, inwieweit Online-Konferenzen des Deutschen

---

[3] S. z.B. Bieber (1999), Sarcinelli (1998), Leggewie / Maar (1998), Jasper (1997), Gürtler (1996).

[4] S. dazu Arbeiten von Filinski (1998), Bickel (1998), Bins / Piwinger (1997), Frindte / Köhler (1999), Lenke / Schmitz (1995), Runkehl / Schlobinski / Siever (1998), Weingarten (1997), Prommer / Vowe (1998).

[5] Gemeint ist hier der allgemeine Sprechhandlungstyp und nicht einzelne Beispiele des Sprechhandlungsvorkommens.

Bundestages von den Bundesbürgern genutzt und bewertet werden, inwieweit sie Vorstellungen und Erwartungen der teilnehmenden Bürger entsprechen, und letztendlich ob solche Konferenzen tatsächlich besondere kommunikative Ereignisse im Cyberspace sind und somit die Schaffung der „elektronischen Demokratie" in Deutschland fördern.

Das zweite Ziel der Untersuchung bezieht sich auf den Sprechhandlungstyp ‚Rechtfertigung' und sein Vorkommen in politischer Online-Kommunikation. Es soll gezeigt werden, was ein Abgeordneter wirklich tut, wenn er sich rechtfertigt und welche Zwecke seinem Handeln zugrunde liegen. Dabei soll sowohl der innere Aufbau dieses Sprechhandlungstyps behandelt wie die Systematik der ihn konstituierenden Untertypen aufgezeigt werden. In der Struktur eines Vorwurf-Rechtfertigungsmusters lassen sich verschiedene sprachliche Strategien unterscheiden. Eine der Aufgaben dieser Arbeit ist festzustellen, inwieweit diskursive bzw. situative Kriterien die Wahl dieser oder jener Strategie beeinflussen. Auf der sprachlichen Oberfläche gilt es dann, die Zusammenhänge zwischen einzelnen sprachlichen Prozeduren und den tiefer liegenden Musterstrukturen zu klären. Da die Handlungsmuster „nicht beliebig und rein subjektiv, sondern durch Sozialisation intersubjektiv erworben und insofern „typisch" [sind], kann die sprachliche Analyse [...], ausgehend von Makroeinheiten wie Textsorten [...], bis zur Bedeutung einzelner sprachlicher Phänomene plausibel machen, was ein Abgeordneter sprachhandelnd eigentlich tut und wie er es im sprachlichen Ausdruck realisiert" (Holly 1990: 44).

Die Ergebnisse der Untersuchung sollen somit einen Beitrag sowohl zur Parlamentsforschung wie zur Analyse einer neuartigen computervermittelten Kommunikationsform leisten und nach Möglichkeit zur Verbesserung der politischen Kommunikationspraxis beitragen.

Aus der Beschreibung von Zielen der vorliegenden Arbeit geht ein bestimmter methodischer Ansatz hervor, der es ermöglicht, den komplexen Charakter sprachlicher Interaktion zu erfassen und das Form-Funktionsverhältnis sprachlicher Phänomene zu rekonstruieren. Am besten geeignet für die genannten Ziele scheint mir die funktional-pragmatische Diskursanalyse zu sein, eine Methode, die im deutschsprachigen Raum hauptsächlich von Konrad Ehlich und Jochen Rehbein in Kritik und Weiterentwicklung des sprechakttheoretischen Ansatzes von Searle und der Feldtheorie von Bühler erarbeitet worden ist. Funktionale Pragmatik betrachtet sich als „angewandte Diskursforschung", die sich um „die Erklärung und – wo möglich – auch Verbesserung der gesellschaftlichen Praxis mit wissenschaftlichen Mitteln" bemüht (Brünner / Graefen 1994: 14).

Funktionale Pragmatik basiert auf einem spezifischen begrifflichen Instrumentarium, das als „Handwerkszeug" für eine empirische Analyse dient. Dabei wird das Konzept von Begriffen in der Analyse überprüft, auf theoretische Grundannahmen bezogen und in Konfrontation mit der Wirklichkeit weiter entwickelt (vgl. Ehlich 1991: 140). Als grundlegende Instrumente der Rekonstruktion vom sprachlichen Handeln nennt die Funktionale Pragmatik einerseits Muster, die als Tiefenkategorien „Abbildungen gesellschaftlicher Verhältnisse in sprachlichen Formen" (Ehlich 1986b: 188) darstellen und als fertige Handlungspotenziale der Realisierung von gesellschaftlichen sprachexternen Zwecken dienen. Ein anderes Instrument sind die sprachlichen Prozeduren, die als kleinste Einheiten die sprachliche Oberfläche bestimmen und die sprachinternen Zwecke der Sprachstruktur erfüllen. Somit erweisen sich kommunikative Strukturen als durch Zwecke determinierte Strukturen. Das Ziel einer funktional-pragmatischen Untersuchung ist nun, sprachliche Realisierungen nicht nur an der Oberfläche zu analysieren, sondern auch komplexe Vermittlungsverhältnisse zwischen Mustern und Prozeduren aufzuzeigen. Erst dadurch kann die konkrete sprachliche Wirklichkeit erfasst und erklärt werden.

Die Herangehensweise der Funktionalen Pragmatik widerspiegelt sich in der Gliederung der Arbeit. Das erste Kapitel beschreibt den diskursiven Gesamtzusammenhang und ermöglicht den Einstieg in den Hauptteil der Untersuchung. Seit einigen Jahren hat sich das Internet bzw. das WWW in fast allen Bereichen des gesellschaftlichen Lebens verbreitet, auch politische Parteien und Organisationen nutzen das neue Medium immer intensiver, was an der ständig wachsenden Zahl von ihren Online-Angeboten zu beobachten ist. Darum beginnt diese Arbeit mit der Vorstellung des Internets und geht dann kurz auf die Evolution der Internet-Kommunikation ein. Dieses Kapitel verschafft einen Überblick über die zurzeit existierenden Möglichkeiten im Netz für politische Akteure und Bürger in den USA und in Deutschland, weist außerdem auf die Bedeutung des Internets für die politische außen- bzw. innerparteiliche Kommunikation und auf Probleme seiner Anwendung hin. Im Anschluss daran konzentriere ich mich auf die sprachlichen Aspekte und kommunikativen Normen der Netzkommunikation, wobei ich der Frage nachgehe, was die sprachlichen Besonderheiten sind, die computervermittelte Kommunikation nach sich zieht. In erster Linie geht es mir um das spannende Verhältnis zwischen Mündlichkeit und Schriftlichkeit und darum, wie dieses Verhältnis in verschiedenen Internet-Diensten aussieht. Dabei wird versucht herauszufinden, inwieweit politische Internet-Konferenzen sich als Texte bzw. Diskurse bestimmen lassen. Diesem Ziel dient auch der nächste Teil des ersten Kapitels, wo Ablauf und Kommunikationsbesonderheiten von Online-Konferenzen des Deutschen Bundestages beschrieben werden. Die systematische Unterscheidung zwischen Text und Diskurs bildet die Grundlage einer funktional-pragmatischen Untersuchung. Man wird aber sehen, dass diese Unterscheidung in manchen Fällen sehr problematisch sein kann, wenn komplexe Text-Diskurs-Konstellationen vorliegen. So wurden in der vorliegenden Arbeit politische Online-Konferenzen nach einer kommunikativen

Analyse als eine besondere Diskursart definiert, die gleichzeitig zahlreiche Textmerkmale aufweist. Zum Schluss des ersten Kapitels wird das besondere Verhältnis von Öffentlichkeit und politischen Akteuren in Online-Konferenzen aufgezeigt.

Das zweite Kapitel ist theoretisch, es beschäftigt sich mit dem Vorwurf-Rechtfertigungsmuster. Die Forschungsliteratur zeigt, dass es trotz einzelner Untersuchungen zur Problematik der Rechtfertigungshandlungen[6] keine einheitliche Systematik bzw. Klassifikation der einzelnen Handlungen gibt. Das Kapitel beginnt mit der Ausarbeitung der Kriterien und einer nachfolgenden Definition vom Vorwurf-Rechtfertigungsmuster, dieser Definition wird das Konzept der Begründung von Ehlich / Rehbein zugrunde gelegt. Der Akzent wird auf den Zweck und die allgemeinen Kennzeichen einer Rechtfertigung gesetzt. Außerdem werden in diesem Teil verschiedene Rechtfertigungsstrategien vorgestellt, die einem Defendenten[7] zur Verfügung stehen.

Als nächster Schritt werden die kleineren Einheiten des Vorwurf-Rechtfertigungsmusters und zwar die einzelnen Sprechakte aufgegriffen, die in verschiedenen Zusammenhängen und Komplexität eine Rechtfertigung konstituieren, und nach zwei Kriterien – illokutionärem Handlungstyp und Handlungsvalenz – klassifiziert. Diese Klassifikation mündet in den nächsten Teil des zweiten Kapitels, wo – basierend auf dem Handlungskonzept für Begründungen von Gisela Harras (1977) – der Handlungsablauf einer Rechtfertigungshandlung diskutiert wird. Darüber hinaus werden im Anschluss an Ehlich (1986b) Ablaufdiagramme der beiden in Online-Konferenzen möglichen Rechtfertigungshandlungen dargestellt und erklärt.

Nach einer kurzen Charakteristik von politischer Sprache und politischer Kommunikation in den Medien werden nun am Ende des zweiten Kapitels konkrete Rechtfertigungsbeispiele aus politischen Fernsehdiskussionen, Online-Konferenzen und der Presse aus der Perspektive der verwendeten Strategie, einzelner Sprechakte und der Handlungsabfolge analysiert und miteinander verglichen. Kapitel 2 bildet den Kern der Arbeit, indem es den Sprechhandlungstyp ‚Rechtfertigen' theoretisch erfasst und somit eine theoretische Grundlage für die weitere empirische Untersuchung liefert.

Nach einem methodischen Einstieg im Kapitel 3, wo auf das funktional-pragmatische Begriffsinstrumentarium ausführlich eingegangen wird und die einzelnen konstitutiven Elemente eines Vorwurf-Rechtfertigungsmusters rekonstruiert werden, erfolgt die Beschreibung der kleinsten Einheiten, welche die sprachliche Oberfläche bestimmen – der sprachlichen Prozeduren.

---

[6] Z.B. Arbeiten von Ehlich (1986c), Heine (1989), Klein (1987), Rehbein (1972).

[7] Defendent – der /die (Sich-) Rechtfertigende.

Anschließend werden Hypothesen darüber gemacht, inwieweit diese kleinsten Formen der Diskursorganisation für Rechtfertigungshandlungen in politischen Online-Konferenzen relevant sind. Dabei kommen deiktische, operative und nennende Prozeduren in Betracht, da sie m.E. im Diskurs der Online-Konferenzen im Vergleich zu den malenden und expeditiven Prozeduren eine wichtigere Rolle spielen.

Im empirischen Teil der Untersuchung – Kapitel 4 – wird das Datenmaterial nach den funktional-pragmatischen Kriterien erfasst und bewertet. Nach einer Darstellung der in dieser Arbeit untersuchten Diskurse und ihrer Aufbereitung erfolgt die Analyse der einzelnen sprachlichen Rechtfertigungshandlungen. Dabei werden das im Kapitel 2 entwickelte theoretische Wissen und die im Kapitel 3 beschriebene methodische Herangehensweise einbezogen, um die festgestellten Oberflächenmerkmale interpretieren zu können. Die Herangehensweise der gesamten Arbeit erweist sich also als theoretisch-empirische.

Im Kapitel 5 findet sich schließlich eine Zusammenfassung und Diskussion der Ergebnisse der Analysen.

Es sei an dieser Stelle noch darauf hingewiesen, dass in Zitaten und Beispielen aus den Online-Konferenzen die Rechtschreibung des Autors beibehalten wird.

1. POLITISCHE KOMMUNIKATION IM INTERNET

1.1. ENTWICKLUNG DER INTERNET-KOMMUNIKATION

Die Geschichte des Internets beginnt in den 60-er Jahren, als in den USA und in England unabhängig voneinander die paketvermittelte Übertragung erfunden wurde. Die kleinen Pakete von Daten (Protokolle[8]) konnten dadurch von einem Computer zum anderen geschickt und im Zielcomputer wieder zusammengesetzt werden. Das erste Computernetz wurde am 1.September 1969 installiert und hieß APRANET. Es wurde von einer Projektgruppe des amerikanischen Verteidigungsministeriums (APRA) konstruiert, das viele Subnetze ohne zentrale Kontrolle verbinden konnte. 1973 entstehen die ersten internationalen Verbindungen nach England und Norwegen, das Konzept des Internets wird von Vinston G. Cerf und Bob Kahn entwickelt: Sie verbinden bereits existierende paketvermittelte Netzwerke, indem sie ein einziges „Internet-Protokoll" (IP) einführen.

Anfang der 80-er Jahre wurde das Übertragungsprotokoll TCP/IP (Transmission Control Protocol / Internet Protocol) eingeführt und zur Public Domain gemacht, was für seine Verbreitung entscheidend war. Durch das National Science Foundation Network (NSFNET) wurden verschiedene parallel laufende Netze unter dem Namen Internet zusammengeschlossen. Dieser Name kommt von „Interconnected Networks" und bedeutet den Zusammenschluss von vielen lokalen, nationalen und internationalen Computernetzen. Die ersten Internet-Dienste, die einen interaktiven Austausch von Informationen im Netz ermöglicht haben, waren File Transfer Protocol (FTP) und Telnet. E-Mail, Mailing-Listen und News bedeuteten den Anfang computervermittelter Kommunikation zwischen Menschen im Internet, einer neuen Ära zwischenmenschlicher Kontakte. Allerdings war die durch diese Dienste vermittelte Kommunikation noch asynchron, d.h. zwischen den Interaktanten lag eine zeitliche Distanz. Erst mit der Entwicklung von Talk und IRC konnte dieser Nachteil beseitigt werden, somit wurde den Nutzern die Möglichkeit zur synchronen (dialogischen) Internet-Kommunikation gegeben. Dies führte „zur Bildung von virtuellen Welten und Gemeinschaften, die nicht mehr durch Geographie oder Verwandtschaft, sondern durch Interessensnähe geprägt sind" (Gürtler 1996).

Im Jahre 1984 wurde erstmals ein deutscher Computer in das Internet integriert. Doch erst Anfang der 90-er Jahre setzte in Mitteleuropa eine fast explosionsartige Ausbreitung des Netzes ein. Ursache dafür war die Entwicklung des World Wide Web mit der Hypertext-Technik im Jahre 1989.

---

[8] Die in der Untersuchung verwendeten Fachbegriffe sind im Glossar zu finden.

Die Hypertext-Konzeption ist durch zwei grundlegende Merkmale gekennzeichnet: durch Knoten und Links. Knoten sind Informationsteile, die als Texte, Grafiken, Videos, Animationen, Töne miteinander nicht-linear, also netzartig, über Links verknüpft sind. Internetbasierte Hypertexte ermöglichen vielen Nutzern einen simultanen Zugriff auf die jeweiligen Informationen, sie gestatten in vielen Fällen einen interaktiven (dialogischen) Austausch zwischen den Nutzern und eine selbständige Kontrolle über die Konstruktion und Verwaltung dieser Informationen.

In der Entwicklung des Internets kann man vier, sich überschneidende Stufen beobachten (vgl. Gürtler 1996):

1. *Einführungsphase* zeichnet sich durch vorwiegend technisch interessierte männliche Benutzer aus dem akademischen Bereich und dem Computersektor.

2. *Akademische Verbreitungsphase*: Studenten und Akademiker – zuerst männliche – finden den Zugang zum neuen Medium und verbreitern somit die Benutzerbasis.

3. *Kommerzielle Verbreitungsphase*: Unternehmen nutzen neue Entwicklungen und verbreitern das Leistungsangebot im Netz.

4. *Private Verbreitungsphase*: Berufliche oder durch die Ausbildung erworbene Interneterfahrung wird privat genutzt und erhöht so den Nutzerkreis.

Die Umfragen und die Benutzerstatistiken zeigen, dass Europa und die Länder des deutschsprachigen Raums sich heute[9] in den Stufen zwei und drei befinden und langsam in die vierte Phase übergehen. Die Mehrheit der ‚Netizens'[10] in Deutschland ist männlich und jüngeren Alters.

Heutzutage sind weltweit mehr als 605,60 Millionen Nutzer[11] an das Internet angeschlossen und ein Ende des rasanten Wachstums ist nicht abzusehen: die Wachstumsquote des Internets beträgt 50%, in einigen Jahren sogar über 100%. Während im März 1998 66,68 Mio. Nutzer weltweit registriert waren, waren es im März 1999 schon 159 Mio., im März 2000 – 309,7 Mio, im März 2001 – 458,11 Mio. Anwender[12]. Das Internet ist bereits zu groß, um ignoriert werden zu können. Umfragen und Marktanalysen zeigen, dass die Bevölkerung der Online-Welt überwiegend jung ist, männlichen Geschlechts und

[9] Im Jahr 2002.

[10] Eine umgangsprachliche Bezeichnung für Internet-Anwender.

[11] Stand: September 2002. Quelle: NUA: The world's leading resource for Internet trends & statistics.
URL: http://www.nua.ie/surveys/how_many_online/index.html (25.11.2002)

[12] Quelle: ebd.

überdurchschnittlich akademisch gebildet ist; sie stellt eine Minderheit dar, die allerdings rasch wächst und die augenfälligen Abweichungen vom Bevölkerungsdurchschnitt abbaut. Während anfangs hauptsächlich die Wissenschaftswelt vom Internet Gebrauch machte, nutzen heute verstärkt die Unternehmen und die Politiker das virtuelle Netzwerk, um Informationen mit Partnern bzw. mit Bürgern auszutauschen. Die Tendenzen der letzten 3-5 Jahren zeigen, dass die Netzbenutzer weiblicher und älter werden, und das Netz sich zum Massenmedium entwickelt, wobei das Niveau der formalen Bildung der Nutzer ausschlaggebend bleibt. Angestellte aus der EDV-Branche und aus dem Mediensektor überwiegen. Dabei wird das Internet auch zunehmend kommerzialisiert. Während das Internet früher staatlich finanziert wurde, wird es heute von einem Firmenkonsortium, der Advanced Network & Services (ANS), betrieben.

Die Ergebnisse verschiedener Internet-Umfragen[13] bestätigen die These, dass sich das Internet in erster Linie durch ein aktives Medienverhalten und die aktive Beteiligung der Nutzer auszeichnet. Die Internetnutzer sehen im Netz vor allem den Vorteil, mit Menschen auf der ganzen Welt kommunizieren zu können. Das Internet bietet zudem die bequeme Möglichkeit, mit Firmen und Herstellern in Kontakt zu treten und an vielfältigen Kommunikationsforen aktiv und selektiv teilzunehmen.

Das Internet gehört zu den meistdiskutierten Innovationen der letzten Zeit. Die Zukunft der Politik im Internet ist auch Gegenstand heftiger Kontroversen. Immer wieder hört man von virtuellen Gemeinschaften und elektronischer Demokratie. Letztere bedarf aber noch großer technischer, sozialer und infrastruktureller Veränderungen.

Zum Abschluss der Ausführungen über das Internet lässt sich sagen, dass es sich dank seiner raschen Entwicklung eine immer wichtigere Rolle in den modernen Gesellschaften spielt, und schon heute genug Material für wissenschaftliche Untersuchungen auf unterschiedlichen Gebieten liefert.

---

[13] S. z.B. "Fittkau & Maaß Internet-Marktforschung". URL: http://www.w3b.de/ (26.11.2002), "Veröffentlichte Studienergebnisse" URL: http://www.axel-theobald.de/emrs/erg.htm (27.11.2002), "Frauen ans Netz: Zahlen und Fakten" URL: http://www.frauen-ans-netz.de/article/thema/22?NavItemID=1&NavCatID=1 (27.11.2002), "ComCult research" URL: http://www.comcult.de/index.php4?link=forschungstudien/studien.php4?http://www.comcult.de/forschungstudien/ (27.11.2002), "Ergebnis der Online-Umfrage DADW '98 zum Thema 'Website-Promotion in konventionellen und neuen Medien'" URL: http://www.taubergiessen.com/umfrage/ (27.11.2002).

1.2. INTERNET-KOMMUNIKATIONSPRAXEN IN DER POLITIK

Obwohl das Internet ursprünglich nicht zu politischen Zwecken erfunden, erprobt und entwickelt worden ist, auch wenn Newsgroups, Usenet und ähnliche Online-Angebote in diese Richtung zielen, hat die fortschreitende multimediale Vernetzung in der heutigen Welt große Auswirkungen auf die Demokratie und die politische Kommunikation. „So vielfältig wie das Spektrum des Netzes sind dabei die Möglichkeiten für einen politischen Einsatz." (Gürtler 1996) Für ein einzelnes Individuum ist es unmöglich, das gesamte Spektrum politischer Aktivitäten im Internet kennen zu lernen. Das Internet erfreut sich immer mehr Beliebtheit in der Politik, die Anzahl von politischen Informationsseiten im Internet steigt mit jedem Tag an. Dabei weisen politische Internet-Angebote eine große Vielfalt auf: Jeder Interessent kann sich das Programm und andere Dokumente einer politischen Partei herunterladen, er kann an einem politischen Diskussionsforum teilnehmen, einen Politiker via E-Mail oder im Online-Chat befragen (vgl. Gürtler 1996).

Bevor ich ein bestimmtes politisches Online-Angebot − den Gegenstand dieser Arbeit nämlich Online-Konferenzen des Deutschen Bundestages − ausführlich darstelle, möchte ich kurz auf einzelne Internet-Dienste in Bezug auf ihren Einsatz in der politischen Kommunikation eingehen. Die digitalen Angebote politischer Akteure aus der ganzen Welt gehören längst zum festen Bestandteil der Netzwelt. Die Zahl dieser Angebote wächst ständig an, dabei differenzieren sie sich besonders in vertikaler Richtung aus und reichen bis in kommunale Organisationsebenen hinein. Regierungen, Parlamente, Parteien, Interessenverbände, Vereine und Stiftungen haben mittlerweile Informationen ins Netz gestellt und bieten dabei oft Rückkanäle an. Diese Interaktivität[14]

---

[14] Interaktivität wird in der Fachliteratur unterschiedlich definiert. So wird sie z.B. bei Martin Vogel als "aufeinander bezogenes Handeln zweier oder mehrerer Personen" bezeichnet, diese Definition passt aber genauso gut zu den traditionellen Medien, die gleichzeitige dialogische Kommunikation ermöglichen (z.B. Briefwechsel oder Telefon) und bringt nicht die Besonderheiten an der Interaktivität in der Kommunikation durch den Computer zum Ausdruck. Das Neuartige an der Online-Interaktivität ist nicht nur die Zweiseitigkeit der Kommunikation, sondern die Überwindung von für die Fernkommunikation typischen Kommunikationsbarrieren (zeitlichen und räumlichen) und ein ständiger Rollenwechsel (Chat-Teilnehmer bewegen sich ständig von der Rolle des Senders in die des Empfängers und zurück, das gilt aber auch für Kommunizierende in einem Telefongespräch). Das Besondere an der Interaktivität der neuen Medien hat m.E. am besten Dollhausen erfasst, daher möchte ich an dieser Stelle ein längeres Zitat von ihr anführen: "Interaktivität bezeichnet zwar auch, aber keinesfalls nur die Möglichkeit zur Herstellung ‚interpersonaler Kommunikation' [...] Die Etablierung medialer Inter-Aktion, d.h. eines rekursiven Kreislaufs wechselseitiger Beeinflussung, ermöglichen Neue Medien auch ohne das Vorhandensein von zwei oder mehreren ‚Netzteilnehmern'. So etwa ist ein Hypertext interaktiv in dem Sinne, daß der jeweilige Leser ihn durch das Auswählen von angebotenen Anschlußmöglichkeiten vor seinen Augen konstruiert. [...] Hier wird der Unterschied zur Face-to-Face-Interaktion unübersehbar deutlich: In der Kommunikation mittels interaktiver Medien kann das Gegenüber geographisch nahe oder fern sein; die Teilnehmenden können sich biographisch oder auch nur infographisch, über eine schon einmal genutzte Adresse bekannt sein. Die einzige Wirklichkeit, an der personale Netzteilnehmer direkt und unmittelbar teilhaben, ist das ‚Interface' von Mensch und Computer." Ohne Zwangläufigkeit der Kommunikation, wenn sie unsicher und unverbindlich ist, "verlagert [die Interaktivität Neuer Medien von der

unterscheidet das Internet von den herkömmlichen Medien wie Zeitungen, Rundfunk- bzw. Fernsehsendungen. Experten sprechen heute von der „Digitalisierung der Politik", die Renovierung politischer Routinen und Rituale durch das Internet ist weder zu übersehen noch aufzuhalten.

Potenziell kann das Internet alle bisherigen Medienformen übernehmen, da es verschiedene internationale Anwendungsformen ermöglicht, solche wie E-Mail, Newsgroups, Diskussionsforen, Audio- und Videoangebote, und das zu günstigen Preisen. In der Einführung befinden sich derzeit Telefondienste und TV-Programme im Netz. Mit dem Internet können die Staatsbürger politische Informationen aus dem Netz beziehen und ihre Pflichten und Rechte digital ausüben.

In den meisten Ländern Europas nutzen inzwischen fast alle Politiker diese neue Form der politischen Kommunikation: Präsidenten, Ministerien, Regierungen, Parteien und Fraktionen haben den Weg auf die weltweite Datenautobahn gefunden und sind zum größten Teil über E-Mail erreichbar. Das größte Kapital von Erfahrungen ist zweifelsohne in den Vereinigten Staaten gesammelt, wo mit Netz-Politik am längsten experimentiert worden ist. Leggewie schreibt:

> Amerikanische Promoter der „starken Demokratie" haben das Internet als elektronische Wiederbelebung der *town hall meetings* erprobt, an denen sich nun auch Auswärtige und nicht physisch anwesende Personen beteiligen können. Ziel ist, das von den intermediären Instanzen der „elektronischen Republik" dominierende „Agenda-setting" in die Hände der Bürger und Wähler zu legen und die Deliberation öffentlicher Angelegenheiten auf lokaler, nationaler und sogar globaler Ebene zu ermöglichen. (Leggewie 1998: 30)

Ein wichtiges Ziel von politischen Angeboten im Netz ist Organisation und Mobilisation der Anhänger einer Partei bzw. eines Politikers. In den Vereinigten Staaten wird stärker als in Europa experimentiert, Bürgerbeteiligung mit Hilfe der neuen Medien zu fördern und zu praktizieren. Das Internet benutzt man dabei als Instrument des Übergangs von der TV-dominierten Zuschauerdemokratie in die Beteiligungsdemokratie. Europa spielt dabei eine noch untergeordnete Rolle, der Grund dafür ist vor allem der schwach ausgeprägte europäische Telekommunikationsmarkt. So z.B. Gürtler (1996):

> Der in weiten Teilen geschützte europäische Telekommunikationsmarkt trägt seinen Teil bei, indem er die Telefongebühren, und damit die Verbindungskosten von der Wohnung zum Internet Anbieter, hoch hält. Im Vergleich zu den USA

Herstellung einer ‚gemeinsamen' intersubjektiv geteilten Realität der Kommunikationspartner] vielmehr auf den Aufbau von Kommunikationsbeziehungen mittels beidseitiger, allseitiger oder auch einseitiger, stets aber hoch individualisierter Kommunikationsbeiträge" (Dollhausen 2000: 118).

führt dies zu einem überteuerten Preis, den viele Anwender nicht zahlen können. [...] In Europa kommt die Kommerzialisierung des Internets erst langsam auf Touren und wird, vor allem im Bereich neuer Nutzer, von den Universitäten und einem breiten Zustrom an Studenten dominiert, denen meist erst kürzlich die Tore ins Netz geöffnet wurden. Dieser allgemeine Trend schlägt sich erst nach und nach in der generellen Benutzerstatistik nieder.

Internet-Enthusiasten behaupten, die neuen Medien bieten nicht nur neue Möglichkeiten für einzelne Politiker oder Parteien, auf sich aufmerksam zu machen, sondern vor allem die Möglichkeit, die politische Arbeit ungefiltert darzustellen, weltweit zu recherchieren und Kontakt zu einer fast unbegrenzten Fachöffentlichkeit – und damit einen entscheidenden Kompetenzzuwachs – zu bekommen. Mit der Entwicklung des Internets ist zum ersten Mal in der politischen Geschichte direkte Kommunikation zwischen den breiten Volksmassen und ihren politischen Vertretern technisch möglich geworden: dadurch, dass eine früher obligatorische Zwischeninstanz – Journalist als Vermittler zwischen Politikern und der Bürgerschaft – jetzt wegfallen kann. Damit können „Informationen, z.b. Reden, Protokolle, Gesetzentwürfe, [...] in vollem Umfang jederzeit und kurzfristig den Bürgern auf elektronischem Wege angeboten werden" (Stradtmann 1999).

Ein wichtiges Ziel von politischen Angeboten im Netz ist es, nicht nur Informationen anzubieten, sondern vielmehr den Austausch und die Diskussion zu suchen. Als Kommunikations- und Informationsmedium bietet das Internet unterschiedliche Dienste zum Informieren und Austausch: „Während zur Pflege eines bi- oder multilateralen Kontaktes eher die dynamischen und schnellen Instrumente des Netzes wie E-Mail, Internet Relay Chat (IRC) oder Mailing-Listen im Vordergrund stehen, werden zu einseitigen, informativen Zwecken eher das World Wide Web oder ftp verwendet." (Gürtler 1996)

Kern eines jeden politischen Informationsangebots im Internet sind die Homepages einer politischen Organisation im World Wide Web. Hier kann das beliebige Material zur Verfügung gestellt werden, das die Bürger informieren oder von ihnen diskutiert werden soll. Somit können Institutionen wie Regierungen, Parlamente, Verwaltungen, Verbände etc. über ihre Tätigkeit informieren.

In der politischen Kommunikation zwischen den Repräsentanten einerseits und Repräsentierten andererseits ergeben sich mit dem Internet neue Möglichkeiten für einen intensiveren Informationsaustausch und Kommunikationsprozess sowie „Chancen für ein Mehr an Partizipation. Eine mögliche Zukunftsperspektive ist dabei ein höheres Maß an Bürgerbeteiligung im politischen Willensbildungs- und Entscheidungsprozess. Den Politikern bietet

sich hier also eine neue Plattform des Dialogs mit der Öffentlichkeit."
(Stradtmann 1999)

In Europa sind die meisten Parteien im Netz vertreten. Über den Anschluss an das Internet demonstrieren sie den Wunsch nach symbolischer Modernisierung der politischen Kommunikation. Heute erinnert aber der Kommunikationsstil der meisten politischen Online-Angebote an den Nachrichtendienst der Massenmedien, weil es an Responsivität und Reziprozität mangelt.

Bürger machen sich mobil im Netz, sie wollen direkte Demokratie und Zugang zu den Massenmedien. Das Internet ist offen für alle, Webseiten werden langsam preiswerter und sind weltweit rund um die Uhr erreichbar. Viele Bürger wollen unabhängig von den großen Parteien selbst Einfluss auf die Staatsangelegenheiten nehmen. Das neue Massenmedium Internet kann dabei helfen, wenn die entsprechenden Webseiten ihr Publikum finden.

Bürgerbeteiligung und Bürgerinitiativen entstanden in Europa und in Deutschland in den 60er Jahren. Sie waren geprägt von dem Wunsch nach einer stärkeren Einbindung in politische Willensbildungsprozesse und von einem Demokratieverständnis, das in stärkerem Maße auf Elemente einer unmittelbaren Demokratie setzte. Ursache war die Unzufriedenheit der Bürgermehrheit mit der Politik. Aus dieser Bewegung entwickelten sich neue Partizipationsformen, die stärker in Richtung Kommunikation, Diskurs und Kooperation zielen und einen partnerschaftlichen Dialog mit den Bürgern anstrebten, um Interessenkonflikte zu klären.

Das Internet bietet ganz neue Möglichkeiten, solche Formen der Bürgerbeteiligung zu fördern. Zwei wichtige Gründe dafür sind:

- es ermöglicht eine bessere Informiertheit der Bürger und

- erleichtert die Transparenz von Politik und Verwaltung.

Verschiedene Bürgerinitiativen nutzen das neue Medium, weil sie mit ihm einfacher und kostengünstiger kommunizieren können als über die gängigen Massenmedien, weil seine Strukturen auf Interaktivität ausgelegt sind und Menschen sich in digitalen Diskussionsforen direkt miteinander austauschen können. Die Entwicklung neuer Technologien führt zu dem Zusammenfinden von Menschen aufgrund gemeinsamer Ziele und zur Entstehung neuer Interessengemeinschaften, oft über staatliche Grenzen hinaus. Im Vergleich zu alten sozialen Bewegungen sind digitale Bürgerinitiativen kaum noch auf face-to-face-Kontakte und auf massenhafte Versammlung im öffentlichen Raum angewiesen, was ihre Struktur zugleich transparenter macht. Dadurch gelingt es ihnen, räumliche Grenzen schneller zu überschreiten; Ausbreitung und Koordination der Bewegung erfolgen reibungsloser. Ein weiterer Vorteil des Internets ist, dass in der Kommunikation auch soziale Barrieren überwunden werden. Da die technischen Möglichkeiten des Netzes kaum noch Kontakt von Angesicht zu Angesicht erlauben, wird jedem Teilnehmer „vorurteilslos gegenübergetreten und er wird nur nach der Qualität seiner Aussagen beurteilt" (Gürtler 1996). Heutzutage entstehen im Internet neue „virtuelle Gemeinschaften", die Menschen angesichts gleicher Interessen über politische und kulturelle Grenzen hinweg verbinden und ihnen horizontale Kommunikation ermöglichen. In den Newsgroups solcher Gemeinschaften finden sich Diskussionen zu allen möglichen politischen Themen, in diesen Diskussionsforen wird über alle möglichen Facetten eines Problems diskutiert:

> In Europa sind derartige *public interest groups* weniger verbreitet, was zum einen mit der Vorherrschaft der Parteien und mit speziellen Interessen gewidmeten Verbänden zu tun hat, zum anderen mit der größeren Skepsis der Bürgerinitiativen gegenüber diesem Typus inklusiver und industrienaher Koalitionsbildung, schließlich auch mit der geringeren thematischen Aufmerksamkeit, die telekommunikations- und Technologiepolitik als Bürgerrechts-Thema genießt. (Leggewie 1998: 37)

Eine netzgestützte Bürgerbeteiligung und –mitwirkung an politischen Entscheidungsprozessen bringt für beide Seiten eine Reihe von Vorteilen mit sich:

- Ideen und Vorstellungen der Bürger zu einzelnen Themen werden bekannt und können entsprechend besser berücksichtigt werden, als wenn man die Bürger nur alle vier Jahre abstimmen lässt.

- Man erhält durch das Mittel der Direktabstimmung sehr schnell ein Bild der öffentlichen Meinung zu einem bestimmten Thema.

- Wenn Bürger stärker in politische Entscheidungsprozesse mit einbezogen werden, ist es wahrscheinlich, dass sie diese Entscheidungen später auch mittragen.

- Partizipation stärkt die Eigenverantwortung, dadurch wächst die Bereitschaft zum gesellschaftspolitischen Engagement.

Das Internet weist große Mobilisierungs-Potenziale auf, die von sozialen Bewegungen in der Zukunft mit Sicherheit stärker eingesetzt werden. Als Beispiel dafür, wie sich die Massen über das Internet mobilisieren lassen, kann man die Organisation von dem Hochschulstreik in Deutschland im Winter 1997/98 nennen. Damals lief die Mobilisierung zu den Sitzstreiks, Nacktdemos und Rathausbesetzungen über die Webseiten der verschiedensten studentischen Initiativen, auf diesen Seiten wurden die Verabredungen getroffen[15].

---

[15] URL: www.politik-digital.de/e-demokratie/ (02.05.2001)

Das Internet spielt eine immer wichtigere Rolle im Wahlkampf: So fand der Wahlkampf in den USA 1996 erstmals auch im Cyberspace statt: mit Homepages der Kandidaten, Hintergrundinformationen staatsbürgerlicher Organisationen etc. Internet-Enthusiasten hatten damals einen Durchbruch annonciert, mussten jedoch diese Einschätzung nach dem Ablauf der Wahl korrigieren. Weniger als zehn Prozent der Wähler besorgten sich Informationen über die Kandidaten aus dem Internet, und die Persuasion mit digitalen Mitteln rangierte bei den Wahlkampfmaschinen der Kandidaten weit hinter den konventionellen Methoden. Für die aktivsten Netzbürger stellte das Internet eine herausragende Informationsquelle dar, aber auch für sie war es nicht die primäre Mobilisierungsressource. Nach Einschätzung der Webmaster selbst brachte die aufwendige Internet-Präsenz keine besonderen Vorteile für Kandidaten. Es wäre aber falsch, daraus den Schluss zu ziehen, das Internet werde nicht das politische Kampagnen-Medium der Zukunft. Nach amerikanischen Umfragen bekunden fast neun von zehn Wählern Interesse, mit Volksvertretern über E-Mail und Internet zu kommunizieren.

Wahrend des letzten Präsidentenwahlkampes 2000 in den USA wurden etwa 5 Mio. Wähler online registriert. Mehr als ein Drittel der Wahlberechtigten nutzte während des Wahlkampfes das Netz als Quelle politischer Information. 14 Prozent der Befragten gaben sogar an, die Online-Informationen hätten ihre politische Entscheidung beeinflusst[16]. Dabei kann man kritisch sagen, es sind noch keine netzspezifischen Formen des Wahlkampfes gefunden worden, was die meisten netzinteressierten Bürger enttäuscht. Im Augenblick stehen bei der Kommunikation zwischen Wählern und Kandidaten individuelle Kommunikationsakte im Vordergrund, kollektive Mobilisierung spielt noch keine große Rolle. Den Politikern fehlen die Wahlkampfmethoden per Internet: Sie wissen nicht, wie man „Fernsehduelle" online organisiert und durchführt, wie man verschiedene Zielgruppen mit elektronischer Post anspricht, wie man digitale Werbe-Massensendungen macht.

Was macht das Internet für Politiker bzw. für die politischen Parteien so interessant? Dafür gibt es mehrere Gründe:

- die Nutzerzahlen gehen steil nach oben,

- das Publikum ist jung und interessiert,

- der Bürger kann zu Hause erreicht werden,

- das Medium ist innovativ und interaktiv,

- die anderen Medien werden integriert,

---

[16] Gero von Randow (2000): Witze, Spiele, Politik. US-Wahl und Nachwahl im Internet. URL: www.zeit.de/2000/50/internet (27.11.2002)

- Internet-Engagement ist heute ein positiver Imagefaktor.

Angesichts der Tatsachen, dass die Parteien heutzutage Mitglieder verlieren, die Wahlbeteiligung zurück geht, das Image der Politiker schlecht ist und das Vertrauen in die demokratischen Entscheidungsprozesse nachlässt, bietet das neue Medium Internet den politischen Akteuren neue Chancen an, die ich hier noch einmal aufzählen möchte:

I. Für die politische Außenkommunikation:

I.1. direkte Ansprache, sofortige Beantwortung von Fragen, Informationen über Aktionen und Personen;

I.2. Einbeziehung in die Meinungsbildung;

I.3. Mobilisierung von Wählern und Mitgliedern;

I.4. politische Kampagnen verschiedener Bürgerinitiativen;

I.5. Beteiligung an Wahlen und Abstimmungen.

II. Für die innerparteiliche Organisation:

II.1. interne Kommunikation online;

II.2. Online-Beitritt;

II.3. Beitragserhebung online;

II.4. Sponsoring/Spenden online;

II.5. E-Commerce für Mitglieder.

Die virtuelle Gesellschaft, die mit der Entwicklung und mit dem Vordringen computervermittelter Kommunikationstechnologien entsteht, verändert auch den politischen Prozess auf allen Ebenen, von der Information über politische Arbeit bis zu den kollektiven politischen Entscheidungen.Das Internet erweist sich also als politisch besonders attraktives Medium, da es nicht nur eine Fülle von Informationen vorhält, sondern auch als Ort politischer Selbstorganisation und globaler Verständigung Bürger mit gleichen Zielen verbindet und ihre politische Durchsetzungskraft bündelt. Das Internet trägt das Potenzial in sich, als globale Struktur den Nationalstaat zu überwinden und die unmittelbare Verständigung zwischen den Menschen zu stärken. Gut informierte und beteiligungswillige Bürger werden in der Zukunft mehr Raum bekommen, „wenn sich das Internet, ähnlich wie das Fernsehen seit den 50er Jahren, zum Massenmedium entwickelt" (Leggewie 1999).

Heute bilden politische Materialien im Netz nur einen kleinen Teil der gesamten Netzkommunikation. Dabei ist sie vorwiegend eine Expertenkommunikation innerhalb der politischen Klasse – unter Ministerien, Parteien, Journalisten. Von einem Bürgerforum im Internet kann noch keine Rede sein. Ganz im Sinne der klassischen Verteilmedien bestimmt das Informationsangebot die politische Seite des Netzes, nicht aber der Informationsaustausch. Eine der Ursachen, warum das Internet in Deutschland im Vergleich zu den Vereinigten Staaten von Nordamerika und Nordeuropa viel weniger genutzt wird, hat mit der deutlich geringeren Kompetenz im Umgang mit den neuen Informationstechniken und – medien zu tun. Das heute existierende Problem der Ungleichheit von Kommunikationsmöglichkeiten im Internet kann nur gelöst werden, wenn Terminals für einkommens- und bildungsschwache Gruppen sowie Minderheiten eingerichtet werden und Medienkompetenz von Kindheit an vermittelt wird. In erster Linie die politischen Entscheidungsträger selbst – von Ministerienbeamten bis hin zu den einzelnen Mitgliedern der Stadtverwaltung – sollten Netzkompetenz entwickeln. Heute reicht es nicht mehr aus, bunte Seiten im ‚Visitenkartenformat' bereitzustellen. Man muss die Nutzerbedürfnisse analysieren und in den Netzangeboten entsprechend berücksichtigen. Man sollte ein möglichst breites und offenes Forum für den Austausch von Informationen schaffen.

Die neuen Informations- und Kommunikationsmöglichkeiten können zur Modernisierung der Demokratie, zur Intensivierung der politischen Kommunikation und zur Herausbildung einer neuen Form von Öffentlichkeit beitragen, die eine demokratische Gesellschaft erst möglich macht. Allerdings ist der Weg zu einer Informationsgesellschaft trotz der sich deutlich abzeichnenden Veränderungen noch lang und schwierig:

> Gleichwohl und ohne übertriebene Erwartungen hegen zu wollen: Die herkömmlichen Meinungsführer der politischen Kommunikation – Parteien, Printmedien und Radio / Fernsehen – haben Konkurrenz bekommen. Wenn es einen Kanal gibt, um sich an ihnen vorbei zu informieren und eine politische Meinung zu bilden, dann wird er benutzt werden. Und genau das ist der tiefere Grund, warum sich die Parteien und die alten Medien selbst ins Informations- und Diskussionsnetz hineingeben, obwohl ihr Online-Engagement mangels Werbeeinnahmen und Stimmenrenditen noch nicht rentabel ist: um das traditionelle Monopol der politischen Klasse und der „breaking news" zu verteidigen. (Leggewie 1998: 34)

36

1.3. Sprachlich-kommunikative Aspekte der Internet-Kommunikation

Durch die elektronischen Medien entstanden neue Formen technisch realisierter Kommunikation, also Kommunikationsformen, „die zu ihrer Durchführung auf bestimmte Artefakte angewiesen" sind (Weingarten 2001: 1141). Heutzutage ist zu beobachten, dass der Anteil von Kommunikation in der Öffentlichkeit durch den Medienausbau, z.b. die Kommunikation per Computer im Internet, immer mehr zunimmt. Neue Medien eröffnen neue Kommunikationsmöglichkeiten, solche wie Online-Konferenzen in der Politik.

Neue Medien können aber für die Sprachwissenschaft nur dann interessant sein, „wenn sie sich in wichtigen kommunikativen Eigenschaften von den bisherigen Medien unterscheiden" (Lenke / Schmitz 1995: 19). Kann aber das Internet als ein neues Medium bezeichnet werden, das mit seiner Entstehung neue Kommunikationsformen ermöglicht?

Bis vor kurzem gab es fünf Medien bzw. Kommunikationsformen (vgl. Brinker 1985: 34):

- Faco-to-face-Kommunikation,
- Telefon,
- Rundfunk,
- Fernsehen,
- Schrift.

Jedes dieser Medien ist durch spezifische Besonderheiten der Kommunikationssituation gekennzeichnet. Während z.B. bei einem Telefongespräch die Kommunikationsrichtung dialogisch, die Sprachform mündlich und der Kontakt zwischen den Sprechenden in zeitlicher Hinsicht unmittelbar, in räumlicher Hinsicht aber getrennt ist, ist die Schrift durch eine monologische Kommunikationsrichtung, räumliche und zeitliche Trennung zwischen dem Autor und Adressaten sowie durch geschriebene Sprache charakterisiert.

Es ist offensichtlich, dass computervermittelte Kommunikation hundertprozentig in keine von diesen fünf Kategorien passt. Von der face-to-face-Kommunikation unterscheidet sie sich durch räumliche und manchmal auch zeitliche Trennung, vom Telefon durch die mögliche zeitliche Trennung und das Visualisieren der Information, vom Hörfunk, Fernsehen und von der Schrift durch den möglichen dialogischen und in zeitlicher Hinsicht unmittelbaren Kontakt. Auf diese Unterschiede weist auch Rüdiger Weingarten in seinem Beitrag zur technisch realisierten Kommunikation hin:

> Telefon, Radio und Fernsehen waren die ersten technischen Medien, die in relevantem Maße mündliche Sprache ermöglichten, wobei zumindest die letzteren allerdings häufig sprachliche Merkmale konzeptioneller Schriftlichkeit aufweisen. In den computerbasierten Medien entsteht derzeit nun eine noch komplexere Mischung, so daß insgesamt die Neufassung des Verhältnisses zwischen Mündlichkeit und Schriftlichkeit als eine wesentliche Form des Sprachausbaus angesehen werden kann [...]. Eine Erscheinungsform dieser Entwicklung ist die Entstehung von Textsorten wie E-Mail oder schriftlicher Online-Kommunikation, die bei medialer Schriftlichkeit viele Merkmale mündlicher Sprache aufweisen. (Weingarten 2001: 1146)

Das Internet stellt also ein neues Medium dar, das durch die gleichzeitige Übermittlung von Text, Bild und Ton in dialogischer Form ganz neue Formen der Kommunikation eröffnet. Es braucht keine anderen Medien, um die zwischenmenschliche Kommunikation in Gang zu setzen: Äußerungen werden online produziert, transportiert und rezipiert.

Als wichtigste Kommunikationsvorteile des neuen Mediums gelten die Schnelligkeit der Kommunikation im Netz und die Möglichkeit, durch weltweite Vernetzung räumliche Entfernungen unwichtig zu machen.

Wolfgang Frindte (1999: 14) bezeichnet computervermittelte Kommunikation als Kommunikation „über alltägliche Wirklichkeiten in noch nicht alltäglichen Wirklichkeiten". Das Internet ist keine Eins-zu-eins-Abbildung und kein Ersatz unseres Lebens. Es kann andere Kommunikationsformen erweitern, manchmal auch verbessern, aber auch einschränken. Das Internet bietet den Nutzern die Möglichkeiten an, neue Wirklichkeiten zu konstruieren. Um sie zu konstruieren und damit umgehen zu können, müssen aber einige Bedingungen erfüllt sein:

Erstens, man braucht einen technischen Zugang zu den neuen Medien. Diejenigen, die via Internet kommunizieren wollen, müssen über technische Voraussetzungen und Erfahrungen verfügen, via Internet kommunizieren zu können. Das ist ein technisches, ökonomisches und finanzielles Problem, an dem viele scheitern, die über die nötigen Ressourcen oder über das nötige Wissen nicht verfügen.

Zweitens, um die Netzkommunikation in Gang zu setzen, muss der Nutzer / die Nutzerin sich selber im Internet-Kommunikationsraum präsentieren, so dass er / sie für die Anderen wahrnehmbar und ansprechbar sein könnte. Für die Netzbewohner gibt es heutzutage ein reiches Angebot von Internet-Präsentationsmöglichkeiten:

- E-Mail-Adressen: In der computervermittelten Kommunikation wird die E-Mail-Adresse automatisch oder vom Nutzer an eine Nachricht angefügt;

38

- Persönliche Homepages;

- Signatures: E-Mails werden häufig am Ende der Nachricht mit sogenannten Electronic Business Cards versehen, aus denen zum Beispiel die Zugehörigkeit zu Organisationen, Unternehmen und Institutionen, der akademische Grad oder die Privatadresse des Absenders zu entnehmen sind;

- User name: Normalerweise geben die Nutzer von E-Mails, Mailing-Listen oder Newsgroups ihren realen Namen an;

- Nicknames: Vor allem im Internet-Chatroom werden Spitznamen benutzt, um von anderen identifiziert zu werden.

Die Art der Selbstpräsentation im Netz hängt mit einigen Faktoren zusammen:

> Wie sich Netznutzer im Netz präsentieren und mit welchen Absichten sie dies tun, hängt sicher auch von den jeweiligen *Erwartungen an die Netzkommunikationen*, von der *antizipierten Netzöffentlichkeit*, in der man sich zu präsentieren versucht, und von den *Fähigkeiten zur Selbstdarstellung im Netz* ab. (Frindte 1999: 71)

Eine weitere Bedingung für die Netz-Kommunikation sind Hinweise darauf, dass das Netz auch von anderen Menschen benutzt wird, auf die sich die eigenen Interpretationen und Kommunikationen beziehen können. Zu bedenken ist hier aber die Möglichkeit jener Situation, dass eine Kommunikation zwischen zwei oder mehreren Personen im Internet nicht tatsächlich stattfinden muss, sondern simuliert werden kann:

> Sofern ich mich an eine Kommunikation im Internet anschließen kann, diese Kommunikation durch meine eigenen Beiträge fortzusetzen vermag und andere auf meine kommunikative Beiträge antworten, ist diese kommunikative Beziehung auch wirklich. Ob die Antworten, die ich auf meine kommunikativen Beiträge erhalte, von einer Maschine oder von einem Menschen kommen, ob dieser Mensch auch der ist, als der er sich darstellt – das kann ich nicht objektiv überprüfen. (Frindte 1999: 72)

Da es aber nicht überprüft werden kann, verlässt man sich einfach darauf, dass man mit einer anderen Person kommuniziert:

> Solange die Kommunikation mit einem oder einer anderen läuft, läuft sie und man kommuniziert; und daß sie läuft, merkt man daran, ob und wie der / die andere antwortet. (a.a.O., 72)

Die Netzkommunikationen werden also durch die Nutzer realisiert und durch die Bildung virtueller Gemeinschaften fortgesetzt. Die Internet-Kommunikationen leben von der Initiative der Teilnehmer im Netz, von der Kreativität seiner Nutzer. Für unsere Gesellschaft bzw. für die Politik könnte die globale Kommunikationsvernetzung folgende mögliche Einflüsse haben (vgl. Gürtler 1996):

- Individualisierung und Personalisierung unserer Kommunikations- und Informationsmöglichkeiten. Jeder einzelne Mensch kann dann selber bestimmen, was und wie er kommuniziert, worüber er sich informiert und informieren lässt. Das Internet beschleunigt den Prozess der Informationsvermittlung und -durchsetzung in der Politik. Somit wird der politische Markt durchsichtiger und effizienter. Für eine Wahlkampagne bedeutet das z.b., dass der Bürger nun in der Lage ist, sich besser zu informieren. Die Kandidatenbüros werden für den Einzelnen einfacher erreichbar, außerdem wird es möglich, „ohne größere Zeitaufwendung Wahlprogramm, Stellungnahmen zu wichtigen Themen, etc. abzurufen, um sich in Folge aus einer Vielzahl von Anbietern jenen auszuwählen, der seine Interessen für die nächste Legislaturperiode am effektivsten zu vertreten scheint" (Gürtler 1996). Außerdem trägt die globale Vernetzung zum Abbau von Organisationshierarchien bei, sowie zur Globalisierung der Gesellschaften und Dezentralisierung der Kontrollen.

- Die Pluralisierung unserer Kommunikations- und Informationsmöglichkeiten. Computervermittelte Kommunikation gibt den Nutzern die Möglichkeit, zur gleichen Zeit mit Tausenden von Menschen in Kontakt zu treten und Informationen auszutauschen und somit ihre sozialen Beziehungen zu vervielfältigen.

Diese zwei Auswirkungen sind eng miteinander verbunden: In der Online-Massenkommunikation können viele Teilnehmer miteinander, mit einem oder mehreren Politikern kommunizieren. Dadurch wird jeder „gleichzeitig zum Sender, Empfänger und Massenmedium" (Gürtler 1996). Jeder Netznutzer kann die Informationen und Kommunikationen beeinflussen, die im Internet kursieren, indem er durch seine Beiträge seine Gedanken veröffentlicht und sich die veröffentlichen Gedanken der anderen Internet-Benutzer aneignet. Informationen im Internet sind das kollektive Produkt dieser individuellen Veröffentlichungen und Aneignungen, welches zugleich kollektiv und individuell ist.

- Eine weitere Auswirkung des neuen Mediums bedeutet das Ende der dreitausend Jahre alten dominanten literalen Gesellschaft, die sich heute zu einer globalen medialen Gesellschaft verändert, wo statt des linearen Kommunikationsprinzips (Text) ein neues, nicht-lineares Kommunikationsprinzip (Hypertext) die Kommunikationsstruktur im virtuellen Raum bestimmt.

40

- Die Kosten des politischen Informationsprozesses werden allmählich sinken. Teuere Medieneinschaltungen im Fernsehen, Rundfunk oder in der Presse können durch das Internet reduziert werden.

- Die Nachfrage nach (politischer) Kommunikation im Netz wächst. Benutzer wollen sich über eine Frage direkt an der Quelle informieren können. Dabei können dem Bürger durch Online-Foren, Feedback-Möglichkeiten, Diskussionsgruppen, etc. mehr direkte Informationsmöglichkeiten angeboten werden.

Politische Kommunikation dient zur Herstellung, Durchsetzung und Begründung von Politik, sie wird somit selbst zur Politik. „Effiziente und effektive Kommunikation bedarf umfangreicher Kenntnisse über die potentiellen Rezipienten einer Botschaft. Auf diese Art und Weise wird der Informationsaustausch erleichtert und Missverständnisse werden auf ein Minimum reduziert." (Gürtler 1996) Daher ist es für politische Akteure wichtig, sich in jedem konkreten Fall über die Rezipientengruppe einer Online-Botschaft Gedanken zu machen, um diese Gruppe gezielt ansprechen zu können.

Es ist eine Tatsache, dass das Internet als neues Informations- und Kommunikationsmedium in den letzten Jahren die modernen Industriegesellschaften verändert hat, und es ist sicher, dass sich die daraus resultierenden Entwicklungen auf fast alle Bereiche unseres Lebens rasant ausbreiten. Das Internet erschließt dem Einzelnen eine neue Welt, und er wird Teil einer neuen Kommunikationsgemeinschaft, einer weltweiten Gemeinschaft von Menschen, die einem elektronischen System geregelter gemeinsamer Kommunikationsformen angehören.

Bei einer linguistischen Untersuchung verschiedener Kommunikationsdienste im Netz ist eines der wichtigsten Kriterien die Mündlichkeit oder die Schriftlichkeit der Kommunikation. In welche von beiden Kategorien ist die Sprache im Internet zuzuordnen? Dabei spreche ich von der konzeptionellen Mündlichkeit vs. Schriftlichkeit[17]. Da in der Online-Kommunikation räumliche

---

[17] Über das Konzept von der medialen und konzeptionellen Mündlichkeit bzw. Schriftlichkeit s. Storrer (2000), Quasthoff (1997), Haase/Huber/Krumeich/Rehm (1997). Dabei geht es um die Berücksichtigung grundlegender Kennzeichen von Kommunikationsverläufen. Nach Storrer "[bezieht sich] mediale Mündlichkeit bzw. Schriftlichkeit auf das Medium, in dem Sprache realisiert wird. Dabei gibt es nur zwei Optionen: die phonetische Realisierung in gesprochener Sprache oder die graphische Realisierung in geschriebener Sprache. [...] Konzeptionelle Mündlichkeit bzw. Schriftlichkeit meint dagegen den Diktus, die Modalität der Äußerungen [...] Wichtig für das Konzept der Mündlichkeit ist die raum-zeitliche Nähe, aber auch die emotionale und soziale Nähe [...] Typisch für die Sprache der Nähe sind eine dialogisch konstituierte, offene Themenentwicklung sowie Emotionalität und Spontaneität. Das Konzept der Schriftlichkeit ist dagegen geprägt durch raum-zeitliche, soziale und emotionale Distanz, bei der Produktion und Rezeption auseinanderfallen und die Äußerungen von den Produzenten und der Produktionssituation abgelöst sind." (Storrer 2000) Von daher bezieht sich der Ausdruck ‚Merkmale der Mündlichkeit' in dieser Arbeit auf konzeptionelle Mündlichkeit. Das gilt aber nicht für Emotikons: in der Online-Kommunikation, wenn die Interaktanten über keinen anderen gemeinsamen Wahrnehmungsraum als den Bildschirm

und zeitliche Barriere überwunden werden können, entstehen hier Rahmenbedingungen, wie sie für mündliche Kommunikation typisch sind. Andererseits erfolgt der Austausch zwischen den Partnern jedoch schriftlich und maschinell vermittelt. Es sind also schriftliche Äußerungen, die aber Merkmale der mündlichen Kommunikation aufweisen.

In welchem Maße mündliche Elemente in der Netzkommunikation vorkommen, hängt von folgenden Faktoren ab:

- Typ und Funktion des genutzten Dienstes,

- Domäne, in der kommuniziert wird (ihre Normen, Inhalte und Organisation),

- Verwendete Textsorte,

- Ziele, Interessen, Motivationen und Präferenzen der Benutzer, ihr Verhältnis zueinander.

Wie in mündlichen Gesprächssituationen gibt es auch in E-Mails, Newsgroups und Chat-Kanälen bestimmte Regeln kommunikativen Verhaltens. Für das Verhalten im Netz haben sich Festlegungen und Empfehlungen herausgebildet (wie Netiquette), die einen höflichen Umgang der Kommunikationspartner untereinander fordern und Formen des Fehlverhaltens vorbeugen sollen. Sie sind Ausdruck einer entstehenden Netzkommunikationskultur: „Zur Philosophie des Usenet gehören Kommunikationsfreudigkeit, bewußter Umgang mit den zur Verfügung stehenden Ressourcen und insbesondere, der Gemeinschaft mehr oder zumindest genausoviel zu geben, wie man von ihr bekommt, wozu auch gehört, sich sehr oft zurückzuhalten" (Bins / Piwinger 1997: 48).

Zu den Formen des Fehlverhaltens in der Netzkommunikation gehören Erscheinungen, die als *flaming, spamming* oder *jamming* bezeichnet werden. Mit dem Oberbegriff *flaming* werden Formen des unhöflichen oder unethischen Verhaltens erfasst. Flames sind „gegen alle Konventionen verstoßende Newsgroups-Artikel mit verletzendem, beleidigendem oder provozierendem Inhalt" (Jasper 1997: 46). Dazu gehört das übertriebene Einsatz von Emphase (Schreien im Netz), die Verwendung rassistischer Ausdrücke, polemische Kommentare, die die Diskussion im Netz „anheizen" und andere Telnehmer provozieren. Als *spamming* wird der Versuch bezeichnet, die Diskussion zu dominieren. Dazu gehören auch massenhaft versendete Mitteilungen, die mit dem Thema der Diskussion nichts zu tun haben oder das gleichzeitige Versenden einer Mitteilung an mehrere Newsgroups. Unter dem Begriff *jamming* wird das Zuschütten anderer mit Informationen verstanden.

---

verfügen, ersetzen sie non- und paraverbale Zeichen und tragen zur Herstellung der medialen Mündlichkeit bei.

Private Netzanbieter, wie z.B. AOL, greifen zur Selbsthilfe, um solchen Formen unethischen Verhaltens zuvorzukommen. Der Nutzer wird in den Vertragsbedingungen verpflichtet, religiöse und kulturelle Belange zu respektieren und keine beleidigenden, verleumderischen oder in anderer Weise gesetzeswidrigen Äußerungen zu verbreiten. Die Netzbetreiber behalten sich vor, Stichproben im Netz zu nehmen. Wird festgestellt, dass ein Nutzer das Netz zu pornographischen, rassistischen oder kriminellen Zwecken genutzt hat, kann der Betreiber den Zugang zum Netz sperren.

Wenn man die verschiedenen Internet-Dienste wie E-Mail, Newsgroups und Chat genauer betrachtet, merkt man, dass der Anteil mündlicher Merkmale im Sprachgebrauch der Nutzer bedeutend vom ersten zum letzten der hier aufgezählten Dienste zunimmt:

E-Mail: Der Vorteil des Kommunizierens per E-Mail liegt in der Übertragungsgeschwindigkeit, in dem geringen Arbeitsaufwand für den Schreiber und der Möglichkeit sowohl für den Schreiber als auch für den Adressaten, den Text beliebig bearbeiten zu können. Natürlich umfasst die E-Mail-Kommunikation ein großes Spektrum von Schreibpraxen, die nach verschiedenen Faktoren variieren. Entscheidend dabei sind die Kommunikationssituation und der Teilnehmerkreis. Der Schnelligkeit halber verwenden die Nutzer Einsparungstechniken wie den Wegfall von Anrede- und Grußformeln, den Ersatz von Phrasen durch Initialbildungen (z.B.: *mfg = Mit freundlichen Grüßen*) oder durch Zeichenkombinationen. Weitere Merkmale der mündlichen Sprache sind: Verschriftung von Umgangssprache, Verwendung von dialektalen und regionalen Ausdrücken, Normabweichungen in Orthographie, Interpunktion, Syntax u.a. Über die Reply-Funktion werden dialogische Aspekte stärker hervorgehoben, da man direkter und schneller auf einzelne Aspekte antworten kann.

Newsgroups: In diesem Fall findet der Austausch zwischen mehr als zwei Partnern statt, er ist auf Informationsaustausch und Kontaktaufnahme gerichtet und hat einen Diskussionscharakter. Das ist eine Form Gruppenkommunikation, sie wird öffentlich geführt und zeigt eine deutlich stärkere Tendenz zu Interaktivität und Mündlichkeit als E-Mails.

Der Sprachgebrauch in Newsgroups wird stark von der Kommunikationssituation und vom Thema beeinflusst und weist viele Merkmale gesprochener Sprache auf. Die Struktur ist der von traditioneller Briefform ähnlich, es werden jedoch sprachliche Mittel verwendet, die durch das elektronische Medium unterstützt werden. Die Artikel in Diskussionsforen werden in einer Stilmischung aus schriftsprachlichen und sprechsprachlichen Elementen geschrieben, dabei ist die Sprache viel weniger formal als in sonstiger schriftlicher Kommunikation. Sie erinnert eher an ein Gespräch von Leuten, die sich gut kennen.

Die Kommunikationspartner in Diskussionsforen verfügen aber über keinen gemeinsamen Wahrnehmungsraum, da die Kommunikation maschinell vermittelt wird, und müssen auf den Gebrauch von non- und paraverbalen Mitteln verzichten. Das versuchen sie durch alternative Ausdrucksmittel zu kompensieren. Die Emphase kann durch Großbuchstaben ausgedrückt werden. Zu den Merkmalen der mündlichen Sprache gehören weiter: Verschmelzung zweier Wortformen zu einer (*haste*), Verkürzungen (*glaub, ne*), Interjektionen – häufig mit lautmalendem Charakter (*hmm, hahaha, würg*), Dialektausdrücke (*dat, tach*), Verben des Sagens, Meinens und Denkens (*finde, meine*), nicht-deutsche Begrüßungen bzw. Verabschiedungen (*hi, ciao*).

Neben diesen Merkmalen sind auch solche zu beobachten, die nur für den Cyberslang charakteristisch sind: Zur Darstellung von Mimik und Gestik werden häufig sogenannte Emotikons oder Smileys verwendet (z.B.: :-) = lächelnd, :-(= traurig). „Aus Zeit- und Platzgründen werden in Newsgroups, aber auch in Online-Chats und E-Mails, viele emotionale Aussagen durch kleine Symbole, sogenannte Smileys ersetzt." (Jasper 1997: 48) Diese Zeichen erleichtern den Teilnehmern die Interpretation einer Äußerung. Sie geben Hinweise auf die Intentionen des Kommunikationspartners (z.B. ob eine Äußerung ernst oder ironisch gemeint ist) und dienen damit als wichtige Verstehenshilfen bei der Netzkommunikation. Prädikativ gebrauchte Verbstämme (*grins, schmatz*) markieren expressive Sprechhandlungen. Der Anteil von Akronymen (speziellen Abkürzungen im Cyberslang) ist gering, sie stammen meistens aus dem Englischen, im deutsprachigen Internetraum wird aber am häufigsten *mfg* für ‚Mit freundlichen Grüßen' benutzt. Pseudonyme und Spitznamen treten dagegen in Diskussionsforen selten auf, die namentliche Nennung (Vor- oder Nachname, oder Vor- und Nachname) ist vorherrschend.

Zum Schluss lässt sich sagen, dass in den Newsgroups zwar Merkmale gesprochener Sprache auftreten, jedoch ist die Kommunikation in erster Linie schriftsprachlich geprägt und weist Besonderheiten auf, die dem Cyberslang zugeordnet werden[18].

Chat-Kommunikation: Chatten ist die populärste Form der Online-Kommunikation. Im Gegensatz zu den E-Mails erfolgt sie synchron, d.h. in Echtzeit wie beim Telefonieren, direkt und wechselseitig, aber nicht sprechsprachlich, sondern schriftsprachlich.

Die sogenannten Quatschkanäle, wie User die Chat-Kommunikation nennen, ermöglichen dem Teilnehmer, sich mit vielen anderen Nutzern fast gleichzeitig über seine Tastatur zu unterhalten. In erster Linie dient der Austausch in solchen Kanälen der Kontaktaufnahme und dem Reden an sich, was sich auf Inhalt und Form des Austausches auswirkt. „Die Gesprächskanäle sind textbasierte

---

[18] Näheres zur Kommunikation in den Newsgroups s. Jasper (1997).

virtuelle Orte, an denen man sich mit Freunden oder auch bis dato unbekannten Personen zu unterhaltsamen und informativen Gesprächen treffen kann." (Filinski 1998: 167)

Die Gesprächsrunden können moderiert sein, d.h. man trifft sich zu Diskussionen oder Online-Interviews, sie können themenbezogen sein oder auf Einladung erfolgen. Die Diskussion verläuft meistens anonym (die Teilnehmer wählen ein Pseudonym und mit ihm oft auch eine neue Identität), dabei müssen die Teilnehmer aber nicht gegen die Chatiquette (analog zu Netiquette bei Newsgroups) verstoßen.

Wenn man die linguistischen Besonderheiten der Chat-Kommunikation zu analysieren versucht, so ist hier der Anteil mündlicher Merkmale zweifelsohne am größten. Diese Kommunikationsform zeichnet sich durch fast alle Merkmale aus, die für mündliche Gesprächssituationen typisch sind, wie unernste Modalität, Spontanität, Selbstdarstellung, Emotionsausdruck, freie Themenentwicklung (wenn die Diskussion nicht moderiert wird), Satz- und Wortabbrüche etc. Die Chat-Beiträge sind relativ kurz. Da die Teilnehmer wechselseitig aufeinander Bezug nehmen und die Eingabe per Tastatur zeitaufwendig ist, werden viele Ellipsen und Anakoluthen gebraucht, sowie viele umgangssprachliche und dialektale Ausdrücke – typische Kennzeichen der gesprochenen Sprache. Unter den Cyberslang-Elementen sind Smileys, Iteration von Zeichen, Weglassen von Interpunktionszeichen sowie die Kleinschreibung besonders beliebt[19].

Die Themen in der Chat-Kommunikation sind vielfältig, in freien Chats spielt die phatische Kommunikation eine große Rolle, was sich unter anderem in den häufigen Begrüßungssequenzen niederschlägt. Augenkontakt und Körperzuwendung zum Kommunikationspartner werden auf solche Weise durch explizite Adressierung der Gesprächsbeiträge ersetzt. Die Themen werden selten ernsthaft diskutiert. Das Gespräch als Freude an der Kommunikation und zur Aufnahme und Fortführung sozialer Beziehungen steht im Vordergrund, anders als in moderierten Chats, die eher Interviewcharakter haben und in denen der Austausch von Informationen im Vordergrund steht.

Zwischen den Polen Mündlichkeit – Schriftlichkeit nimmt die Chat-Kommunikation eine Zwischenstellung ein:

> Auf der einen Seite finden wir die Fortführung alltäglicher Sprachkonventionen, wie z.B. bestimmte Formen der Stereotypenverwendung (Slogans, Redewendungen etc.) oder auch Eröffnungs- und Beendigungsstrategien, die sich als kritische Punkte in einer Konversation durch ihre besondere Ritualisierung auszeichnen[...]. Auf der anderen Seite etablieren sich para- und

---

[19] Eine ausführliche Beschreibung der Chat-Kommunikation findet sich bei Filinski (1998).

nonverbal-ikonographische Symbolebenen als Reaktion auf eine spezifische Kommunikationssituation, die durch die zunächst völlige Abwesenheit analoger Kommunikationselemente und der immateriellen Repräsentation der Teilnehmer entstanden ist. (Wetzstein 1995: 97)

Das Internet ist ein Netzwerk, das eine Kommunikationsgemeinschaft bildet. In dieser Kommunikationsgemeinschaft treten die Kommunikationspartner durch E-Mail, Newsgroups und Chatten sowie andere Kommunikationspraxen in interaktive Beziehungen ein und bilden so kommunikative Netzwerke. Wir haben gesehen, dass unterschiedliche Kommunikationsdienste im Netz hinsichtlich ihrer sprachlichen Besonderheiten stark variieren: Die E-Mail-Kommunikation knüpft an die traditionelle Brief-Kommunikation an, die Kommunikation in Newsgroups an Diskussionsforen und die Chat-Kommunikation an Alltagskonversationen. Dabei werden traditionelle Schreibkonzepte (wie der Brief) in das neue Medium transformiert, ohne grundsätzlich verändert zu werden, sie können aber aufgrund der medialen Spezifika modifiziert werden. Je stärker die Kommunikation dialogisch und synchron erfolgt, desto häufiger lassen sich mündliche Aspekte des Sprachgebrauchs in der Internet-Kommunikation feststellen.

1.4. ABLAUF UND KOMMUNIKATIONSBESONDERHEITEN DER ONLINE-KONFERENZEN

Die Analyse zeigt, dass es eine Vielzahl von sprachlichen Variationen nicht nur zwischen, sondern auch innerhalb der einzelnen Kommunikationspraxen gibt. Im Kapitel 1.3. wurden unter anderem die sprachlichen Besonderheiten in der freien Chat-Kommunikation beschrieben. Anders ist es bei den moderierten Chats. In solchen Diskussionstreffen, die zu einem vorher angekündigten Termin bzw. Thema stattfinden, wird das Rederecht verteilt. Sie sind vergleichbar mir einer Talkshow, an der einige wenige zu Wort kommen, die Masse dem Chat allerdings als passiver Teilnehmer folgt. Im Vergleich zu den freien Chats sind moderierte Chats in der Regel viel konventioneller.

Politische Online-Konferenzen des Deutschen Bundestags, die der Untersuchungsgegenstand dieser Arbeit sind, bilden m.E. eine Übergangsform zwischen Diskussionsforen und Chat-Kommunikation.

Da die vorliegende Untersuchung mit dem funktional-pragmatischen Ansatz durchgeführt wird, ist es notwendig, die Analyse mit der Beschreibung des Gesamtzusammenhangs zu beginnen. Dies betonen die Gründer der Funktionalen Pragmatik – Konrad Ehlich und Jochen Rehbein: „Die Analyse der Gesellschaft kann sinnvoll nur geleistet werden, wenn sie die

Fundierungsverhältnisse der verschiedenen kulturellen und gesellschaftlichen Phänomene in der Tätigkeit der Produktion und ihrer Organisation in bestimmten Produktionsverhältnissen beachtet" (K.Ehlich / J.Rehbein 1972: 216)[20]. Deshalb möchte ich kurz den Ablauf von zu analysierenden Online-Konferenzen beschreiben.

Online-Konferenzen sind kommunikative Ereignisse, in denen Personen zu einem Gespräch ‚zusammentreffen', das in erster Linie für die Öffentlichkeit gedacht ist. In den letzten fünf Jahren sind solche Konferenzen selbstverständlich geworden. Die erste Online-Konferenz des Deutschen Bundestages fand am 17. Oktober 1996 statt, insgesamt sind seitdem 28 Online-Konferenzen[21] durchgeführt worden, unter Teilnahme von bis zu acht Abgeordneten. Die Ergebnisse einer Umfrage zum Internetangebot des Deutschen Bundestages im Jahr 2001[22] zeigen, dass die größte Altersgruppe der Benutzer die 31-40jährigen bilden (29% - 1999). Bei der Verteilung zwischen Männern und Frauen ergibt sich ein Verhältnis von 69,3% Männern gegenüber ca. 30,7% Frauen[23], was auch beim Verlauf von Online-Konferenzenseinen Ausdruck findet: In den Konferenzen zum Thema „Kosovo: Humanitäre Hilfe den Flüchtlingen" wurden von insgesamt 122 Fragen 18 anonym gestellt (bzw. es war unmöglich, festzustellen, ob der Absender ein Mann oder eine Frau ist), 90 Fragen wurden von Männern und nur 14 von Frauen gestellt.

Von der Gesamtzahl der Befragten haben bisher 12% Online-Konferenzen genutzt. Auch die Analyse bestätigt: In den Konferenzen zu einem Thema werden verschiedenen Abgeordneten von denselben Menschen Fragen gestellt, es sind oft gleiche Fragen.[24] Außerdem werden häufig in einer Konferenz zwei bis fünf Fragen[25] von einer und derselben Person formuliert.

Bei Teilnehmern der Online-Konferenzen können wir nicht von der Gesamtöffentlichkeit in der Politik sprechen, sondern nur von der Teilöffentlichkeit, was durch einen besonderen Kanal (Computer) bedingt ist.

---

[20] Methodische Herangehensweise im Rahmen der funktional-pragmatischen Diskursanalyse wird im Kapitel 4 ausführlich dargestellt.

[21] Stand: November 2002.

[22] "Fragebogenaktion zum Internetangebot des Deutschen Bundestages - Ergebnisse der Umfrage 2001." URL: http://www.bundestag.de/blickpkt/imblick/2001/umfrage01.html (27.11.2002)

[23] Diese Korrelation hat sich seit 1999 stark verändert: Damals war der Männer-Anteil 86% und der Frauen-Anteil – 13%.

[24] Z.B. die Fragen von Peter Abel und Uwe L. Pawlowski an alle fünf Abgeordneten in den analysierten Online-Konferenzen.

[25] Z.B. fünf Fragen von Michael an Claudia Roth. Diese Tatsache wird von mir als ein Zeichen der unmittelbaren mündlichen Kommunikation betrachtet, da die Absender mit mehreren Beiträgen nicht selten auf ihre eigenen oder von anderen Teilnehmern zuvor gestellten Fragen Bezug nehmen.

Die Öffentlichkeitsfunktion der politischen Kommunikation mittels Computer wird „von oben nach unten" realisiert.

Online-Konferenzen sind dadurch gekennzeichnet, dass daran nur die Menschen teilnehmen können, die einen Computer mit Internet-Zugang haben. Diese Gespräche umfassen nur die Teilnehmenden, es gibt keine Zuschauer, wie dies z.b. bei Fernsehdiskussionen sein kann. Die zweite Besonderheit ist die Themengebundenheit.

Die Kommunikation in Online-Konferenzen unterliegt verschiedenen Rahmenbedingungen, die durch den technischen Charakter des Mediums bestimmt sind. Alle Konferenzen werden gespeichert und können von allen Interessierten zu einem beliebigen Zeitpunkt aus dem Computer abgerufen werden. Die Kommunikationszeit selbst ist mit einem Zeitlimit ausgestattet.[26]

Wie werden die Online-Konferenzen des Deutschen Bundestages durchgeführt? Die Teilnehmer wählen die Homepage des Bundestages an. Die Fragen an die Abgeordneten können eine Stunde vor dem Beginn gestellt werden. Es besteht aber auch die Möglichkeit, sich über den Link Online-Konferenz direkt in die Konferenz einzuklicken. Hiernach wird ein in drei Frames aufgeteilter Bildschirm präsentiert. Im ersten Frame stellt sich der Abgeordnete vor. Im zweiten Frame werden online die Fragen und Antworten der Konferenz veröffentlicht. Neben der Abbildung mit dem Bundesadler wird der Konferenzstand angezeigt. Hier kann man sehen, ob die Konferenz bereits läuft oder ob neue Beiträge eingegangen sind, die man laden kann, indem man auf den Button ‚neue Fragen anzeigen' klickt. Beim Aktualisieren sind die Beiträge in Seiten mit jeweils fünf Fragen und Antworten aufgeteilt, die man nacheinander lesen kann. Im dritten Frame ist ein Formular zu finden, in das man die Fragen unabhängig vom Konferenzverlauf eingeben kann[27].

Die Kommunikation während der politischen Online-Konferenzen beschränkt sich auf eine bestimmte Form des sprachlichen Handelns, und zwar finden wir hier eine Abfolge von Meinungsaustausch oder Informieren. Die Kommunikation wird durch die Interessen der Beteiligten in Gang gesetzt. Die Besucher von politischen Online-Konferenzen stellen ihre Fragen aus einem Informationsbedürfnis, was als Hauptinteresse bezeichnet werden kann. Der normale Bürger hat in der Regel sehr wenige Möglichkeiten, Motive und Hintergründe politischer Entscheidungen aus erster Hand zu erfahren. In der Gesellschaft glaubt man, ein Abgeordneter weiß viel mehr, als in der Presse zu lesen ist. Holly weist in dieser Hinsicht auf das Spezifikum einer unmittelbaren Kommunikation zwischen Bürgern und Abgeordneten hin:

---

[26] Die Fragen können eine Stunde vor dem Beginn und während der Konferenz gestellt werden, sie werden nur im Laufe der Konferenz beantwortet.

[27] "Der Wegweiser zur Online – Konferenz" URL: http://www.bundestag.de/blickpkt/arch_on/tech.htm (29.01.1999)

Zwar haben (...) weitgehend die Medien die Aufgabe der öffentlichen Information übernommen. Dennoch erhofft sich mancher interessierte Bürger z.b. von einem Abgeordneten zusätzliche, andere, besondere Informationen. Man glaubt, von ihm Authentisches zu erfahren, mit ihm hinter die Kulissen blicken zu können, „aus erster Hand" unterrichtet zu werden. Da man weiß, daß das, was in den Medien berichtet wird, ausgewählt, redigiert, uniformiert und oft mit einer Tendenz versehen wird, erwartet man von einem, der „dabei" war, unmittelbare und (...) unverfälschte Informationen. (Holly 1990: 160)

Als Nebeninteressen treten Ansprüche technischer Art auf (Interesse an der Computeranwendung in der Kommunikation), gesellicher oder eitler Art (Neugier, mit Spitzenpolitikern ‚quatschen' zu können).

Das Hauptinteresse der Abgeordneten besteht darin, ihre eigene Stellungsnahme zu einem bestimmten Problem oder die Position der eigenen Partei (Parteigruppe) zu vertreten und auf solche Weise zu erklären, dass sie selbst oder diese Partei in der Zukunft (bei den Wahlen) mehr Anhänger (Stimmen) gewinnen könnten. Das offiziell verkündete Ziel von Online-Konferenzen ist zwar „die Herstellung von Transparenz als Voraussetzung von Partizipation", aber jeder öffentlicher Auftritt eines Politikers – und somit auch die Teilnahme an einer Online-Konferenz – ist immer mit Propaganda und Eigenwerbung verbunden, „Öffentlichkeitsfunktion und Parteiwerbung von Abgeordneten sind nicht mehr zu trennen" (Holly 1990: 158).

Die linguistische Untersuchung von Online-Konferenzen ist deshalb von besonderem Interesse, da sie keiner bestimmten Textsorte folgen, sondern heterogen sind. Eine grundlegende Unterscheidung der Funktionalen Pragmatik zwischen Text und Diskurs ist in diesem Fall schwer vorzunehmen, denn Online-Konferenzen passen nicht in das traditionelle Modell: Diskurs – Mündlichkeit vs. Text – Schriftlichkeit. Aufgrund der oben dargestellten Überlegungen über konzeptionelle Mündlichkeit in der Internet-Kommunikation (Kap. 1.3.) ordne ich die sprachlichen Tätigkeiten der Interaktanten in politischen Online-Konferenzen des Deutschen Bundestages dem Diskurs zu, obwohl sie nicht selten textuelle Einschübe aufweisen. Diese Einschübe finden sich in den Antworten der Abgeordneten und weisen auf die Vorbereitetheit der Politiker in thematischen Gesprächen mit Bürgern.

Jede politische Online-Konferenz stellt eine sukzessive Abfolge von sprachlichen Handlungen dar, deren Gesamtheit den institutionsspezifischen Diskurs der Online-Konferenzen bildet. Ein wichtiger Wesenszug der Diskurse, nämlich die Mündlichkeit, ist in diesem Fall nicht obligatorisch, was durch das spezifische Kommunikationsmittel bedingt ist.

Online-Konferenzen haben unterschiedliche Diskursstrukturen, abhängig vom Thema und vom Teilnehmerkreis. Aufgebaut sind die Konferenzen in Form von Frage-Antwort-Sequenzen. Im politischen Kontext dient das Frage-Antwort-Muster dem Fragenden dazu, eine Auskunft zu erhalten, aus der sich politische Schlüsse ziehen lassen, demgegenüber zielt der Antwortende, sofern er Politiker ist, darauf, die Antwort zur positiven Selbstdarstellung zu nutzen oder zumindest für das Ansehen der eigenen Position Schädliches zu vermeiden. Außer einfachen Fragen, die das reine Informieren zum Ziel haben, werden in politischen Diskursen und somit in Online-Konferenzen oft provozierende Fragen gestellt, die implizit oder explizit einen Vorwurf enthalten. Als funktionale Elemente einer solchen Struktur treten solche Sprechhandlungen auf wie z.b. Entschuldigungs-, Argumentations-, Begründungs-, Rechtfertigungshandlungen etc.

Eine wichtige Frage der Untersuchung ist, ob die Sprache der Online-Konferenzen dem Schriftsprachlichen oder dem Mündlichen zuzuordnen ist. Es ist keine Face-to-face- Kommunikation, die Teilnehmer können nur die Fotos der beteiligten Abgeordneten sehen, die Fragen und Antworten werden vom Bildschirm abgelesen. Kann aber die Sprache der Online-Konferenzen eindeutig als schriftliche Kommunikation bewertet werden? Die Antworten auf die Fragen werden von den Politikern mündlich formuliert und von deren Assistenten eingetippt. Der Empfänger ist in der Lage, das Geschriebene zu dem Zeitpunkt an seinem Bildschirm zu lesen, in dem der Sender es in seinen Computer eingibt. Es handelt sich also um ‚real-time'-Übertragung. Somit ist der Schriftlichkeit eine bisher fehlende Möglichkeit gegeben, einen unmittelbar aufeinanderfolgenden Austausch von Mitteilungen herzustellen.

Ein geschriebener Text ist aufgrund des schriftlich fixierten Wortes formalisierter als gesprochene Sprache. In der schriftlichen politischen Kommunikation, z.B. in Presseberichten, dürfen daher Orthographie-, Rechtschreib- und Grammatikregeln nicht verletzt werden.[28]

Die Analyse von vier Online-Konferenzen zu verschiedenen Themen unter Teilnahme von einem bis zu fünf Abgeordneten (insgesamt 14 Beiträge) hat gezeigt, dass der sprachliche Formalisierungsgrad der Online-Konferenzen offensichtlich nicht so hoch ist wie bei der schriftlichen Kommunikation. Angesichts der Heterogenität der Kommunikation in Online-Konferenzen ist das Korpus sicherlich nicht repräsentativ genug, deshalb wurden für die Analyse einzelne Bereiche ausgewählt und für diese Bereiche aufgrund von vier Konferenzen Aussagen getroffen. Es stellte sich heraus, dass Online-

---

[28] Umgangssprachliche, dialektale etc. Varianten der Sprache können auch in der Schriftsprache vorkommen, wie z.B. im Zeitungsschreiben eines Politikers. Diese sprachlichen Mittel werden aber absichtlich benutzt, um Distanz zu überbrücken und Nähe zu schaffen. Das gibt dem Empfänger beim Lesen einen "lebendigeren" Eindruck vom Geschriebenen.

50

Konferenzen nicht eindeutig als Chat-Kommunikation bezeichnet werden können, da sie nicht alle Merkmale des Chats aufweisen.

Auf die tastaturbedingten Fehler, wie fehlerhafte Groß- und Kleinschreibung (z.B. GEsetz, die regierung), Anschlagfehler (z.B. Heimaz), Bigraphen (z.B. ß – ss, ä – ae) wurde nicht geachtet. Untersucht wurden Signaturen, Anreden und Verabschiedungen sowie Merkmale, die für die Internet-Kommunikation, insbesondere für Newsgroups und Chat charakteristisch sind. Das sind vor allem durchgängige Kleinschreibung, Großschreibung zum Ausdruck der Emphase, Assimilationen, Iterationen, Reduktionen, Smileys und andere graphostilistische Mittel, Akronyme und Fehler bei der Interpunktion.

Der Anteil der oben aufgezählten Mittel ist in politischen Online-Konferenzen sehr gering. In dem Korpus wurde kein einziger Smiley gefunden, nur ein Akronym (*SgF LS = Sehr geehrte Frau Leutheusser-Schnarrenberger*), zweimal sind es graphostilistische Mittel, die expressive Sprechhandlungen markieren (*Träume???; Sie sagen, daß aus Anlagen für medizinische Forschung und Produktion permanent (!!!) genveränderte Organismen und Erbsubstanz (!!!) in die Umwelt entlassen werden, von denen schädliche Wirkung ausgehen könnte.*). Öfter (fünfmal) kommt das Hervorheben durch Großschreibung vor (*Auch Ihrem Statement kann ich keinen Plan entnehmen. WAS WOLLEN SIE TUN. Oder: Also BITTE: welche Lösung?*), sowie Kleinschreibung, oft mit Interpunktions-Fehlern (*Dies ist verstaendlich, da filme wie „die fliege" oder „jurassic park" die angst des normalbuergers vor mordlustigen, genveraenderten lebensformen in so mancher nacht den schlaf raubten.*).

Bei den Signaturen und Eröffnungs- bzw. Abschlussäußerungen gibt es mehrere Variationen (z.B. in der Kategorie ‚Signaturen' schwanken die Unterschiede in vier Konferenzen bei den vollen Namensangaben von 37% bis 77%), die m.E. in erster Linie auf die konkrete Schreibpraxis und Erfahrungen der Teilnehmer zurückzuführen sind. Im Großen und Ganzen lässt sich aber sagen, dass Online-Konferenzen durch eine geringe Verwendung von Pseudonymen bzw. Spitznamen gekennzeichnet sind, meistens werden der Vor- und/oder der Nachname genannt. Direkte Anrede des Adressaten oder Begrüßung können nicht als typische Merkmale der Kommunikation in Online-Konferenzen betrachtet werden, da sie weniger als die Hälfte aller Redesequenzen eröffnen, noch seltener achten die Nutzer auf Abschiedsäußerungen. Die quantitativen Ergebnisse der Analyse des Formalisierungsgrads von politischen Online-Konferenzen sind in der Tabelle 1 zusammengefasst.

Andere Merkmale der gesprochenen Sprache im Korpus: Öfters werden Rechtschreib-, Grammatik- und Orthographieregeln von den Teilnehmenden nicht beachtet:

➢ *was wissen wir ueber den einsatz von munition mit du - (depleted uranium) - ummantelung die fuer das golfkriegssyndrom fuer mitverantwortlich gehalten wird, und wie stehen sie dazu?*

➢ *In BRD leben in den letzten Jahren viele Kosova - Albaner die freiwillig nach Kosova gehen wollen um zu kämpfen, kann NATO diese freiwillige bewaffnen.*

➢ *(...) mich würde es interesieren, ob den nur den albanischen Flüchtlingen geholfen wird oder ob man auch versuchen wird, denn serbischen irgendwie zu helfen.*

Außerdem kommen in den Transkripten der Online-Konferenzen auch ‚umgangssprachliche' Ausdrücke vor[29]:

➢ *(...) ich finde es klasse(...)*

➢ *(...) mit unserem Geld zuerst alles kaputtgebombt wird (...) Tschö (...)*

➢ *Tach' Hr. Bindig (...)*

➢ *(...) Ist dies nicht Verhältnisblödsinn (...)*

➢ *(...) Die hohe Flüchtlingszahl würde die bestehende Relation der Volksgruppen total verschieben (...)*

➢ *(...) weil er die Albaner erst aus dem Kosovo herauswerfen wollte (...)*

➢ *(...) friss - oder - stirb - Taktik (...)*

➢ *(...) Aber die westlichen Mächte waren sich ja noch nicht einmal einig, einen Karadjic oder einen Mladic zu fangen, um sie nach Den Haag zu bringen. Schön wär's!*

➢ *(...) Sie wären wie in der Vergangenheit bereit geschehen Stück für Stück hinausgeeckelt worden (...)*

➢ *Hi! (...)*

---

[29] Es sei aber darauf hingewiesen, dass diese Abweichungen von der Standardsprache vorwiegend in den Fragen der Bürger vorkommen und nicht in den Antworten der Abgeordneten.

Thema und Datum der Konferenz, Teilnehmer	Eröffnungsformeln (Begrüßung bzw. Anrede)	Abschlussfofmeln (Verabschiedungen bzw. Dank)	Signatur				Gesamtzahl von sprachlichen Besonderheiten aus dem Cyberslang[30]
			Vorname + Familienname	Nachname	Vorname	Pseudonym, Spitzname oder Initialen	
I.Genforschung (10.06.97.), gesamt	7 (7%)	2 (2%)	39 (37%)	17 (16%)	9 (8%)	41 (39%)	5
1. Abg. M. Steindor	1	1	13	1	0	24	2
2. Abg. S .Löwisch	3	0	10	1	1	5	0
3. Abg. H. Knaape	3	1	16	15	8	12	2
II. Konzepte innerer Sicherheit (01.04.98), gesamt	28 (29%)	1 (1%)	75 (77%)	11 (11%)	4 (4%)	7 (7%)	4
1. Abg. W. Zeitlmann	7	0	24	2	3	0	0
2. Abg. H. Kemper	8	0	13	2	0	3	0
3. Abg. R. Schlauch	6	0	12	5	0	3	1
4. Abg. M .Stadler	4	0	18	2	0	1	2
5. Abg. U. Jelpke	3	1	8	0	1	0	1

[30] Wegen der geringen Zahl wird hier zwischen Reduktionen, Iterationen, Assimilationen etc. nicht unterschieden, sie werden alle zusammen gezählt.

III. Demokratie online (mit W.Thierse) (19.01.99)	**25 (74%)**	**10 (29%)**	**24 (71%)**	**1 (3%)**	**4 (12%)**	**5 (15%)**	**0**
IV. Humanitäre Hilfe für Flüchtlinge in Europa (21.04.99), gesamt	**58 (47%)**	**15 (12%)**	**63 (51%)**	**12 (10%)**	**38 (31%)**	**11 (9%)**	**14**
1. Abg. S. Leutheusser-Schnarrenberger	16	4	15	2	7	3	1
2. Abg. R. Bindig	14	5	18	2	3	1	2
3. Abg. Ch. Schwarz-Schilling	13	3	14	4	14	2	3
4. Abg. U. Jelpke	3	2	7	3	1	3	2
5. Abg. C. Roth	12	1	9	1	13	2	2
Gesamt	**118 (33%)**	**28 (8%)**	**201 (56%)**	**41 (11%)**	**55 (15%)**	**64 (18%)**	**18**

Tabelle 1: Sprech- und schriftsprachliche Merkmale in politischen Online-Konferenzen.

Die Sprache der Online-Konferenzen hat also wenig mit dem Cyberslang zu tun, kann aber der mündlichen Rede zugeordnet werden, was noch eine Tatsache bestätigt: bei der schriftlichen Kommunikation kann der äußere, propositionale und illokutive Akt jederzeit zurückgenommen werden und neu konstruiert werden. Für die Sprache der Online-Konferenzen ist die Spontaneität und Simultaneität der Teilakte wie bei der mündlichen Kommunikation charakteristisch, was aber eine gewisse Planbarkeit von Antworten der Politiker nicht ausschließt. Das Thema der Konferenz ist den Abgeordneten immer im Voraus bekannt, so dass sie die möglichen Fragen voraussehen und eigene Antworten und eigene Position zu den Konflikthemen durchdenken können. Die Merkmale geplanten Sprechens sind im Datenmaterial zu bestimmen, nämlich variierte Wiederholungen eines Gedankens beim Antworten auf verschiedene Fragen.

Mehrere Beispiele variierter Wiederholungen finden sich in der Konferenz mit Rudolf Bindig:

> *Die Zahl der in Deutschland aufzunehmenden Flüchtlinge ist in einer Schaltkonferenz zwischen dem Bundesinnenminister und den Innenministern der Länder - also nicht im Bundesrat - besprochen worden. Man hat sich auf zunächst 10 000 aufnehmende Flüchtlinge geeinigt. (...)*

> *(...) Während Deutschland in wenigen Tagen die 10 000 Flüchtlinge aufgenommen hat, müssen die anderen Länder teilweise ihren Verpflichtungen noch nachkommen. (...)*

> *Für die Aufnahme der Flüchtlinge ist zunächst ein Kontingent von 10 000 Flüchtlingen geschaffen worden. Diese Zahl ist inzwischen erreicht. Ich halte es für nötig, noch weitere Flüchtling nach Deutschland zu bringen.*

> *(...) humanitäre Hilfsmaßnahmen zu organisieren (...)*

> *Im Mittelpunkt der humanitären Hilfsbemühungen steht der notleidende Mensch. Dabei ist es egal, ob dieser Albaner, Serbe, Kroate oder Angehörige einer sonstigen Ethnie ist (...)*

> *Es wird allen Flüchtlingen geholfen, egal, von welcher Ethnie sie sind.*

> *(...) Die NATO bemüht sich zunächst darum, die Militärmaschinerie von Milosevic zu zerschlagen, um ihm die Möglichkeit zu nehmen, mit Gewalt und Brutalität gegen die Kosovo - Albaner vorzugehen. (...)*

> *Die NATO bemüht sich darum, die Militärmaschinerie, die gegen die Kosovo - Albaner eingesetzt wird, zu zerstören (...)*

➢ *Die Luftangriffe dienen dazu, daß Gewaltpotenzial von Milosevic zu schwächen oder zu zerstören.*

Ein anderes Beispiel aus der Online-Konferenz mit Claudia Roth:

➢ *(...) ich halte es für richtig, endlich Bilanz zu ziehen über das bisher Erreichte. Erreicht wurde nicht das, was Ziel der Bombardements war (...)*

➢ *(...) Ich glaube, daß ein Moment erreicht ist, an dem ernsthaft Bilanz gezogen werden muß über die Frage, ob das, was mit den Bombardements erreicht werden sollte, tatsächlich erreicht wurde oder nicht (...)*

Obwohl die Abgeordneten zu den verschiedenen Adressaten sprechen, auf die sie sich jeweils gesondert einstellen müssen, wiederholen sich in den oben angeführten Beispielen Lexik und Syntax. Daraus kann man schlussfolgern, dass diese Äußerungen noch vor dem Beginn oder mindestens am Anfang der Konferenz gestaltet wurden.

In politischen Online-Konferenzen sind die Bürger nicht nur Adressaten, sondern auch Kommunikationsteilnehmer. Sie sind nicht im Voraus festgelegt – ihre Auswahl kann vom Befragten nicht gesteuert werden. Beim Kommunizieren agieren in jeden bestimmten Zeitpunkt zwei Personen miteinander, das ,Sprechen' ist also partnerbezogen. Der Adressat spielt eine wichtige Rolle. Ohne ihn fände keine Kommunikation statt. Der Politiker muss seine Äußerung auf ihn einstimmen:

> Die illokutive Kraft der Äußerung, die Absicht wird aus der intentionalen Perspektive des Sprechers bestimmt durch seine Position, seine gesellschaftliche Rolle und antizipierte Adressatenerwartungen. Der Adressat ist derjenige, den der Sprecher bei der Kommunikation beeinflussen will. (Herrmann 1989: 188)

Bei den Online-Konferenzen wird jede Sprechhandlung an einen konkreten Adressaten gerichtet, es ist eine direkt gerichtete Sprechhandlung. Dabei muss aber mehr verbalisiert werden, da die Kommunikationsintention des Sprechenden sich nicht auf außersprachliche Kommunikationssituation stützen kann. In räumlicher Hinsicht gehören Online-Konferenzen zu der Fernkommunikation. Die Distanz zwischen beiden Gesprächspartnern wird geschaffen durch die räumliche Trennung der Interaktanten und durch die Übermittlung des Gesprächs mittels eines Mediums. Dabei befinden sich die Kommunikationsteilnehmer in einer gemeinsamen Handlungssituation, in der Sprachproduktion und Rezeption beinahe zusammenfallen. Der Austausch bleibt dabei aber meistens folgenlos, jede Frage – Antwort – Sequenz bildet eine geschlossene Situation, da keine früheren oder späteren Vorgänge impliziert sind. Das non- bzw. paraverbale Verhalten – Gestik, Mimik – sowie die Intonation[31] können nicht verfolgt werden.

Die äußere Form der Kommunikationsform ‚Online-Konferenz' ist also durch folgende Merkmale gekennzeichnet:

- Kommunikation über ein Medium,

- Raumüberwindung durch Übertragungstechnologie,

- Zeitüberwindung durch Speichertechnologie,

- Konservierung,

- Reproduzierbarkeit.

Aufgrund des oben Gesagten komme ich zum Schluss, dass politische Online-Konferenzen eine einzigartige Gesprächssorte darstellen, in der sich Techniken dialogischen Sprechens mit dem Schriftsprachlichen mischen. Schriftsprachliche Elemente weisen dabei auf geplantes Sprechen hin, Unmittelbarkeit und Spontaneität gehören zu den dialogischen Kommunikationsstrategien in Online-Konferenzen.

1.5. ÖFFENTLICHKEIT IN POLITISCHEN ONLINE-KONFERENZEN

So wie bei den anderen Massenmedien bleibt auch in der politischen Online-Kommunikation ein Konflikt präsent: Einerseits setzt politische Kommunikation in der Demokratie Vertrauen voraus, andererseits leitet sich politische Kommunikation aus politischen Machtstrukturen ab, was die Chancen politischer Akteure auf Teilnahme an Kommunikationsprozessen und somit die Qualität politischer Kommunikation beeinflusst. Dies führt dazu, dass den Politikern nur begrenzte Glaubwürdigkeit zugeschrieben wird.

Politische Kommunikation reflektiert in ihren Inhalten und Formen die Machtbestrebungen der politischen Akteure. Ausdifferenzierte politische Organisationen wie Parteien oder Staatsorgane haben spezielle Einheiten für die

---

[31] Manchmal kommt die sogenannte indirekte Intonation bei der Schriftsprache vor durch Ausrufe- oder Fragezeichen oder durch das Großschreiben, z.B.:

(...)wird die NATO / UNO ALLES unternehmen? (...)

(...)Können Sie mir irgendwelche Hinweise geben!!!(...)

(...)Bricht die NATO (...) nicht die Genfer Konvention (...), wenn sie zivile Ziele bombardiert (...) und einen souveränen staat angreift???

Außenkommunikation eingerichtet: Pressezentren, PR-Referate. Auf der Grundlage des zur Verfügung stehenden Budgets können sich andere ressourcenarme Organisationen eine solche professionalisierte Vielkanal-Außenkommunikation nicht leisten.

Eine der wichtigsten Kategorien eines politischen Systems ist die des Vertrauens gegenüber dem gesamten System oder einzelnen Akteuren. Diesen Vertrauensvorschuss benötigen Politiker, um überhaupt verbindliche Entscheidungen treffen und umsetzen zu können, die in der Demokratie von der Öffentlichkeit akzeptiert werden sollen.

In den letzten Jahren ist die Unglaubwürdigkeit der politischen Akteure zum „common sense" geworden. In einer Umfrage aus dem Jahr 1994 unterstützten 65 Prozent der Befragten folgende Stellungnahme: „Den Politikern ist heutzutage jedes Mittel recht, um ihre Partei an der Macht zu halten oder an die Macht zu bringen. Sie scheuen sich nicht, Tatsachen zu verdrehen oder zu beschönigen, um dadurch die Wahlen zu gewinnen. Das zeigt, dass etwas faul ist in unserem Staat." (Marschall 1999: 159) Daraus ergeben sich auch niedrige Vertrauenswerte der Politiker: Nur neun Prozent der Befragten brachten 1995 den Abgeordneten des Deutschen Bundestages „großes Vertrauen" entgegen, 48 Prozent „nicht so großes Vertrauen" und 37 Prozent „nur wenig Vertrauen"; das Ansehen von Bundestagsabgeordneten war bei nur 17 Prozent „hoch" oder „sehr hoch" (ebd., 160).

Die Kommunikation der politischen Akteure mit der Öffentlichkeit findet heute vorwiegend in den Massenmedien statt. Die Massenmedien dienen als „Brücken zur Welt der Politik". Sie werden als Vermittlungskanäle gezielt genutzt, dabei „[verschwindet] hinter der dargestellten Politik die hergestellte" (ebd., 160). Als Folge einer solchen manipulativen Darstellung von Politik ist die Entfremdung der Bürger von der Politik zu beobachten und deren sinkende Bereitschaft, an den politischen Ereignissen teilzunehmen.

Marschall ist der Meinung, dass die Dauer der generellen Mediennutzung in Verbindung mit dem Grad der Entfremdung und der damit verbundenen Beteiligungsbereitschaft stehen: „Personen, die bei ihrer Mediennutzung eine Unterhaltungsorientierung erkennen lassen, haben eher eine negativere Einstellung zur Politik als Personen mit Informationsorientierung." (Marschall 1999: 162)

Diese These wird auch bei der Analyse des Untersuchungsmaterials bestätigt. Die Umfrage unter den Beteiligten an den politischen Online-Konferenzen zeigt, dass die meisten nicht nur informations-, sondern auch unterhaltungsorientiert sind, es wird auf die Neugierde und Spannung bei einem ‚unmittelbaren' Gespräch mit führenden Politikern hingewiesen. Im Laufe der Konferenz werden aber meistens keine neuen Informationen erlangt, es wird auch wenig oder überhaupt nicht auf die Bemerkungen und Meinungen einzelner Teilnehmer eingegangen, was zur Frustration und einer negativen Einstellung zu politischen Online-Konferenzen führt. An dieser Stelle möchte ich Eindrücke einiger Beteiligten zitieren:

> *„Die Antworten brachten mir nichts Neues… Der Vertreter der Regierungspartei hat meine Bemerkungen mit voellig nichtssagenden Standardfloskeln „beantwortet", wie sie ein halbwegs interessierter Mensch tagtaeglich hoeren und lesen konnte. Auf meine Bemerkungen ist er nicht eingegangen."* (Reinhard Bink)

> *„Der Sinn meiner Anfragen war nicht nur, Informationen einzuholen, sondern auch diese Menschen dazu zu bewegen, in den von mir angeschnittenen Fragen flexibler zu denken / handeln. Ich glaube, die Erwartung war zu hoch und deshalb ging sie nicht in Erfüllung. Nicht in meinem Fall."* (Abbas Djavadi)

> *„Mein Eindruck: die Antwort schien mir ziemlich pauschal zu sein: nichts Neues. Aber immerhin fühlte ich mich durch die Antwort geehrt…Dialog mit Politikern ist nur sinnvoll, wenn man entweder etwas bewegen kann oder etwas erfährt, was nicht in der Zeitung stand. Für beides besteht nach meinem Eindruck nur eine sehr geringe Wahrscheinlichkeit."* (Reinhard Lauer)

> *„Es war anfangs schon spannend direkten Kontakt zu haben mit Politikerinnen. Fuer mich ist das ernstnehemen des gegenuebers auch sehr wichhtig, das heisst auch auf die Fragen antworten, selbbst wenn es nachher ist… das ist fuer mich Kommunikationskultur, die wichtig ist gerade wenn es uebers Netz passiert."* (Irene Schumacher)

Die Massenmedien sind heutzutage nicht die einzelnen Kanäle, die von politischen Akteuren in Anspruch genommen werden. Hinzu kommen auch politische Veranstaltungen und öffentliche Begegnungen, sowie die neuen Medien. Politische Öffentlichkeit stellt dementsprechend kein homogenes Gebilde dar, sondern setzt sich aus mehreren Teilöffentlichkeiten zusammen, die unterschiedliche politische Kommunikationsdienste in Anspruch nehmen und zum Teil miteinander vernetzt sind. Die Beteiligten an den Online-Konferenzen des Deutschen Bundestages bilden eine von diesen vielen Teilöffentlichkeiten. Die Zahl der Personen in dieser Gruppe wächst in raschem Tempo. Während es im Oktober 1995 in Deutschland etwa 550.000 Hosts waren, waren es im Oktober 2002 vermutlich schon 2.553.145[32]. Die Zahl derjenigen, die in Deutschland mehrmals wöchentlich online gehen, wurde im 2. Quartal 1999 auf 11,2 Millionen geschätzt. Das entspricht 17,7 Prozent der Bevölkerung ab 14

---

[32] "Internet-Statistiken" URL: http://www.denic.de/DENICdb/stats/index.html (27.11.2002)

Jahren. In den letzten drei Jahren ist diese Zahl auf 44,1 Prozent gestiegen – im Jahre 2002 greifen 28,3 Millionen Deutsche regelmäßig auf das Internet zu[33]. Es ist nicht zu übersehen, dass gerade im Internet den politischen Parteien und Organisationen sich eine Chance anbietet, jeden einzelnen (zukünftigen) Wähler zu erreichen und in bestimmter Weise zu beeinflussen, um somit die eigene Zukunft zu sichern:

> Daß es sich bei den Onlinern um eine ressourcenstarke Personengruppe mit überdurchschnittlich hoher formaler Bildung handelt, also um (potenzielle) Meinungsführer und Multiplikatoren, macht diesen Personenkreis für die politische Kommunikation besonders interessant. (Marschall 1999: 162f.)

Nach Angaben der Internet-Redaktion des Deutschen Bundestages[34] ist die Zahl der Anwendersitzungen und die Zahl der Zugriffe im Jahr 1999 gestiegen. Es gab im diesem Jahr insgesamt knapp 40 Millionen Zugriffe auf die Seiten des Deutschen Bundestages (Zum Vergleich: 1996 - 3,5 Mio., 1997 - 10,1 Mio., 1998 - knapp 30 Mio. Zugriffe). In die Mailing-Liste über die Aktivitäten der Öffentlichkeitsarbeit haben sich inzwischen fast 20.000 Interessierte eingetragen[35].

Diese zunehmende Ausweitung politischer Öffentlichkeit auf das Netz zwingt politische Akteure dazu, sich stärker der Online – Kommunikation zuzuwenden. „An Internet-Kommunikation beteiligen sich mittlerweile die zentralen politischen Akteure auf Bundes- und Landesebene, beispielweise die Parlamente und Regierungen. Auch die Parteien und Fraktionen haben nach und nach Netzangebote eingestellt." (Marschall 1999: 163) Während noch viele Politiker in Deutschland dem neuen Medium misstrauisch gegenüber stehen, versuchen andere, es im eigenen Interesse oder im Interesse der eigenen Partei zu benutzen, was aber nicht immer erfolgreich abläuft. Das widerspiegelt sich in den Meinungen der an Online-Konferenzen beteiligten Bürger:

> ➢ *„Online – Chats fuer den Kontakt mit Politikern halte ich fuer nutzlos, weil a) die BürgerInnen zuwenig mit dem Medium Chat umgehen koennen und b) die PolitikerInnen das meist ebenfalls nicht koennen."* (Kurt Jaeger)

> ➢ *„Ich denke, so was sollte nicht chatartig organisiert sein (wo PolitikerInnen mitmachen, die oft wenig Umgang mit Internet haben, denen jemand die Statements der UserInnen vorliest und jemand anderer die Antworten eintippt), sondern so, dass sie sich gelegentlich einklicken*

---

[33] "ARD/ZDF-Online Studie 2002" URL: http://www.das-erste.de/studie/ (27.11.2002)

[34] Letzte Umfrage zum Internet-Programm des Deutschen Bundestages wurde 2001 durchgeführt.

[35] URL: http://www.bundestag.de/blickpkt/arch_bpk/viernetz.htm (14.11.1999)

(selbst, ein paar Tage lang immer wieder, in eine laufende Debatte)." (Alexandra Bader)

Die niedrigeren Benutzerwerte der ‚direkten' Kommunikation in der deutschen Politik zeigen sich auch darin, dass der größte Teil politischer Kommunikation außerhalb des Internets, vor allem in den Massenmedien abgewickelt wird, und darin, dass viele politische Online-Angebote Massenmedien, in erster Linie Printmedien kopieren. Aber je mehr Menschen Zugang zum Netz haben, desto sinnvoller werden, meiner Ansicht nach, solche Online-Konferenzen sein.

Online-Kommunikation zwischen Politikern und Zivilgesellschaft, also zwischen Repräsentanten und Repräsentierten, steht in dieser Arbeit im Vordergrund. Im Internet bieten sich günstige Voraussetzungen für eine glaubwürdige politische Kommunikation, da die Vermittlungsinstanzen traditioneller politischer Öffentlichkeit wegfallen. Das ermöglicht einen unmittelbaren kommunikativen Kontakt zwischen politischen Akteuren und Bürgern[36], was ein wahrheitsgetreues Bild vom politischen Handlungsbereich und seinen Akteuren vermittelt und den Bürgern eine Gelegenheit bietet, die politische Führungselite zu kontrollieren. In der Online – Kommunikation entstehen „diskursive Situationen, in denen die Gesprächspartner in einer gleichgewichtigen Auseinandersetzung aufeinander eingehen können" (Marschall 1999: 164).

Die Frage ist nun, ob diese Möglichkeiten zur unmittelbaren Kommunikation in Online-Konferenzen wirklich realisiert werden. Diese Frage stellen sich auch die Teilnehmer solcher Konferenzen:

> ➢ *„Hat Schäuble wirklich selbst getippt oder einen Ghostwriter beauftragt?"* (Reinhard Lauer)

> ➢ *„Mir kam schon auch das Gefuehl, ob denn ueberhaupt die Personen dasitzen."* (Irene Schumacher)

Die Untersuchungen bestätigen diese Vermutungen. So ermittelte z.B. Thomas Zittel 1998, dass E-Mails an US-amerikanische Senatoren von den Mitarbeitern aufgenommen werden, zum Teil von ihnen bearbeitet und nur in einzelnen Fällen an die Abgeordneten weitergeleitet werden. Oft werden von politischen Organisationen Autoresponder eingesetzt, bei denen die automatische Antwort als solche nicht zu erkennen ist. Aus der vermeintlichen Interaktion zwischen Bürgern und Politikern wird dann die Kommunikation zwischen Bürgern und Maschine/Software. Marschall (1999) führt Beispiele an, wenn Diskussionsforen und Online-Konferenzen des Bundestages moderiert werden. Das Potenzial der Online – Kommunikation hinsichtlich des Aufbaus einer

---

[36] Dieser Kontakt bleibt aber indirekt, was durch das technische Kommunikationsmittel bedingt ist.

unmittelbaren kommunikativen Begegnung zwischen politischen Akteuren und Bürgerschaft wird häufig nicht realisiert, es wird stattdessen eine Illusion von kommunikativer Partizipation vermittelt, die den tatsächlichen Beteiligungschancen nicht entspricht, was zu einem Schwund an Glaubwürdigkeit bei den beteiligten Bürgern führt:

> *„Eindrücke: Völlig sinnloses, inhaltsleeres Gequassel! Oberflächenpolitik! Volksverarschung!!!!!!!!!!!! Bei der Antwort des Vertreters CDU/CSU wird doch deutlich, dass überhaupt nicht die Absicht bestand, sich auf ernsthafte Diskussion einzulassen."* (Axel Härtig)

> *„Bei solchen Ereignissen ist der kurze Adrenalin-Spiegel beim Chatten der Kick, nicht wirklicher Austausch zwischen Politik und Buergerschaft." Über die Perspektiven von politischen Online-Konferenzen: „Keine sonderliche. Beschaeftigungstherapie fuer PolitikerInnen und BürgerInnen, ohne tieferen Sinn... Ablenkung vom Wesentlichen."* (Kurt Jaeger)

> *„Ich habe mich nicht mehr beteiligt und werde das kaum mehr tun. Welche Erkenntnisse die Beteiligten aus der Veranstaltung gezogen haben, ob die Beitraege des Publikums irgendeine Wirkung hatten, das vermag ich nicht zu sagen. Ich glaube nicht, dass das der Fall war. Vielleicht kann man die Tatsache, dass sich ueberhaupt Leute beteiligten, als Erfolg werten. Schliesslich ist viel von Politikverdrossenheit die Rede."* (Reinhard Bink)

Heutzutage ändert die Online-Öffentlichkeit noch nichts an der Machtpropaganda des Politischen und an seiner Ausstrahlung auf den Bereich der politischen Netzkommunikation. In langfristiger Perspektive können sich jedoch wünschenswerte Auswirkungen einstellen, wenn über die politischen Steuerungsmechanismen neu nachgedacht wird, politische Informationsangebote attraktiv und glaubwürdig gestaltet werden, so dass sie Interesse wecken könnten, und „wahrhaftigeres kommunikatives Vorgehen der Akteure gefördert wird, bei dem politische Kommunikation ihre Interessensteuerung nicht verleugnet, sondern ihre Präferenzen unter Bekenntnis der Zielsetzungen in faire Aushandlungsprozesse einbringt" (Marschall 1999: 169). Wer es schafft, diese Bedingungen zu erfüllen, wird in der Zukunft auf dem politischen Feld gewinnen.

2. THEORETISCHE ASPEKTE VON VORWURF-RECHTFERTIGUNGSSEQUENZ

2.1. DEFINITION DES HANDLUNGSMUSTERS ‚RECHTFERTIGEN'

Die Pragmatische Orientierung[37] in der Sprachwissenschaft hat dazu geführt, dass jede Sprechhandlung in einem Handlungszusammenhang untersucht wird. Sprechhandlungen werden nicht mehr als einzelne, vom Wissenschaftler konstruierte Sprechakte (wie es z.b. bei Searle (1992) der Fall ist) analysiert, sondern als Sprechhandlungssequenzen, z.b. Frage – Antwort, Aufgaben stellen – Aufgaben lösen, Vorwurf – Rechtfertigung (vgl. Ehlich/Rehbein 1986: 11), denen andere nichtkommunikative Handlungen vorangehen oder folgen können. Dabei sind auch die soziokulturellen Faktoren der jeweiligen Kommunikationsgemeinschaft zu berücksichtigen. In der Pragmalinguistik werden neben den Intentionen des Handelnden und der Sprache selbst die Interaktionsbedingungen in die Analyse mit einbezogen, wie z.b. Situationsbeschreibung, Beziehungen zwischen den Interagierenden, gesellschaftliche, soziokulturelle und individuelle Zusammenhänge, in denen sich die Kommunikanten befinden, in denen sie ihre Erfahrungen gemacht und ihre Sprache gelernt haben.

Im Weiteren konzentriere ich mich auf das Vorwurf-Rechtfertigungsmuster, wobei zuerst zu betonen ist, dass in der vorliegenden Arbeit bei der Analyse von Vorwurf-Rechtfertigungssequenzen keine Universalität beansprucht wird, da die Darstellung nicht allgemeiner, sondern mehr empirischer Natur ist. Daher wird hier eine beschränkte allgemeine Gültigkeit postuliert, die durch gesellschaftliche bzw. soziokulturelle Faktoren in Deutschland und in Europa bedingt ist.

Wenn jemand beschuldigt wird, etwas Unrechtes getan oder etwas unterlassen zu haben, wird von ihm argumentierendes Sprechen über diese Handlung erwartet. Dieses argumentierende Sprechen kann in Form einer Entschuldigung, Rechtfertigung, Erklärung oder Begründung stattfinden, dabei können diese Sprechhandlungen einzeln sowie als Teile einer Handlungsabfolge vorkommen.

Bei einer Rechtfertigung wird die Verantwortung für eine inkriminierte Handlung übernommen, dabei verteidigt sich der Rechtfertigende gegen einen Vorwurf, indem er auf Zulässigkeit, Richtigkeit oder positive Konsequenzen seiner Handlung hinweist. Die Interagierenden befinden sich in einem gemeinsamen Handlungsraum, sie verfügen über das (sprachliche)

---

[37] S. Näheres dazu bei Heusinger (1995), Wagner (2001).

Handlungsmuster-Wissen. Dieser gemeinsame Handlungsraum, oder das Umfeld eines Sprachmusters, ist eine notwendige Bedingung für den Vollzug einer Vorwurf-Rechtfertigungssequenz. Das Handlungsmuster Vorwurf – Rechtfertigung ist dabei eines von verschiedenen Elementen des Alltagswissens und der alltäglichen gesellschaftlichen Praxis, welche in den Köpfen der Handelnden präsent sind.

Ausgangspunkt für jede Vorwurf-Rechtfertigungssequenz ist immer ein Konflikt zwischen den Interaktanten, wenn sie unterschiedliche Positionen oder Meinungen über eine Handlung haben. Dabei kann die Handlung selbst im Moment der Disputation nicht beobachtet werden, beobachtbar ist nur die Interpretation der Handlung von den Kommunikanten, die

> sich in einem Aushandlungsprozeß [befinden], der im Idealfall dazu führt, dass sie für sich ein Stück „intersubjektiver Wirklichkeit" herstellen, wobei jeder Akteur von seiner Sicht / Position heraus agiert, von der er [...] voraussetzt, dass sie allgemeine Gültigkeit besitzt; durch den Vorwurf wird die Wirklichkeit des „Angegriffenen" in Frage gestellt, durch seine Rechtfertigung die des „Angreifers" – und nun muß im Idealfall eine neue gemeinsame Wirklichkeit erarbeitet werden, wobei allerdings jeder der beiden versucht, seine Wirklichkeit als gemeinsame durchzusetzen. (Heine 1990: 12)

Bei der Vorwurf-Rechtfertigungsinteraktion wird zum Gegenstand des Sprechens immer die Interpretation einer beabsichtigten oder schon ausgeführten Handlung bzw. einer Sprechhandlung. Da die Interagierenden nach Ehlich / Rehbein über ein Handlungswissen verfügen, werden bei der Vorwurf-Rechtfertigungssequenz bestimmte Abfolgeschemata befolgt. Wenn einem Sprechenden X von einem Sprechenden Y[38] vorgeworfen worden ist, etwas angerichtet oder unterlassen zu haben, und wenn der Sprecher X daran interessiert ist, das gemeinsame Handlungssystem aufrecht zu erhalten und die Sanktionen seitens Y oder eines Dritten (wie der Öffentlichkeit bei den politischen Online-Konferenzen) zu vermeiden, muss der Sprecher X in geeigneter Weise auf diesen Vorwurf reagieren, z.B. begründen, warum er die ihm vorgeworfene Handlung getan hat oder nachweisen, dass er sie nicht getan hat.

Ehlich/Rehbein betrachten Rechtfertigung als einen Untertyp der Sprechhandlung ‚Begründung':

> Die Rechtfertigung erweist sich also als ein Untertyp des Begründungstyps Handlungsbegründung. Dadurch, dass C[39]

---

[38] Hier und weiter: Y = der Angreifende (der Offendent), X = der (Sich-) Rechtfertigende (der Defendent).

[39] Als C wird hier die vorgeworfene Handlung bezeichnet.

das zusätzliche Merkmal „Tangierung der Integritätszone von H" hat, wird die Handlungssequenz Begründen spezifisiert zur Handlungssequenz Rechtfertigen. (Ehlich / Rehbein 1986: 119)

Unter Begründung wird also ein assertiver, sachverhaltsbezogener Sprechakt verstanden, wenn es sich um eine wahre, glaubwürdige Äußerung über einen bestimmten Sachverhalt, eine Tatsache, ein Ereignis handelt. Dabei wird ein weiter Begründungsbegriff benutzt, der sowohl Erklärungen wie auch Rechtfertigungen umfasst[40]. In diesem Fall

bezieht sich [die Begründung] auf einen möglicherweise auftretenden oder faktisch bereits aufgetretenen Defekt innerhalb eines Handlungssystems, das verschiedenen Aktanten gemeinsam und dessen Operieren für die Kontinuität ihrer Kooperation unumgänglich ist. Sie stellt Wissen zur Verfügung oder macht es präsent, das in der Lage ist, Hinderungen im interaktionalen Handlungsablauf zu beseitigen. (Ehlich / Rehbein 1986: 24)

Eine solche Vorwurf-Begründungs- bzw. Rechtfertigungssequenz wird meistens in zwei Ausdrucksformen eingeleitet: „Warum ist es der Fall, dass p?" oder „Welche Gründe gibt es dafür, dass p?" (vgl. Heine 1990: 24), dabei können in einer rechtfertigungsverlangenden Frage sowohl Sprechhandlungen als auch praktische Handlungen thematisiert werden, im ersten Fall geht es um die Ansichten eines Sprechers, im zweiten – um Handlungen eines Akteurs. Bei der Sprechhandlung Rechtfertigung wird der Vorwurf, den Ehlich / Rehbein als Prä-E bezeichnen (Ehlich / Rehbein 1986: 101), häufig in das sprachliche Gewand einer (Warum-)Frage gekleidet, z.B:

Warum haben die Parteien und die Bundesregierung (natürlich auch die EU) acht lange Jahre zugeschaut, wie ein jugoslawischer Despot wütet und zuerst die einen und dann die anderen zur Strecke bringt? (http://www.bundestag.de/blickpkt/arch_trs/leuhsa2.htm)

---

[40] Durch das angesprochene zusätzliche Merkmal einer Vorwurf-Rechtfertigungssequenz ist der Begründungsbegriff bei Ehlich / Rehbein weiter als der einer Rechtfertigung, denn bei einer Rechtfertigung werden auf einen Vorwurf oder Einwand Gründe vorgetragen, die zeigen sollen, dass eine negative Einschätzung der vorgeworfenen Handlung vom Interaktanten falsch ist. Den Unterschied zwischen der "reinen" Begründung und der "Rechtfertigungsbegründung" besteht also darin, dass im zweiten Fall eine personengerichtete Sprechhandlung auf der Beziehungsebene vollzogen wird, wenn die psychische Einstellung der Interaktanten zu dem Sachverhalt ausgedrückt wird.

Andererseits ist der Begriff eines Begründungssprechaktes enger als der des Rechtfertigens. So kann von der Rechtfertigung einer Äußerung sowohl dann die Rede sein, wenn der Sprecher zugibt, dass sie zwar unbegründet ist, aber erforderlich war, um Unheil zu verhindern. Deshalb wird in dieser Arbeit zwischen Begründung i.S. von Ehlich/Rehbein und einem Begründungs-Sprechakt unterschieden, der als Handlungsmittel in Rechtfertigungshandlungen oft vorkommt.

§ 26 Abs. 1 GG verbietet es der Bundesrepublik, einen Angriffskrieg zu führen. Als Abgeordneter des Deutschen Bundestages haben Sie für den Einsatz unserer Streitkräfte gestimmt. Mit welcher juristischen Spitzfindigkeit können Sie mir Ihren ganz persönlichen Verfassungsbruch plausibel machen? Oder wurde unsere Staatlichkeit von Jugoslawien in Frage gestellt? (http://www.bundestag.de/blickpkt/arch_trs/bindiru.htm)

Derjenige, der die Frage „Warum hast du es getan?" stellt, erwartet vom Befragten eine der Situation oder dem Sachverhalt entsprechende Antwort bzw. eine Begründung. Wenn der Befragte das Verhalten des Gesprächspartners als Vorwurf, Beschuldigung, Aufforderung verstanden und interpretiert hat, und darauf eingeht, indem er sich verteidigt, haben wir es mit einem Vorwurf-Rechtfertigungsmuster zu tun.

In der Brockhaus Enzyklopädie wird eine Rechtfertigung folgendermaßen definiert:

> Rechtfertigung: *1)Philosophie:* Die rationale Begründung eigener Einstellungen und Handlungen. Die Möglichkeit der Rechtfertigung im Sinne der Begründbarkeit ist eine wesentliche Voraussetzung für die intersubjektive Verständigung über Werte und Normen. (Brockhaus Enzyklopädie 1998: Bd. 18, 118)

Es ist für uns ganz normal und wir erwarten es, dass der Mensch, dem die Frage: „Warum hast du es getan?" als Vorwurf gestellt wird, sich mit einer entsprechenden Antwort rechtfertigt. Das ist keine bloße Gewohnheit, das ist eine obligatorische Bedingung für die Verständigung zwischen Menschen.

Krebs bezeichnet Rechtfertigung als „Vorwurfsrelativierung der Rede" (Krebs 1993: 121). Beim Rechtfertigen werde zwar begründet, aber es komme ein moralisch wertendes Moment hinzu. Für Wagner liegt eine Rechtfertigung vor, wenn „das Verhalten (Handlung, Tat) des Sprechers gegen das Normempfinden des Hörers [verstößt] und der es deswegen für erklärungs- bis rechtfertigungsbedürftig [hält]. Der Sprecher begründet nun nicht nur sein Verhalten, sondern auch dessen „Anstößigkeit", um so die Vorbehalte des Hörers auszuräumen" (Wagner 2001: 393).

Alle oben angeführten Definitionen von Rechtfertigung weisen auf den explizit oder implizit ausgedrückten Zweifel, Vorwurf, oder auf die Anklage hin und legen damit den Zusammenhang der Rechtfertigungshandlung zu der vorausgegangenen Handlung (und somit auch zu der Vorgeschichte[41]) fest. In der Rechtfertigung werden dabei ein oder mehrere Aspekte einer Handlung

---

[41] Zur Vorgeschichte einer sprachlichen Handlung s. Harras (1977) sowie Kap. 2.3. der vorliegenden Arbeit.

thematisiert, die schon in dieser vorausgegangenen Sprechhandlung angesprochen oder problematisiert wurden.

Gegenstand von Vorwürfen sind Einstellungen, Verhaltensweisen oder Handlungen. Sie zu rechtfertigen ist eine Möglichkeit, auf einen Vorwurf zu reagieren, aber nicht jede Reaktion auf einen Vorwurf ist eine Rechtfertigung. Nur wenn jemand begründet, warum er etwas für berechtigt hält, rechtfertigt er es. Der Defendent nimmt an, die Thematisierung bestimmter Aspekte der Handlung sei brauchbar, um sich zu rechtfertigen: entweder so zu argumentieren, dass die ihm vorgeworfene Handlung richtig war, oder so, dass er berechtigt war, die inkriminierte Handlung durchzuführen.

Die Thematisierung von Aspekten einer fraglichen Handlung wird mittels verbaler Äußerungen zum Ausdruck gebracht, die Behauptungscharakter haben, dabei gelten

> Urteile oder Behauptungen [...] als gerechtfertigt, wenn die Gründe für ihre Wahrheit zureichend, oder zumindest plausibel und akzeptabel und akzeptierbar sind. Die Rechtfertigung von propositionellen Einstellungen (wie Annehmen, Vermuten, Glauben, Wissen), von Handlungen und Normen erfolgt entweder durch Hinweis auf Tatsachen oder die Darlegung von Gründen. Dementsprechend unterscheidet man häufig Tatsachenfragen, bzw. den Beweis der Tatsache (quid facti) und Berechtigungsfragen, bzw. den Beweis des Rechts oder der Befugnis (quid iuris). (Haller 1980: 540)

Der (Sich-) Rechtfertigende gibt also Gründe für die Wahrheit der fraglichen Handlung an, indem er begründet, dass er berechtigt war, so zu handeln, oder indem er auf Tatsachen verweist, die sein Handeln seiner Meinung nach rechtfertigen. Als Gründe einer Handlung können Angaben von Zielen, Wünschen, Absichten und/oder Erklärung der Handlungsursachen und Bedingungen genutzt werden.

Für eine Rechtfertigung sollen dementsprechend folgende Kriterien erfüllt sein:

- interaktionale Einbettung (auf solche Fälle, wenn sich der Mensch für eine von ihm selbst vollzogene Handlung vor sich selbst rechtfertigt, wird in dieser Arbeit nicht eingegangen);

- vorausgegangene (Sprech-) Handlung von einem der Interaktanten oder von der Gruppe von Menschen (z.B. Politiker, Partei, Parteigruppe etc.), zu der einer der Interagierenden gehört;

- Vorwurf oder Kritik wegen dieser Handlung seitens der anderen Interaktanten;

68

- Verteidigung des Täters durch argumentative Thematisierung relevanter Aspekte der inkriminierten Handlung, dabei können die angegebenen Argumente durch weitere andere Argumente gestützt und damit verteidigt werden.

Man reagiert auf einen Vorwurf, indem man etwas erklärt, begründet, feststellt, auf etwas hinweist, sich für etwas entschuldigt[42] etc. Eine Rechtfertigung kann sowohl aus einem wie auch aus mehreren von diesen Handlungstypen bestehen, am häufigsten kommen aber Begründungen und Erklärungen vor. Zwischen Begründungen und Erklärungen wird in dem Sinne unterschieden, dass

> wenn nach dem Warum einer Handlung gefragt wird, [wird] in Begründungen ein Grund oder das Motiv des Handelnden für die Handlung thematisiert [...], während [...] in Erklärungen die Absicht des Handelnden oder Das Interesse (der Zweck oder das Ziel), das der Handelnde mit der Handlung verfolgt, thematisiert wird. (Völzing 1979: 15)

Eine Rechtfertigung ist also Verteidigung von Handlungen, die auf Fragen, Vorwürfe, Zweifel, direkte oder versteckte Beschuldigungen folgt und bei der Argumentieren, Erklären, Begründen als Handlungsmittel benutzt werden.

Bei der Analyse von sprachlichen Handlungen sollen diese in einen umfassenden Handlungsrahmen eingeordnet werden, da sie meistens eine, für die Untersuchung relevante, Vor- und Nachgeschichte haben oder Bestandteile einer Interaktion sind, die ein übergeordnetes Ziel hat.

Im Weiteren gehe ich ausführlicher auf die Beschreibung einer Rechtfertigung ein, die in der Kommunikation grundsätzlich als eine der zwei möglichen Reaktionen auf einen Angriff (Vorwurf) erfolgt.[43] Die zweite mögliche Reaktion ist nämlich eine Entschuldigung, mit der die Rechtfertigung oft verwechselt wird. Austin weist darauf hin und unterscheidet zwischen Entschuldigungen und Rechtfertigungen folgendermaßen (vgl. Austin 1974: 33f):

1. In einem Entschuldigungsfall akzeptiert der Kommunikationspartner den Vorwurf, dass seine (Sprech-) Handlung negativ war, erklärt aber, dass er für diese Handlung nicht oder nicht voll verantwortlich ist.

2. In einem Rechtfertigungsfall wird von dem Kommunikationspartner die Verantwortung für seine Handlung übernommen, er akzeptiert aber nicht

---

[42] Hier und weiter in diesem Kapitel werden einzelne Sprechakte und nicht komplexe Sprechhandlungen bzw. Sprechpläne gemeint. Eine ausführliche Charakteristik der einzelnen Sprechakte, die bei einer Rechtfertigung möglicherweise vorkommen, wird im Kap. 2.2. gegeben. S. dazu auch Kap. 3.1. dieser Arbeit.

[43] Die anderen Möglichkeiten wie etwa Zurückweisung, Ausweichmanöver, Gegenvorwürfe werden an dieser Stelle nicht berücksichtigt. Sie werden kurz auf den nächsten Seiten erläutert.

den Vorwurf, es sei eine verkehrte Handlung. Während bei einer Entschuldigung die Verantwortlichkeit für eine Handlung abgelehnt wird, wird bei einer Rechtfertigung die explizit oder implizit ausgedrückte negative Einschätzung dieser Handlung vom Defendenten abgelehnt.

Als Bedingungen dafür, dass der Sprecher Y einen Vorwurf macht, gibt Heine drei notwendige Annahmen/Einschätzungen an (vgl. Heine 1989: 48):

(1) Y ist sicher, sein Kommunikationspartner X habe die Handlung A getan. Er behauptet also einen Sachverhalt;

(2) Y hält X für die Handlung A verantwortlich, somit wird die Verantwortung für einen Sachverhalt behauptet;

(3) A ist in Augen von Y eine verkehrte, ‚schlechte' Handlung. Der behauptete Sachverhalt wird von Y bewertet.

Wenn der Sprechende X auf den Vorwurf eingeht[44] und den Sachverhalt (1) nicht bestreitet, ergeben sich für ihn verschiedene Reaktions-Möglichkeiten:

• Die erste und die einzige, die in dieser Arbeit untersucht wird, ist eine Rechtfertigung, wenn X die Verantwortung für A, also (2) akzeptiert, aber nicht mit Y die Meinung teilt, A sei eine verkehrte Handlung gewesen, also (3) nicht akzeptiert.

• Eine Entschuldigung, wenn X (3) akzeptiert, aber nicht (2).

• Ein Zugeständnis und meistens eine danach folgende Entschuldigung, wenn X sowohl (2) als auch (3) akzeptiert. Beim Zugeständnis von allen drei Annahmen des Y ist m.E. keine Rechtfertigung möglich, da das Zugeständnis immer eine (volle) Übernahme der Verantwortung für eine Handlung ausschließt.

• Eine Erklärung, wenn X weder die Behauptung (2) noch (3) akzeptiert. X geht dabei nicht auf den Angriff des Y ein, sondern nimmt eine Richtigstellung vor, indem er die Handlung A anders bewertet und außerdem seine Verantwortung dafür bestreitet. Dabei ist entweder eine Zurückweisung des Vorwurfs möglich, wenn der Sachverhalt (1) oder die Verantwortung und die Bewertung (2+3) bestritten werden, oder es handelt sich um einen Gegenvorwurf bzw. Schuldabwälzen, wenn die Verantwortung und Schuld dem Offendenten selbst, einer anderen Person/Personengruppe zugeschrieben werden.

---

[44] Im entgegen gesetzten Fall ist es das Ignorieren des Vorwurfs.

Eine Rechtfertigung ist also ein Reaktionszug von X, bei dem er sich gegen einen Angriff (eine Beschuldigung) verteidigt. In einer Vorwurf-Rechtfertigungsinteraktion haben wir es immer mit einer Konfliktsituation zu tun: Für den Angreifenden Y liegt in der Handlung A von X – zumindest latent – ein Konflikt vor, der ihn veranlasst, X anzugreifen. Für Y gibt es etwas an A oder an einem Aspekt von A, was ihn verletzt, was ihm „falsch" vorkommt und seine Akzeptanz von A stört.

Inwieweit der Konflikt explizit angesprochen wird und wie dieser Angriff aussieht, hängt davon ab, was A für eine Handlung ist, wie wichtig sie für Y ist, was an A und wie bzw. in welcher Weise A ihn stört. Hier gibt es eine ganze Reihe von Angriffs- bzw. Vorwurfsmöglichkeiten.

Selbstverständlich wird in politischen Online-Konferenzen, wo das Gespräch zwischen Interaktanten als Frage-Antwort-Abfolge strukturiert ist, die Sprechhandlung ‚Rechtfertigung' nur dann vollzogen, wenn die Äußerung des Sprechpartners als Vorwurf bewertet ist.

Rehbein (1972: 298) unterteilt Vorwurfshandlungen in 4 Untertypen:

1. Klassifizierung des Sachverhalts,

2. Verletzung einer Präferenz vom Vorwerfenden,

3. Identifizierung des Täters,

4. Kontextvergleich des Sachverhalts.

Wenn X jetzt den Vorwurf von Y akzeptiert und sich rechtfertigt, wird in seiner Reaktionsäußerung der Konflikt ausgehandelt, indem er Rechtfertigungsgründe für A angibt. In der nächsten Phase der Kommunikation, die normalerweise ein unentbehrlicher Teil der Vorwurf-Rechtfertigungssequenz ist, können diese Gründe von Y honoriert oder nicht honoriert werden.

Heine (1989: 52f.) betrachtet die Vorwurf-Rechtfertigungsinteraktion als konventionelle Handlungsabfolge, als Handlungssequenz, in der eine durch die innere Logik des Geschehens bestimmte Abfolge von Handlungen vorkommt. Dabei werden in der Kommunikation die Prozesse der Selektion von relevanten Elementen einer Handlung, ihrer Einschätzung, Bewertung und ihres Einbringens in einen Dialog durch gesellschaftlich mögliche und bereitstehende verbale Handlungen gesteuert. Für den Vollzug einer interaktiven Handlungssequenz sollen folgende Voraussetzungen erfüllt sein:

1. Wenigstens zwei Handlungen werden dabei ausgeführt.

2. Jede Handlung der Sequenz, die nicht eröffnend ist, steht in regelhaftem Zusammenhang mit der vorangehenden Handlung.

3. Jede Handlung der Sequenz, die nicht im Zusammenhang mit der vorangehenden Handlung steht, kann bzw. wird in regelhaftem Zusammenhang mit der nachfolgenden stehen.

4. Mindestens zwei Partner sind beteiligt.

5. Jeder Partner handelt nach mindestens einer Komponente.

6. Jede Handlung ist in gewissem Sinn als Reaktion auf die vorangehende Handlung anzusehen, falls es eine solche gibt. (Heine 1989: 53)[45]

Jedes sprachliche Handlungsmuster hat eine bestimmte Struktur: Bei einem Vorwurf-Rechtfertigungsmuster verarbeitet Y in der Phase 1 die Information über eine ‚praktische' bzw. kommunikative Handlung von X, die vor oder während der Kommunikation zwischen Y und X stattgefunden hat. Da diese Handlung Y in irgendwelcher Weise ‚stört', veranlasst sie ihn, mit einem Angriffszug eine Vorwurf-Rechtfertigungsinteraktion zu eröffnen. Für X seinerseits ist dieser Angriff der Anlass, einen Rechfertigungszug in der Phase 2 zu machen, wenn sich seine Bewertung von A von der Bewertung des Gesprächspartners unterscheidet.

Eine Vorwurf-Rechtfertigungsinteraktion beinhaltet immer eine bestimmte soziale Beziehung zwischen den Interaktanten oder diese Beziehung wird im Vorwurf von Y gegenüber einer Fehlhandlung von X etabliert. In dem Vorwurf bringt Y seine Nicht-Akzeptanz von A zum Ausdruck, dabei hält er sich für vorwurfsberechtigt, denn:

(1) Y's Erwartungen bzgl. Handlungsausführung oder –unterlassung, für die X (mit)verantwortlich ist, sind nicht bzw. nur teilweise erfüllt.

(2) X hat bestimmte Präferenzen von Y verletzt, bzw. zugelassen, daß sie verletzt wurden.

(3) X hat bestimmte Normen verletzt (oder dies zugelassen); Y nimmt an, daß diese Normen, deren Befolgung in seinem Interesse liegt, auch von X befolgt werden müssen (bzw. eine Befolgung auch von X gutgeheißen würde).

(4) Y erwartet eine Stellungnahme (Entschuldigung, Rechtfertigung, bzw. Klärung von Mißverständnissen) von X bzgl. A.

(5) Y reagiert (gegebenenfalls) mit Sanktionen, wenn X nicht angemessen auf den Vorwurf antwortet.

---

[45] Heine weist aber auch auf die Fälle hin, wo die Sequenzierung explizit nicht erkennbar ist, z.B. wenn sich der Sprecher gegen einen möglichen, noch nicht realisierten Vorwurf verteidigt oder für sich selber, monologisch, eigene Handlungen erklärt und rechtfertigt.

(6) Y setzt voraus, daß X Alternativhandlungen kennt, die den Vorwurf nicht ausgelöst hätten.

(7) Y kennt den Handlungsraum von X bzw. ist (zumindest) über einen Teil seiner früheren Handlungen informiert.

(8) Y nimmt an, daß X die Präferenzen von Y kennt bzw. über den nötigen ‚komplementären Wissensstand' verfügt. (Heine 1989: 57)

Wenn X die Handlungspräsuppositionen von Y nicht bestreitet, startet er Phase 2 der Interaktion, indem er auf den Vorwurf eingeht oder nicht. Im zweiten Fall gibt es für ihn die Möglichkeit, Ausweichmanöver zu versuchen: den Vorwurf zu ignorieren oder ihn zurückzuweisen.

Wenn X auf den Vorwurf eingeht, kann er sich für seine Handlung A entschuldigen (Entschuldigungsfall) oder sich gegen den Angriff verteidigen (Rechtfertigungsfall):

> Eine Rechtfertigung zeichnet sich also im Gegensatz zu einer Entschuldigung dadurch aus, daß der Defendent die Handlungsbewertung und –rekonstruktion des Offendenten nicht akzeptiert, sondern sie bestreitet, indem er versucht, argumentativ und unter Ausnutzung seines Sozialstatus eine eigene Handlungsbewertung und –rekonstruktion gegenüber dem Offendenten durchzusetzen. (Frankenberg 1976: 57)

Das Ziel des Defendenten X ist dabei, solche Rechtfertigungsgründe und Argumente anzuführen, dass der Offendent Y sie akzeptiert und seine Meinung bezüglich A ändert.

Beide Interaktanten ordnen die problematische Handlung A „in einem bestimmten Kontext einem bestimmten Handlungsziel" zu (Heine 1989: 60), kommen aber zu verschiedener Einschätzung von A. Entscheidend für den Erfolg einer Rechtfertigungshandlung ist, dass X nun treffsichere Gründe für Handlung A finden und damit seine eigene Perspektive, unter welcher X die Handlung A sieht, dem Gesprächspartner Y präsentieren soll. Bei der Rechtfertigung versucht nun X, die seiner Meinung nach relevanten Aspekte seiner Perspektive zu thematisieren, was zeigen soll, dass die Beurteilung von Y falsch ist, dass X Recht hatte, als er so gehandelt hat oder dass seine Handlung zulässig war.

Dabei stehen ihm verschiedene Begründungsmöglichkeiten zur Verfügung, seine positive bzw. nicht negative Einschätzung der Handlung zu verteidigen (vgl. Rehbein 1972: 310ff. und Wagner 2001: 394):

1. Er kann eine Handlungsumdeutung vornehmen und die Tat anders kategorisieren, was durch geeignete Argumente gestützt wird. Rehbein

nennt diese Strategie „Verneinung des Unrechts" (z.B. nicht ‚klauen',
sondern ‚borgen'). In Anlehnung an Wagner nenne ich diese Strategie
„Umdeuten des Vorgeworfenen".

2. Bei einem umstrittenen Sachverhalt kann er auf eine positive
Folgewirkung hinweisen oder auf seine moralischen Standards. Die
Konsequenzen der vorgeworfenen Handlung werden anders bewertet,
indem der Täter den Schaden leugnet. Oder er bezweifelt die Unschuld
des Opfers und erklärt, warum das Opfer den Schaden verdient hat.
Rehbein nennt diese Technik „parteiischer Richter vs. parteiischer
Verteidiger" und weist weiter darauf hin, dass das Opfer für den
Defendenten in verschiedene Kategorien geteilt werden: Es kann dem
Täter als sein nächster Gegner vorkommen, als Angehöriger einer
Minderheit, als Inhaber dubioser oder normativ-abweichender Rollen etc.
Diese Strategie wird in der vorliegenden Arbeit als **„Verweisung auf
positive Folgen"** bezeichnet.

3. Es kann auch auf ungleiche Behandlung verwiesen werden, wenn z.B. ein
anderer, der dasselbe getan hat, nicht zur Rechenschaft gezogen wurde.
Dabei lehnt der Sprecher die Norm (die Grundlage) ab, von der aus der
Hörer ihm den Vorwurf macht und durch welche die Handlung
rechtfertigungsbedürftig wird. Als eine notwendige Voraussetzung für
diese Rechtfertigungsstrategie nennt Rehbein „ein bestimmtes, geltendes
Äquivalenzsystem sozialer Handlungen, das ohne Ansehen der Person
anzuwenden ist". Bei dieser Strategie wird vom Defendenten selbst die
Notwendigkeit einer Rechtfertigung bestritten, daher heißt sie in dieser
Arbeit **„Abstreiten der Vorwurfsnorm".**

4. Der Defendent kann die ihm vorgeworfene Handlung für zulässig
erklären, da sie in einem größeren Handlungszusammenhang
berücksichtigt werden muss, weil diese in sich negative Handlung
aufgrund eines übergeordnetes Ziels dem Interesse eines Anderen oder
einer Gruppe von Personen dient, denen sich der Handelnde verpflichtet
fühlt. Er kann sich auch auf eine höhere Norm berufen oder auf seine
eigene Präferenz, die seiner Meinung nach höher zu bewerten ist als eine
allgemein akzeptierte Norm. Rehbein bezeichnet diese Taktik als
„Berufung auf Solidaritäten", ich werde sie als **„Berufung auf höhere
Norm"** bezeichnen.

5. Der Defendent kann berichten bzw. rekonstruieren, wie es zur Handlung
A gekommen ist, dabei kann er auf situative Bedingungen oder
bestehende Abmachungen verweisen. Bei so einer „Rechtfertigung durch
Bericht und Rekonstruktion" werden „die einzelnen Schritte und
Ereignisse [...] als notwendige hingestellt, so daß es gar keine andere
Alternative gegeben haben konnte" (Rehbein). Der Sprecher beruft sich

auf eine höhere Gewalt. Diese Strategie nenne ich **„Verweisung auf Umstände".**

6. Der Sprecher gibt zwar zu, die vorgeworfene Handlung ausgeführt zu haben, bestreitet aber in seiner Rechtfertigung die ‚böse' Absicht, die ihm der Offendent bei der Ausführung dieser Handlung unterstellt. Meistens kommt diese Strategie durch eine „Rechtfertigung als Entschuldigung" zum Ausdruck und heißt **„Bestreiten der Absicht".**

Noch eine von Rehbein genannte Rechtfertigungstechnik nämlich die „Nichtanerkennung der Autorisierung des Vorwurfs" (Rehbein 1972: 313) betrachte ich nicht als eine Rechtfertigung. Wir haben es hier m.E. mit einer Zurückweisung des Vorwurfs zu tun, weil hier nicht argumentiert wird, sondern die ganze Konfiguration Kläger – Beklagter abgelehnt und das Recht des Offendenten einen Vorwurf zu machen bestritten wird. Bei einer Zurückweisung des Vorwurfs kann der Beschuldigte die Ernsthaftigkeit oder die Aufrichtigkeit des ‚Angreifers' bezweifeln, oder auf seine fehlende Kompetenz verweisen. X kann auch die Handlungspräsupposition von Y bestreiten, z.B. erklären, dass die ihm vorgeworfene Handlung anders oder überhaupt nicht stattgefunden hat. Er kann auch den Vorwurf ignorieren oder das Gesprächsthema wechseln, was von Rehbein als Ausweichmanöver bezeichnet wird. Der ‚Angriff' kann auch akzeptiert werden, indem X die vorgeworfene Handlung zugibt und /oder sich dafür entschuldigt. Im Weiteren werde ich nicht mehr auf diese Reaktionsmöglichkeiten eingehen, da es in solchen Fällen keine Rechtfertigung vorliegt.

2.2. TAXONOMIE DER SPRACHLICHEN RECHTFERTIGUNGSHANDLUNGEN

In dieser Untersuchung werden nur Rechtfertigungsbeispiele analysiert, also Sprechhandlungen, mit welchen sich der Defendent gegen einen ‚Angriff' verteidigt. Frankenberg ist der Meinung, in jeder Vorwurf-Rechtfertigungssequenz findet ein Kompetenzstreit statt,

> in dem auf der Inhaltsebene um die argumentative Zuständigkeit einer Handlungsbewertung und/oder –rekonstruktion verhandelt oder gestritten wird. Gleichzeitig findet auf der Beziehungsebene eine ‚negotiation of identities', ein Aushandeln oder Erkämpfen der günstigsten Situationsrolle statt, um von dort aus argumentativ optimal verhandeln zu können: Streit um die soziale Zuständigkeit. Beide Kompetenzstreitigkeiten laufen parallel zueinander, indem sie sich wechselseitig bedingen. (Frankenberg 1976: 69)

Der Sprechhandlungstyp ‚Rechtfertigung' ist sequentiell determiniert, d.h. dass er einerseits einen Teil der Vorwurf-Rechtfertigungsinteraktion bildet, andererseits durch den Vollzug unterschiedlicher illokutionärer Sprechakte realisiert werden kann. Das zweite Merkmal nämlich unterschiedliche illokutionäre Handlungstypen lege ich der Taxonomie von rechtfertigungsrelevanten Sprechakten[46] zugrunde. In der unten vorgeschlagenen Taxonomie geht es darum, Sprechakte zu unterscheiden, die in einer Rechtfertigung vorkommen. Jeder einzelne Sprechakttyp bezieht drei verschiedene Bereiche aufeinander: kommunikative Funktion (mit Proposition), Äußerungsform und Äußerungskontext. Definierendes Kriterium hier ist die Funktion[47].

Als zweites entscheidendes Merkmal betrachte ich die Handlungsvalenz. Dabei stütze ich mich auf die Untersuchungen von Mathias Kohl und Bettina Kranz, die die searleschen Sprechaktklassen in Untermuster aufgeteilt haben (s. Kohl/Kranz 1992: 1).

Bei der Handlungsvalenz geht es um die Frage, ob einer Rechtfertigungshandlung eine oder mehrere andere Handlungen vorausgehen. Hier unterscheide ich zwischen zweiwertigen und drei- oder mehrwertigen Rechtfertigungen. Mit einer zweiwertigen Rechtfertigung reagiert der Sprechende unmittelbar auf die vorhergehende kommunikative Handlung des Kommunikationspartners nämlich auf den Vorwurf oder auf den eigenen Selbstvorwurf. Diese vorhergehende Sprechhandlung ist eine obligatorische Voraussetzung für eine Rechtfertigung. Wenn es dem Defendenten gelungen ist, Gründe vorzubringen, die sein Verhalten erklären und die vom Offendenten in seinem nächsten Sprechzug akzeptiert werden, dann wird die Vorwurf-Rechtfertigungssequenz zufriedenstellend beendet. Da in diesem Fall ein zufriedenstellendes Ergebnis erreicht ist und zwischen den Interaktanten ein Konsens besteht, braucht sich X nicht mehr zu rechtfertigen, seine Rechtfertigungshandlung ist zweiwertig. In der kommunikativen Praxis handelt es sich aber oft um komplexe Vorgänge: Y kann die von X angeführten Gründe zur Ausrede oder die von X verteidigte Norm für nicht akzeptabel erklären, oder er bezweifelt die Gültigkeit der Argumente von X; Y kann auch die moralischen Standards von X angreifen etc. Das kann wieder ein Anlass für Rechtfertigungshandlungen sein und das ganze Schema von Vorwurf und Rechtfertigung kann noch einmal ablaufen. Die zweite und die folgenden

---

[46] In der Funktionalen Pragmatik ist der Begriff ‚Sprechakt' nicht übernommen. Stattdessen spricht man von einer Sprechhandlung. In der vorliegenden Arbeit werden aber beide Begriffe verwendet. Die Sprechhandlung ‚Rechtfertigen' wird als komplexe Sprechhandlung des Begründens aufgefasst, die durch den explizit ausgedrückten oder vom Defendenten antizipierten Vorwurf in Gang gesetzt wird. Einzelne Sprechakte sind demgegenüber Äußerungen, die der Defendent im Rahmen einer Rechtfertigung zur Stützung seiner Argumentation formuliert. Zum Unterschied zwischen einem Sprechakt und einer Sprechhandlung s. auch Kap. 3.1.

[47] Äußerungs- oder Situationskontext wird ausführlich im 1. Kapitel (s.1.4. und 1.5.) erläutert; auf Äußerungsform gehe ich im dritten Kapitel ein, wo die sprachlichen Prozeduren beschrieben und analysiert werden.

Rechtfertigungsversuche in einer kommunikativen Situation bezeichne ich als drei- oder mehrwertig.

Ausgehend von den bereits genannten Rechtfertigungstechniken, komme ich zur Schlussfolgerung, dass sowohl bei zweiwertigen als auch bei mehrwertigen Rechtfertigungen hauptsächlich nur eine Klasse von Sprechakttypen vorkommt und zwar Assertiva (Darstellungshandlungen nach Wagner), deren illokutive Kraft darin besteht, „zu sagen, wie die Dinge sind" (Wagner 2001: 154). Bei den Rechtfertigungen kommen zwei Illokutionsgruppen der Assertiva zum Ausdruck nämlich Informations-Sprechakte, die den Gesprächspartner auf die Wahrheit einer ausgedrückten Proposition festlegen[48], und zweitens Bewertungen, in welchen eine bestimmte psychische Einstellung zu einem im propositionalen Gehalt spezifizierten Sachverhalt ausgedrückt wird.

Der einzige Unterschied zwischen zwei- und mehrwertigen Rechtfertigungszügen sind dabei insistente Rechtfertigungs-Sprechakte. Bei einem erfolglosen Kommunikationsversuch, wenn die erste Rechtfertigungshandlung gescheitert ist, wird das angestrebte Ziel (bei einer Rechtfertigung – Y`s Modifizierung der Bewertung von der vorgeworfenen Handlung H) mit gleichen oder auch mit anderen Mitteln weiter verfolgt , die aber nicht aus dem Rahmen der vorgeschlagenen Taxonomie hinaus gehen.

Hier möchte ich auf die Einzelheiten der am Ende dieses Abschnitts dargestellten Klassifikation eingehen. Da die möglichen drei- bzw. mehrwertigen Rechtfertigungs-Sprechakte mit den zweiwertigen identisch sind, werden sie nicht noch einmal erklärt.

Sprachliche Informationshandlungen gehören in der klassischen Sprechakttheorie zur Familie der Assertiva. In einem Informations-Sprechakt führt der Sprecher Gründe dafür an, dass die von ihm ausgedrückte Proposition einen in der Tat bestehenden Sachverhalt wiedergibt.

In Abhängigkeit von der Frage, ob der Defendent erklärt, wie es zu seiner Handlung gekommen ist, ob er an der Glaubwürdigkeit der im Vorwurf ausgedrückten Proposition zweifelt oder seine Überzeugung zum Ausdruck bringt, dass diese Proposition nicht wahr ist, lassen sich zweiwertige Rechtfertigungs-Informationsakte in drei Gruppen untergliedern: **erläuternde,**

---

[48] Das Verständnis von Informations-Sprechakten in dieser Arbeit unterscheidet sich aber von ihrem alltäglichen Gebrauch, wo die Bedingungen des propositionalen Gehalts als richtig, sachlich, wertfrei und für den Hörer neu formuliert werden. Im Kapitel 1.4. wurde schon darauf hingewiesen, dass die Informationshandlungen eines Politikers bei seinen öffentlichen Auftritten immer eine zusätzliche Funktion erfüllen: Sie liefern nicht nur neue Informationen, die sonst nicht zugänglich sind, sondern sie enthalten gleichzeitig ein Werbungs-Element. Dazu Holly: "INFORMIEREN [ist] in der Politik immer auf andere Ziele hin funktionalisiert" (1990: 164).

problematisierende und zurückweisende (s. Tabelle 2 am Ende des Abschnitts).

In der ersten Gruppe unterscheide ich zwischen **feststellenden** und **übermittelnden** Sprechakten. Durch den Vollzug von **feststellenden** Sprechakten versucht der Rechtfertigende seinen Gesprächspartner davon zu überzeugen, dass seine positive Bewertung von der problemtischen Handlung H richtig ist. Beim (Sich-) Rechtfertigen werden solche Sprechakttypen dieser Klasse wie *behaupten, konstatieren, zugeben* und *zustimmen* verwendet.

Bei einer *Behauptung* nimmt der Sprecher an, der Hörer sei bezüglich einer Sache anderer Meinung (bei einer Rechtfertigung negativer Meinung), was seiner Meinung nach falsch ist. Behauptet werden kann nur das, was strittig ist. (z.B.: *„Aber diese Stelle ist das beste vom ganzen Buch"*).

Beim *Konstatieren* weiß der Sprecher, dass der von ihm thematisierte Sachverhalt dem Hörer schon bekannt ist. Damit will er die Geltung der ausgedrückten Proposition stärker betonen und seiner Äußerung mehr Glaubwürdigkeit verleihen und sie überzeugender machen. (z.B.: *„Hallo Herr Zeilmann, die Kriminalität ausländischer Jugendlicher nimmt stark zu"*).

Zugeben bedeutet, auf die negative Bewertung eines Sachverhalts seitens des Hörers einzugehen, indem der im Vorwurf schon thematisierte Sachverhalt vom Sprecher noch einmal zum Ausdruck gebracht wird. Beispiel aus dem Zeit-Interview mit Gerhard Schröder:

> *ZEIT: Sie haben zwar von Armut und Reichtum in der Welt gesprochen. Aber hat nicht auch Ihre Regierung den "Süden" weitgehend vergessen?*

> *Schröder: Der Vorwurf ist nicht unberechtigt. "*

Ähnlich wird auch bei einer *Zustimmung* die vom Vorwerfenden ausgedrückte Proposition vom Defendenten wiederholt, er zeigt seine Übereinstimmung mit dem Adressaten in diesem konkreten Punkt, was letztendlich auch wie beim Konstatieren zur Glaubwürdigkeit seiner Äußerung beiträgt. (z.B.: *„Ich glaube, wir brauchen Hilfe." – „Das wollte ich auch sagen."*).

Mit **übermittelnden** Sprechakten weist X auf die Fakten hin, die seiner Meinung nach Y nicht bekannt sind und die Y dazu bewegen können, seine Bewertung von H zu modifizieren. Hier sind folgende transmissive Typen zu nennen: *informieren, mitteilen, hinweisen, benachrichtigen, erklären, erläutern, berichten.*

Beim *Informieren* und *Benachrichtigen* wird dem Hörer etwas Neues übermittelt, was er noch nicht weiß und was er nach der Überzeugung des

Sprechenden unbedingt wissen muss, um seine negative Meinung zu ändern. (z.B.: *„Die Ursachen der Gewaltbereitschaft von Jugendlichen und Kindern sind von einer wissenschaftlichen Kommission untersucht worden und es hat sich herausgestellt, dass es vielfältige Ursachen gibt")*.

Anders ist es bei einer **Mitteilung**, wenn der Sprecher nur annehmen kann, neue Fakten würden die negative Bewertung des Adressaten modifizieren können. (z.B.: *„wie Sie wissen, ringen wir in unserer Partei um den richtigen Weg, um die richtigen Mittel, diese ethnische Säuberung zu beenden, die sichere Rückkehr der Flüchtlinge zu ermöglichen und einen Demokratisierungsprozess zu fördern. Dieser Konflikt zerreißt uns, weil niemand für sich behaupten kann, ein Patentrezept zu haben.")*.

Ein **Hinweis** auf bestimmte Tatsachen leistet einem Politiker bei der Rechtfertigung große Hilfe, indem er Beispiele anführen kann oder Parallelen ziehen, die seine positive Bewertung erklären und beweisen können. (z.B.: *„ Es gilt also abzuwägen zwischen Gefahren durch möglichen Missbrauch und Gefahren durch Kriminelle. Ich finde allerdings, darüber wird der Bürger nicht genug aufgeklärt. Insbesondere durch Zahlenmaterial. Am Beispiel Lauschangriff: So wird zwar jährlich einem Kontrollgremium die Anzahl und Art der Überwachungen gemeldet, allerdings werden keine Zahlen zur Effektivität ermittelt. ")*.

Erklären hat auch eine informative Funktion, das ist aber ein komplexer Sprechakt, da hier vom Sprecher eine bestimmte Argumentation aufgebaut wird, um dem Hörer Zusammenhänge zwischen den problematischen Sachverhalten zu zeigen. Als eine Variation des Erklärens kann man **Deuten** bezeichnen, wenn bestimmte Zeichen erklärt werden. (z.B.: *„Frauen vertragen weniger Alkohol. Der Mediziner Dr. Arthur Güthner aus Tübingen erklärt: „Bei Frauen geht der Alkohol ungefiltert ins Blut. Bei Männern sorgt ein Enzym schon im Magen für den Abbau des Alkohols. Zudem haben Frauen meist weniger Körpergewicht als Männer, so dass zwei Gläser Wein bei ihnen so wirken wie drei Gläser beim Mann.")*.

Erläutern liefert zusätzliche Informationen über ein Wort oder einen Ausdruck, die dem Hörer möglicherweise nicht bekannt sind. Erläuterungen haben oft die Form eines Relativsatzes. (z.B.: *„Ohr, bei den Wirbeltieren und dem Menschen paarig angelegtes Sinnesorgan, das primär ein Organ des statischen Sinns darstellt, wobei das Gleichgewichtsgefühl allein vom Innen-Ohr vermittelt wird.")*.

Beim **Berichten** stellt der Sprecher eine in der Vergangenheit bereits stattgefundene Handlung oder ein in der Gegenwart stattfindendes Ereignis sprachlich dar. Dabei kann er auch eine Person bzw. einen für seinen Bericht relevanten Gegenstand **beschreiben**. Dieser Sprechakt kommt vor allem in einer

Rechtfertigung durch Bericht und Rekonstruktion vor. (z.B.: *"Nach Augenzeugenberichten stand der Täter, der an der Sitzung im Rathaus der 90.000-Einwohner-Gemeinde teilgenommen hatte, um etwa 01.00 Uhr nach Abschluss der Beratungen auf, zog eine Waffe und gab etwa 40 Schüsse auf die Abgeordneten ab. Zahlreiche Menschen wurden in Kopf und Oberkörper getroffen. Mehrere Umstehende stürzten sich auf den Schützen, der daraufhin eine zweite Pistole zog und noch mehr Menschen verletzte, bevor er endgültig überwältigt wurde."*).

Die erläuternden Sprechakttypen außer dem Typ ,Berichten' können bei allen sechs Rechtfertigungstechniken verwendet werden.

Problematisierende Informations-Sprechakte stellen eine indefinite Reaktion auf die vorherige Sprechhandlung (Vorwurf) dar. In Rechtfertigungsfällen ist diese Gruppe mit glaubwürdigkeitsbezweifelnden Typen vertreten. Ihr Ziel ist es, dem Offendenten zu verstehen zu geben, der Defendent würde glauben, dass die im Vorwurf ausgedrückte Proposition nicht besteht. Zu dieser Klasse sind die Sprechakttypen *anzweifeln, korrigieren, kritisieren* und *hinterfragen* zu zählen.

Beim *Anzweifeln* hält der Sprecher einen vom Hörer ausgedrückten Sachverhalt für unglaubwürdig, unwahrscheinlich oder nicht ganz zutreffend. In seiner Sprechhandlung gibt er das dem Hörer zu verstehen. Beispiel aus dem Interview mit dem Berliner SPD-Chef Peter Strieder:

> *Journalist: Gysi wird Wowereit die Show stehlen.*
>
> *Strieder: Das sehe ich ganz anders. Seit Klaus Wowereit Regierender Bürgermeister ist, hat er sehr viel aus seinem Amtsbonus gemacht. Er hat dafür gesorgt, dass Berlin nicht mehr als die piefige, verstaubte Stadt wahrgenommen wird wie unter Diepgen. Die Ausstrahlung Wowereits ist Teil des neuen Berlin, und das ist eine große Chance für Berlin. Seine Fähigkeit, mit Charme auf andere zuzugehen, nutzt der Stadt sehr im Werben um nationale und internationale Investoren. Er nimmt die Außenkontakte der Stadt viel ernster als sein Vorgänger. Wenn Gysi in Talkshows ist, ist das ebenfalls nützlich. Es kann Berlin nur gut tun, wenn verschiedene Charaktere für die Stadt werben.*

Korrigieren dient zur Richtigstellung eines Irrtums oder eines Fehlers in der Äußerung des Hörers, dabei ändert der Sprecher den propositionalen Gehalt dieser Äußerung. Beispiel aus der Konferenz mit Hans-Peter Kemper:

> *Fiechtl: Zu Ihren Erklärungen bezüglich des Lauschangriffes an R. Gehrke: Sie vergaßen zu erwähnen daß bei Gefahr im Verzug ein Abhören auch ohne richterlichen Beschluß stattfinden kann. Dieser*

*muß zwar schnellstmöglich nachgereicht werden aber die Aktion ist
dann eben schon gelaufen.*

Kemper: *Hallo Herr Fiechtl! <u>Es ist nicht richtig, daß bei Gefahr im
Verzug ein Lauschangriff ohne richterlichen Beschluß stattfinden kann.
Hier reicht allerdings die Entscheidung eines Einzelrichters aus.</u>*

Kritisiert werden können die Einstellungen des Gesprächspartners gegenüber
dem problematischen Sachverhalt, der (Sich-)Rechtfertigende informiert seinen
Kommunikationspartner, dass er diese Einstellung nicht teilt. Kritisieren hat
immer einen negativ bewertenden Aspekt in sich. Beispiel aus dem Interview
mit Gregor Gysi:

> **Journalist:** *Sie reden wie der Regierende Bürgermeister. Stehlen Sie
> Klaus Wowereit die Show?*
>
> **Gysi:** *Ach, Quatsch. <u>Sie schätzen mich falsch ein.</u> Ich bin loyal. Ich
> weiß, was meine Rolle wäre: Ich bin der zweite und eben nicht der erste
> Mann.*

Beim **Hinterfragen** versucht der Sprecher über die Motive, Absichten und
Gründe zu erfahren, warum die andere Person so und nicht anders denkt und
sich berechtigt hält, einen Vorwurf zu machen. Die Fragen können diese Person
dazu bewegen, ihre Meinung über einen bestimmten Sachverhalt zu ändern und
den Vorwurf zurückzunehmen. (z.B.: *„Warum kommst du so spät?"* – *„Und
wann bist du gekommen? Sind alle anderen schon da?"*).

Die aufgezählten problematisierenden Sprechakte sind für die ersten zwei
Rechtfertigungstechniken typisch nämlich für das ‚Umdeuten des
Vorgeworfenen', wenn die Tat anders kategorisiert wird, und für die
‚Verweisung auf positive Folgen', wenn die Konsequenzen der vorgeworfenen
Handlung positiv dargestellt werden.

Bei **zurückweisenden** Informations-Sprechakten geht X zwar auf den Vorwurf
ein, reagiert aber äußerst negativ auf den in diesem Vorwurf behaupteten
Sachverhalt. Mit negierenden Sprechakten wie **bestreiten, abstreiten, verneinen,
widersprechen, widerlegen** oder **leugnen** zeigt er seine Überzeugung, dass die
ausgedrückte Proposition nicht wahr ist.

Beim **Bestreiten, Abstreiten** und **Leugnen** verneint der Sprecher die vom Hörer
ausgedrückte Proposition, beim Leugnen ist aber „die Wahrscheinlichkeit der
Wahrheit bei der Beschuldigungsbehauptung größer" als beim Ab- oder
Bestreiten (Wagner 2001: 246). Im Rechtfertigungsfall wird meistens eigene
Verantwortung für die problematisierende Handlung bestritten, indem der
Sprecher behauptet, er habe damit nichts zu tun. Beispiel aus der Konferenz mit
Hans-Peter Kemper:

Hülsemann: Herr Kemper, ich finde es grotesk, wie Sie die Kriminalität herunterspielen ("Kriminalität ist kein Schicksal, ...").

Kemper: Vielen Dank, daß Sie sich melden auf eine Stellungnahme von mir. <u>Ich kann mich nicht erinnern, daß ich Kriminalität heruntergespielt habe.</u> Ich bin dafür, daß jede Straftat verfolgt und jeder Täter bestraft wird. Ich bin allerdings auch der Meinung, daß wir alles tun müssen, um die Entstehung von Kriminalität vermeiden.

Verneinen ist eine negative Antwort auf eine möglicherweise den Vorwurf enthaltene Frage. Beispiel aus der Konferenz mit Marina Steindor:

Absender: Denken Sie nicht, daß man mit einer solch negativen Haltung auch Arbeitsplätze gefährdet bzw. die Entstehung neuer verhindert?

Steindor: Nein. Wir wollen neue Arbeitsplätze mit umweltfreundlichen Technologien schaffen.

Widersprechen zeigt das Nicht-Akzeptieren der Darstellung eines Ereignisses bzw. eines Problems. Dadurch gibt der Sprecher zu verstehen, dass er eine andere Version von der dargestellten Gegebenheit hat (z.B.: „ *Unser Lehrer sagt, das Gift im Schweinefleisch ist lebensbedrohend wegen der Mittel, die man den Schweinen einspritzt, damit sie schneller wachsen und weniger Fett ansetzen.*" – *„ <u>Das ist Unsinn, dazu haben wir unser Gesundheitsministerium. Unser Gesundheitsminister würde nie zulassen, dass Schweine verkauft werden, die ein Zuviel an Giften im Körper haben.</u>"*).

Beim *Widerlegen* gibt der (Sich-) Rechtfertigende Gründe an, die gegen eine Behauptung des Hörers gerichtet sind, auf nachweisbaren Tatsachen basieren und somit diese Behauptung als nicht zutreffend darstellen. Beispiel aus der Konferenz mit Marina Steindor:

„Kiss": Wie kommt es zu dieser Technologie-Feindlichkeit in Deutschland? Ist das die Angst vor dem Neuen?

Steindor: <u>Es gibt keine Technologiefeindlichkeit in Deutschland. Umfragen haben ergeben, daß die Bevölkerung Technik sehr differenziert bewertet. Atomtechnologie und Gentechnik werden sehr kritisch bis ablehnend angesehen. Umwelttechnologie und Kommunikationstechniken werden befürwortet.</u>

Negierende Sprechakte sind zwar für die Zurückweisung eines Vorwurfs geeignet, sie sind aber manchmal bei den ersten drei Rechtfertigungstechniken zu finden, nämlich beim ‚Umdeuten des Vorgeworfenen', beim ‚Verweis auf positive Folgen' und beim ‚Abstreiten der Vorwurfsnorm', wenn der

Rechtfertigende die Gerechtigkeit des Vorwurfs bestreitet. Sie kommen auch bei der Rechtfertigung als Entschuldigung vor, wenn die Absicht bestritten wird.

Insistente Sprechakte, deren Ziel ist es, den Kommunikationspartner von der Wahrheit der im früheren Sprechakt ausgedrückten Proposition zu überzeugen, sind immer mehrwertig. Sie setzen eine frühere Rechtfertigung von X voraus, auf die Y mit einer negativen Stellungsnahme reagiert. Im dritten oder weiteren Zug der Sequenz bezieht sich dann X sowohl auf seine eigene Handlung (erste Rechtfertigung) wie auch auf die reaktive Handlung von Y. Mit diesen Sprechakten besteht der Sprecher X auf der Richtigkeit seiner Einschätzung der Situation. Mit argumentativen Sprechakten dieser Klasse: *begründen, beweisen* und *berufen* wird das Ziel verfolgt, Y glaubhaft zu zeigen, wie die von Y bezweifelnde Proposition hergeleitet ist.

Begründet werden Behauptungen, wenn ihre Wahrheit angezweifelt worden ist. Der Sprecher gibt Argumente für seine Meinung an und versucht damit „eine Veränderung im Wissen des Hörers" zu erreichen (Ehlich/Rehbein 1986: 94). Z.B.:

> *X: Ihre Beweise sind nicht anerkannt.*

> *Y: Warum? Ich habe ja einen zuverlässigen Beweis angeführt.*

> *X: Ihre Beweise haben sich während der Untersuchung nicht bewahrheitet. Und über dokumentarisches Beweismaterial verfügen Sie leider nicht.*

Beim **Beweisen** stützt sich der Sprechende auf nachprüfbare Tatsachen, die auch für den Hörer Beweiskraft haben. Z.B.:

> *X: Wir verdächtigen, dass Herr A. gegen das Suchgiftgesetz verstößt.*

> *Y: Wie kommen Sie denn darauf? Haben Sie irgendwelche Beweise?*

> *X: In seinem Hotelzimmer wurden Drogen gefunden. Außerdem haben wir einen Rauschgifthändler festgenommen. Und durch ihn sind wir diesem Herrn auf die Spur gekommen. Nach unseren Angaben ist er in den international organisierten Rauschgifthandel verwickelt.*

Um die Überzeugungskraft seiner Äußerung zu erhöhen, kann sich der Sprecher auf gleiche oder ähnliche Ansichten von Autoritäten **berufen.** Dies können Personen, Normen oder Texte (z.B. Gesetz) sein. Beispiel aus dem Chat mit Gottfried Heller, Chef der Fiduka Depotverwaltung:

> *ace: haben sich ihrer Meinung nach die langfristigen Aussichten von aktein aufgrund der terroranschläge verschlechtert (wegen Angst vor Bio-oder Chemieattacken)?*

Gottfried Heller: *man hat schon beim golfkrieg 90/91 große angst vor biochemischen waffen gehabt.* <u>*ich berufe mich auf experten, die sagen, dass zwar solche anschläge durchaus nicht auszuschließen sind, aber dass sie weniger wahrscheinlich sind, als die art von terroranschlägen, wie wir sie erlebt haben.*</u>

Wie erläuternde Informations-Sprechakte können die insistenten Sprechakte Basis für alle Rechtfertigungstechniken liefern, besonders sind sie für die Rechtfertigung als ,Verweisung auf Umstände' geeignet.

Bewertungen stellen auch assertive Sprechakte dar, in welchen eine Einschätzung des Sachverhalts vorgenommen wird. In Bewertungen „ordnet der Sprecher ein Objekt/eine Begebenheit einem bestimmten Bewertungsaspekt zu und gibt das Ergebnis einem Hörer zur Kenntnis. Die Wertvorstellungen der Vergleichsbasis können sowohl subjektiv (Geschmack) als auch sozialgesellschaftlich (schichtspezifisch) oder institutionell-staatlich (Gebrauchsnormen, Gesetze u.a.) vorgegeben sein, wobei alle drei Bereiche sich gegenseitig beeinflussen." (Wagner 2001: 201) Bewertungen beziehen sich auf die Werttypen ,positiv' oder ,negativ' und ergeben so zwei Gruppen: Positiv- und Negativbewertungen. Da das Ziel einer Rechtfertigung Erreichen von Y`s positiver Bewertung der fraglichen Handlung ist, werden in der Klassifikation nur positiv bewertende Sprechakte in Betracht gezogen. Dabei unterscheide ich zwischen ***Meinungsäußerungen*** und **verdienstbetonenden Positivbesprechungen.** Die ersten signalisieren X's positive Einstellung zu einem Sachverhalt, für welchen er selbst (mit)verantwortlich ist, worüber er auch Y in Kenntnis setzen will. Beispiel aus dem Spiegel-Interview mit dem Musiker Billy Bob Thornton:

> ***Thornton:*** *[...] Das ist nicht die Sorte Musik, mit der man viel Geld verdient. Aber darum geht es mir nicht.*

> ***Spiegel:*** *Worum dann?*

> ***Thornton:*** <u>*Ich freue mich darüber, dass die Platte in den USA bei den Kritikern sehr gut angekommen ist. So ein Lob ist unbezahlbar.*</u>

Verdienstbetonende Positivbesprechungen kommen in Sich-Rechtfertigungen nicht vor, weil mit solchen Handlungstypen normalerweise die Leistungen eines Dritten lobend hervorgehoben werden. Es kann entweder ***Gutes-Nachsagen*** kann, wenn sich der Sprecher über die Person dieses Dritten positiv äußert (Beispiel aus dem Spiegel-Gespräch mit dem Pakistans Präsidenten Pervez Musharraf: *„Ich bin nicht sicher, ob Zahir Schah wirklich auf die Dauer in sein zerstörtes Land zurückwill. Er ist seit Jahrzehnten gewohnt, in westlichen Palästen zu residieren, und wohl zu alt, um seinen Lebensstil ganz umzustellen. Vielleicht hätte er für eine Übergangszeit eine Rolle spielen können, <u>aber jetzt</u>*

ist der charismatische Karzai am Ruder. Er weckt Vertrauen, ihn gilt es zu unterstützen."), oder **Fürsprechen,** wenn die Handlungen des Dritten positiv dargestellt werden.

Ich möchte aber an dieser Stelle darauf hinweisen, dass jede Rechtfertigung einen bewertenden Aspekt aufweist, unabhängig davon, welche Sprechakte sie konstituieren. Außerdem ist jede Sprechsituation einzigartig, so dass das Verhältnis zwischen der sprachlichen Oberfläche bzw. der Sprechaktverkettung innerhalb einer Sprechhandlung und dem inneren Zusammenhang eines sprachlichen Handlungsmusters bei gleichen Zwecken in verschiedenen Kontexten ein anderes sein kann. In Bezug auf Rechtfertigungshandlungen heißt das, dass sie von verschiedenen Sprechern in verschiedenen Situationen trotz des gleichen Zweckes – sich bzw. etwas zu rechtfertigen – an der sprachlichen Oberfläche unterschiedlich realisiert sein können. Dabei kann sowohl der Bestand wie auch die Abfolge von verwendeten Sprechakten variieren. Eine komplexe Rechtfertigungshandlung kann somit mehrere Sprechakte integrieren, die außerhalb des Vorwurf-Rechtfertigungsmusters als Bestandteile einer anderen Sprechhandlung oder als selbständige Handlung vorkommen können. Ein und derselbe Sprechakt kann also in verschiedenen Kontexten zur Realisierung verschiedener sprachlicher Zwecke benutzt werden. Diese Erkenntnis ist für eine praktische Analyse, insbesondere für die Rekonstruktion der Tiefenstruktur eines Handlungsmusters sehr wichtig, „denn sowohl in der Abfolge als auch in der Hierarchie der (zu analysierenden) Einheiten liegt keine Homomorphie von Oberfläche und Tiefe vor; nur selten begegnet uns die „Realisierung des reinen Falls", d.h. die unvermittelte Repräsentanz kommunikativer Tiefenstrukturen in Sprache" (Rehbein 2001: 933). Deshalb ist eine eindeutige Zuordnung von Sprechakten, die eine Rechtfertigungshandlung aufbauen, nicht möglich, man muss bei der Analyse von Rechtfertigungen ihre Komplexität und Zusammenhänge zwischen einzelnen Sprechakten berücksichtigen.

Rechtfertigungssprechakte						
Darstellungssprechakte (Assertiva)						
Informationssprechakte					Bewertungen	
erläuternd		problematisierend	zurückweisend	insistent (nur bei drei- und mehrwertigen Rechtfertigungen)	positiv bewertend	
feststellend	übermittelnd	glaubwürdigkeits-bezweifelnd	negierend	argumentativ	sich-bezogen	verdienst-betonendes Besprechen eines Dritten
behaupten / konstatieren zugeben / zustimmen	informieren / mitteilen hinweisen / benachrichtigen erklären / erläutern / berichten	anzweifeln / korrigieren kritisieren / hinterfragen	bestreiten / abstreiten verneinen / widersprechen leugnen / widerlegen	begründen / beweisen berufen	positive Meinungsäußerung	Gutes-Nachsagen fürsprechen

Tabelle 2: Rechtfertigungssprechakte

86

2.3. Ablauf eines Vorwurf-Rechtfertigungsmusters

Bei der weiteren Entwicklung eines Handlungskonzepts vom Rechtfertigen beziehe ich mich auch auf die Überlegungen von Gisela Harras, die ein allgemeines Konzept im Hinblick auf Begründungsmöglichkeiten von Handlungen vorgeschlagen hat (vgl. Harras 1977: 28).

Rehbein (1986: 119) betrachtet Rechtfertigung als einen Untertyp des Begründens. Eine Rechtfertigung hat dabei ein zusätzliches Merkmal: Die vom Sprecher ausgeführte oder ihm zugeschriebene Handlung muss in die Integritätszone des Vorwerfenden eingreifen. Eine solche Rechtfertigung stellt nach Rehbein den Untertyp des Begründungstyps Handlungsbegründung dar.

Eine Rechtfertigung kann auch ein Typ der Absichtsbegründung sein, mit welcher eine erst beabsichtigte, die Integritätszone des Hörers verletzende Handlung gerechtfertigt wird.

Die von Rehbein gemachte Definition von Rechtfertigung kann mit dem folgenden Schema veranschaulicht werden:

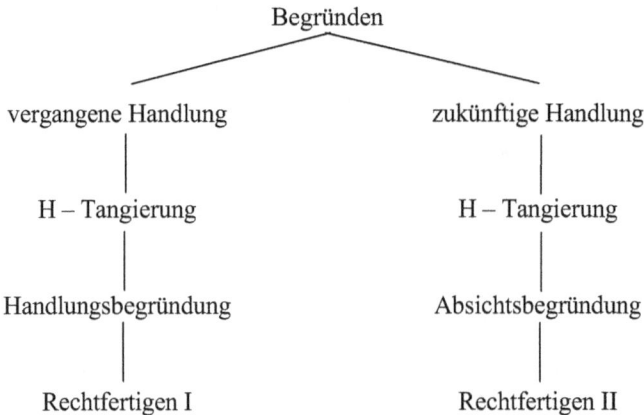

Begründen

vergangene Handlung   zukünftige Handlung

H – Tangierung   H – Tangierung

Handlungsbegründung   Absichtsbegründung

Rechtfertigen I   Rechtfertigen II

Jede sprachliche Handlung überhaupt und in unserem Fall jede Rechtfertigungshandlung – egal, ob Handlungs- oder Absichtsrechtfertigen – hat nach Harras eine Vorgeschichte, wenn der Sprechende nach einer Äußerung des Gesprächspartners die Situation einschätzt und sich seiner eigenen Bewertungen, Vorlieben, Wünsche bewusst wird. Die Vorgeschichte als erste Phase einer (sprachlichen) Handlung beinhaltet also:

• Einschätzung der Situation,

- Motivation,

- Zielsetzung.

Als Bedingungen für diese erste Phase gelten (vgl. Harras 1977: 36ff.):

1) der Sprechende X geht mit Grund davon aus, dass ein bestimmter Zustand Z besteht. In Bezug auf eine Rechtfertigungshandlung bedeutet das: X versteht die Äußerung seines Gesprächspartner Y als einen Vorwurf und geht mit Grund davon aus, dass Y die von X ausgeführte oder beabsichtigte, bzw. ihm zugeschriebene Handlung negativ bewertet. In die Handlung sind also mindestens zwei oder mehrere Personen mit einbezogen,[49] Y ist in das Handlungsziel einer Rechtfertigung (bei ihm soll ein bestimmter kognitiver, emotiver oder psychischer Zustand bestehen) involviert.

2) X zieht einen bestimmten, nicht bestehenden Zustand Z' mit guten Gründen dem bestehenden Zustand Z vor. Hier werden von X seine auf Präferenzen bezogenen emotiven Einstellungen zum im Vorwurf ausgedrückten Sachverhalt formuliert. Zustands- bzw. Situationseinschätzungen und Bewertungen/Präferenzen sind

> Bedingungen dafür, daß sich der Handelnde ein bestimmtes Ziel setzt; um ein bestimmtes Ziel zu realisieren, muß der Handelnde wissen, was er dazu tun kann; er muß einen Weg oder ein Mittel kennen, der/das ihn zu seinem Ziel führt. Da es bei den meisten Handlungen mehrere alternative Wege oder Mittel gibt, muß er sich für einen Weg oder ein Mittel entscheiden. Eine solche Entscheidung trifft er auf der Basis von Situationseinschätzungen und Präferenzen: normalerweise wählt er einen Weg, von dem man annimmt, daß man am effektivsten sein Ziel erreicht, ohne dadurch irgendeinen Schaden – zumindest für sich selbst! – anzurichten. (Harras 1978: 70)

Da X von „Schuld" freigesprochen und nicht negativ sanktioniert werden will, ist für ihn Y's positive Bewertung seiner Handlung wichtig. Die Präzisierungen dessen, wovon X vernünftigerweise ausgehen muss, um sein Ziel zu realisieren bzw. eine bestimmte Handlung ausführen wollen zu können, beziehen sich auf Voraussetzungen, die X über Y's Dispositionen, Fähigkeiten, Zustandsannahmen und Präferenzen machen muss.

3) X will Z', es wird das Ziel der Sprechhandlung formuliert.

4) X geht mit Grund davon aus, dass Z' realisierbar ist, d. h. sich nicht ohne seine Handlung in der Zukunft realisieren wird und X imstande ist, sein Ziel zu realisieren. Für eine Rechtfertigung bedeutet das: für X ist

---

[49] Das gilt aber nicht für monologische Rechtfertigungen.

offensichtlich, Y würde seine Einstellung zu der vorgeworfenen Handlung selber nicht ändern, X könnte aber Gründe anführen, die sein Verhalten erklären und Y überzeugen, seine Meinung bezüglich dieser Handlung zu ändern.

5) X will Z' realisieren. Er geht auf den Vorwurf ein und entscheidet sich für eine Sprechhandlung. In unserem Fall ist das eine Rechtfertigung. Dabei beabsichtigt X, dass Y erkennt, was X mit seiner Sprechhandlung bezwecken will. Diese Konventionalität ist notwendig: Nur auf der Grundlage einer solchen Erkenntnis von Y kann die Handlung erfolgreich sein.

Die weiteren Schritte des Sprechenden gehören zur zweiten Phase einer Sprechhandlung nämlich zur „Geschichte" einer kommunikativen Handlung. Man kann sie als „Planbildung/Planübernahme" (Rehbein 1977: 182) bezeichnen.

Die Bedingungen für diese Phase sind:

6) X geht mit Grund davon aus, dass es mehrere Handlungsmöglichkeiten zum Erreichen seines Ziels gibt. Sein Ziel, nicht negativ sanktioniert zu werden, kann auf vielerlei Weisen verfolgt und mit einer bestimmten Menge von Alternativen notwendiger und hinreichender Handlungen realisiert werden: dem Defendenten stehen verschiedene Rechtfertigungstechniken zur Verfügung.

7) Basierend auf seinen Präferenzen, trifft X eine Auswahl: er zieht eine Handlungsmöglichkeit H allen anderen vor. Bei einer Rechtfertigung entscheidet sich X für eine oder andere Rechtfertigungstechnik (s. Kap. 2.1.).

8) X geht mit Grund davon aus, dass H realisierbar ist.

9) X will H tun. Diese Absicht entwickelt sich aus der primären Absicht der Zielrealisierung und ist ihr untergeordnet.

10) Zur Ausführung von H stehen X mehrere Mittel M zur Verfügung, was ihm bewusst sein soll. Im Fall einer Rechtfertigung sind es unterschiedliche Sprechakte, die in diesem Kapitel in der Klassifikation von Rechtfertigungshandlungen aufgefasst worden sind.

11) X wählt aus der Menge von M ein oder mehrere bestimmte Mittel aus, wobei er davon ausgeht, dass diese Mittel M für die Ausführung von H und für das Erreichen seines Ziels am effizientesten und ökonomischsten sind. Dabei geht er auch mit Grund davon aus, dass die Verknüpfung dieser

bestimmten kommunikativen Mittel mit seinem Ziel in der jeweiligen Situation eine Regularität in seiner Gesellschaft darstellt.

Mit dem nächsten Schritt von X wird die Phase der Ausführung von der kommunikativen Handlung eröffnet:

> Der Handelnde muß etwas tun, und dies setzt voraus, daß er es auch tun kann, bzw. daß er zumindest dieser Auffassung ist; zugleich unterliegt sein Tun bestimmten Präferenzen, z.B. bezüglich erwünschter oder unerwünschter (Neben)Wirkungen seiner Handlung. (Harras 1978: 71)

Der gewählte Weg bzw. das gewählte Mittel muss nun in die Tat umgesetzt werden:

12) Von den gewählten Mitteln M kann X im Allgemeinen in verschiedener Weise Gebrauch machen, er verfügt über eine Reihe von Gebrauchsmöglichkeiten. Verschiedene Mittel stehen dem Handelnden nicht beliebig zur Verfügung, unabhängig von ihrem Gebrauch. Die Bedingungen der Auswahl von Gebrauchsmöglichkeiten entsprechen diesen bei der Mittelwahl.

13) X zieht mit guten Gründen eine bestimmte Gebrauchsmöglichkeit G allen übrigen anderen alternativen Gebrauchsmöglichkeiten vor, dabei ist er der Meinung, dass die Art und Weise der Verwendung seiner Mittel den effizientesten und ökonomischsten Gebrauch von M ermöglicht und dass G eine Regularität in seiner Gesellschaft darstellt. Der jeweils spezielle Gebrauch von Mitteln M ist im Falle verbaler Rechtfertigungshandlungen die jeweilige Formulierung, die verwendet wird, um eine Rechtfertigung zu vollziehen.

14) X macht Gebrauch G von M, er führt also die geplante Handlung aus.

Die Bedingungsrahmen einer Rechtfertigung lassen sich schematisch darstellen (in Anlehnung an Harras 1977: 39):

Situationseinschätzungen		**Präferenzen**

1) Z für X
2) Z' vor Z für X
3) Z' für X

Ziel Z':
Modifikation der Bewertung von der vorgeworfenen Handlung seitens Y

4) Z' nur, wenn X imstande ist, etwas zu tun
5) X will Z' realisieren

Absicht I:
Realisation von einer Rechtfertigung

6) Weg für X
7) H für X
8) X ist imstande, H zu tun
9) X will H tun

Absicht II:
Anwendung von einer Rechtfertigungstechnik

10) Mittel M für X
11) Die effizientesten und ökonomischsten M für X

Mittel M:
Auswahl von Sprechakten

12) Gebrauch G von M für X
13) Der effizienteste und ökonomischste G von M für X

Gebrauch von M:
Verwendung von sprachlichen Prozeduren

14) Handlung von X

Ausführung

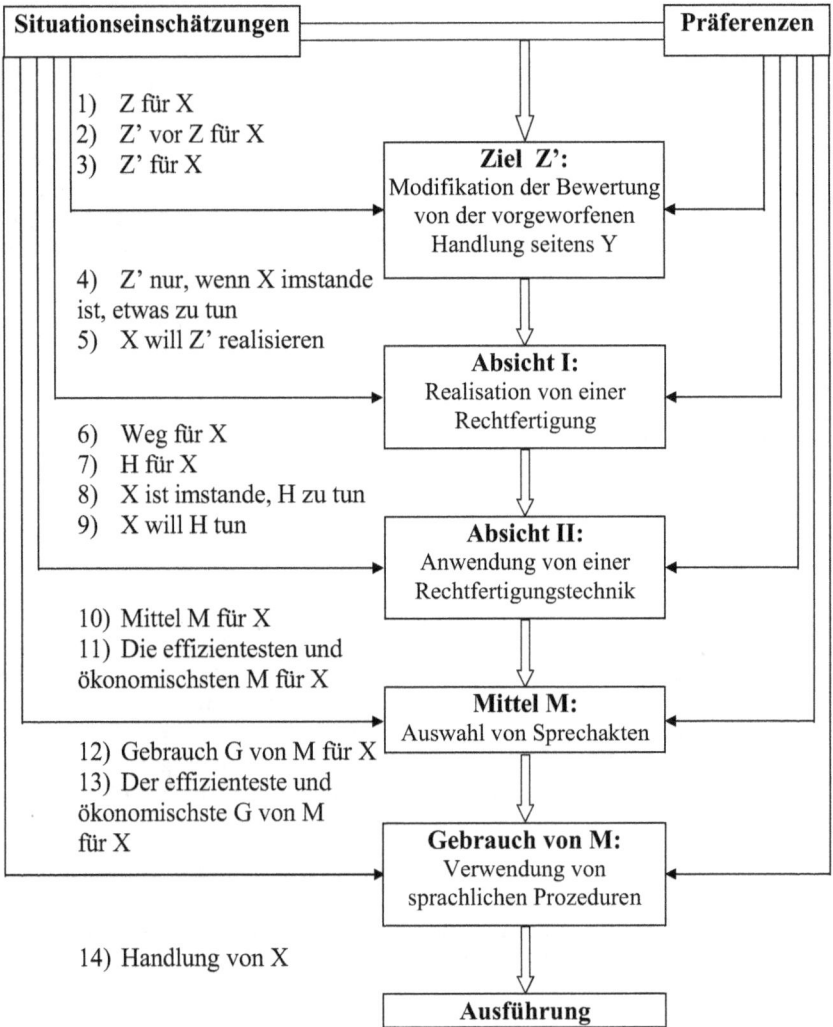

Schema 1: Bedingungsrahmen einer Rechtfertigungshandlung

Im weiteren Verlauf der Handlung unterscheidet Rehbein zwischen dem Resultat der Handlung (Zustand Z' in unserem Diagramm) und der Folge bzw. den Folgen der ausgeführten Handlung. Die letzten bilden die nächste Phase einer Handlung – ihre Nachgeschichte. Diese Unterscheidung macht auch

Harras, wobei sie das Resultat als sekundäre Intention und die Folge einer Sprechhandlung als primäre Intention des Sprechers bezeichnet:

> das Ergebnis bezieht sich auf die sekundäre Intention eines Sprechers, bei seinem Adressaten die Erkenntnis seiner primären Intention herbeizuführen; die Folge bezieht sich auf die primäre Intention eines Sprechers, bei seinem Adressaten eine Reaktion r hervorzurufen. Eine Handlung ist gelungen, wenn ihr Ergebnis erreicht ist, und sie ist erfolgreich, wenn ihre intendierte Folge eingetreten ist. Entsprechend können wir von einer kommunikativen Handlung sagen, daß sie gelungen ist, wenn der Adressat die primäre Intention rekonstruiert, d.h. verstanden hat, und daß sie erfolgreich ist, wenn der Adressat die primäre Intention erfüllt, d.h. die intendierte Reaktion r zeigt. (Harras 1983: 167)

In diesem Handlungskonzept, das die Basis für die Untersuchung von Rechtfertigungshandlungen bildet, tritt die Sprache als Mittel auf, mit dem gehandelt wird, d.h. Sprechen ist in einen allgemeinen Handlungsrahmen eingebettet. Die Grundlage dieses Handlungsrahmens bildet die primäre Intention des Sprechers. Eine wichtige Rolle spielt dabei auch das praktische Handlungswissen des Sprechers.

Im Weiteren wird der genaue Handlungsablauf zweier möglicher Rechtfertigungshandlungen – der Rechtfertigung als Handlungsbegründung und der Rechtfertigung als Absichtsbegründung – detaillierter behandelt und in Form eines Ablaufdiagramms dargestellt.

Es sei hier aber zuerst auf den Unterschied zwischen einer Begründung bzw. Rechtfertigung und einem Begründungs- bzw. Rechtfertigungsversuch hinzuweisen. Im zweiten Fall geht es nur um den Versuch des Sprechers, eine mentale Veränderung beim Hörer zu erreichen. Bei einer Begründung geschieht aber die Veränderung der Wissenszustände beim Hörer, sie umfasst also den Versuch des Sprechers und den entsprechenden Vollzug des Hörers. Wenn nach dem Vollzug einer Rechtfertigungshandlung die Begründung des Sprechers vom Hörer nicht akzeptiert wird, ist der Rechtfertigungsversuch nicht abgeschlossen; es besteht dabei die Möglichkeit einer Rekursion. Der Rechtfertigungsversuch kann in der Kommunikation mehrmals ablaufen, bis er zu einer gelungenen Rechtfertigung wird oder bis die Kommunikation abgebrochen wird. In einem Ablaufdiagramm können beide Möglichkeiten dargestellt werden, eine abgeschlossene Rechtfertigung zeichnet sich dabei durch die zum Ausdruck gebrachte Umwandlung von Y's negativer Meinung in eine positive bzw. nicht-negative aus. Im Diagramm wird diese Umwandlung mit dem Erreichen des Zustandes E' im mentalen und interaktionalen Bereich von Y erkennbar gemacht. Ein nicht abgeschlossener Rechtfertigungsversuch zeigt sich dagegen im Erreichen des Zustandes E im interaktionalen Bereich.

92

Was passiert, wenn X eine von ihm ausgeführte oder ihm zugeschriebene Handlung rechtfertigt, die ihm von Y vorgeworfen ist? Wie sieht dann der Ablauf einer Handlungsrechtfertigung im Rahmen der Funktionalen Pragmatik aus? (vgl. Ehlich 1986: 97ff.)

1. X hat eine Handlung C getan;

2. X bekommt von Y ein Zeichen, dass Y eine negative Einstellung E zu dieser Handlung hat. „Dieses Zeichen des Unverständnisses ist eine Ankündigung einer für (X) negativen Folge, insofern also ein Prä-E einer Handlung/Unterlassung." (Ehlich 1986: 97);

3. X weiß, dass die negative Einstellung E das gesamte Handlungssystem von X und Y beeinflusst und den Abbruch des Handlungssystems und/oder Sanktionen gegen X zur Folge haben kann;

4. X will die Fortsetzung des Handlungssystems von X und Y bzw. er will die Sanktionen gegen sich vermeiden, deshalb muss er Y's negative Einstellung E in die positive Einstellung E` umformen;

5. X sucht nach einem Element/Mittel M, von dem er annimmt, es kann Y beeinflussen und die Umformung E zu E` bei Y bewirken. Bei M handelt es sich um eine Sprechhandlung, die Ehlich ‚Operator' nennt;

6. X äußert M.

Im Ablaufdiagramm A wird die Handlungsbegründung in Form eines Schemas dargestellt. Die einzelnen Diagrammelemente sind für die Verständlichkeit mit den Ziffern 1-17 markiert.

(0) - (1) entsprechen der Bedingung 1. X hat eine (kommunikative) Handlung C getan, die er selbst positiv bewertet ((0): E' von C). Diese Bewertung kann er in einer Äußerung zum Ausdruck bringen oder nicht, daher steht (2) in Klammern. Y weiß Bescheid über diese Handlung von X, akzeptiert sie aber nicht (¬ A) und bewertet sie anders. Er hat negative Einstellung E zu dieser Handlung, was das Element (3) im Diagramm darstellt. Der Entscheidungsknoten (4/12) zeigt zwei Möglichkeiten der Reaktion von Y: Er kann das gesamte Handlungssystem abbrechen (12), indem seine Nicht-Akzeptanz und negative Bewertung von C durch X's Rechtfertigung nicht beeinflusst werden können; Y ist der Meinung, seine negative Einstellung zu C wird sich nicht ändern. Seine Meinung kann er explizit äußern (14/16) oder, ohne dies zu machen, aus der kommunikativen Situation austreten (15). In diesem Fall findet keine Rechtfertigung statt.

Wenn sich Y für den Weg (4) entscheidet, bringt er ein Prä-E-Element zum Ausdruck (5):

Prä-Es haben eine relativ komplexe innere Struktur. Im Normalfall schließt ein Prä-E zwei illokutive Akte zusammen: Einerseits enthält das Prä-E eine Aufforderung von H (Hörer) an S (Sprecher): ‚Gib mir eine Verstehenshilfe!'; andererseits weist das Prä-E darauf hin, daß das gemeinsame Handlungssystem, als zwischen S und H etabliert, eine positive Bewertung, d.h. ein Interesse für S hat, bedeutet diese Information über seine Gefährdung eine bedingte Drohung von H an S: ‚Wenn Du mir keine Verstehenshilfe gibst, stelle ich unser gemeinsames Handlungssystem in Frage!' (Ehlich 1986: 101)

Bei der Vorwurf-Rechtfertigungsinteraktion ist das Prä-E immer ein Vorwurf, der häufig in Form einer Warum - Frage gekleidet ist: Warum hast du C getan?

Nachdem Y ein Prä-E gegeben hat, folgt daraus für X der Entscheidungsknoten (6/13). Dieser Entscheidungsknoten im Ablaufdiagramm entspricht der 3. Bedingung unseres Schemas.

Wenn X daran interessiert ist, den Abbruch des gemeinsamen Handlungssystems und die negativen Folgen für sich zu vermeiden (6), sucht er nach einem Operator, nach einem Mittel, das Y überzeugen könnte, seine negative Einstellung zu C zu ändern (7). Auf der mentalen Ebene wird die nach X's Meinung effizienteste Formulierung von M ausgesucht, die dann im interaktionalen Bereich geäußert wird (8). „Dieses Äußern stellt eine unveränderte Abbildung des mentalen Elements D (M in unserem Schema) in den Interaktionsraum von S und H dar. Solche Äußerungen nennen wir ‚Exothesen'." (Ehlich 1986: 102)

Wenn die Konsequenzen der kommunikativen Situation für X keine bedeutende Rolle spielen, hat er die Möglichkeit, auf den Vorwurf überhaupt nicht einzugehen (13) und dem Gesprächspartner keine Erklärungen zu geben. Der weitere Verlauf der Handlungssituation ist bedroht, Y geht zum Element 14 über: Ohne X's Rechtfertigung gibt es auch seitens Y keine Modifikation der Bewertung von C.

Der geäußerte Rechtfertigungsversuch (8) führt bei Y zu einer Entscheidungsmöglichkeit (9a/9b/9c). Wenn die von X angeführten Gründe für Y nicht akzeptabel sind und seine negative Meinung nicht ändern können, ist der Rechtfertigungsversuch von X gescheitert: Y geht über (9c) zu (14/15).

Ist die Begründung von X nicht überzeugend genug für Y (9a), kann er wieder über Element (3) zum Entscheidungsknoten (4/12) gehen und entweder die Kommunikation abbrechen (12) oder X die Möglichkeit geben, einen weiteren Rechtfertigungsversuch zu unternehmen (4).

Ablaufdiagramm A: Abfolge einer Handlungsrechtfertigung

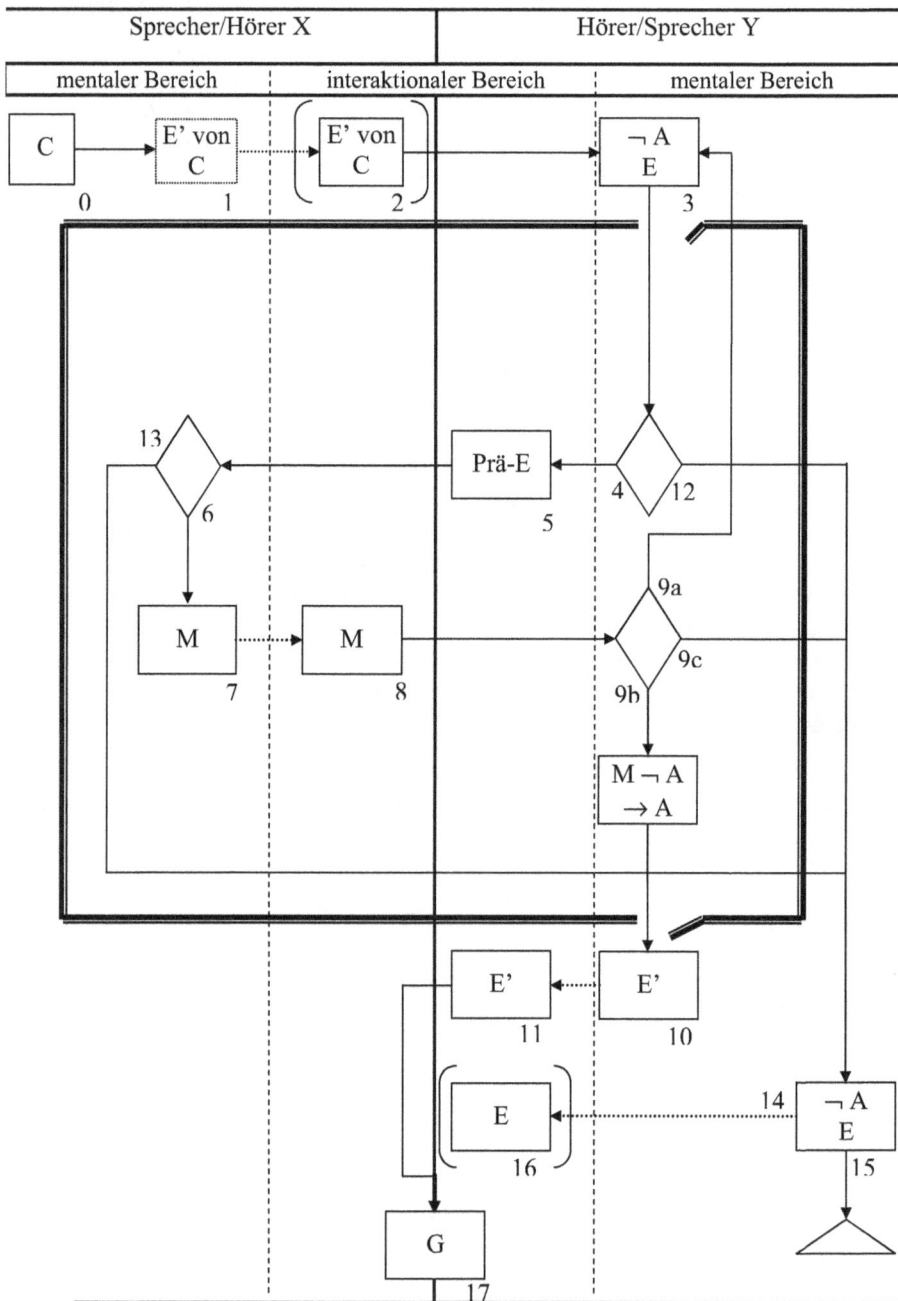

Legende:

——	Grenze eines Handlungsmusters
⇒⫽	Handlungsmuster offen für Anschlusshandlung
▭	mentale / interaktionale / aktionale Tätigkeit
⟶	Verlaufsrichtung
⋯▸	Exothese
◇	Entscheidungsknoten
△	Stoppzeichen nach dem Austritt aus der kommunikativen Situation
C	Handlung des Sprechers X
Prä-E	Vorwurf des Sprechers Y
E'	positive Bewertung von C
E	negative Bewertung von C
M	jenes Element, von dem X annimmt, es kann bei Y die Modifikation E zu E' zu bewirken
A	Akzeptieren von C
⌐	Negationszeichen
[ ]	eine Äußerung, die nicht unbedingt explizit vorgenommen wird

Ist es X gelungen, mit seiner Rechtfertigung Y's Modifikation der Bewertung von C herbeizuführen, erweist sich der Rechtfertigungsversuch als wirksam und die Rechtfertigung – als erfolgreich (10). Dass E' vorliegt, wird von Y in einer Exothese in dem Interaktionsraum abgebildet (11). Dadurch versteht X, dass sein Rechtfertigungsversuch gelungen ist, d.h. das von ihm ausgesuchte Mittel M als Rechtfertigung funktioniert hat, und dass das gemeinsame Handlungssystem von X und Y aufrechterhalten bleibt. Mit E' (11) ist die Handlungssequenz des Rechtfertigens abgeschlossen. Die Handelnden können damit in eine weitere Handlungssequenz G übergehen (17).

Beim zweiten Rechtfertigungstyp nämlich bei der Absichtsbegründung liegt eine Anfangshandlung C nicht vor. Das ist eine Rechtfertigung einer zukünftigen Handlung F, für deren Ausführung X ein Einverständnis seitens Y benötigt. Diese Handlung F steht als Anschlusshandlung im Diagramm und erfordert notwendigerweise ein gemeinsames Handlungssystem von X und Y. Dieses gemeinsame Handlungssystem kann aber nur bestehen, wenn Y eine positive Einstellung zu F hat. Wenn es nicht so ist, ergibt sich für X die Notwendigkeit einer Absichtsbegründung.

Für diesen Rechtfertigungstyp sollen folgende Bedingungen erfüllt werden:

1) X hat vor, eine Handlung F zu tun, seine Absicht (Prä-F) äußert er in Form einer Exothese;

96

2) X bekommt von Y ein Zeichen, dass Y eine negative Einstellung E zu dieser Handlung F hat. „Dieses Zeichen des Unverständnisses ist eine Ankündigung einer für (X) negativen Folge, insofern also ein Prä-E einer Handlung/Unterlassung." (Ehlich 1986: 97);

3) X weiß, dass die negative Einstellung E das gesamte Handlungssystem von X und Y beeinflusst und den Abbruch des Handlungssystems und/oder Nicht-Ausführen von F zur Folge haben kann;

4) X will F tun, d.h. er will die Fortsetzung des Handlungssystems von X und Y bzw. er will die Sanktionen gegen sich vermeiden, deshalb muss er Y's negative Einstellung E in die positive Einstellung E` umformen;

5) X sucht nach einem Element/Mittel M, von dem er annimmt, es kann Y beeinflussen und die Umformung E zu E` bei Y bewirken. Bei M handelt es sich um eine Sprechhandlung, die Ehlich ‚Operator' nennt;

6) X äußert M.

Diese Bedingungen sind im Ablaufdiagramm B abgebildet. Ehlich weist auf den Unterschied zwischen Handlungs- und Absichtsbegründung hin, der auch für Handlungs- und Absichtsrechtfertigung gilt:

> In diesem Fall steht an der Stelle von C eine **Ankündigung** von F, also ein Prä-F als Exothese des F-Wollens bei S. Am Schluß der Handlungssequenz steht dann nicht einfach eine Offenheit für den nächsten Handlungsschritt von S, sondern für die Ausführung von F. [...]die Anschlußhandlung F gehört hier zur Handlungssequenz selbst dazu. An der Stelle von C (der vergangenen Handlung) beim Typ I des Begründens steht dagegen eine <u>Antizipation</u> von F. F selbst unterscheidet sich gleichfalls von G in Typ I: es handelt sich hier nicht um eine bloß potentielle Fortsetzung der Interaktion von S und H, sondern S und H befinden sich beim Typ II direkt in einem <u>gemeinsamen Handlungszusammenhang</u>. Damit ist die Fortsetzung der Interaktion zwischen S und H in die Handlungssequenz selbst integriert. Das hat insbesondere Auswirkungen auf die Bedeutung des Prä-E für die Interaktanten. (Ehlich 1986: 110)

Durch Y`s Prä-E wird in diesem Fall die beabsichtigte Handlung von X gefährdet, was ihn veranlasst, nach dem Mittel M zu suchen.

Noch ein Unterschied besteht darin, dass bei diesem Rechtfertigungstyp die beiden Exothesen - (2) und (11) - explizit geäußert werden. Die Äußerung (2) von X informiert Y über F, und mit Exothese (11) gibt Y zu verstehen, dass der Rechtfertigungsversuch von X erfolgreich abgelaufen ist und X kann jetzt zur

Anschlusshandlung F übergehen, die das Ziel der gesamten Handlungssequenz ist.

Ablaufdiagramm B: Abfolge einer Absichtsrechtfertigung

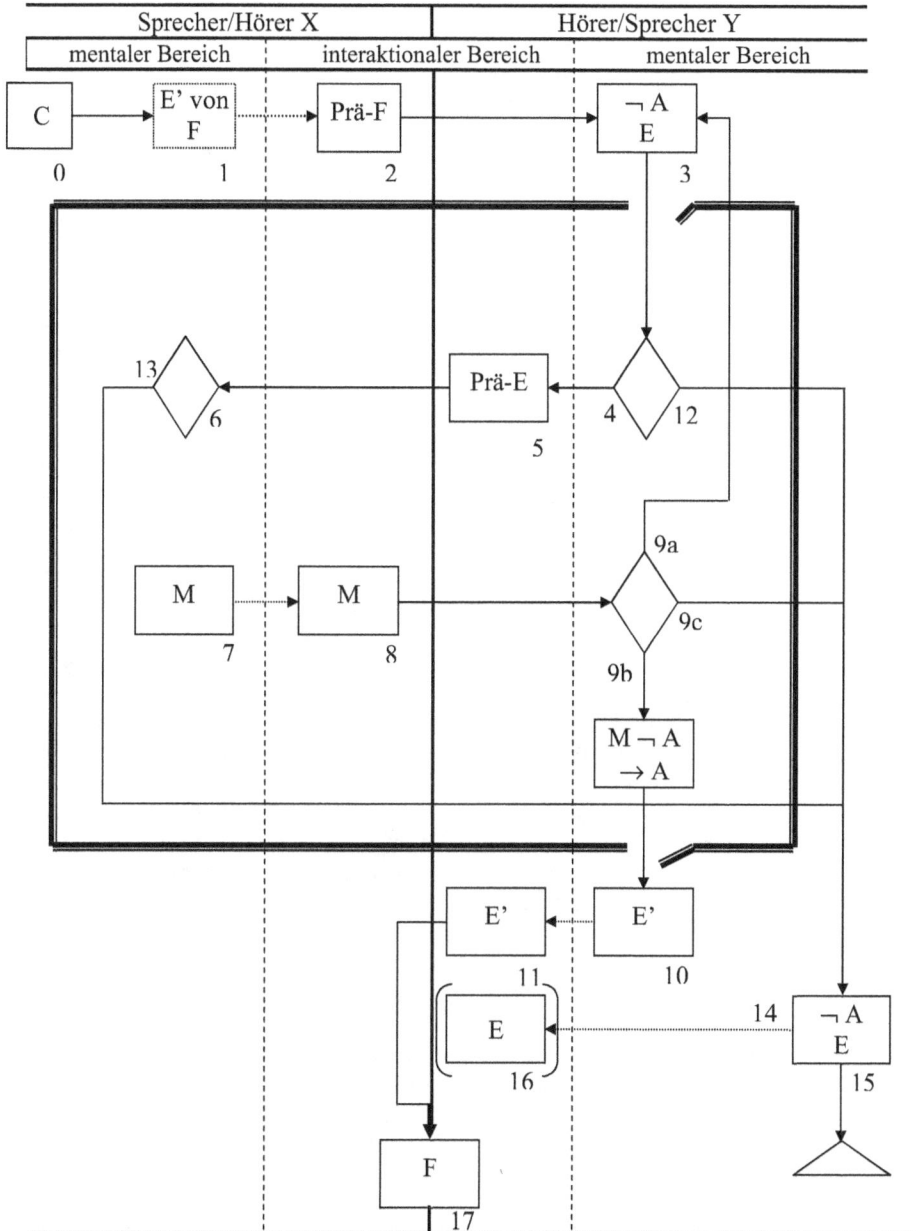

2.4. RECHTFERTIGUNGEN BEI VERSCHIEDENEN FORMEN POLITISCHER KOMMUNIKATION

2.4.1. POLITISCHE SPRACHE BZW. POLITISCHE KOMMUNIKATION IN DEN MEDIEN

Bevor ich mich den Rechtfertigungen in der politischen Sprache zuwende, soll an dieser Stelle kurz skizziert werden, was in der modernen Linguistik unter politischer Sprache verstanden wird:

> Die Kennzeichnung „politische Sprache" eröffnet, je nachdem, wie man die mehrdeutigen Ausdrücke „politisch" und „Sprache" bestimmt, einen unterschiedlich weiten Horizont. Aber welche Varianten des Begriffs des Politischen und des Begriffs Sprache man auch wählt, der resultierende Gegenstandsbereich wäre zu groß und in sich zu verschiedenartig, um insgesamt behandelt werden zu können. Die Debatte im Parlament, die internationale Verhandlung, die Neujahrsrede des Bundespräsidenten, der Text des Grundgesetzes, die Zahlungsaufforderung des Finanzamtes usw. stehen unter jeweils verschiedenen institutionellen und situativen Bedingungen, haben jeweils verschiedene Funktionen im Gesamtbereich politischen Handelns und realisieren jeweils verschiedene Kommunikations- und Sprachformen. Verbunden sind sie über den Begriff des Politischen nur auf einer sehr hohen Ebene der Verallgemeinerung und das, obwohl die erwähnten Sprech- und Schreibprodukte sich gemeinsam einen schon stark eingeschränkten Begriff des Politischen als staatlichen Handelns unterordnen lassen. (Dieckmann 1981: 137)

Armin Burkhardt (1996: 75ff.) schlägt vor, „politische Sprache als Oberbegriff zu verwenden, der alle Arten öffentlichen, institutionellen und privaten Sprechens über politische Fragen, alle politiktypischen Textsorten sowie jede für das Sprechen über politische Zusammenhänge charakteristische Weise der Verwendung lexikalischer und stilistischer Sprachmittel umfassen soll". Zur politischen Kommunikation gehören also alle Kommunikationsformen politischer Akteure sowie die auf Politik bezogene Kommunikation von Akteuren, die dem politischen System nicht zugerechnet werden können. Als Beispiele der ersten Gruppe könnte man inner- bzw. interparteiliche Kommunikation nennen, also die direkte, interpersonale und nichtöffentliche Kommunikation zwischen Akteuren aus dem politischen System. Die zweite Gruppe bildet z.B. unter anderem direkte, nichtöffentliche Kommunikation zwischen Politikern und der Bevölkerung. Zur politischen Kommunikation werden auch die Kommunikationsaktivitäten verschiedener Verbände, Vereine, Gruppen etc. zugerechnet, oder auch die öffentliche und nichtöffentliche Kommunikation von Akteuren aus dem Mediensystem, z.B. Journalisten.

Als unterschiedliche Schichten der politischen Sprache betrachtet Burkhardt folgende:

- Sprechen über Politik, das private sowie halböffentliche Gespräche, Meinungsäußerungen, Kommentare zu den politischen Ereignissen und Entscheidungen umfasst;

- Politische Mediensprache, die als Sprache des politischen Journalismus definiert wird;

- Politiksprache, die in zwei Untergruppen zerfällt: erstens, *Sprache in der Politik*, die als interne Gruppenkommunikation existiert, also unterschiedliche Kommunikationsformen der Akteure innerhalb des politischen Handlungsraums darstellt; und zweitens, *Politikersprache*, die ‚die Außenkommunikation der durch den (befristeten) Besitz öffentlicher Ämter definierten Personengruppen' bezeichnet. Diese letzte Gruppe der politischen Sprache erreicht heutzutage ihre Adressaten meistens durch Medien und mischt sich oft mit der politischen Mediensprache. Ein wesentliches Merkmal der öffentlichen Politikersprache ist, dass die Bürger oder Teile der Bürgerschaft in der Kommunikation präsent sind. Funktion dieses öffentlich-politischen Sprechens ist es,

> beim Adressaten, den Bürgern oder Teilgruppen der Bürger, Zustimmung für politische Ziele, Programme, Maßnahmen zu erlangen – für eine zukünftige Politik, die planend vorgeschlagen oder gefordert wird, oder für eine vollzogene Politik, die nachträglich erklärt, begründet, gerechtfertigt, verteidigt wird. [...] Das besondere Interesse an dieser Sprache ist nicht zufällig, denn die kommunikativ erlangte Zustimmung des Bürgers ist ein wesentliches Merkmal demokratisch verfaßter Gesellschaften. (Dieckmann 1981: 138ff.)

Zu der Politikersprache gehört auch das Objekt der vorliegenden Untersuchung – die Kommunikation zwischen Politikern und Bürgern in den Online-Konferenzen. Dabei ist sie eine Mischform zwischen funktionaler Kommunikation, die durch Einzelakteure vollzogen wird, und organisierter Kommunikation, die von Abteilungen oder Teilorganisationen ausgeübt wird: Online-Konferenzen werden von der Internet-Redaktion des Deutschen Bundestages organisiert und vorbereitet, die Themen der Konferenzen werden von hauptberuflichen PR-Spezialisten ausgesucht, von ihnen werden auch die Abgeordneten eingeladen. Während der Konferenzen kommunizieren aber die Politiker selbst mit den Bürgern, sie beantworten die Fragen und teilen ihre eigene Meinung mit, sie sind die Fachkommunikatoren (vgl. Bentele 1998: 137), die öffentlich Stellung zu einem relevanten politischen Thema nehmen.

Josef Klein (1996: 5) unterscheidet in der politischen Kommunikation zwischen Anhängerschaftsmodell, wo bei der Aushandlung von Konfliktthemen die Trennlinie nicht zwischen den Politikern und Bürgern verläuft, sondern zwischen einer politischen Partei mit ihren treuen Anhängern und den anderen

Parteien samt ihrer Anhänger; und dem Marktmodell, bei dem diese Trennlinie zwischen den Bürgern und der „Kaste der Politiker" verläuft. Heute, in der Zeit der medialen Politikvermittlung, wird das erste Modell auf fast allen politischen Ebenen durch das zweite Modell abgelöst.

Eine der Besonderheiten der politischen Kommunikation in den Medien ist, dass die Politiker sowohl die Kommunikationsnormen als auch die Prinzipien der Parteisolidarität beachten müssen. Die allgemeinen Kommunikationsnormen wurden von P. Grice als Sprachmaximen formuliert, in Bezug auf politische Kommunikation bedeuten sie folgendes (vgl. Klein, 1996: 8): Ein Politiker muss (1) wahrhaftig, (2) fundiert, (3) zum Wesentlichen, (4) informativ, (5) klar und verständlich, (6) fair reden. An diesen Normen werden alle Politikeräußerungen gemessen und als (un)glaubwürdig, gut oder schlecht begründet, viel versprechend oder nichtssagend, als kompetente Stellungnahme oder Ablenkungsmanöver, als (un)faire Polemik bewertet.

Diese Kernmaximen der kommunikativen Ethik erinnern an die Kommunikationsbedingungen von Habermas, die besagen, dass in der modernen Linguistik jede sprachliche Äußerung unter drei Perspektiven betrachtet wird: unter der Perspektive des Weltbezugs, des Sprecherbezugs, des Adressatenbezugs[50]. Aus diesen drei Perspektiven ergeben sich nach Habermas[51] drei Kommunikationsbedingungen (Habermas 1976: 176):

1. Die Proposition der Äußerung stimmt mit Sachverhalten in der Welt überein (Wahrheitsbedingung – Perspektive des Weltbezugs).

2. Die entsprechenden Absichten, Einstellungen und Gefühle des Sprechers werden durch die Äußerung ausgedrückt (Wahrhaftigkeitsbedingung – Perspektive des Sprecherbezugs).

3. Die Äußerung steht mit gesellschaftlich akzeptierten Normen oder Konventionen in Einklang, sie ist also angemessen, so dass der Adressat die mit der Äußerung kommunikativ hergestellte soziale Interaktionsbeziehungen akzeptieren kann (Richtigkeits- oder Angemessenheitsbedingung – Perspektive des Adressatenbezugs).

Politische Kommunikation reflektiert in ihren Inhalten und Formen die Machtbestrebungen der politischen Akteure. In der Politik dominieren strategische Kommunikationsformen, die auf interessengeleitete Zielrichtungen ausgerichtet sind. Da die Strukturen der Öffentlichkeit, innerhalb derer sich die politischen Akteure bewegen, die Wahrnehmung des Politischen und das Kommunikationsverhalten der Politiker bestimmen, trifft die dritte

---

[50] Näheres dazu s. bei Habermas 1976.

[51] Hier wird vorausgesetzt, dass eine Äußerung sprachlich verstehbar ist (Verständlichkeitsbedingung).

Kommunikationsbedingung (Angemessenheitsbedingung) für die Politik zweifelsohne zu. Die Funktionsträger sollen ihre Äußerungen so gestalten, dass sie die gesellschaftlichen Normen nicht verletzen, um von der Öffentlichkeit akzeptiert zu werden.[52]

Im Vergleich dazu werden m.E. zwei andere Bedingungen (Wahrhafts- und Wahrhaftigkeitsbedingung) in der politischen Kommunikation oft nicht erfüllt. Man kann vermuten, dass in der politischen Kommunikation die Aussagen der politischen Akteure in erster Linie adressatenbezogen[53] sind, während zwei andere Perspektiven: die des Weltbezugs und die des Sprecherbezugs eine Nebenrolle spielen.

Es ist aber nicht zu vergessen, dass

> Parteien und Politiker [...] ein breites Adressatenspektrum kommunikativ zu bedienen [haben]. Darüber, was fundiert, was relevant, was informativ und verständlich ist, existieren durchaus unterschiedliche Vorstellungen bei Experten und Laien, Betroffenen und Nicht-Betroffenen, Nahe-Stehenden und Gegnern, Interessierten und Uninteressierten, bei Menschen mit unterschiedlicher ideologischer Orientierung oder mit unterschiedlicher sozialer Gruppenzugehörigkeit. ... der Politiker muss immer damit rechnen, dass ihm auch bei bestem subjektivem Bemühen, die Gebote einzuhalten, ein Großteil des Publikums die Achtung der kommunikativen Moral nicht abnimmt. (Klein 1996: 10)

Da die Politiker meistens eine Partei bzw. eine parteiische Gruppe vertreten, sind sie in ihren öffentlichen Auftritten gezwungen, sich an die Prinzipien der Parteisolidarität zu halten, d.h. sie müssen bei den Bürgern wenigstens den Eindruck erwecken, die eigenen Konzepte seien richtig, die vorgeschlagene Handlungsweise beweist die Kompetenz der Parteizugehörenden und ihre Fähigkeit, Zukunft antizipieren und die Konsequenzen aus eigenen Programmen ziehen zu können. Andererseits zielen die Politikeräußerungen darauf, möglichst vielen parteiexternen Adressaten gefällig zu sein und die Parteikonkurrenz zu schwächen. Klein formuliert diese Prinzipien der Parteisolidarität folgendermaßen (1996: 10):

(1) Stelle die eigene Position positiv dar!

(2) Demonstriere Leistungsfähigkeit und Durchsetzungskraft!

(3) Halte die Operationsräume offen – auch wenn du dich festlegen musst!

---

[52] Es gibt aber auch Fälle, wenn die Politiker in ihren Aussagen gesellschaftliche Normen absichtlich verletzen, um die Aufmerksamkeit der Wähler auf sich zu ziehen.

[53] Als Adressat der politischen Kommunikation wird im Weiteren die Gesamtöffentlichkeit bezeichnet.

(4) Mache dir durch deine Rede möglichst wenig Gegner in relevanten Gruppen!

(5) Stelle die gegnerische Position als ablehnenswert dar!

Im Idealfall sollte es keinen Konflikt zwischen den Kommunikationsnormen und den Prinzipien der Parteisolidarität geben. Die Übernahme der Rolle eines Repräsentanten des Staates bzw. eigener Partei von einem Politiker hat erhebliche Auswirkungen auf Geltung und Wirksamkeit von Kommunikationsprinzipien. Es kommt öfters vor, dass Kommunikationsmaximen und Maximen der Parteisolidarität sich gegenseitig ausschließen, wie es bei einer Rechtfertigung möglich ist: in einem Vorwurf wird ein Politiker beschuldigt, seine (Sprech-)Handlung sei der Situation nicht angemessen, falsch, unfair gewesen, seine Erklärungen – unglaubwürdig oder nicht verständlich. Bei einer Rechtfertigung entscheidet sich dann der Politiker oft für das in seinen Augen kleinere Übel: für die Verletzung der Norm, bei der die negativen Folgen für ihn und seine Partei geringer sind. Dabei versucht er, diese Verletzung durch entsprechende kommunikative Techniken zu verdecken. Das ist aber mit dem Risiko verbunden, dass politische Gegner und kritische Öffentlichkeit die Verstöße gegen Kommunikationsmaximen merken und der entsprechende Politiker an Vertrauen verliert. Politischen Akteuren ist meistens dieses Risiko bewusst, was zur Folge hat, dass die Politiker in Rechtfertigungen zwischen den oben genannten Prinzipien lavieren. Dies hat Auswirkungen auf die Lexik der Rechtfertigungshandlungen.[54]

Politische Kommunikation heute ist Medienkommunikation. Medien nehmen in den Vermittlungsprozessen moderner Gesellschaften eine Schlüsselrolle ein, moderne Gesellschaften werden als Mediengesellschaften charakterisiert:

> Als *Mediengesellschaften* können mithin [...] moderne Gesellschaften bezeichnet werden, in denen Medienkommunikation, also über technische Hilfsmittel realisierte Bedeutungsvermittlung, eine allgegenwärtige und alle Sphären des gesellschaftlichen Seins durchwirkende Prägekraft entfaltet, ein sogenanntes soziales Totalphänomen (Marcel Mauss) geworden ist. Medienkommunikation tritt in diesen auf drei Ebenen auf: nämlich erstens gesamtgesellschaftlich, namentlich auf der Ebene der Institutionen (Makrolevel), zweitens auf der Ebene der Organisationen (Mesolevel), und drittens auf der Ebene der konkreten individuellen und kollektiven Vermittlungsprozesse (Mikrolevel). (Saxer 1998: 53)

In der Brockhaus-Enzyklopädie findet sich eine Definition von Medien:

---

[54] Diese Frage wird ausführlich im Kapitel 3 unter "Sprachlichen Prozeduren" behandelt.

[...] im Plural Bezeichnung für gesellschaftliche Träger- bzw. Vermittlungssysteme für Informationen aller Art. Der kommunikationswissenschaftliche Medien-Begriff ist eng an den Begriff der Massenmedien gekoppelt und in Verbindung mit ihm popularisiert worden. Der Begriff neue Medien bezieht sich dagegen auf die technischen Mittel der Individual-kommunikation. (Brockhaus Enzyklopädie 1998, Bd. 14: 401)

Medien sind durch bestimmte Merkmale gekennzeichnet (vgl. Saxer 1998: 54f.):

1. Medien sind komplexe Systeme, da Medienkommunikation aus Herstellungs-, Bereitstellungs- und Empfangsprozessen resultiert.

2. Diese komplexen Systeme sollen organisiert werden, denn sie dienen der Erfüllung bestimmter Zwecke.

3. Als Kommunikationskanäle verfügen Medien über die Fähigkeit, verschiedene Zeichensysteme (visuelle, auditive, audiovisuelle) mit unterschiedlicher Kapazität zu transportieren.

4. Heutzutage beeinflussen Medien alle Seiten des gesellschaftlichen Lebens, sie können in kultureller, wirtschaftlicher, sozialer, politischer Hinsicht sowohl problemlösend wie auch problemschaffend wirken. Dieses Merkmal von Medien erklärt, warum sie institutionalisiert sind, also in das jeweilige gesellschaftliche Regelungssystem eingefügt werden.

5. Ein wesentliches Merkmal von Medien und Medienkommunikation, besonders politischer Medienkommunikation heute ist ihre Infotainisierung, d.h. unterhaltsame Gestaltung bei der medialen Politikvermittlung.

Bei der Politikvermittlung durch Medien sind sowohl die primären Thematisierungen möglich, wie etwa Kommentare, Bewertungen, Assoziationen, die parallel zum medialen Ereignis in der Rezeptionssituation ablaufen, als auch die sekundären Thematisierungen, die erst nach der Rezeption stattfinden und rekonstruktiv sind. Politische Kommunikation soll aber immer drei Funktionen erfüllen (nach Bentele 1998: 141):

• Information über ein Ereignis. Diese Information bezieht sich auf Sachverhalte (Darstellungsfunktion);

• Selbstdarstellung. Die vermittelte Information sagt auch etwas über die Produzenten selbst oder die jeweiligen Organisationen (Ausdrucksfunktion);

• Persuasion. Die vermittelte Information wirkt in unterschiedlicher Weise auf Adressaten (Appelfunktion).

104

Diese drei Funktionen sollen auch die Rechtfertigungen in der politischen Sprache erfüllen. Da eine Rechtfertigung immer Reflexion über eine Handlung und deren Rekonstruktion im mentalen Bereich der Sprechenden voraussetzt (s. Kap. 2.1), stellen politische Rechtfertigungen immer die sekundären Thematisierungen dar, unabhängig vom angewandten Medium.

Die Kommunikation in Online-Konferenzen des Deutschen Bundestages ist zu jedem bestimmten Zeitpunkt die Kommunikation zwischen einem Abgeordneten und einem Bürger. Letztendlich ist das Ziel einer Online-Konferenz und jeder darin vorkommenden einzelnen Sprechhandlung, der Herstellung von öffentlichem Vertrauen sowie der Schaffung gesellschaftlicher Verständigung bzw. eines gesellschaftlichen Konsenses beizutragen. Politisches Handeln in der Mediengesellschaft ist fast immer Handeln unter den Augen der Medien, die durch die Verallgemeinerungsfähigkeit und Übertragbarkeit gekennzeichnet sind. Sarcinelli weist in dieser Hinsicht darauf hin, dass „der Druck zur permanenten „Legitimation durch Kommunikation" auf alle politischen Akteure zugenommen" hat (Sarcinelli 1998: 19).

2.4.2. POLITISCHE RECHTFERTIGUNGEN IN DEN MEDIEN

In Anlehnung an den vorhergehenden Teil dieser Arbeit werden nun die Bedingungen für eine Rechtfertigungshandlung in verschiedenen politischen Kontexten verglichen. Beispiele werden dabei auf politische Sprache im Fernsehen, in der Presse und im Internet eingeschränkt[55]. Eine weitere Einschränkung erfolgt in Bezug auf dialogisches Handeln, wenn zwei oder mehrere Personen am Gespräch beteiligt sind. Diese Einschränkung ermöglicht m.E. einen adäquaten Vergleich zwischen Rechtfertigungen in politischen Online-Konferenzen einerseits und Rechtfertigungen, die von Politikern in Presse- und Fernsehinterviews, in Diskussionen und Talk-Shows geäußert werden.

Es wurde schon darauf hingewiesen, dass nicht in jeder beliebigen Situation nach einem bestimmten Muster gehandelt werden kann. Es sollten von Anfang an bestimmte Bedingungen erfüllt sein, damit jemand nach einem konkreten Muster handeln kann.

---

[55] Hier werden keine Beispiele aus politischen Radiosendungen analysiert, da mit der Verbreitung des Fernsehens politische Gespräche im Radio an ihrer Bedeutung und Attraktivität verloren haben. Nur im traditionellen Nachrichtenbereich liegt der Hörfunk in Führung, in die Nachrichten werden aber nur kleine Fragmente originaler Interviews eingeführt.

Ein Rechtfertigen stellt das Stützen eines Richtigkeitsanspruchs für eine Handlung dar. In der Vorwurf – Rechtfertigungsinteraktion sind Handlungen das Thema, sie werden zum Gegenstand der Kommunikation. Diese Interaktion beginnt, wenn wegen dieser Handlungen Probleme auftauchen, wenn sie zum Thema kommunikativer Auseinandersetzungen gemacht werden. Als notwendige Bedingung gilt dabei: Zum Thema der Kommunikation werden nicht die momentanen Aktivitäten der Beteiligten, sondern ihr Wissen über diese Aktivitäten, das in der Reflexion seinen Ausdruck findet:

> Die Disposition zur Reflexion von Handelndem und Beobachter findet immer dann ihren Ausdruck, wenn über Handlungen geredet wird, und dies ist in der Regel dann der Fall, wenn eine vollzogene oder als vollzogen gedachte Handlung in irgendeiner Weise problematisch geworden ist, sei es für den Handelnden selbst, sei es für seine jeweiligen Partner oder für einen beliebigen Beobachter.

> Die Fähigkeit zur Reflexion über Handlungen erweist sich in der Möglichkeit der Kommunikation über sie und wird durch sprachliche Akte wie Erklärungen, Rechtfertigungen, Entschuldigungen usw., die ich hier unterschiedslos *Begründungen* nennen werde, von Seiten des Handelnden realisiert. (Harras 1983: 30)

Die Fähigkeit der Beteiligten zur Realisation dieser sprachlichen Akte erklärt sich durch ihre kommunikative Kompetenz, denn als Mitglieder einer bestimmten Sprach- und Handlungsgesellschaft verfügen sie über das praktische Wissen darüber, was Handlungen sind, wie in bestimmten Situationen hinsichtlich bestimmter Adressaten sowie bestimmter kommunikativer Ziele und Zwecke gehandelt wird. Eine Rechtfertigung kann nur dann vollzogen werden, wenn einer Handlung bestimmte Merkmale zugesprochen werden, was möglich ist, wenn über diese Handlung reflektiert wird. Dabei werden von den Sprechenden die Handlungsproblematisierungen vorgenommen, indem sie das Vorkommen der Handlung mit dem eigenen Wissen über das Typische oder konventional Übliche der vollzogenen Handlung vergleichen. Dabei kann es passieren, dass die fragliche Handlung gar nicht stattgefunden hat oder nicht stattfindet, sondern die Realität vom Offendenten so wahrgenommen und interpretiert wird, dass er das Geschehene als eine bestimmte Handlung des Gesprächspartners versteht. Die Handlungen existieren also nur in den Köpfen von Interagierenden, sie sind Reflexionen über bestimmte Aktivitäten, die in Wirklichkeit vorkommen. Das ist eine obligatorische Bedingung für eine Rechtfertigung, denn gerade bei der Vorwurf-Rechtfertigungsinteraktion wird die Interpretation einer Aktivität ausgehandelt.

Mit dem Handlungsmuster Vorwerfen-Rechtfertigen sind bestimmte situationelle und handlungsveranlassende Umstände notwendig verbunden. Bei einer Rechtfertigung spielen bei der Einschätzung der Situation Sprecher-Annahmen hinsichtlich propositionaler Gehalte und seine Intention(en) die wichtigste Rolle, dabei sind in der politischen Sprache vier mögliche Situationstypen des Rechtfertigens zu finden:

1. Ein Politiker kann sich oder jemanden in Hinblick auf einen verantwortbaren Sachverhalt rechtfertigen, wenn er von seinem Gesprächspartner kritisiert wird, d.h. wenn ihm dieser Sachverhalt, seine Rolle beim Zustandekommen bzw. das Zustandekommen dieses Sachverhaltes vorgeworfen ist. In diesem Fall wird die negative Bewertung seitens des Gesprächspartners explizit ausgedrückt. Dieses Kritik-bezogene Rechtfertigen kommt in allen dialogischen Formen der politischen Sprache vor.

2. Ein anderer Situationstyp des Rechtfertigens entsteht, wenn der Kommunikationspartner seinen Zweifel zum Ausdruck bringt, ob er einen vom jeweiligen Politiker verantwortbaren Sachverhalt, die Rolle des Politikers beim Zustandekommen dieses Sachverhaltes oder das Zustandekommen dieses Sachverhaltes negativ oder nicht negativ bewerten soll. Hier liegt kein explizit ausgedrückter Vorwurf vor, nur ein Zweifel (meistens in Form einer Frage). Deshalb sprechen wir in diesem Fall über Zweifel-bezogenes Rechtfertigen. In einem solchen situationellen Rahmen finden viele Rechtfertigungen im politischen Kontext statt.

3. Eine Rechtfertigungshandlung kann auch von einem Politiker dann vollzogen werden, wenn es in der Äußerung des Gesprächspartners keinen Vorwurf gibt. Es kann nur eine Aussage zu einem bestimmten Thema sein. Der Politiker aber glaubt oder hält es für möglich, dass dahinter eine negative Bewertung des zu verantwortbaren Sachverhaltes stecken kann. Dieses Kritik-antizipierende Rechtfertigen kommt in der politischen Sprache nicht zu oft vor, weil eine Rechtfertigungshandlung immer einen Konflikt zwischen den Sprechenden bedeutet; eine der wichtigsten Aufgaben politischer Kommunikation ist es aber, Konflikte, in erster Linie Konflikte zwischen der Politik und der Öffentlichkeit zu vermeiden.

4. Der letzte in der politischen Kommunikation mögliche Situationstyp des Rechtfertigens ist Zweifel-antizipierendes Rechtfertigen. Wie bei einem Kritik-antizipierenden Rechtfertigen kann der Politiker nur annehmen, dass sein Kommunikationspartner im Inneren nicht sicher ist, wie er einen bestimmten Sachverhalt bewerten soll. Im weiteren Verlauf des Gesprächs kann diese Unsicherheit zum Ausdruck gebracht oder zur Kritik werden. Aus den oben genannten Gründen der Konfliktvermeidung greifen die Politiker in solchen Fällen selten zu einer Rechtfertigung.

Durchgängiges, allen Situationstypen gemeinsames Merkmal ist eine Dissonanz hinsichtlich der Bewertung eines Sachverhaltes, sofern ein oder mehrere Politiker dessen Zustandekommen zu verantworten haben.

Beim Rechtfertigen ist nicht die Absicht des Defendenten entscheidend, sondern seine Verantwortlichkeit. Als Gegenstände von Rechtfertigungen kommen nur solche Sachverhalte in Frage, deren Zustandekommen nach der Meinung des Offendenten in der Verantwortung oder zumindest in der Mitverantwortung des (Sich-)Rechtfertigenden liegt. In der Alltagskommunikation sowie in der politischen Kommunikation erfolgen Rechtfertigungen unter den verschiedenen Wertaspekten wie Zweckmäßigkeit, Tradition, Autorität, Anstand, Gefühl etc., da mit dem Begriff der Richtigkeit aufs engste die Frage des Wertmaßstabes verbunden ist. Bei der Bewertung kann sich der Rechtfertigende auf drei verschiedene Komponenten fokussieren, dementsprechend unterscheiden sich drei Varianten des Rechtfertigens:

RECHTFERTIGEN ist das Stützen des Anspruchs auf nichtnegative oder positive Bewertung

- eines Subjekts, das für das Zustandekommen eines Sachverhaltes verantwortlich ist, oder

- eines Sachverhaltes, für dessen Zustandekommen ein Subjekt verantwortlich ist, oder

- des Zustandekommens eines Sachverhaltes, für das ein Subjekt verantwortlich ist. (Klein 1987: 26f.)

Die Taxonomie von Rechtfertigungen (s.Kap.2.1.) zeigt, dass in einem konkreten Rechtfertigungsmuster unterschiedliche Sprechhandlungstypen vorkommen, die zwei Sprechhandlungsklassen zugeordnet werden. Es ist ein Kennzeichen komplexer Handlungsmuster, andere Handlungsmuster in sich so zu integrieren, dass sie im Rahmen dieses komplexen Musters unselbständig und ihm untergeordnet sind. Dabei sind mehrere Kombinationen zwischen illokutionären Rollen der verschiedenen Sprechhandlungsklassen möglich, was eine große Vielzahl von konkreten Realisierungen des Rechtfertigungsmusters ermöglicht. Aber das Hauptziel jeder Rechtfertigung, nämlich argumentativ zu handeln, um einen Anspruch auf positive bzw. nicht negative Bewertung zu stützen und einen Konsens mit dem Kommunikationspartner zu erreichen, liegt jeder - auch politischen - Rechtfertigung zugrunde, unabhängig davon, in welchem Medium sie vorkommt. Das gewünschte Resultat einer Rechtfertigung bezieht sich dabei auf die Bewertung eines zu beantworteten Sachverhalts.

Wie wir sehen, sollen in allen drei zu vergleichenden Medien (Fernsehen, Presse, Online-Konferenzen) die gleichen Bedingungen in der Phase der Einschätzung der Situation, der Motivation und Zielsetzung, sowie in der Phase des Resultats erfüllt sein, damit eine Rechtfertigung stattfindet.

Wenden wir uns jetzt der Phase der Ausführung. Josef Klein bezeichnet diese Phase als Kern-Bedingung einer Sprechhandlung (Klein 1987: 79). Überlegungen und Beobachtungen bezüglich dieser Phase werden im Folgenden für jedes einzelne Medium – Fernsehen, Presse und Computer – ausführlich dargestellt.

2.4.3. RECHTFERTIGUNGEN IN POLITISCHEN FERNSEHDISKUSSIONEN

Das Leitmedium der modernen politischen Kommunikation ist heute zweifelsohne das Fernsehen. Das hängt damit zusammen, dass

> Fernsehen [...] auf zweifache Weise den Eindruck von Intimität [vermittelt]: Erstens erleben die Zuschauer Fernsehen in ihren eigenen vier Wänden – nicht wie Kino, Theater oder politische Veranstaltungen in öffentlichen Sälen. Und zweitens finden Sendungen, in denen Politiker auftreten (Diskussionsrunden, Talk-Shows, Interviews), meist in der intimen Atmosphäre von Studios statt. (Klein 1996: 20)

Fernsehauftritte der Politiker weisen heutzutage ein breites Spektrum auf, dazu gehören öffentliche Reden von Politikern im Fernsehen, Ansprachen der Kandidaten während des Wahlkampfes, Fernsehinterviews, bei denen ein Journalist mit einem Politiker spricht, Fernsehdiskussionen mit oder ohne Publikum u.a. Jede dieser Kommunikationsformen zieht bestimmte sprachliche Formen nach sich. Sprachliche Unterschiede in politischer Fernsehkommunikation erklären sich durch unterschiedliche Kommunikationsziele: während bei einer monologischen Politiker-Rede der Informationsaspekt überwiegt, liegt „der Zweck eines Politiker-Interviews eher in der Meinungsdarstellung des Politikers als in der Vermittlung von Informationen" (Vogt 1998: 156). Bei einer Fernsehdiskussion mit zwei oder mehreren teilnehmenden Politikern wird von den Zuschauern außer den zwei oben genannten Aspekten auch der Unterhaltungscharakter der Sendung besonders geschätzt. Die Verbindung verschiedener Aufgaben – Informieren, Meinungsdarstellung und Unterhaltung – in einer Kommunikationsform macht politische Fernsehdiskussionen zu der verbreitetsten und beliebtesten Art politischer Fernsehkommunikation.

Der Zweck politischer Fernsehdiskussionen ist die Darstellung bestimmter, meist unterschiedlicher Positionen zu einem Thema gegenüber den Zuschauern. Die beteiligten politischen Akteure handeln in solchen politischen Sendungen in erster Linie als Vertreter ihrer Institutionen, d.h. sie berichten über die Positionen der jeweiligen gesellschaftlichen Gruppierungen, sehr selten wird die eigene individuelle Meinung diskutiert, besonders wenn letztere von der Meinung der Mehrheit abweicht. Genauso wie politische Online-Konferenzen sind auch politische Fernsehdiskussionen inszenierte kommunikative Ereignisse, bei denen politische Akteure zu einem Gespräch zusammentreffen, welches in erster Linie für die zuschauende Öffentlichkeit gedacht ist. Die Diskursart „Fernsehdiskussion" zeichnet sich durch eine spezifische Eigenschaft aus, die Dieckmann als „Mehrfachadressiertheit" bezeichnet (Dieckmann 1985: 53), d.h. die beteiligten Politiker konzipieren ihre Redebeiträge nicht nur im Hinblick auf den Moderator und seine Diskussionsgegner, bzw. auf das im Studio anwesende Publikum, sondern auch auf die Fernsehzuschauer. Außerdem erweist sich die kommunikative Struktur der Fernsehdiskussionen nach Dieckmann als ‚trialogisch', er unterscheidet zwischen der Binnenkommunikation (zwischen den beteiligten Politikern und dem Moderator) und der Außenkommunikation (mit dem Publikum)[56]. Je nachdem, auf welchen Adressaten sich der Politiker in seiner Äußerung einstellt, kann er unterschiedliche Ziele verfolgen: Im Hinblick auf das Publikum versucht er, dessen Einstellungen zu verändern bzw. zu bekräftigen. Im Hinblick auf die politischen Gegner wird versucht, deren Handlungen und Entscheidungen als falsch darzustellen. In beiden Fällen wird letztendlich zum Publikum gesprochen, obwohl die TV-Zuschauer häufig nicht direkt angesprochen werden. Burger (2001: 1494) spricht in diesem Fall von „Semi-Dialogizität", da der Adressat (der Zuschauer) keine Möglichkeit hat, unmittelbar zu antworten.

Das räumlich-zeitliches Verhältnis in politischen Fernsehdiskussionen ist dadurch gekennzeichnet, dass Produzenten und Adressaten räumlich voneinander getrennt sind (obwohl die Zuschauer bei einigen Sendungen die Möglichkeit haben, sich per Telefon in die Diskussion einzuschalten oder als Studiopublikum anwesend zu sein). Zeitlich sind zwei Relationen möglich: Erstens, kann eine Diskussion im Studio aufgezeichnet und zu einem späteren Zeitpunkt ausgestrahlt werden. In diesem Fall können Fragen und Antworten vor der Sendung nachbearbeitet werden und verlieren dann ihren ‚live'-Charakter. Zweitens, kann die Sendung während der Diskussion ausgestrahlt werden, was die Möglichkeit einer Nachbearbeitung ausschließt und die Planbarkeit der Frage-Antwort-Sequenzen einschränkt. Auf die Bedeutung des ‚live'-Charakters der Sendungen in den Massenmedien weist Burger hin (2001: 619):

---

[56] Burger schlägt das Konzept der Kommunikationskreise vor, um die möglichen kommunikativen Konstellationen in den massenmedialen Gesprächen beschreiben zu können. Ein Fernseh-Gespräch kann bis zu vier Kommunikationskreise beinhalten, das sind folgende Verhältnisse: 1) eingeladene Gesprächspartner und der Moderator im inneren Kreis unter sich, 2) Gesprächspartner, der Moderator und das Studiopublikum, 3) Gesprächspartner, der Moderator und die per Telefon beteiligten Zuschauer, 4) Gesprächspartner, der Moderator und das Gesamtpublikum vor dem Bildschirm. Dabei können die Beteiligten während einer Sendung in verschiedenen Kreisen agieren: der Moderator kann sich im Laufe des Gesprächs dem ersten bzw. dem zweiten Kommunikationskreis anschließen, ein anrufender Zuschauer gehört gleichzeitig dem dritten und vierten Kommunikationskreis an. Durch die Überlagerung der verschiedenen Kreise entstehen nach Burger verschiedenartige Typen von Mehrfachadressiertheit (vgl. Burger 2001: 1494).

110

Die Kommunikatoren[57] haben gerade diesen Aspekt als werbewirksam erkannt und suggerieren dem Rezipienten, daß „live" mit Werten wie „spontan" und „authentisch" zu verknüpfen sei. So ist der „live"-Aspekt in den elektronischen Medien zu einem entscheidenden Güte-Kriterium, gerade zu einem „Mythos" geworden. Wenn der Rezipient – wie es häufig der Fall ist – nicht erkennen könnte, ob eine Sendung tatsächlich live stattfindet, erhält er von den Kommunikatoren entsprechende metakommunikative Hinweise.

Das Fernsehen erhöht zwar das subjektive Interesse der Zuschauer an Politik, vereinfacht aber gleichzeitig ihr Bild von Politik. Die technischen Möglichkeiten des Fernsehens beeinflussen die politischen Akteure so, dass daraus konstitutionelle und institutionelle Veränderung bei der öffentlichen Darstellung von Politik entstehen, d.h. politische Akteure wählen bestimmte Inhalte und Präsentationsformen, gemäß den antizipierten Effekten bei den Zuschauern. Dies bewirkt, dass das wichtigste Handlungsziel eines solchen Diskurses, z.B. die Erarbeitung eines Kompromisses für die Lösung des jeweiligen Problems, für die beteiligten Politiker nicht selten weniger wichtig ist als die Darstellung des Konflikts und der parteilichen Position als der einzig richtigen gegenüber den Zuschauern. Die politischen Repräsentanten „[erwecken] überwiegend den Eindruck [...], sie würden miteinander reden, um einander zu überzeugen, haben aber primär die persuasive Wirkung auf die TV-Zuschauer im Auge [...]" (Klein 2000b: 1595). Mehrere Untersuchungen zeigen, dass in politischen Fernsehsendungen der Diskussionscharakter sowie Konfrontation vs. Kooperativität zwischen Gesprächspartnern nur inszeniert wird[58], d.h. Fernsehkommunikation „institutionell vorgeplant, vorstrukturiert und immer auch auf die Information und Unterhaltung eines anonymen Publikums ausgerichtet ist" (Brünner 1999: 38). Dabei werden entsprechende argumentative Sprechhandlungen zum Zweck einer solchen Inszenierung instrumentalisiert.

Der Propaganda-Charakter von politischen Fernsehdiskussionen setzt einen häufigen Gebrauch von Sprechakten voraus, mit denen die Politiker versuchen, sich zu legitimieren oder für sich zu werben, wie z.B. **sich rechtfertigen, bewerten, begründen, versprechen** u.ä. Das ganze kommunikative Geschehen in einer Fernsehdiskussion kann man als eine argumentative Sequenz von Begründungen und Gegenbegründungen einerseits und Kritikäußerungen und Beschuldigungen von Kontrahenten andererseits bezeichnen, die für das Muster der Diskussion typisch sind.

---

[57] Als Kommunikatoren werden Journalisten bzw. Produzenten bezeichnet, die ein kommunikatives Ereignis veranstalten und für die Sendung bearbeiten.

[58] Man kann an dieser Stelle auf die Arbeiten von Holly/Kühn/Püschel (1986, 1989), Holly (1990), Luginbühl (1999), Grewenig (1993) sowie Linke (1985) verweisen.

Eine Vorwurf-Rechtfertigungssequenz kann in politischen Fernsehdiskussionen dank der ‚trialogischen' Kommunikation auf dreierlei Weise initiiert werden: Ein Vorwurf wird vom Moderator, von einem der Kontrahenten oder von einem Zuschauer aus dem Publikum im Studio geäußert. Unabhängig davon adressiert der Politiker, wenn er auf den Vorwurf eingeht, seine Rechtfertigung in erster Linie an die zuschauende Öffentlichkeit. Das oben angesprochene Problem des Handlungsziels der Politiker in Fernsehdiskussionen kommt besonders deutlich in Argumentations- bzw. Begründungshandlungen, und somit auch im Vorwurf-Rechtfertigungsmuster, heraus. Kommt der Vorwurf aus den Reihen der Kontrahenten oder vom Moderator, so versucht der Beschuldigte nicht, deren negative Einstellung zu ändern. Die Beteiligten wissen von vornherein, dass sie verschiedene Parteien und daher unterschiedliche politische Positionen vertreten. Aus diesem Grund wird das Bewerten der problematischen Handlung C vom Anfang an auf dem Hintergrund der divergierenden Normen stattfinden, was ein erfolgreiches Begründen bzw. eine erfolgreiche Rechtfertigung gegenüber den politischen Gegnern unmöglich macht. Der Defendent richtet sich mit seiner Rechtfertigung ausschließlich an das Publikum, sein Handlungsziel ist dabei, eine solche negative Einstellung zu dem zuvor im Vorwurf thematisierten Sachverhalt bei der Öffentlichkeit nicht zuzulassen bzw. diese Einstellung zu ändern. Der positive bzw. negative Ablauf des Handlungsmusters, d.h. das Erreichen des Zustandes E' oder E wird unter diesen Umständen nicht selten von keinem der Interaktanten verbalisiert, das Vorwurf-Rechtfertigungsmuster bleibt nicht abgeschlossen.

Zur Veranschaulichung der dargestellten Überlegungen betrachte ich im Folgenden ein Beispiel aus der Sendung „TV-Duell", ausgestrahlt am 08.09.2002 um 20.15 in ARD und ZDF. Es handelt sich dabei um das Fernseh-Wahlkampfduell der Bundeskanzlerkandidaten Edmund Stoiber und Gerhard Schröder. Das Duell wurde von Sabine Christiansen und Maybrit Illner moderiert. Die Ausstattung des Studios und die Plazierung der Kandidaten – ein fast leerer Raum mit einer niedrigen Bühne, wo hinter zwei Rednerpulten die Kontrahenten standen; die Moderatorinnen saßen an einem Tisch den Kanzlerkandidaten gegenüber – haben den Spielraum an Bewegungen und nonverbalen Aktivitäten der Kontrahenten eingeschränkt. Vor dem Beginn des Duells wurde mit Teilnehmern eine Zeit-Grenze abgesprochen. Zeitdruck führte erstens dazu, dass die Kontrahenten sich bemüht haben, die Zeit bei ihren Antworten richtig zu verteilen, und zweitens, haben die Moderatorinnen den Zeitdruck zu einem Mittel der Gesprächskontrolle funktionalisiert.

Im folgenden Ausschnitt aus dem Duell geht es um die Arbeitslosigkeit in Deutschland, die zu einem Top-Thema der Debatte wurde (I = Illner, Ch = Christiansen, Sch = Schröder, St = Stoiber):

	↑
1	I: Dann kommen wir zu dem · Thema was · bisher · immer mal

2 I: und am Rande zur Spr↑ache kam und nun eben nochmal sehr

3 I: d↑eutlich · ein Extrathemenkomplex dieser Sendung werden s↓oll.

4 I: Herr B↓undeskanzler, Stichwort Arbeitslosigkeit. Sie liegt

5 I: nicht bei den drei Komma fünf Millionen wie Sie den Menschen

6 I: versprochen haben sondern e↑xakt bei vier Millionen und

7 I: achtzehn T↑ausend, siebenundsiebzig Tausend weniger↓ als

8 I: neunzehnhundertachtundneunzig. Das haben Sie/ · Au↑gust

9 I: neunzehnhundertachtundneunzig · das haben Sie auch grade

10 I: selber formul↓iert. Und Sie haben aber ↑auch selber formuliert,

11 I: dann haben wir's nicht versch/verd↓ient, wi↓edergewählt zu

12 I: werden.   Haben Sie ( )?
   Sch: Keine Fra↓ge ·   wenn das unter den/wenn die Bed↓ingungen

13 Sch: die d↓amals galten, und zwar eine wirklich boomende We↑ltwirt-

14 Sch: schaft, k↑eine · Verw↓erfungen wie nach dem elften September

15 Sch: w↑eitergegolten hätten, dann hätten wir dieses Ziel auch

16 Sch: err↑eicht-gar keine Fr↑age dass wir's err↓eicht hätten-ich bin

17 Sch: ja d↑amals kritisiert worden als zu w↑enig ehrgeizig, nicht

18 Sch: etwa als zu v↑iel ehrgeizig, aber ich denke jeder der mal · die

19 Sch: ↓Abendnachrichten sich anschaut, und die Entwicklungen an den

20 Sch: ↓Börsen feststellt, und zwar weltw↓eit feststellt, der kann gar

21 Sch: nicht davon ↑ausgehen, dass das äh auf andere Länder begrenzt

22 Sch: bliebe und Deutschland nicht err↑eichte. Diese äh Arbeitslosen-

23 Sch: ziffern die wir g↑egenwärtig haben, haben wir unter

24	**Sch:** <u>schwie</u>rigsten weltweiten Be<u>din</u>gungen, und sie sind ge<u>rin</u>ger, ↑ ↑ ↑
25	**Sch:** als die Regierung *Kohl* sie hatte · an/bei einer <u>boo</u>menden ↑ **St:** [schüttelt den Kopf]
26	**Sch:** ameri<u>ka</u>nischen Wirtschaft, bei einer <u>boo</u>menden <u>Welt</u>wirtschaft, ↑ ↑
27	**Sch:** und <u>des</u>wegen gibt es <u>über</u>haupt kein/keinen Grund, sich ↑
28	**Sch:** <u>Vor</u>würfe machen zu lassen außer einem <u>ein</u>zigen · <u>dem</u> nämlich ↑ ↑
29	**Sch:** dass man <u>kein'</u> Einfluss auf diese <u>ex</u>ternen Bedingungen h<u>at</u>-den ↑
30	**Sch:** hat man eben <u>wirk</u>lich nicht, und drüber hin<u>aus</u>, es ist <u>völ</u>lig ↑ ↑
31	**Sch:** klar dass der <u>Kampf</u> um die Beseitigung der <u>Ar</u>beitslosigkeit ↑
32	**Sch:** <u>wei</u>tergehen muss, aber <u>die</u>jenigen, die in der <u>Spit</u>ze vier ↑ ↑
33	**Sch:** Komma <u>neun</u> Millionen Arbeitslosen hatten, wie die Regierung ↑
34	**Sch:** der <u>Freun</u>de von Herrn Stoiber und der Herr Kohl · sie <u>hat</u>te, ↑
35	**Sch:** da sind nun <u>die</u>jenigen, die als <u>schlech</u>teste <u>Rat</u>geber ↑ ↑ **St:** Ach so. [lacht] ↓
36	**Sch:** sich eignen, das muss man einfach <u>klar</u> sagen (...). ↑ ↓ **Ch:** Herr Stoiber. ↓ **St:** Der Klarheit
37	**St:** halber will ich nur deutlich machen, sie haben damals · als → →
38	**St:** Helmut Kohl <u>ab</u>gewählt worden ist · mit einer Arbeitslosenzahl
39	**St:** von vier Komma eins Mill<u>io</u>nen, da haben sie mehrfach gesagt, ein → →
40	**St:** Bundeskanzler,der über vier Millionen Arbeitslose zu
41	**St:** ver<u>ant</u>worten hat, <u>der</u> · hat es nicht ver<u>dient</u>, <u>wie</u>dergewählt ↑ ↓ **Sch:** Ja, bei <u>der</u> Situation <u>stimmt</u> ↑

42	**St:** zu werden. An <u>dem</u>/an <u>dem</u>/äh an <u>dem</u> w/ an <u>dem</u> werden Sie auch **Sch:** das auch.
43	↓ ↓ **St:** ge<u>mess</u>en werden. <u>Zwei</u>tens, Helmut Schmidt · Ihr Vorvorgänger ·
44	↓ **St:** hat Ihnen ja doch sehr deutlich ins Stammbuch geschrieben, die
45	↑ **St:** Arbeitslosigkeit hat mit der Globalisierung <u>nichts</u> zu tun,
46	↓ **St:** sondern sie ist hausgemacht. Siebzig Prozent unserer/ **Sch:** (...)
47	**St:** <u>sieb</u>zig Prozent unserer Arbeitsplätze · siebzig Prozent unserer
48	→ **St:** <u>A</u>rbeitsplätze sind gerade in dem mittelständischen Bereich zu
49	↑ ↑ **St:** Hause, also beim Friseurladen, beim Bäckerladen, beim
50	↑ ↑ **St:** Klempnerladen, äh beim <u>In</u>ternet äh cafe oder wo auch immer bei
51	↓ **St:** den kleinen mittelständischen Betrieben. [...] Unser Problem ist
52	**St:** <u>nicht</u> entscheidend allein der Ex<u>port</u>, sondern unser Problem ist
52	↑ ↑ **St:** der Binnenmarkt, ist der <u>In</u>landsbereich und der <u>Mittel</u>stand ·
54	↓ ↓ **St:** hat kein Ver<u>trau</u>en mehr in Rot-Grün. Sie inves<u>tie</u>ren nicht mehr. [...]

Transkriptionszeichen:

(...)	unverständliche Passage	↑	steigendes Tonmuster
·	kurze Pause	↓	fallendes Tonmuster
<u>xxx</u>	Gewichtungsakzent	/	Korrektur
→	progrediente Tonführung	[...]	Auslassung der Sequenz

Trotz der längeren Äußerungspassagen der Interaktanten kennzeichnet sich der dargebotene Ausschnitt aus dem Duell durch die sequentielle Organisation, d.h. er weist einen systematischen Sprecherwechsel auf. Das Sprecherrecht kann entweder durch eigene Initiative erworben werden, wie z.B. in (12) oder (41), oder der Turn wird von der Moderatorin zugewiesen wie in (36). Ausgangspunkt des Vorwurf-Rechtfertigungsmusters im oben angeführten Beispiel ist der Vorwurf durch Maybrit Illner (1-12). Er erfolgt zwar in Form einer Feststellung (4-8), aber die nachfolgende Berufung auf die Behauptung von Gerhard Schröder vor vier Jahren (10-12) und der Situationskontext (Wahlkampfdebatte, in der Gerhard Schröder seine Kandidatur als die geeignetste für das Kanzleramt verteidigt) machen deutlich, dass es sich hier um einen Vorwurf handelt. Das Thema „Arbeitslosigkeit", genauer – keine großen Veränderungen auf dem Arbeitsmarkt in Deutschland in den letzten vier Jahren, trotz vieler Versprechungen der Regierung von Herrn Schröder, wird zum Prä-E-Element dieses Interaktionsteils.

Im weiteren Verlauf des Musters startet der Kanzler nun Rechtfertigungsversuche, dabei entscheidet er sich für eine Rechtfertigungstechnik nämlich die ‚der Verweisung auf Umstände'. Von (12) bis (26) formuliert Schröder ein M-Element, indem er sich dabei verschiedener Sprechakte bedient, die alle zusammen einem Zweck dienen: sie sollen den Zuschauern Misserfolge der handelnden Regierung in der Beschäftigungspolitik erklären und ihre negative Bewertung ändern. Das M-Element wird zuerst in Form eines *Hinweises* auf die „boomende Weltwirtschaft" und „Verwerfungen nach dem 11. September" als Ursachen des verfehlten Ziels zum Ausdruck gebracht (12-15). Diesem Hinweis schließt der Kanzler eine weitere Äußerung an (16-18), die nicht dem Rechtfertigungsmuster angehört, die aber zeigen soll, dass das vor vier Jahren gesetztes Ziel der Reduzierung der Arbeitslosigkeit durchaus erreichbar war. Die *Mitteilung: „Ich bin ja damals kritisiert worden als zu wenig ehrgeizig, nicht etwa als zu viel ehrgeizig"* soll die Zuschauer davon überzeugen und zu einem positiven Abschluss des Musters beitragen. In der nachfolgenden *Behauptung* wird das zuvor formulierte M-Element in einer anderen Form wiederholt (18-22), dieses zweite M-Element („weltweite Börsennachrichten") ist derselben Kategorie entnommen wie das erste. Der Behauptung schließt sich dann letztendlich ein *Konstatieren* an (22-28), in dem die den Zuschauern bereits vorgetragenen Gründe, d.h. das M-Element, noch einmal wiederholt werden: „boomende amerikanische Wirtschaft, boomende Weltwirtschaft". Zum Abschluss des Rechtfertigungsmusters fokussiert Schröder die Aufmerksamkeit der Zuschauer mithilfe einer *positiven Meinungsäußerung* auf seine eigene positive Einstellung zur Arbeitsmarktpolitik der Regierung: *„deswegen gibt es überhaupt keinen Grund, sich Vorwürfe machen zu lassen außer einem einzigen, dem nämlich, dass man keinen Einfluss auf diese externen Bedingungen hat"* (27-29). Die zweifache Rekursion im Rechtfertigungsmuster ist allein für das Publikum vor dem Fernseher gedacht: im weiteren Verlauf des Duells wartet der Kanzler nicht auf ein Signal (weder von den Moderatorinnen noch von seinem Kontrahenten), welches zeigt, dass das Muster abgeschlossen und der Zustand E' (positive Bewertung des Sachverhalts) erreicht ist, stattdessen greift er Edmund Stoiber an (32-36) und geht somit in ein anderes Handlungsmuster über. Edmund Stoiber geht später doch auf die Argumentation des Kanzlers ein und bezieht sich auf den propositionalen Gehalt seiner Äußerungen, dabei akzeptiert er die Gründe von Herrn Schröder nicht (43-54), und schließt das Vorwurf-Rechtfertigungsmuster mit der Verbalisierung des Zustandes E ab. Für den

116

Kanzler ist dieses Signal aber nicht wichtig und er lässt es außer Acht, da er von vornherein die Position seines Gegners kannte und nicht beabsichtigte, Veränderungen in seinem mentalen Bereich auszulösen.

Im unten dargestellten Ablaufdiagramm C des untersuchten Beispiels wird eine komplizierte Struktur des Handlungsmusters sichtbar, wenn die Sukzession der Sprechakte in der Zeit mit deren Sukzession im Muster nicht identisch ist. Während die Oberflächenrealisierung der Sprechakte zeitlich linear erfolgt, ist die Struktur eines Musters und die Aufeinander-Folge-Beziehung von Musterpositionen viel komplexer, sie können erst aus der Detailanalyse jedes konkreten Handlungsmusters und aus der Rekonstruktion seiner Zwecke ersichtlich werden (vgl. Ehlich 1986: 137ff.). Im oben angeführten Vorwurf-Rechtfertigungsbeispiel zeigt sich diese Komplexität daran, dass die im Gespräch unmittelbar aufeinander folgenden Sprechhandlungen zur Realisierung verschiedener Muster beitragen.

Ablaufdiagramm C: Abfolge eines Vorwurf-Rechtfertigungsbeispiels in Fernsehdiskussionen:

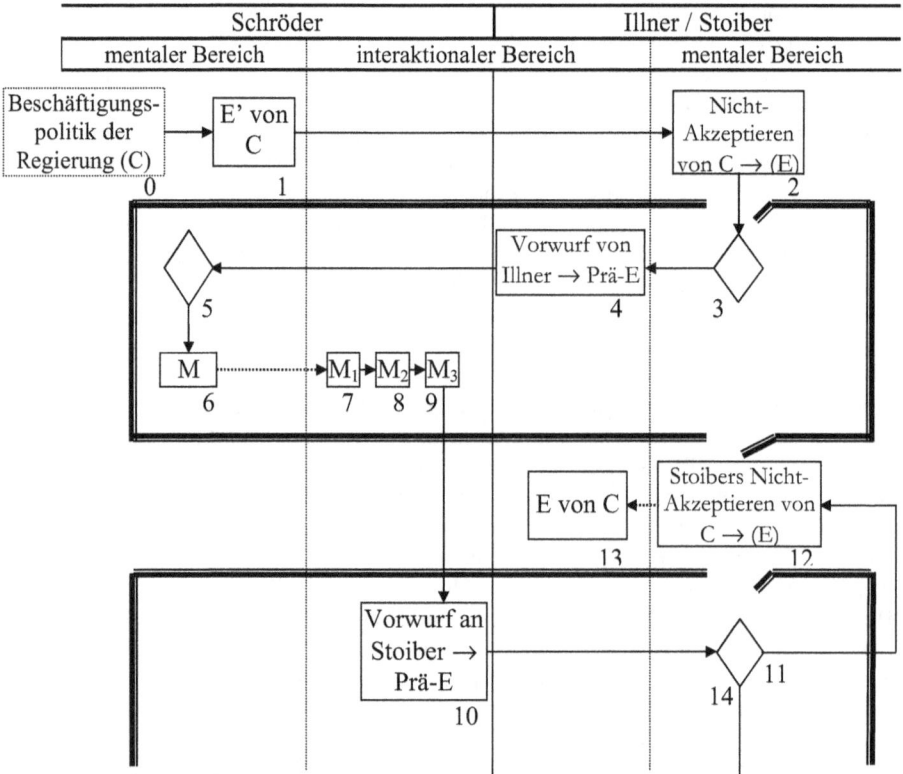

Legende s. S. 95.

Es handelt sich bei diesem Beispiel um eine „formale Abwicklung" des Musters, denn „die Synchronisierung des mentalen Bereichs von Sprecher und Hörer kann und soll nicht geleistet werden. Begründungsversuche richten sich allenfalls an die Zuschauer. [...] Die Argumentativität des Diskurses ist inszeniert. Die Aktanten beziehen sich mit ihren Äußerungen zwar auf bereits vorhandenes Wissen, beabsichtigen jedoch nicht, beim Gegenüber eine Umstrukturierung dieses Wissens herbeizuführen. Ziel der Verbalisierung dieses Wissens ist allein sein Vortrag gegenüber den Zuschauern. Der Diskurs kann daher als Scheinargumentation bezeichnet werden." (Trautmann 1994: 169)

2.4.4. POLITISCHE RECHTFERTIGUNGEN IN DEN PRINTMEDIEN

Die Presse ist das älteste Massenmedium und besitzt historisch die längste Tradition in der Politikvermittlung. Im Vergleich zum Fernsehen, wo der ‚live'-Charakter der Interviews höhere Einschaltquoten verspricht, verlagert sich das Gewicht in der Presse auf Berichte bzw. Kommentare mit kurzen Zitaten der politischen Akteure, ein Interview mit einem oder mehreren Politikern findet sich in Zeitungen und Zeitschriften seltener als Kommentare.

Das Medium ‚Presse' vermittelt nur einkanalige Information, der Leser als Adressat kann auf das Gelesene nicht unmittelbar reagieren[59], daher kann es in politischen Presse-Interviews im Vergleich zum Fernsehen nur zwei Kommunikationskreise geben: den ersten Kreis bilden die Gesprächsteilnehmer – meistens ein Politiker und ein Interviewer, manchmal können es mehrere Politiker sein, - den zweiten Kommunikationskreis bilden Gesprächsteilnehmer und die Leser. Wie beim Fernsehen adressieren die befragten Politiker ihre Antworten in erster Linie an die Leser der Zeitung bzw. Zeitschrift, die Kommunikation ist also auch mehrfachadressiert.

Das in der Zeitung gedruckte Interview basiert in der Regel auf der Originalsituation, die face-to-face stattfindet und vom Journalisten aufgezeichnet wird. Auf dieser ersten Etappe gehen alle nicht-akustischen nonverbalen Situationselemente verloren. Bei der nachfolgenden Verschriftung werden dem Leser nicht nur wichtige akustische Merkmale wie z.B. Intonation unzugänglich gemacht, die Aufzeichnung wird in der Redaktion nicht selten bearbeitet und transformiert, indem einige Äußerungen gekürzt oder vollständig weggelassen werden. Diese lexikalische, syntaktische und textlinguistische „Bearbeitung geschieht natürlich nach journalistischen Kriterien wie Verständlichkeit, Relevanz usw. [...] Dabei gibt es so stark bearbeitete Formen,

---

[59] Mögliche Reaktionen auf ein Interview können z.B. Leserbriefe oder Anrufe in der Redaktion sein, sie ändern aber nichts am Inhalt des Interviews.

daß die dialogische Primärsituation im neuen Kontext nahezu verschwindet."
(Burger 2001: 615)

Interessant ist auch das Zeit- Raum-Verhältnis in den Presse-Interviews:
Während die Interaktanten im ersten Kommunikationskreis in zeitlicher Hinsicht
‚live' miteinander agieren, in räumlicher Hinsicht können sie sich in einem
Raum befinden oder voneinander getrennt sein (z.B. bei einem Interview per
Telefon), bleiben die Vertreter des zweiten Kommunikationskreises sowohl
zeitlich wie auch räumlich immer voneinander getrennt.

Wie in allen Massenmedien werden für Presse-Interviews aktuelle, die
Öffentlichkeit interessierende Themen ausgesucht. Der Ablauf eines Interviews
folgt einem Schema, das auch für das Fernsehinterview typisch ist: Zuerst wird
der Leser bzw. Zuschauer von dem Journalisten durch eine kleine Orientierung
in das Thema eingeführt, dann folgt das Interviews selbst, das aus mehreren
Frage-Antwort-Sequenzen besteht, und am Ende dankt der Interviewer den
Teilgenehmenden, er kann auch eine kurze Bilanz ziehen.

Auf die beschriebene kommunikative Struktur der Presse-Interviews gehen die
Besonderheiten eines Vorwurf-Rechtfertigungsmusters in den Printmedien
zurück. Während es den Aktanten des zweiten Kommunikationskreises verwehrt
bleibt, nachzufragen und somit an der Konstruktion der Nachgeschichte einer
Sprechhandlung teilzunehmen, können die Journalisten diese Möglichkeit
durchaus nutzen. Trotzdem finden sich in der Presse abgeschlossene sprachliche
Handlungsmuster, was durch die Äußerung von E bzw. E' seitens des
Interviewers signalisiert wird, sehr selten. Das hängt m.E. vor allem damit
zusammen, dass beide bzw. mehrere Handelnden im ersten
Kommunikationskreis in erster Linie für die Rezipienten des zweiten
Interaktionskreises agieren und in ihrem sprachlichen Handeln auf die Leser
eingestellt sind. Für Journalisten kommt außerdem noch der Zeit- und
Platzdruck dazu, wenn während einer bestimmten Interview-Zeit möglichst viele
Fragen gestellt, und die interessantesten Frage-Antwort-Sequenzen dann nach
der Auswahl an einer bestimmten Stelle in der Zeitung bzw. Zeitschrift platziert
werden sollen.

Das folgende Beispiel entstammt dem „Zeit"-Interview vom 05.09.2002 mit der
damaligen Justizministerin Herta Däubler-Gmelin über das 10-Punkte-
Programm[60]:

Zeit: Sie wehren sich mit Macht dagegen, dass die Amerikaner ihre
neuen Vorschriften gegen Bilanzfälschung auf deutsche Unternehmen

---

[60] Es handelt sich um das 10-Punkte-Papier zur Stärkung der Unternehmensintegrität und des
Anlegerschutzes, das am 28.08.2002 von der Bundesjustiministerin Däubler-Gmelin und dem
Bundeswirtschaftsminister Müller vorgelegt worden war. Weitere Informationen: URL:
http://www.bmj.de/ger/service/pressemitteilungen/10000601/ (24.01.02.)

*anwenden, die an US-Börsen notiert sind. Ist das nicht überzogen? Es
ist schließlich niemand zum Gang an die Wall Street gezwungen.*

Däubler-Gmelin: *Das sehen deutsche Weltkonzerne im Zeitalter der
Globalisierung wahrscheinlich anders. Die Bundesregierung und die
deutsche Wirtschaft kümmern sich schon länger um Anlegerschutz und
Transparenz. Deshalb teilen wir das Ziel der US-Regierung, die jetzt
ihre Unternehmen stärker kontrolliert; wir halten jedoch die
unbekümmerte Ausdehnung von US-Regeln auf andere Staaten für
falsch. Im 21. Jahrhundert vereinbart man gemeinsames Recht, oder
die Staaten erkennen gegenseitig gleichwertige nationale Vorschriften
an. Diktate von einer Seite führen nicht weiter.*

Der Justizministerin wird von dem Journalisten vorgehalten, gegen Anwendung
amerikanischer Vorschriften auf deutsche Unternehmen an der Wall Street zu
bestehen. Der Interviewer schildert dieses Verhalten des Justizministeriums als
übertrieben, weil deutsche Konzerne an der Wall Street freiwillig handeln[61].

Die Ministerin greift in ihrer Antwort zur Technik des ‚Abstreitens der
Vorwurfsnorm', dabei gliedert sie ihre Äußerung in drei Teile. Zuerst wird die
Notwendigkeit einer stärkeren Kontrolle an den nationalen und internationalen
Börsen zwar **zugegeben** *(„Die Bundesregierung und die deutsche Wirtschaft
kümmern sich schon länger um Anlegerschutz und Transparenz. Deshalb teilen
wir das Ziel der US-Regierung, die jetzt ihre Unternehmen stärker
kontrolliert")*, das passiert aber nach einem einleitenden Einwand: Däubler-
Gmelin **weist** darauf **hin,** dass die deutschen Großkonzerne möglicherweise eine
andere Vorstellung von der Kontrolle haben *(„Das sehen deutsche Weltkonzerne
im Zeitalter der Globalisierung wahrscheinlich anders.")*. Im zweiten Schritt
lehnt die Ministerin die Vorwurfsgrundlage des Journalisten ab, während sie
mitteilt, die Bundesregierung und das ihr untergeordnete Ministerium
akzeptieren nicht das Recht der Amerikaner, ihre eigenen Vorschriften auf alle
an US-Börsen Handelnden auszudehnen, und halten eine solche Ausdehnung für
falsch *(„wir halten jedoch die unbekümmerte Ausdehnung von US-Regeln auf
andere Staaten für falsch")*, gleich danach wird **erklärt,** warum und welche
Strategie in solchen Fällen richtig wäre *(„Im 21. Jahrhundert vereinbart man
gemeinsames Recht, oder die Staaten erkennen gegenseitig gleichwertige
nationale Vorschriften an")*. Im letzten Schritt schließlich wird das Vorgehen
der US-Regierung anders kategorisiert: In Form einer **Behauptung** wird aus der

---

[61] Auf den ersten Blick könnte man sagen, es sei eine ganz normale Frage des Journalisten und
nicht ein Vorwurf. Betrachtet man aber diese Äußerung im Kontext der damaligen
Wahlkampfsituation, als der Regierung Schröders Verschlechterung der deutsch-
amerikanischen Beziehungen vorgeworfen worden war, wird klar, dass die Hartnäckigkeit des
Bundesjustizministeriums in den Augen des Journalisten höchstwahrscheinlich zu neuen
Missverständnissen und somit zur Eskalation des politischen Konflikts zwischen beiden
Ländern beitragen könnte.

vorherigen Argumentation ein logischer Schluss gezogen *("Diktate von einer Seite führen nicht weiter")*.

Die Rechtfertigungsargumentation wird von Däubler-Gmelin so aufgebaut, dass sie in den oben beschriebenen drei Schritten drei M-Elemente formuliert, welche sich gegenseitig ergänzen und konsequent auseinander hervorgehen: Den Kern des ersten M-Elements bildet die von der Ministerin betonte Tatsache, dass die deutsche Regierung nicht untätig ist, sondern ihrerseits auch Maßnahmen zum Anlegerschutz ergreift. Als zweites M-Element resultiert daraus die Notwendigkeit der zwischenstaatlichen Zusammenarbeit auf dem wirtschaftsrechtlichen Gebiet und bei der Ausarbeitung von internationalen Vereinbarungen. Im dritten M-Element wird dann das Verhalten der US-Regierung als „Diktat von einer Seite" bezeichnet, was heißt, dass ein solches Verhalten gegen die Prinzipien der von Däubler-Gmelin vorher verkündeten Zusammenarbeit verstößt und darum nicht akzeptiert werden kann.

Das angegebene Beispiel bestätigt die zuvor geäußerte Vermutung über die Nicht-Abgeschlossenheit eines sprachlichen Handlungsmusters in den Presse-Interviews. Hier wird das Erreichen des Zustandes E bzw. E' vom Journalisten auf keine Weise angekündigt, was im folgenden Ablaufdiagramm einen Niederschlag findet:

Ablaufdiagramm D: Abfolge eines Rechtfertigungsbeispiels in den Printmedien:

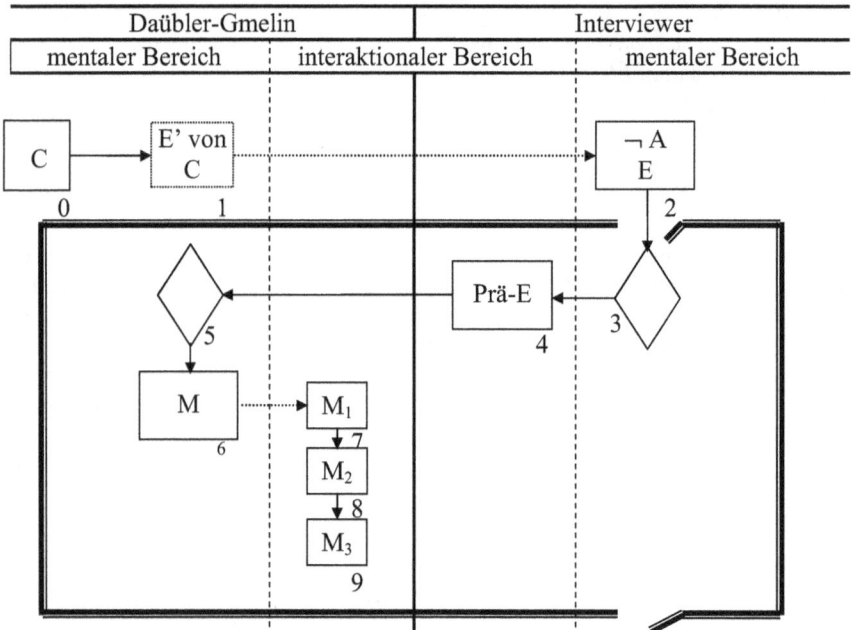

.Legende s. S. 95.

2.4.5. ‚Rechtfertigen' in politischen Online-Konferenzen

In Internet-Konferenzen des Deutschen Bundestages können einige kommunikative Charakteristika sowohl der Fernseh-Diskussionen wie auch der Presse-Interviews festgestellt werden. In allen drei Fällen ist ein Medium eine notwendige Voraussetzung für die Kommunikation. Wie bei den Presse-Interviews gibt es auch hier zwei Kommunikationskreise: den ersten Kreis bilden die beteiligten Abgeordneten und die Besucher der Konferenz, die ihre Fragen formulieren. In diesem Kreis verläuft die Kommunikation ‚live' wie in Fernseh-Diskussionen, obwohl sich die Teilnehmer an verschiedenen Orten befinden, die Interagierenden sind aber auf eine schriftliche Verständigung angewiesen. Der zweite Kommunikationskreis bildet sich zwischen den Abgeordneten und den Interessenten, die den Verlauf der Konferenz gleichzeitig mitverfolgen oder den Inhalt einer Konferenz später aus dem Internet abrufen, in diesem zweiten Kreis findet die Einweg-Kommunikation statt.

Aber im Vergleich zu den Presse-Interviews und Fernseh-Diskussionen, wo sich die Politiker auf die zuschauende bzw. lesende Öffentlichkeit und somit auf einen imaginären Durchschnittsbürger einstellen müssen, orientieren sich Abgeordnete in Online-Konferenzen in erster Linie an ihren direkten Kommunikationspartnern, von denen sie Fragen bekommen und die sich im Laufe der Konferenz ständig wechseln. Man könnte daher annehmen, politische Kommunikation in Online-Konferenzen wäre adressatenspezifisch und damit effektiver. Aber die Vorstellung von einer effektiveren Kommunikation täuscht, weil alle sprachlichen Muster in solchen Konferenzen trotz adressatenbezogener Antworten nicht abgeschlossen werden. Jede Frage-Antwort-Sequenz kann als ein kleines selbständiges Gespräch zwischen dem Abgeordneten und dem Bürger betrachtet werden, dieses Gespräch hat aber keine Nachgeschichte, die für das Beurteilen über den Erfolg bzw. das Scheitern einer Sprechhandlung notwendig ist. Es fehlt das, was Holly als Ergebnis eines Gesprächs bezeichnet:

> Für den Aspekt der Eigenwerbung ist also wichtig: das Ergebnis, auf das der Abgeordnete hinarbeitet und das er am Ende des Gesprächs mehrfach und sehr deutlich festhält, und zwar als etwas „Konkretes", wird in einem Angebot „persönlicher Hilfe" formuliert, aber mit einer konditionalen Einbeziehung der Adressaten, die über die weitere Initiative, ihr Interesse und die Erfolgschancenabwägung selbst entscheiden sollen. (Holly 1990: 154)

Auch ein Vorwurf-Rechtfertigungsmuster in Online-Konferenzen zeichnet sich dadurch aus, dass wir es in diesem Fall mit einem nicht abgeschlossenen Muster zu tun haben. So wie bei jeder Rechtfertigung ist auch in Online-Rechtfertigungen die Aufgabe des Defendenten, den Kommunikationspartner, der einen Vorwurf geäußert hat, dazu zu bringen, dass die zunächst von ihm als nicht akzeptabel bewertete (Sprech-) Handlung für ihn akzeptabel geworden ist.

Dabei sucht der (Sich-)Rechtfertigende ein bestimmtes Element M, das ihm dazu geeignet scheint, eine Umstrukturierung des Wissens beim Hörer herbeizuführen, um so seine positive Bewertung der problematischen Handlung zu bewirken. Dieses M-Element bildet den Kern einer Rechtfertigungshandlung, der den Widerspruch zwischen der vorausgegangenen (Sprech-) Handlung des Defendenten und den moralischen Standards des Offendenten auflösen soll.

Ein verallgemeinertes Vorwurf-Rechtfertigungs-Muster in politischen Online-Konferenzen ist schematisch im Ablaufdiagramm E dargestellt. Wie man diesem Diagramm entnehmen kann, kann in Online-Konferenzen gleich wie in den Presse-Interviews nicht das ganze, sondern nur ein Teil des Vorwurf-Rechtfertigungsmusters beobachtet werden. Beim Vergleich mit einem vollständig ausgeführten sprachlichen Vorwurf-Rechtfertigungs-Handlungsmuster lassen sich folgende Unterschiede feststellen[62]:

Ablaufdiagramm E: Abfolge eines Vorwurf-Rechtfertigungsbeispiels in politischen Online-Konferenzen:

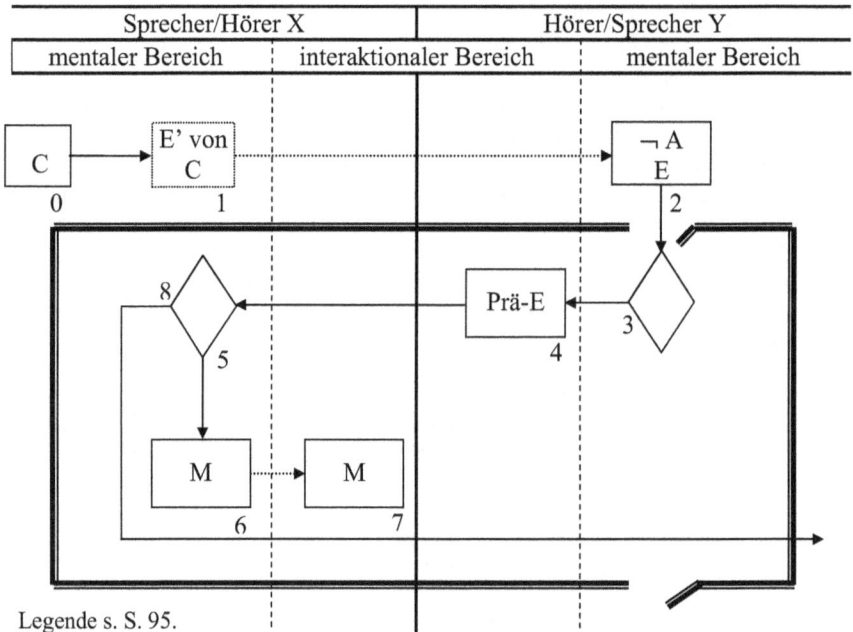

Legende s. S. 95.

---

[62] S. Ablaufdiagramm A und seine Beschreibung auf den Seiten 92-95.

- Für die Eröffnung eines Vorwurf-Rechtfertigungsmusters sorgt eine Handlung C, für die der Sprecher X als Vertreter einer politischen Gruppierung die Verantwortung übernimmt (0). Aus seiner Sicht ist diese Handlung akzeptabel (E'), seine Bewertung (1) kann er aber in einer Online-Konferenz am Anfang des Handlungsmusters nicht äußern, da jede Frage-Antwort-Sequenz in politischen Internet-Konferenzen aus zwei Redebeiträgen besteht: Sie fängt an mit der Äußerung des Bürgers und endet mit der Antwort des Politikers. Somit wird sie von allen anderen Sequenzen abgegrenzt. So beginnt ein Vorwurf-Rechtfertigungsmuster im Diskurs politischer Online-Konferenzen gleich mit der verbal ausgedrückten negativen Einstellung (E) von Y zu der Handlung C (2), was von dem Politiker als ein Vorwurf interpretiert wird. Obligatorisch für einen Vorwurf in einer Online-Konferenz ist also die Voraussetzung, dass der Bürger über die Handlung C und seine positive Einschätzung von dem jeweiligen Politiker im Voraus Bescheid weiß.

- Der jeweilige Kommunikationspartner des Abgeordneten hat seine Einwände gegen Handlung C (3). In seiner Frage bringt der Besucher der Konferenz seine Nicht-Akzeptanz von C zum Ausdruck, indem er seinen Zweifel an der Zweckmäßigkeit bzw. Richtigkeit der Handlung C äußert oder sie explizit verurteilt (4). Seine Äußerung wird als Prä-E aufgefasst.

- Wird der vorangehende Vorwurf in den Konferenz-Transkript aufgenommen[63], hat der Abgeordnete keine andere Möglichkeit als auf den Vorwurf einzugehen, da nach den Regeln des Konferenz-Ablaufs auf jede Äußerung des Bürgers ein Statement des Politikers folgt. Diese Reaktionsäußerung erweist sich meistens als keine Rechtfertigung, sondern als eines der Ausweichmanöver wie Zurückweisung, Schuldabwälzen etc.[64] und wird im Diagramm als Schritt (8) dargestellt.

- Entscheidet sich der Abgeordnete doch für eine Rechtfertigung, überlegt er sich zuerst eine Rechtfertigungsstrategie und sucht nach einem oder mehreren seiner Meinung nach geeignetsten M-Elementen, die den Kern der ganzen Rechtfertigung bilden und die Einstellung des Kommunikationspartners modifizieren sollen (5).

- Letztendlich wird die Rechtfertigung zum Ausdruck gebracht (6), dabei kann das M-Element mehrmals wiederholt werden wie im Diagramm C

---

[63] Wegen eines bestimmten Themas und begrenzter Zeit werden politische Online-Konferenzen m.E. vorbereitet und vormoderiert, was sich in der Selektion der eingegangenen Fragen widerspiegelt. Ich vermute auch, dass der dritte Zug in mehrwertigen Frage-Antwort-Sequenzen, also Reaktion auf die zuvor geäußerte Aussage des Abgeordneten, im Transkript der Konferenz ausgeblendet werden und somit wird die Nachgeschichte eines sprachlichen Handlungsmusters für die Analyse unzugänglich gemacht.

[64] S. Kap. 2.1. dieser Arbeit.

oder es kann eine Argumentation mit mehreren M-Elementen aufgebaut werden wie im Diagramm D. Danach bricht das Handlungsmuster ab, ohne abgeschlossen zu werden.

2.4.6. ZUSAMMENFASSUNG

Im Vergleich der drei oben betrachteten Kommunikationsformen in der Politik können sowohl Gemeinsamkeiten wie auch Unterschiede festgestellt werden. Die Übereinstimmungen zeigen sich an der Mehrfachadressiertheit und an der trialogischen Kommunikation in allen drei Formen, wobei allerdings der Grad der Mehrfachadressiertheit von den Fernseh-Diskussionen zu den Online-Konferenzen abnimmt. Die Differenzen zwischen Fernseh-Diskussionen und den zwei anderen Medien treten vor allem in der Raumgestaltung und in der Möglichkeit der Wahrnehmung von paraverbalen Signalen hervor. In Bezug auf Presse-Interviews und Online-Konferenzen lässt sich sagen, dass der Wegfall von nonverbalen Elementen den Politikern häufig nicht bewusst ist, weil sie sich während des Interviews mit dem Journalisten unterhalten. In Online-Konferenzen erfolgt die Kommunikation aber schriftlich, so müssen die Abgeordneten bewusst auf Mimik, Gestik und intonatorische Mittel verzichten, was seinen Niederschlag in der Sprache der Internet-Konferenzen findet[65].

Obwohl jede Form politischer Kommunikation durch ihre Besonderheiten gekennzeichnet ist, sind die Differenzen doch nicht so groß, dass sie sich auf die Ausführung von einzelnen sprachlichen Handlungsmustern wie z.B. dem der Rechtfertigung auswirken. Der einzige Unterschied, der festgestellt werden konnte, betrifft die Abgeschlossenheit und die Nachgeschichte eines Musters. Beispiele zeigen, dass auf der Skala „Fernseh-Diskussionen – Presse-Interviews – Online-Konferenzen" die Möglichkeit der Abgeschlossenheit eines Vorwurf-Rechtfertigungsmusters sinkt.

Was die von den Abgeordneten ausgewählten Rechtfertigungsstrategien sowie die musterkonstitutiven Rechtfertigungshandlungen und M-Elemente betrifft, ist herausgefunden worden, dass sie alle ohne Einschränkungen in verschiedenen politischen Diskursen verwendet werden können. Die Besonderheiten von Rechtfertigungshandlungen in politischen Online-Konferenzen erklären sich also m.E. nicht durch den Einsatz von speziellen Techniken und Sprechhandlungen, sondern durch die Unterschiede auf der Mikroebene. Das ist die Ebene der sprachlichen Prozeduren, die nun im nächsten Kapitel behandelt werden sollen.

---

[65] S. dazu Kap. 1.3. und 1.4.

3. VERFAHREN DER FUNKTIONAL-PRAGMATISCHEN DISKURSANALYSE

3.1. THEORETISCHE HERKUNFT DER FUNKTIONALEN PRAGMATIK

Die folgende Analyse wird im Rahmen der Funktionalen Pragmatik gemacht, dabei geht es in erster Linie um die Kategorie des Handlungsmusters ‚Vorwurf - Rechtfertigung'. Dieser Begriff beinhaltet einige Einsichten der Sprechakttheorie, ergänzt sie aber durch die Einbeziehung von mentalen und interaktionalen Tätigkeiten der Sprechenden.

Die Funktionale Pragmatik wurde von Konrad Ehlich und Jochen Rehbein in den 70er Jahren entwickelt, die die Sprechakttheorie kritisch erarbeitet haben und als Basis der neuen Methode das Konzept der Sprechhandlungen von Dieter Wunderlich genommen haben. Bei der sprachlichen Analyse orientiert sich die Funktionale Pragmatik nicht nur an der sprachlichen Oberfläche, sondern „bietet [...] den Vorteil, durch eine Rekonstruktion mentaler Prozesse und der Tiefenstruktur sozialer Interaktion die Funktionsweise einzelner sprachlicher Handlungen zu erkennen und eine Systematik von Handlungen herauszuarbeiten, die einem bestimmten Zweck folgen" (Bührig 1996: 10). Der Funktionalen Pragmatik liegt eine solche Auffassung von Sprache zugrunde, die die mentale Verarbeitung von Wirklichkeit berücksichtigt.

Funktionale Pragmatik „bemüht sich [...] um eine durchgehend handlungstheoretische Konstruktion von Sprache und ihren Verwendungsweisen. *Funktional* bedeutet, daß es um die Funktionen der sprachlichen Formen geht." (Titscher 1998: 204)

Funktionale Pragmatik teilt jede sprachliche Handlung in einzelne Entwicklungsstufen: Vorgeschichte, Ausführung und Nachgeschichte einer Handlung. Jede sprachliche Handlung wird sowohl durch individuelle wie auch durch gesellschaftliche Faktoren bestimmt, die in der Funktionalen Pragmatik unter dem Begriff „Handlungsraum" erfasst werden. Unter dem Handlungsraum wird von Rehbein ein spezifisches Ensemble von determinierenden Komponenten einer Handlung verstanden: Orientierung, Motivation, Zielsetzung, Planbildung, Ausführung, Handlungsresultat (in Anlehnung an Rehbein 1977). Der Handlungsraum wird durch eine subjektive und eine objektive Seite gekennzeichnet. Zur objektiven Seite des Handlungsraums gehören: Handlungsfeld (potenzielle und faktische Möglichkeiten, die den Aktanten zur Verfügung stehen), Interaktionsraum (interaktive Zone innerhalb des Handlungsfeldes), Kontrollfeld (Faktoren, die den Einflussbereich im Voraus festlegen), System der Bedürfnisse. Die subjektive Seite des Handlungsraums umfasst das Wahrnehmungsfeld, das Wissen, den

Motivationsmechanismus und die Fähigkeiten der Aktanten. Durch das Einbeziehen dieser Faktoren werden folgende Zusammenhänge zum Kern einer funktionalpragmatischen Analyse: der gesellschaftliche Zweck des Handelns, das Wissen über eine konkrete sprachliche Handlung und die spezifischen sprachlichen Mittel.

Es ist aber zu betonen, dass sich die funktionalpragmatische Analyse von sprachlichem Handeln bei Ehlich und Rehbein in erster Linie als Institutionsanalyse versteht. Deshalb stellt heute m.e. die Einbeziehung der funktionalpragmatischen Analyse in die Analyse außerinstitutionellen Handelns eine wichtige Aufgabe der linguistischen Pragmatik dar. Die Anwendungsbeispiele solcher Analyse finden sich bei G. Graefen (1994), die Wissenschaftstexte untersucht, bei K. Meng und S. Schrabback (1994), die als Forschungsgegenstand Interjektionen im Erwachsenen - Kind - Diskurs betrachten, oder bei R. Fiehler (1994), der Formen des Sprechens mit sich selbst analysiert.

3.2. KOMMUNIKATIVE TIEFENSTRUKTUREN DES VORWURF-RECHTFERTIGUNGSMUSTERS

In der vorliegenden Arbeit versuche ich, eine neue Form der Kommunikation – das sprachliche Handeln der Aktanten in politischen Online-Konferenzen – mit funktionalpragmatischen Instrumenten zu beschreiben.

In der linguistischen Pragmatik wird davon ausgegangen, dass die sprachliche Tätigkeit des Menschen, die in Sprechhandlungen zum Ausdruck kommt, aus drei zusammenwirkenden Einheiten besteht:

1. Als kleinste pragmatische Einheit wird **der Sprechakt** betrachtet. In der Funktionalen Pragmatik ist der Begriff „Sprechakt" nicht übernommen, stattdessen liegt der funktional-pragmatischen Diskursanalyse eine andere Einheit zugrunde. Sie wird von den Theoretikern der Funktionalen Pragmatik als **Sprechhandlung** bezeichnet. Sprechhandlungen sind:

   > [...] Handlungsvollzüge mittels Sprache, die SprecherInnen und HörerInnen gleichermaßen umfassen und den Status gesellschaftlich ausgebreiteter verbindlicher Formen haben. Sie sollen den komplex strukturierten Interaktionen zwischen SprecherInnen und HörerInnen eher gerecht werden. (Titscher 1998: 205)

   In der vorliegenden Arbeit werden unter einem Sprechakt einzelne Äußerungen bzw. Sätze verstanden, deren Zusammensetzung eine größere funktionale Einheit – eine Sprechhandlung bildet, welche zur Äußerung einer Illokution benutzt wird. In diesem Sinne sind einzelne Sprechakte einer Sprechhandlung zugeordnet.

Jeder Sprechakt hat eine komplexe Struktur, ihre Bestimmung wird im Großen und Ganzen der Sprechakttheorie von J. Austin entlehnt. Ein Sprechakt konstituiert sich durch drei Akte: den Äußerungsakt, den Propositionsakt und den Illokutionsakt. Statt dem vierten sprechakttheoretischen Teilakt, nämlich der Perlokution, wird in der Funktionalen Pragmatik die Kategorie des Zwecks eingeführt. Die wichtigste Komponente eines Sprechaktes ist seine illokutive Bedeutung, das, was der Sprecher mit dem Ausführen des jeweiligen Sprechaktes beabsichtigt. Illokutionen

> sind die in einer Sprache herausgebildeten und bereitgestellten (= konventionalisierten) Mittel zur Verwirklichung von Sprecherintentionen. *Illokutionen lassen sich als kodierte Intentionen* verstehen. Die Intention ist also eine Angelegenheit des Bewußtseins (im weiteren Sinne), die es von der Illokution als sprachlichem Mittel zu unterscheiden (nicht zu scheiden/trennen) gilt. Intentionen finden im Kopf des Sprechers statt. Wenn der Sprecher seine Intention verwirklichen will, muß er sich die passende Illokution aus dem sprachlichen Repertoire aussuchen. Es kommt beim Sprecher also darauf an, daß der Sprecher diejenige Illokution wählt, die zu seiner Intention am besten paßt und die der Hörer versteht und durch die er wahrnimmt, welche Intention der Sprecher hat. (Wagner 2001: 90)

Die Differenzierung von Sprechakten und Sprechhandlungen in dieser Arbeit ermöglicht das Aufdecken der Struktur einer rechtfertigenden Sprechhandlung, indem der Frage nachgegangen wird, wie der illokutive Zweck der gesamten Rechtfertigungshandlung aus Teilillokutionen einzelner konstituierender Sprechakte hergeleitet wird.

Im zweiten Kapitel wurde eine Taxonomie von Sprechakten vorgeschlagen, die dafür brauchbar sind, eine vom Sprecher intendierte Rechtfertigung zum Ausdruck zu bringen. Diese Taxonomie zeigt deutlich, dass, obwohl es sich bei einer Rechtfertigung um ein komplexes Gebilde von einfachen Sprechakten handelt, für den Vollzug einer Rechtfertigung hauptsächlich assertive (informierende) Sprechakte verwendet werden. Wer sich rechtfertigt, macht einen Gesprächsbeitrag, der aus einer Sequenz mehrerer, in der Regel assertiver, Äußerungen besteht. Dabei enthält jede solche Äußerung bestimmte morphologische, syntaktische, semantische und prosodische Merkmale, die als Ausdrucksmittel bestimmter Illokutionskräfte verstanden werden. E. Rolf (1997: 7) definiert Illokutionskräfte als „Eigenschaften sprachlicher Handlungen. Was Illokutionskraft genannt wird, ist ein Bedeutungs- oder Sinnaspekt von Äußerungen, man kann auch sagen, daß deren jeweilige kommunikative Funktion gemeint ist, wenn von illokutionären Kräften die Rede ist". Dabei wird die Illokutionskraft nicht nur durch performative Verben angezeigt, als Illokutionskraft-Ausdrucksmittel gelten der Verbmodus (für assertive Sprechakte ist es meistens der Indikativ), der Satztyp (beim Informieren – gerade oder invertierte Wortfolge), bestimmte Adverbien und Partikeln (z.B. ,bestimmt', ,sicher', ,doch' und viele andere, die sich auf das Verb modifizierend auswirken, indem sie seine Bedeutung verstärken oder abschwächen), Intonation (bei den Assertiva – fallende), Sprechtempo, der propositionale Gehalt des Satzes (wird durch syntaktische Besonderheiten ausgedrückt, z.B. durch explizit performative Verben: ,ich behaupte', ,ich möchte darauf hinweisen' u.a.).[66]

2. Die zweite Einheit der Sprache ist der **Sprechplan.** Darunter wird die in einer konkreten Situation geäußerte „Sprechaktsequenz des Sprechers in einem Kommunikationsmuster" verstanden (Wagner 2001: 87). Wagner definiert einen Sprechplan folgenderweise:

> Ein Sprechplan ist der sprechsprachliche Teil eines Kommunikationsmusters, nach dem der jeweilige Sprecher in ständiger Rückkopplung zur Sprechsituation die taktisch und/oder strategisch wirkungsvollste Sprachmittel-/Sprechakt-Kombination wählt. (Wagner 1978: 14)

Ein Plan wird vom Sprecher in Verkettungen von mehreren Sprechakten ausgeführt. Zum Ausführen eines Sprechplans gehört als erste Etappe das Planen, also mentale Tätigkeit des Sprechers. Er überlegt sich, was er mit dem Gesagten erreichen will und wie er das am besten erreichen kann. Außerdem muss der Sprecher schon während des Planens seiner Verkettung die Tätigkeiten und das Verhalten des Hörers antizipieren. In der Planungsphase wird die sprachliche Handlung aufgrund von zwei Wissensdomänen des Aktanten konzipiert: zum einen aufgrund vom

---

[66] An dieser Stelle muss aber darauf hingewiesen werden, dass oft durch eine Äußerung gleichzeitig zwei Sprechhandlungen vollzogen werden, wenn diese Äußerung noch zusätzliche illokutionsrelevante Wörter und Merkmale aufweist. Z.B. werden in einem Satz wie "Zum Glück ist der Winter schon vorbei." eine Feststellung aber durch ,zum Glück' auch eine Bewertungseinstellung zum Ausdruck gebracht. Diese Tatsache ist für die vorliegende Arbeit sehr wichtig, da durch das Vorhandensein zusätzlicher illokutionsrelevanter Merkmale komplexere illokutionäre Kräfte ausgedrückt werden können.

E. Rolf (1997: 65f.) bezeichnet solche Sätze als *,emotionale Evaluationsäußerungen'* und defeniert sie als ,spezielle assertive Sprechakte', deren Funktion darin besteht, „eine bestimmte Sprechereinstellung auszudrücken". "In erster Linie sind sie Akte des Informierens bzw. Mitteilungen; sie weisen darüber hinaus eine zusätzliche Aufrichtigkeitsbedingung auf: Emotionale Zustände wie das Bedauern oder das Erfreutsein [...] Zwar wird auch und gerade mit expressiven Sprechakten eine emotionale Einstellung zum Ausdruck gebracht; letzteres geschieht jedoch nur *implizit*. Bei den [...] emotionalen Evaluationsäußerungen hingegen geschieht das *explizit* [...] Emotionale Evaluationsäußerungen sind assertiver (nicht expressiver) Art."

Musterwissen, das Rehbein als Wissen über sprachliche Handlungsmuster in ihren illokutiven und propositionalen Dimensionen bezeichnet (Rehbein 1983: 23), zum anderen aufgrund vom Wissen über die Bedingungen der aktuellen Handlungssituation. Im Prozess des Planens, nachdem die Handlungssituation eingeschätzt und das Ziel des Sprechenden und der Zweck der durchzuführenden Handlung bestimmt sind, entscheidet sich der Sprechende für eine von mehreren Handlungsalternativen. Das Wissen wird also im Kopf des Aktanten in spezifischer Weise verarbeitet und organisiert, was durch die Wahl eines bestimmten Handlungswegs determiniert ist. Das in der Planungsphase aktualisierte und für den Handlungsvollzug organisierte Wissen wird in der Phase der Ausführung verbalisiert. Dabei kann die Verbalisierung von Wissen in verschiedenen sprachlichen Formen stattfinden, abhängig von dem jeweiligen interaktiven Charakter des konkreten Handlungszusammenhangs. Das Wissen kommt im propositionalen Gehalt einer Äußerung, die der gewählten Handlungsalternative entspricht, zum Ausdruck:

> Konkret geht es darum, Wissen in eine sprachliche Form zu bringen, die es dem Hörer erlaubt, dieses Wissen in seiner Qualität für den aktuellen Handlungsprozeß zu bewerten und zu erkennen – dies geschieht [...] über die sprachliche Formgebung. Die sprachliche Form von Äußerungen hängt also unmittelbar von der Charakteristik der aktuellen Konstellation, die durch den jeweiligen Handlungsprozeß bearbeitet werden soll, und den spezifischen Erfordernissen an das für den Handlungsprozeß notwendige Wissen ab. (Bührig 1996: 83)

Um sein Planungsziel zu erreichen, greift der Sprecher zu bestimmten, seiner Meinung nach wirksamsten, Sprachmitteln (Wörtern und Satztypen) und zu bestimmten Sprechakten. Der Erfolg (das Gelingen) eines Sprechplanes hängt in erster Linie von der grammatischen bzw. kommunikativen Kompetenz des Sprechenden. Grammatische Kompetenz ermöglicht es dem Sprecher, Sätze korrekt, nach den Regeln der jeweiligen Sprache, zu formulieren.[67] Kommunikative Kompetenz richtet sich auf die richtige Verwendung einer Äußerung, sie ist nicht weniger wichtig als grammatische Kompetenz und muss beim Sprechplanen gezielt und bewusst eingesetzt werden. Sprachliches Handeln erfolgt nun nicht nur organisiert in einzelnen Sprechakten, sondern in einer zumeist linear strukturierten Folge. Solche Handlungsabfolgen sind nicht isoliert, sondern als Teile einer Gesamtkonfiguration zu betrachten.

---

[67] In der Muttersprache wird der Prozess der grammatisch korrekten Satz-Formulierung kaum bewusst. Wenn aber in einer Fremdsprache kommuniziert wird, kann die fehlende grammatische Kompetenz zum Scheitern der Kommunikation führen.

Ein Sprechplan ist kein starres Gebilde: In einem Gespräch kann der Sprecher sein Ziel nur in Wechselwirkung mit dem Hörer erreichen, er muss auf den Sprechplan des Hörers achten und seinen eigenen ändern, wenn es nötig ist.

An dieser Stelle möchte ich ein Beispiel zum Vergleich von Sprechakt-Absicht und Sprechplan-Absicht anführen. Es stammt aus einem Gespräch mit dem Bundeskanzler Gerhard Schröder in der ‚Zeit', Nr. 43/2001 (vgl. Wagner 2001: 94):

> ***ZEIT:*** *Sie haben zwar von Armut und Reichtum in der Welt gesprochen. Aber hat nicht auch Ihre Regierung den "Süden" weitgehend vergessen?*

> ***Schröder:*** *Der Vorwurf ist nicht unberechtigt. Aber ganz trifft er meine Regierung auch wieder nicht, denn wir sind es gewesen, die die wirklich große und wirksame Entschuldungsinitiative für die ärmsten Länder in der Dritten Welt durchgesetzt haben.*

Der Journalist *konstatiert* in seiner Äußerung eine Tatsache und macht dann einen *Vorwurf* in Frageform. Seine Absicht, nach welcher er seinen Sprechplan realisiert, ist es, einen *berechtigten* Vorwurf zu machen. Die Berechtigung des Vorwurfs wird durch den ersten konstatierenden Satz unterstützt, wo ein dem Kanzler bereits bekannte Sachverhalt thematisiert wird. Die Regierung von Gerhard Schröder hat „von Armut und Reichtum in der Welt gesprochen" und aus diesen Reden könnte man annehmen, die Regierung würde bestimmte Schritte gegen Armut in den Ländern der Dritten Welt unternehmen. Nun ist das aber nach der Meinung des Zeit-Journalisten nicht der Fall. Er wirft dem Kanzler vor, bestimmte Erwartungen nicht erfüllt zu haben.

Gerhard Schröder bestätigt am Anfang die Berechtigung des Vorwurfs, er *gibt* also *zu,* dass seine Regierung vielleicht nicht alles Mögliche für die Bekämpfung der Armut in der Dritten Welt getan hat („Der Vorwurf ist nicht unberechtigt."). In seiner nächsten Äußerung aber *bestreitet* der Kanzler die Richtigkeit beim Adressieren dieses Vorwurfs („Aber ganz trifft er meine Regierung auch wieder nicht"), und *widerlegt* die vom Journalisten ausgedrückte Proposition: Er führt Beweise an, die Einschätzung des Sachverhaltes seitens des Journalisten und somit auch seine Behauptung wären falsch („denn wir sind es gewesen, die die wirklich große und wirksame Entschuldungsinitiative für die ärmsten Länder in der Dritten Welt durchgesetzt haben."). Der Kanzler bestreitet also in seiner Sprechplan-Absicht die Notwendigkeit einer Rechtfertigung.

Bei einer Rechtfertigungshandlung schlägt sich der Sprechplan des Defendenten in einer oder mehreren ausgewählten Rechtfertigungsstrategien nieder, die im Kapitel 2.1. ausführlich beschrieben wurden.

3. Die dritte und größte sprachliche Einheit bildet das **Handlungsmuster**, in dem Sprecher und Hörer mit ihren jeweiligen Sprechplänen ihre Absichten realisieren. Ein Handlungsmuster ist ein Komplex von Sprechplänen, die von mindestens zwei Kommunikanten realisiert werden. Ein Handlungsmuster besteht aus mentalen, aktionalen und interaktionalen Handlungen. Ihre Verbindung wird durch den jeweiligen Zweck bestimmt, in dem sich die gesellschaftliche Funktion der Interaktion manifestiert. Kommunikative Handlungsmuster sind Haupt-Untersuchungsobjekt in der Funktionalen Pragmatik, obwohl „die Beschreibung von *Kommunikationsmustern* bei weitem *noch nicht* so weit fortgeschritten und so *akzeptabel* ist, wie die Beschreibung der Sprechakte und der Sprechpläne" (Wagner 2001: 103).

Funktionale Pragmatik geht davon aus, dass Handlungsmuster, obwohl sie je nach dem Sprecher variieren können und von der Interpretation abhängig sind, nach konventionell ausgearbeiteten gesellschaftlichen Regeln von den Kommunikanten ausgehandelt und bestimmten sprachlichen Äußerungen zugeordnet werden. Ein muttersprachlicher Sprecher weiß von diesen Regeln und richtet sich beim Sprechen danach. Es handelt sich dabei um ‚Muster im Kopf', denen sich die Interaktanten bei Verfolgung und Verwirklichung ihrer Ziele bedienen:

> Die in einer Sprache verfügbaren Mittel weisen eine mehr oder weniger deutliche Spezialisierung auf bestimmte Anwendungsbereiche und soziale Sphären auf, das heißt, es gibt gesellschaftliche Normen, Wahrscheinlichkeitswerte in bezug auf ihre vorzugsweise Verwendung in einer bestimmten kommunikativen Situation. (Michel 1968:51)

Muster werden also in der Diskursanalyse als vermittelnde Strukturen aufgefasst, mithilfe derer eine individuelle Absicht bzw. Zielsetzung ein sprachliches Gewand bekommt, also zu einer konkreten Äußerung wird. Unter dem Begriff ‚Handlungsmuster' werden Tiefenkategorien verstanden, die an der sprachlichen Oberfläche in unterschiedlicher Weise realisiert werden können.

Wagner (2001: 102f.) unterscheidet zwischen fixen Mustern und ad-hoc-Mustern. Bei einem fixen Muster haben die Kommunikanten einen geringen Spielraum, die Wahl von Sprachmitteln und Sprechakten ist begrenzt, Sprechpläne laufen nach dem vorgegebenen Modell. Zu solchen

Mustern gehören z.B. Beichten oder Taufen, die unabhängig von einer konkreten Anwendung existieren.

Anders als bei einem fixen Muster sind bei einem Ad-hoc-Muster die Reihenfolge und die Anordnung der Sprechakte und der Sprechpläne nicht festgelegt. „Ein *ad-hoc-Muster* ergibt sich dann, wenn die beteiligten Sprecher ohne die Vorgabe eines fixen Musters in ihren Sprechplänen *frei miteinander interagieren*. (...) Ein ad-hoc-Muster entsteht erst im Verlauf einer kommunikativen Auseinandersetzung und ist prinzipiell einmalig, nicht wiederholbar." Zu diesen Kommunikationsmustern gehört auch Vorwurf-Rechtfertigung-Kommunikation. „Je öfter eine Wiederholung u.U. doch gelingt, desto stärker verwandelt sich das ad-hoc-Muster in ein fixes Muster" (Wagner 2001: 103), als Beispiel kann eine juristische Rechtfertigung erwähnt werden.

Die sprachlichen Handlungen, die in Kooperation mit anderen Aktanten ausgeführt werden, werden nicht jedes Mal neu erfunden, sondern haben den Charakter gesellschaftlich ausgearbeiteter Formen, die bestimmten Zwecken folgen. Im Laufe der Sprachentwicklung haben sich in jeder Sprache solche auf bestimmte Zwecke bezogene Handlungsmuster herausgebildet. Die Handelnden sollten in der Lage sein, sich dieser kommunikativen Basisstrukturen zu bedienen, damit die Interaktion erfolgreich ablaufen könnte.

Eine der wichtigsten Kategorien der Funktionalen Pragmatik, die ein Handlungsmuster charakterisiert, ist die Kategorie des Zwecks. Es wird zwischen sprachexternen und sprachinternen Zwecken unterschieden (vgl. Ehlich 1982).

Sprachinterne Zwecke lassen sich als Aufbau einer Sprache, als innere Organisation von sprachlichen Mitteln begreifen. Jede sprachliche Einheit erfüllt im Kommunikationsprozess ihre Funktion, als kleinste Einheiten treten die sprachlichen Prozeduren auf. Prozeduren bilden Handlungseinheiten, welche systematisch innerhalb einer größeren sprachlichen Handlung als Zusammenspiel von illokutivem Akt, propositionalem Akt und Äußerungsakt angesiedelt sind. Eine sprachliche Handlung setzt sich also aus einzelnen Prozeduren zusammen.

Die sprachexternen Zwecke beziehen sich vor allem auf die kommunikative Funktion des Handlungsmusters:

> Gesellschaftlich entwickelte, standardisierte Ablaufformen, die zur Verwirklichung bestimmter sprachexterner Zwecke dienen, sind sprachliche Handlungsmuster. [...] Wie das Arsenal der in einer Sprache verfügbaren Muster aussieht, hängt davon ab, welche

Zwecke in einer Gesellschaft, einer Kultur oder einem Teilbereich (wie z.B. einer Institution) regelmäßig verwirklicht werden (müssen). Die Zweckbestimmtheit von Mustern zeigt sich in deren Binnenstruktur, d.h. in den im Muster vorgesehenen einzelnen Handlungen bzw. Handlungsalternativen, ihrer sequentiellen Abfolge und ihrer Verteilung auf die Interaktanten". (Brünner 1994: 12)

Mit der Dichotomie „sprachinterne – sprachexterne Zwecke" grenzt die Funktionale Pragmatik Form und Funktion bzw. Mittel und Zweck gegeneinander ab, wobei diese zwei Bereiche bei der Analyse nicht isoliert, sondern im Zusammenwirken miteinander betrachtet werden. Es gibt keine Eins-zu-Eins-Entsprechung zwischen Form und Funktion einer Äußerung, sie werden „als aufeinander bezogene Aspekte von Sprache in der handlungstheoretischen Sprachkonzeptionen einer spezifischen Weise aufgenommen" (Liedke 1994: 46). Die Bedeutung eines Satzes bzw. die kommunikative Absicht des Sprechers, die vom Hörer zu erschließen ist, resultiert aus der Summe seiner wörtlichen Bedeutung, den semantischen Zusammenhängen zwischen einzelnen Satzteilen und ihrer Struktur einerseits und aus den Sprecherannahmen und Sprechererwartungen andererseits, welche implizit in jeder Äußerung enthalten sind und im Kommunikationsprozess vom Hörer mitverstanden werden sollen. Die Funktion des Ganzen geht also aus dem Gesagten (sprachlicher Form) und dem Mitverstandenen (Beabsichtigten) hervor, wobei diese zwei Bereiche sich gegenseitig beeinflussen. Das Verhältnis zwischen diesen aufeinander bezogenen Aspekten der Sprache ist als ein grundlegendes analytisches Prinzip zu verstehen:

> Die Opposition in Form und Funktion ist vielmehr als eine dialektische zu fassen, die unabhängig ist von den Dimensionen der Sprache. So sind syntaktische Formen ebenso funktional, wie pragmatische Funktionen Formen aufweisen. (Redder 1990: 8)

D.h. der diskursive Einsatz eines sprachlichen Mittels ist an seine formalen Kennzeichen gebunden, über die die innere Zweckstruktur wirksam wird. Zugleich kann die innere Zweckstruktur nur über die Aspekte der äußeren Form und des diskursiven Einsatzes erkannt werden.

Die oben beschriebene Dichotomie lässt sich schematisch folgendermaßen darstellen:

sprachliches Handeln

Sprechhandlung 1   **Sprechhandlung 2**

sprachinterne Zwecke ◄──────► sprachexterne Zwecke

sprachliche Prozeduren ◄──────► Handlungsmuster
(Form)   (Funktion)

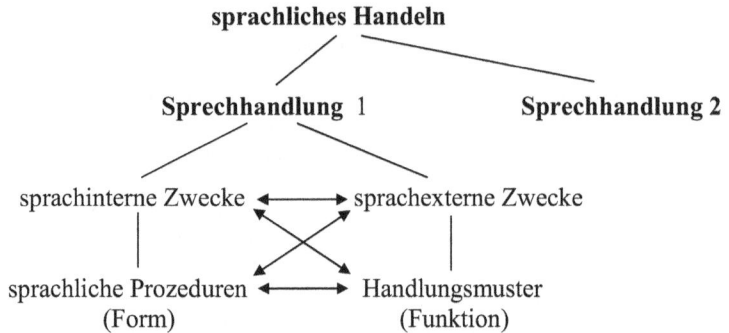

Das Ziel der funktionalpragmatischen Analyse des sprachlichen Handelns ist es, die sprachexternen gesellschaftlichen Zwecke und die sprachinternen Zwecke der Sprachstruktur nachzubilden und ihre Verknüpfung miteinander zu erklären. Es werden die Funktionen von sprachlichen Formen und die Formen von sprachlichen Mustern bestimmt, dabei wird die Untersuchung von phonologischen, morphologischen, syntaktischen, lexikalisch – semantischen, propositionalen und illokutiven Dimensionen in die Analyse miteinbezogen:

> Funktionale Pragmatik ist eine Analyseweite, die sprachliches Handeln als Teil des gesellschaftlichen Handelns untersucht. Das bedeutet, daß sie das sprachliche Handeln systematisch auf gesellschaftliche Zwecke und auf institutionelle Bedingungen bezieht. Zugleich analysiert sie es in seiner Vernetzung mit anderen (mentalen und praktischen) Formen des Handelns. Sie rekonstruiert die gesellschaftlichen Zwecke und bis einem gewissen Grad auch die individuellen Ziele aus den Formen sprachlicher Handlungen sowie aus der Verwendungsweise sprachlicher Mittel. Dabei verwendet sie empirische Daten in Form authentischer Diskurse und Texte. (Brünner 1994: 14)

Die Kommunikation in politischen Online-Konferenzen ist zum Teil institutionsspezifisch, d.h. sie verläuft in Mustern, welche „durch die Institutionen funktionalisierte sprachliche Handlungen sind" (Rehbein 1988: 1186), zum Teil ist es alltägliche Kommunikation.

Die Herangehensweise der vorliegenden Arbeit hat einen qualitativen Charakter. Untersucht werden einzelne sprachliche Handlungen aus den Online-Konferenzen hinsichtlich ihrer spezifischen Funktion im gesamten Handlungsprozess und ihrer jeweiligen sprachlichen Struktur. Es wird ein Versuch unternommen, die eigentümliche innere Struktur der unterschiedlichen Rechtfertigungshandlungen zu rekonstruieren.

Da „die Untersuchung von Mustern und von ähnlich komplexen Formen des sprachlichen Handelns verlangt, neben den verbalen auch nonverbale und praktische Handlungen sowie die äußeren Bedingungen des Handelns systematisch in die Analyse einzubeziehen" (Brünner 1994: 12), beginnt die Untersuchung mit der Beschreibung des Gesamtzusammenhangs, in erster Linie wird darunter die Thematisierung des institutionellen Rahmens verstanden, innerhalb dessen sich die sprachliche Tätigkeit vollzieht, sowie auch die Beschreibung des Kommunikationsthemas und die Angaben über die Interaktanten. Die Sprechsituation wird auf diese Weise zu einem Ausgangspunkt der Untersuchung gemacht und erscheint nicht als außersprachliche Größe, sondern als ein den gesamten Diskurs determinierender Faktor. Das Ziel von diesem Erfassen des Interaktionsgeschehens ist die Bestimmung der kommunikativen Funktion des Ganzen und „das Entdecken der zentralen Strukturen" (Titscher 1998: 211). Solche Strukturen bestimmen Art und Sequenzierung der in den Redebeiträgen realisierten Sprechakte. Bei diesem Untersuchungsschritt werden einzelne Vorwurf-Rechtfertigungsmuster nach den im Kapitel 2 vorgeschlagenen Kriterien identifiziert.

Im weiteren Verlauf der Analyse erfolgt die Identifizierung einzelner Handlungseinheiten, die als Kern einer Rechtfertigung betrachtet werden können und dessen Ziel ist ausschließlich Veränderung in der Einstellung des Kommunikationspartners zu einem Sachverhalt. Alle anderen Einheiten eines Musters können untergeordnete Ziele verfolgen, die aber letztendlich der Endabsicht der ganzen Äußerung dienen. Auf dieser Etappe der Untersuchung werden vollzogene kommunikative Handlungen nach Sprechakt- bzw. Sprechplanabsicht analysiert.

Das weitere Untersuchungsverfahren besteht darin, anhand einer strukturellen und einer kommunikativen Analyse alle relevanten sprachlichen Merkmale auf sämtlichen sprachlichen Ebenen (Kohärenz, Syntax, Lexik, grammatische Kategorien) zu ermitteln. Dieser Analyseschritt dient der Ermittlung der kommunikativen Handlungsstruktur durch die Identifizierung und Thematisierung der verwendeten sprachlichen Mittel in ihrem kontextuellen Rahmen.

Eine weitere Analyse wird folgenderweise durchgeführt:

➢ Suche nach wiederkehrenden Schaltelementen [...];

➢ Klassifikation dieser Schaltelemente nach den Stellen des Vorkommens und Prozeduren [...];

➢ Suche nach Stellen, wo sich dieses Schaltelement in ähnlichem Zusammenhang wiederholt;

➢ Identifizieren eines Musters;

> ➤ Entdecken der – oft nur sehr geringen – Unterschiede in ähnlichen Mustern. (Titscher 1998: 211)

In Bezug auf die Untersuchung der Rechtfertigungshandlungen verstehe ich diese Schritte als Analyse einzelner sprachlicher Handlungen unter Berücksichtigung prozeduraler Leistungen in jedem konkreten Beispiel und als weiteren Vergleich von Einzelfällen, was am Ende der Arbeit eine allgemeine Charakteristik des Vorwurf-Rechtfertigungsdiskurses in politischen Online-Konferenzen ermöglicht.

Diese Untersuchungsmethode erfolgt nicht linear, sondern die Ergebnisse werden immer wieder auf den Gesamtzusammenhang bezogen. Dies hat seinen Grund darin, dass sich sprachliche Muster nicht immer auf Sätze oder Satzformen reduzieren, da die Formen des sprachlichen Handelns auf syntaktische Formen und Strukturen nicht in einfacher Weise projizierbar sind.

Mit der Rekonstruktion von Mustern analysiert die Funktionale Pragmatik jede sprachliche Äußerung im Detail und identifiziert die Muster als Handlungspotenzial, das es ermöglicht, bestimmte Zwecke mittels der Sprache zu realisieren.

Zwei Grundlagen der funktionalpragmatischen Analyse sind also, erstens, die Erforschung von Prozeduren, welche die Sprachstruktur klarmacht, und zweitens, die Musteranalyse, die den gesellschaftlichen Sprachgebrauch erklärt.

3.3. SPRACHLICHE PROZEDUREN ALS KONSTITUIERENDE KOMPONENTEN DER RECHTFERTIGUNGSHANDLUNGEN IN POLITISCHEN ONLINE-KONFERENZEN

Die Bestimmung von Prozeduren in der Funktionalen Pragmatik wird aus der Klassifikation der sprachlichen Felder abgeleitet. In dieser Klassifikation übernimmt Ehlich den Feldbegriff von Bühler, dabei übernimmt er zwei sprachliche Felder von Bühler nämlich das Symbolfeld und das Zeigfeld, und differenziert darüber hinaus noch drei sprachliche Felder. Fünf sprachliche Felder der Funktionalen Pragmatik sind (Brünner, Graefen 1994: 155):

(1) das Lenkfeld

(2) das Zeigfeld

(3) das Symbolfeld

(4) das Malfeld

(5) das operative Feld (das Arbeitsfeld)

Jedes Feld verfügt über die entsprechenden sprachlichen Ausdrucksmittel, die sehr differenzierte Formkennzeichen aufweisen können. So sind Symbolfeldausdrücke überwiegend lexikalischer Art, als bedeutungstragende Grundeinheiten einer Sprache gehören seit langem zu den klassischen Untersuchungsobjekten der Sprachwissenschaft. Für die semantische Analyse von operativen Ausdrücken sollte man dagegen die Situation bzw. den Handlungsraum als relevant betrachten und zur Analyse heranziehen. Ausdrücke des Malfeldes sind zum größten Teil intonatorische Mittel, das Lenkfeld operiert mit Tönen wie Interjektionen, Vokativ, Imperativ. Ausdrücke des operativen Feldes können lexikalischer (z.b. Konjunktionen), morphologischer (z.b. Kasus), intonatorischer (z.b. Satzintonation) wie auch syntaktischer (z.b. Satzform) Art sein.

Die Funktion der einem Feld zugehörigen Mittel ist der Vollzug von Prozeduren. Prozeduren sind gesellschaftlich ausgearbeitete allgemeine Formen, die wichtigste Aufgabe der funktionalen Pragmatik besteht in der Funktionsbestimmung dieser Formen. In der prozeduralen Analyse wird die kommunikative Rolle von Wörtern aus ihrer Form rekonstruiert. Es „erscheint [...] dann erst möglich, in einem einzelnen Transkript die zugrundeliegenden sozialen Strukturen, denen die Interaktionspartner immer schon folgen und die sich in ihrem sprachlichen Handeln realisieren, zu erkennen und so die Zufälligkeit des Einzelfalles analytisch aufzuheben" (Rehbein 1988: 1183). Eine prozedurale Analyse ermöglicht daher die Erfassung von kommunikativen Tiefenstrukturen in ihrer sprachlichen Formcharakteristik. Rehbein (2001: 937) nennt die sprachlichen Prozeduren „Scharniere, in denen sich die sprachlichen Funktionen, wie sie sich in den mentalen Prozessen hörerseitig niederschlagen", die sich „formal erfassen lassen und damit den bekannten linguistischen Analyse-Instrumentarien öffnen".

Prozeduren sind also einzelne Tätigkeiten des sprachlichen Handelns, sie konstituieren komplexere sprachliche Handlungsformen, wenn sie Bestandteile des Propositions- oder Illokutionsakte sind, sowie die Sprechhandlungen selbst, wenn sie selbstsuffizient sind, also kommunikative Handlungszwecke selbst erfüllen:

> Unter Prozeduren versteht die Funktionale Pragmatik Typen sprachlichen Handelns, in denen mentale Tätigkeiten von SprecherInnen und HörerInnen in ihrem Bezug aufeinander erfaßt sind. Die prozeduralen Typen unterscheiden sich auch nach diesen zugrundeliegenden Handlungszwecken. (Titscher 1998: 207)

K. Ehlich unterscheidet fünf prozedurale Typen:

- Lenkfeldausdrücke dienen dem Vollzug **expeditiver Prozeduren**, mit denen der Sprecher unmittelbar in die Handlung des Hörers eingreift.

- Zeigfeldausdrücke realisieren **deiktische Prozeduren**, die zur Fokussierung der Aufmerksamkeit des Hörers auf bestimmte Objekte der außersprachlichen Welt dienen, da sie auf solche Situationselemente wie Person – Raum – Zeit – Textstruktur verweisen.

- Symbolfeldausdrücke dienen dem Vollzug von **nennenden Prozeduren** von Objekten oder Sachverhalten, „durch die ein Element der Wirklichkeit versprachlicht, dadurch aus seiner situationellen Bindung ablösbar und durch andere Aktanten, die über die Benennung verfügen, identifizierbar wird" (Rehbein 2001: 938).

- Durch Malfeldausdrücke werden **malende Prozeduren** vollzogen, mit denen dem Hörer die Einstellungen bzw. Bewertungen des Sprechers hinsichtlich eines Objekts oder eines Sachverhalts mitgeteilt werden, die Emotionen des Sprechenden zum Ausdruck bringen.

- Ausdrücke des Arbeitsfeldes dienen dem Vollzug **operativer Prozeduren**, mit denen der Sprecher die mentalen Prozesse des Hörers im Verstehensprozess lenken kann, was bei dem letzten die Verarbeitung von sprachlichem Wissen steuert.

Als kleinste Einheiten innerhalb von sprachlichen Handlungen weisen sprachliche Prozeduren keine starre Struktur bzw. Funktion auf. Obwohl es bei der Verteilung der sprachlichen Formen auf die Felder bestimmte Schwerpunkte gibt, solche wie z.B. Personalpronomina (ich, du), Adverbialausdrücke (hier, dort, jetzt), Demonstrativpronomina (dieser, jener) im Zeigfeld, muss man immer drei wichtige Momente berücksichtigen:

1. In einzelnen Sprachen verteilen sich diese Formen auf die Felder in unterschiedlicher Weise, da die einzelnen Sprachen für die Prozeduren spezifische Ressourcen anbieten. In den flektierenden Sprachen finden sich Feldkonzentrationen.

2. Der Gebrauch des konkreten Wortes in einer Äußerung kennzeichnet sich meistens durch eine komplexe Kombination unterschiedlicher prozeduraler Zwecksetzungen, darum

   [bemüht man sich] im Rahmen der Funktionalen Pragmatik [...], die sprachlichen Formen in ihrem Feldcharakter aufzudecken und auf diese Weise die psychisch-mentale Funktionalität und den kommunikativen Einsatz der Sprache den Zwecken gesellschaftlichen Handelns angemessen herauszuarbeiten. (Ehlich/Rehbein 1986: 24)

3. Außerdem bedeutet oft der Übergang eines Ausdrucks von einer Wortart zur anderen auch die Veränderung der Feldzugehörigkeit, was als

„Feldtransposition" bezeichnet wird. Das ist die Zweckverschiebung einzelner sprachlicher Form in einer konkreten Sprechhandlung. Feldtranspositionen sind durch ein Ausgangs- und ein Zielfeld gekennzeichnet (vgl. Brünner / Graefen 1994: 77). In der Funktionalen Pragmatik werden solche Ausdrücke entsprechend ihrem Verwendungszweck in der Sprechhandlung nach dem Zielfeld genannt, ihre Funktionsverschiebung wird an dem Präfix para- erkannt, z.b. paraoperativ, paradeiktisch, paraexpeditiv etc.

Für den Zusammenhang der vorliegenden Untersuchung interessieren insbesondere das Symbolfeld, das Zeigfeld und das operative Feld. Bei der Untersuchung vom Rechtfertigungsdiskurs in politischen Online-Konferenzen sind also besonders nennende, deiktische und operative Prozeduren bedeutsam. Die expeditiven[68] und die malenden[69] Prozeduren spielen dagegen keine oder keine so große Rolle.

Im Weiteren möchte ich ausführlicher auf die Funktionen und Ausdrucksmöglichkeiten der einzelnen, für die vorliegende Untersuchung relevanten sprachlichen Felder und Prozeduren eingehen.

---

[68] Der direkte interaktional-kommunikative Charakter expeditiver Prozeduren, der darauf angelegt ist, unmittelbar ins diskursive Handeln des Interaktionspartners einzugreifen, legt ihren primären Einsatz in der gesprochenen Sprache nahe, also in solchen Kommunikationssituationen, die durch die Anwesenheit beider Interaktionspartner gekennzeichnet sind. Das wesentliche Merkmal der politischen Online-Konferenze ist eine räumliche Dissoziation von Produktions- und Rezeptionsakt. Diese räumliche Distanz wird mithilfe eines Mediums (Computer) und der Schrift überbrückt. Der Einsatz von expeditiven Prozeduren im schriftlich fixierten Diskurs der Internet-Konferenzen wäre problematisch, da sie zum größten Teil Töne sind und in der Schriftsprache nur durch besondere graphische Mittel erkennbar sind. Andererseits aber haben expeditive Prozeduren eine hohe Gebrauchssequenz in verschiedenen Chatforen. (S. hierzu: Bickel (1998), Frindte / Köhler (1999), Lenke / Schmitz (1995)) Diese Diskrepanz in der Verwendung expeditiver Prozeduren bei unterschiedlichen Arten der Internet-Kommunikation erklärt sich aus meiner Sicht nicht nur durch besondere Anforderungen an die öffentlich-politische Kommunikation, sondern auch durch die Unvollständigkeit des Sprechhandlungsmusters: da der Sprecher von Anfang an weiß, das laufende Handlungsmuster wird sowieso nicht abgeschlossen, ist er an der unmittelbaren Beeinflussung des sprachlichen Handelns des Adressaten nicht interessiert und versucht nicht, in die psychischen Dimensionen des Handlungsprozesses vom Hörer einzugreifen.

[69] Da die malenden Prozeduren hauptsächlich durch die Intonation des Sprechenden vollzogen werden, können sie auf den ersten Blick in Online-Konferenzen nicht gefunden werden. In Internet-Kommunikation werden aber Expressivität und Emotionalität mit anderen Mitteln geschaffen nämlich durch alternative Ausdrucksmittel z.B. graphische Formen, wie Großbuchstaben, mehrere Ausrufe- bzw. Fragezeichen, Cyberslang (näheres dazu s. Kap. 1.3. dieser Arbeit). Mit ihrer Hilfe kann ein Sprecher sprachlichen Handlungen oder Teilen davon Qualifizierungen verleihen, die z.B. mit seiner Einschätzung ihrer Wichtigkeit zu tun haben.

Die Zahl von rein lexikalischen malenden Prozeduren (wie z.B. "Oh Gott!") ist im Deutschen zu gering, um sich auf diese Art malender Prozeduren in einem theoretischen Kapitel zu konzentrieren. Falls solche lexikalische Malfeld-Ausdrücke in untersuchten Korpus-Daten vorkommen, wird in jedem konkreten Fall auf die Form und Funktion der jeweiligen malenden Prozedur hingewiesen.

3.3.1. DEIKTISCHE PROZEDUREN DES ZEIGFELDES

Dieses Feld verfügt über bestimmte sprachliche Ausdrücke, sogenannte ‚deiktische Ausdrücke'. Nach Schneider (1997: 415) entstanden sie aus dem Bedürfnis, „die Wörter aus der Reichweite des Zeigefingers zu lösen, Abwesendes in die Sprache einzubeziehen". Graefen betont die Funktion von deiktischen Prozeduren in der sprachlichen Kommunikation:

> Ein Sprecher, der *hier* oder *jetzt* sagt, verweist den Hörer damit auf dessen eigene aktuelle Erfahrung von Ort und Zeit der Sprechhandlung. Der Sprecher macht somit Gebrauch von Wissen, das für die Interaktanten selbstverständliche Grundlage der Interaktion ist. Zugleich greift er auf die Fähigkeit und Bereitschaft des Hörers zurück, Deixseis flexibel auf die Situation zu beziehen, d.h. sie im inhaltlichen Rahmen des Gesagten zu verstehen, symbolische Hinweise oder vorherige Foki einzubeziehen. [...] Die Deixis dient [...] der Ökonomie der Kommunikation, denn die Menge der gebrauchten Symbolfeldausdrücke kann reduziert werden, was die Planungsaktivitäten von S [Sprecher] reduziert und ihn entlastet. (Graefen 1996: 124ff.)

Unter deiktischen Ausdrücken bzw. Prozeduren unterscheidet man traditionell lokale, temporale und personale Deiktika, die sich entsprechend auf solche Kategorien der Sprechsituation beziehen wie Ort, Zeit und Person. Graefen (1996: 127) fügt zu diesen drei Dimensionen Objekt- und Aspektdeixis hinzu, die auf Objekte der Sprechsituation bzw. auf Aspekte an diesen Objekten verweisen. Sennholz gibt folgende Definition der Deixis:

> Deixis ist [...] die Eigenschaft bestimmter sprachlicher Ausdrücke, ihr aktuelles räumliches, zeitliches oder personales Denotat in Relation zu bestimmten, dementsprechenden Instanzen der jeweiligen Äußerungssituation zu identifizieren. (Sennholz 1985: XIX)

Eine deiktische Prozedur vollzieht sich in einem jeweiligen Bezugs- bzw. Verweisraum. Das Konzept des „Verweisraums" wurde in der Diskursanalyse von K. Ehlich entwickelt: „Als „Raum" wird in diesem Sinn also verstanden eine mehrdimensionale Größe, deren Grenzen die möglichen Objekte der deiktischen Prozedur von solchen Objekten trennen, die nicht durch eine einfache Suchaufforderung des Sprechers zur Fokussierung und Findeprozedur des Hörers Gegenstand der kommunikativen Relevanz werden können." (Ehlich 1979: 16) Bei der elementaren Form des deiktischen Verweisens bildet der Sprechzeitraum den gemeinsamen Wahrnehmungsraum von Sprecher und Hörer. Eine Orientierung des Hörers mittels deiktischer Ausdrücke ist jedoch nicht nur im Sprechzeitraum möglich. Graefen spricht außer vom Wahrnehmungsraum auch vom Rederaum („die aktuelle und erinnerte Rede im Diskurs"), Textraum („der durch den Text konstituierte mental-sprachliche

Raum") und Vorstellungsraum („die gemeinsame Vorstellung von Sprecher und Hörer") (Graefen 1996: 129). Bühler bezeichnet den Vorstellungsraum als „Phantasma" (Bühler 1996: 64).

Diskurse und Texte haben eine lineare zeitliche Erstreckung. Demgemäß erfolgt im Verweisraum mittels einer deiktischen Prozedur eine Differenzierung der Verweisungsrichtung: Je nachdem, ob gerade geäußerte oder noch zu äußernde Teile der Aussage fokussiert werden, ist zwischen anadeiktischen und katadeiktischen Verweisen zu unterscheiden.

Im Folgenden werden kurz die wichtigsten Merkmale aller fünf Deiktika-Formen unter der Perspektive ihrer Verwendung in Online-Konferenzen beschrieben:

1. Die ursprüngliche Hauptfunktion von **lokalen deiktischen Prozeduren** besteht darin, dass sie den Ort eines bestimmten Sachverhalts in seiner Relation zum Ort der Äußerung lokalisieren. Es ist aber offensichtlich, dass in der Internet-Kommunikation, wo sich die Interaktanten nicht an ein und demselben Ort befinden, sondern voneinander räumlich getrennt sind, der Äußerungsort von dem Adressaten (da Äußerungsort und Wahrnehmungsort nicht zusammenfallen), und der Sachverhaltsort meistens von beiden Kommunikanten sinnlich nicht wahrgenommen werden kann. Die Situation der Online-Konferenzen ist dadurch bestimmt, dass die Interaktanten über keine gemeinsame lokale Dimension im Wahrnehmungsraum verfügen und die lokaldeiktischen Prozeduren somit in diesen Konferenzen in keinem direkten Zusammenhang zu den Gegebenheiten der wirklichen Äußerungssituation stehen. Dadurch erklärt sich eine äußerst seltene Verwendung von lokaldeiktischen Ausdrücken in der Internet-Kommunikation. Eine eng sprechsituationsbezogene Verwendung von lokalen Deiktika, z.B. ,hier' oder ,dort' in Bezug auf den Standort des Sprechers, ist in diesem Fall zwar nicht ausgeschlossen, wird nach meiner Vermutung im Untersuchungsmaterial überhaupt nicht vorkommen. Diese Annahme beruht darauf, dass der aktuelle Ort eines politischen Sprechers in der Situation einer Online-Konferenz (ein Raum im Reichstag-Gebäude) für die Kommunikation über gesellschaftspolitische Themen irrelevant ist.

Aufgrund der oben dargestellten Überlegungen stelle ich die These auf, dass es sich bei den „klassischen" lokaldeiktischen Ausdrücken ,hier', ,da', ,dort' in politischen Internet-Konferenzen, falls sie überhaupt vorkommen[70], um einen ana- bzw. katadeiktischen Gebrauch im

[70] Hier möchte ich vorgreifen: Im gesamten Datenkorpus konnte nur ein lokal-anadeiktischer Ausdrück gefunden werden: *"Wir wären ja auch bereit gewesen, in den Ländern wie Thüringen, Sachsen und Berlin uns miteinzubringen. Die anderen Parteien haben hier aber*

Textraum und nicht um einen sprechsituativen Gebrauch im gemeinsamen Wahrnehmungsraum[71] handelt. Anadeiktische Prozeduren haben die Funktion „des Rückverweises auf ein [...] vorher genanntes oder mit kombinierten symbolischen Mitteln beschriebenes Verweisobjekt [...] Eine Anadeixis mit komplexerem Verweisobjekt fordert von H [Hörer] die erneute Fokussierung eines mental schon präsenten Elements, das zwar aktuell nicht im Fokus, aber aus dem linear-zeitlichen Ablauf des Textverstehens heraus für ihn leicht zugänglich ist." (Graefen 1996: 131f.) Eine katadeiktische Prozedur verweist dagegen auf ein Objekt, das sprachlich noch nicht präsent ist. Sie veranlasst den Hörer zum Suchen nach dem gemeinten Objekt, bevor dieses vom Sprecher genannt wird. Diese Kraft von ana- bzw. katadeiktischen Prozeduren, die Aufmerksamkeit des Adressaten auf das aus der Sicht des Sprechers Wesentliche zu steuern und darauf zu fokussieren, macht diese Prozeduren zu einem verbreiteten sprachlichen Verweismittel nicht nur im Text (s. Graefen 1996), sondern – nach meiner Ansicht – auch im argumentativen Diskurs. Für politische Internet-Konferenzen, die eine Mischform von mündlicher und schriftlicher Kommunikation darstellen, sind vor allem lokale Anadeiktika, seltener auch lokale Katadeiktika für die Verweise auf Objekte innerhalb eines Redebeitrags gut geeignet. Allerdings können sie hier kraft der Besonderheiten der Sprechsituation (räumliche Trennung der Interaktanten und schriftliche Form der Kommunikation) weder gewohnheitsmäßig wie in der Alltagssprache noch wie in einem Text verwendet werden.

Von den sprachlichen lokaldeiktischen Ausdrucksmitteln in politischen Online-Konferenzen sind in erster Linie die bereits oben erwähnten Lokaladverbien ‚hier', ‚dort', ‚da' zu nennen, daneben aber auch weitere Ausdrücke, die einen Bezug zum Sachverhaltsort haben, wie z.B. Verben ‚kommen' und ‚gehen' sowie manche Verben mit Präfixen, die eine Richtung bezeichnen wie z.B. ‚hin-', ‚herein-', ‚her-' etc., Lokalpräpositionen wie ‚vor' oder ‚hinter'. Ich werde mich aber an dieser Stelle mit solchen Fällen nicht befassen, es wird eine der Aufgaben des nachfolgenden Kapitels sein, festzustellen, ob solche

eine Koalition gewählt... " (Beispiel aus der Konferenz "10 Jahre ohne Mauer" mit Gerhard Jüttemann)

[71] Manchmal kann sich aber der Begriff "Ort des Sprechers" auf einen sehr umfangreichen Bereich ausdehnen. Der in diesem Fall verwendete lokaldeiktische Ausdruck ‚hier' verweist nicht auf einen abgegrenzten Raum, in welchem sich der Sprecher befindet, sondern auf viel größere Räume in der Umwelt, z.B. "hier in Deutschland", "hier in Europa" und sogar "hier auf der Erde"(vgl. Graefen 1996: 241). Die Deixis ‚hier' wird somit zu einzigen lokaldeiktischen Ausdruck, der in politischen Online-Konferenzen sprechsituativ verwendet werden kann.

lokaldeiktische Ausdrücke im Diskurs der politischen Online-Konferenzen vorkommen.

2. Mit **temporalen deiktischen Prozeduren** manifestiert sich die Relation zwischen der Äußerungszeit und einer bestimmten Sachverhaltszeit (Ereigniszeit). Diese Prozeduren lokalisieren zeitlich einen Sachverhalt in seiner Abhängigkeit zur Äußerungszeit. Dabei kann das Verhältnis zwischen der Äußerungszeit und der Sachverhaltszeit dreierlei sein:

• Sie können zusammenfallen, in diesem Fall beziehen sich sowohl die Äußerungszeit wie auch die Sachverhaltszeit auf die Gegenwart. Das Wort ‚Zusammenfall' bedeutet aber nicht, dass die Zeiträume beider Komponenten einer deiktischen Prozedur identisch sind. Meistens überlappen sie sich, d.h. die Sachverhaltszeit kann in ihrer zeitlichen Ausdehnung beträchtlich länger sein als die Äußerungszeit. Diese Überlappung kann man mit dem folgenden Satz und einem Schema zu diesem Satz illustrieren:

„Dennoch leben heute 40 Millionen Arbeitskräfte mehr auf dem Land als vorher." (aus dem Interview mit dem Chinas Staatspräsident Jiang Zemin, „Der Spiegel" № 15/8.4.02, S. 159).

Zeitachse

Während die Äußerungszeit dieses Beispiels nur einen Moment dauert (als ihre Grenzen kann man die Zeitspanne bezeichnen, in der dieser Satz ausgesprochen wird), dehnt sich der Zeitraum der Sachverhaltszeit teilweise auf die Vergangenheit und Zukunft aus. Dies hängt damit zusammen, dass das temporal-deiktische Adverb ‚heute' seiner Bedeutung nach eine Zeitspanne von 24 Stunden umfasst. Außerdem wird ‚heute' oft im wissenschaftlichen bzw. politischen Texten und Diskursen – so wie im angeführten Beispiel – generalisiert und „nicht nur auf Zeiteinheiten von der Größe eines Tages bezogen [...] [Man] kann sogar sicher sein, daß nicht über einzelne Tage gesprochen wird, sondern über einen größeren, vom Sprecher als Einheit erlebten oder beurteilten Zeitraum, der die Sprechhandlung mit umfasst." (Graefen 1996: 257)

• Die Sachverhaltszeit geht der Äußerungszeit voran und deutet in diesem Fall auf die Vergangenheit. Der Sachverhalt, auf den mit einer temporaldeiktischen Prozedur verwiesen wird, ist also eine bestimmte Zeit von der Äußerungszeit entfernt. Das entsprechende Beispiel und Schema wäre hier folgendes:

„Gestern habe ich meine Eltern besucht"

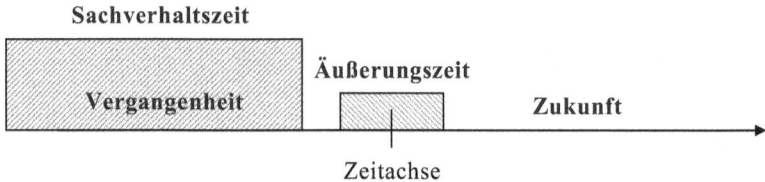

* Die Sachverhaltszeit folgt der Äußerungszeit und weist somit auf einen Sachverhalt in der Zukunft hin. Dieses Verhältnis kann mit folgendem Beispiel veranschaulicht werden:

„Nächsten Monat fahren wir in Urlaub."

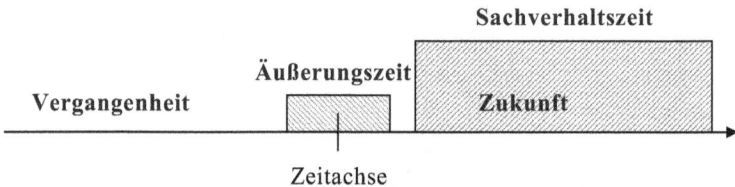

Diese drei Schemata geben logische Beziehungen im natürlichen Zeitkontinuum wieder, sie sind auf der Basis einfacher Beispiele gezeichnet und bereiten auf den ersten Blick keine Schwierigkeiten. Wenn man aber die Frage von Ausdrucksmittel der temporalen Deixis diskutiert, entstehen Probleme. In ihrer Arbeit beschränkt Graefen (1996: 248) die Untersuchung von temporal-deiktischen Ausdrücken auf Zeitadverbien. Sie gibt zwar zu, dass „auch die Tempusformen des Präteritums, sekundär auch des Präsens, einen Origobezug aufweisen, also deiktische Qualität haben" (a. a. O., 126), behandelt aber Fragen dieser Art in ihrer Arbeit nicht. Dabei ist die Klasse der temporaldeiktischen Ausdrucksmittel, wie Sennholz zu Recht konstatiert, sehr formenreich. So schreibt er:

„Meiner Einschätzung nach weist die Klasse der Temporaldeiktika in der Tat den größten Formenreichtum auf, was seinen Grund unter anderem darin hat, daß es in der temporalen Heterodeixis zwei Subkategorien, nämlich ‚Vergangenheit' und ‚Zukunft' gibt, was den Bestand der temporalen Heterodeiktika praktisch verdoppelt, und darin, daß es Tempus(morphem)- und Zeitadverbialdeiktika gibt." (Sennholz 1985: 93)

Im Vergleich zu Graefen, die nur dem Präteritum und in bestimmten Fällen dem Präsens deiktische Qualität zuspricht, weist Sennholz darauf hin, dass auch die Formen des Perfekts und des Futurs immer einen deiktischen Aspekt aufweisen. Ich bin auch der Meinung, dass die Tempusformen immer einen Verweis auf die Beziehung zwischen Äußerungszeit und Sachverhaltszeit enthalten.

Online-Konferenzen sind dadurch gekennzeichnet, dass im Gegensatz zur räumlichen Dimension die zeitliche Dimension der Interaktanten sich im gemeinsamen Wahrnehmungsraum befindet, man kann dabei von der Simultaneität von Äußerungszeit und Rezeptionszeit sprechen[72]. Also wird in solchen Konferenzen mithilfe von temporaldeiktischen Ausdrücken ein direktes Verhältnis zwischen Sprechzeit und Ereigniszeit zur Geltung gebracht, was auf den sprechsituativen Gebrauch von temporaldeiktischen Prozeduren hinweist, im Gegensatz zu lokaldeiktischen Prozeduren in politischen Online-Konferenzen[73]. Tempusformen der Vergangenheit und solche Zeitadverbien wie ‚damals' oder ‚gestern' verweisen den Adressaten auf die Ereignisse, die schon stattgefunden haben, Präsensform des Verbs und Adverbien ‚jetzt', ‚heute' bezeichnen die Gegenwart, Futur und Adverbien ‚dann', ‚morgen' deuten auf zukünftige Handlungen.

Trotz der oben angeführten Überlegungen zum gemeinsamen zeitlichen Wahrnehmungsraum vermute ich in Korpusdaten einen Unterschied zu der Alltagskommunikation, vor allem beim Gebrauch der Zeitadverbien. Aus meiner Sicht erklären sich die Unterschiede durch die mehrfachadressierten Charakter dieser Art politischer Kommunikation. Obwohl Online-Konferenzen des Deutschen Bundestages als direkte Kommunikation zwischen einem Politiker und einem Bürger gedacht ist, sollen die Abgeordneten beim Formulieren ihrer Antworten Rücksicht auf „das Publikum" nehmen, d.h. auf Personen, die möglicherweise zu einem späteren Zeitpunkt[74] die jeweilige Konferenz von der Seite des Deutschen Bundestages, wo alle Konferenzen abgespeichert sind, abrufen und die Äußerungen der Politiker nachlesen werden. Für dieses „Publikum" könnten Zeitadverbien wie ‚gestern', ‚heute' oder ‚morgen' zu Missverständnissen führen. Von allen deutschen Zeitadverbien sind ‚heute' und ‚jetzt' aufgrund ihres generalisierten Gebrauchs für indirekt adressierte Rezipienten am wenigstens problematisch. Die anderen temporaldeiktischen Adverbien: ‚damals', ‚dann', ‚gestern', ‚morgen'

---

[72] Selbstverständlich dauert es einige Zeit (abhängig von der Größe des Beitrags von einigen Sekunden bis zu ein paar Minuten), aber im Rahmen dieser Arbeit spielt diese Verzögerung keine Rolle und kann nicht beachtet werden.

[73] S. oben.

[74] Es können Tage, Monate und sogar Jahre nach der Durchführung der Konferenz sein.

etc. erfordern vom mitgedachten Adressaten zusätzliche mentale Tätigkeiten, da er zuerst die temporale Sprecher-Origo feststellen muss.

Interessant ist, dass eine solche antizipierte Verwendung von Temporaldeiktika in Online-Konferenzen zum Teil dem Gebrauch von temporaldeiktischen Ausdrücken in wissenschaftlichen Artikeln ähnelt, wo sie den Leser auf den Textraum verweisen (s. Graefen 1996). An dieser Stelle lässt sich eine Gesetzmäßigkeit vermuten und zwar: je größer die Zahl von sprechsituativ-verwendeten temporaldeiktischen Adverbien in politischen Internet-Konferenzen, desto größer ist der Grad der Einstellung des jeweiligen Politiker auf einen konkreten Adressaten, der die Frage gestellt hat. Der Politiker fungiert in seiner sprachlichen Handlung aus einem gemeinsamen temporalen Sprechzeitraum. Und umgekehrt: je weniger Zeitadverbien in der Äußerung eines Politikers vorkommen (sollte es doch der Fall sein, dann werden sie meistens vorsichtshalber in Verbindung mit symbolischen Ausdrücken verwendet, z.B. „dann eines Tages", „jetzige Situation"), desto mehr ist diese Äußerung außer an den präsenten Kommunikationspartner auch an einen Dritten adressiert, desto größer ist auch meiner Meinung nach die Vorbereitetheit der Äußerung und ihre Ähnlichkeit mit einem Text.

3. Die **personalen deiktischen Prozeduren** identifizieren in einer Äußerung den Träger eines Sachverhalts in seiner Relation zum Äußerungsträger. Dabei können der Sachverhalts- und der Äußerungsträger entweder identisch sein, wenn der Sprechende das Gesagte auf sich selbst bezieht, wie z.B. bei der Verwendung des Personalpronomens ‚ich', oder nicht identisch, wenn der Adressat als Sachverhaltsträger gemeint ist, wie z.B. beim Personalpronomen ‚du'. Laut Graefen (1996: 200) lassen sich die personal-deiktischen Prozeduren folgendermaßen begreifen: „Die Personendeixis umfaßt die sprecher- und hörerdeiktischen Ausdrücke, verweist somit auf die unmittelbar an der Sprechhandlung beteiligten Personen in ihrer aktuellen diskursiven Rolle oder Funktion." Diese Definition betont den beinhalteten Rollenaspekt der personalen Deixis, d.h. in einer Äußerungssituation sind sowohl Sprecher wie auch Hörer immer Repräsentanten von bestimmten situativen, sozialen, kulturellen, ethnischen etc. Rollen. Bei der Untersuchung von personalen Deiktika in politischen Online-Konferenzen sind in erster Linie dieser Rollenaspekt und seine Ausdrucksmöglichkeiten interessant. Wichtig dabei gilt zu erkennen, dass eine und dieselbe Person in einer Kommunikationssituation als Träger verschiedener Rollen aufgefasst werden soll. So kann man im Diskurs der politischen Online-Konferenzen den Teilnehmern folgende Rollen zuschreiben: a) nach der Verteilung der kommunikativen Rollen: der Frage-Stellende (der

Bürger) vs. die Fragen-Beantwortende (der Politiker), b) nach der Verteilung der sozialen Rollen: Vertreter der Öffentlichkeit (Bürger) vs. Vertreter des Parlaments (Politiker), wobei sich die letzte Rolle weiter differenzieren lässt – z.b. in Vertreter der Regierung, Vertreter einer (Oppositions-)Partei, Fraktion, Parteigruppe etc., c) nach der Verteilung der ethnischen Rollen, die allerdings nicht besonders oft vorkommt: Deutsche (meistens Politiker[75]) vs. Nicht-Deutsche[76], d) nach der Verteilung der wissensbezogenen Rollen: Laie vs. Experte[77] bzw. Experte vs. Experte (z.B. Frage-Antwort-Sequenz von Prof. Dr. med. Karl Pfleger und Marina Steindor in der Konferenz „Genforschung" vom 10.06.1997) etc.

Als Ausdrucksmittel von personal-deiktischen Prozeduren gelten in der Diskursanalyse einerseits die Personalpronomen ‚ich' und ‚wir' sowie ihre Flexionsformen zum Verweis auf die Sprecher-Person oder auf zwei oder mehrere Personen, zu denen der Sprecher sich zählt; und andererseits die Personalpronomen ‚du', ‚ihr' und ‚Sie' (als Höflichkeitsform) und ihre Flexionsformen zum Verweis auf eine andere Person bzw. mehrere Personen. Außerdem zählt Sennholz (1985: 149) zu der Kategorie der Personaldeixis auch Possessivpronomen und Anredeformen („Duz- und Siez-Typ"). Er betrachtet Personal- und Possessivpronomen als zwei wichtigste Subkategorien, die „das Inventar der Personaldeixis in zwei symmetrische Hälften" teilen, denn „zu jedem Personendeiktikon sich ein Possessivdeiktikon findet und umgekehrt" (a. a. O., 151). Der substantielle Unterschied zwischen beiden Subkategorien manifestiert sich darin, dass Personalpronomen auf Personen verweisen und Sachverhalte als Ganze identifizieren, während Possessivpronomen auch auf bestimmte Personen verweisen, aber Sachverhaltsbestandteile identifizieren (vgl. Sennholz 1985: 152f.). In dieser Arbeit schließe ich mich seinen Gedanken an und analysiere das personaldeiktische System in politischer Internet-Kommunikation als Zusammenspiel von Personal- und Possessivpronomen.

---

[75] Es kann auch umgekehrt sein, wenn der/die an der Konferenz teilnehmende Abgeordnete kein Deutscher bzw. keine Deutsche ist, wie z.B. die an der Konferenz "Weltkindergipfel" vom 24.04.2002 teilnehmende Ekin Deligöz oder Gem Özdemir, der an der Konferenz "Ein neues Staatsbürgerrecht" am 23.02.1999 teilgenommen hat.

[76] Gemeint sind hier nur solche Fälle, wenn die Teilnehmenden in ihren Beiträgen explizit auf ihre Nationalität hinweisen (s. z.B. den Beitrag von Abbas Djavadi in der Konferenz "Ein neues Staatsbürgerrecht" mit Max Stadler vom 23.02.1999: "Viele Iraner, zu denen auch ich gehoere...").

[77] Obwohl die Politiker in Online-Konferenzen meistens ein problembezogenes Fachwissen besitzen, kann man die Verteilung dieser Rollen in Experten-Politikern und Laien-Bürgern nicht als festgelegt betrachten. So ändert sich z.B. dieses Verhältnis in der Konferenz "Genforschung" vom 10.06.1997, in der Frage-Antwort-Sequenz von Prof. Dr. med. Karl Pfleger und der Abgeordneten Sigrun Löwisch (die biographischen Angaben zum Studium und Beruf der Abgeordneten kann man auf der folgenden Internet-Seite des Deutschen Bundestages finden: www.bundestag.de/mdb14/index.htm (13.01.2002)).

Es ist ein evidenter Tatbestand, dass im politischen Diskurs bzw. im Diskurs der politischen Online-Konferenzen der Gebrauch von ‚du' bzw. ‚dein' für den Verweis auf den Adressaten der Äußerung äußerst selten zu finden ist. Dies hängt damit zusammen, dass sich diese Vertrautheitsform heutzutage im Deutschen vor allem im familiären Bereich, im Freundeskreis, unter und gegenüber Kindern und Jugendlichen[78], meistens unter Studenten und zum Teil unter Arbeitskollegen findet. Dagegen ist bei der Anrede der Gebrauch des formellen adressatenbezogenen ‚Sie' und der entsprechenden Possessivformen sehr verbreitet.

Für die vorliegende Arbeit ist die Verwendung der Formen ‚ich' und ‚wir' bzw. der jeweiligen Possessiva in Redebeiträgen der Abgeordneten des Deutschen Bundestages, genauer – in ihren Rechtfertigungen, von besonderem Interesse. Während die ‚ich'-Form sich immer auf den sprechenden Politiker verweist, bezieht sich der Ausdruck ‚wir' auf den Sprecher und eine oder mehrere andere Personen. Dabei gibt es für den Sprecher zwei Möglichkeiten: Er kann den Adressaten in den Kreis der mit ‚wir' gemeinten Personen mit einschließen oder nicht. Im letzteren Fall handelt es sich um ein exklusives ‚wir', welches „neben dem [...] Äußerungsträger nur noch Dritte, nicht aber den [...] Adressaten denotiert" (Sennholz 1985: 155). Ein Beispiel mit dem exklusiven ‚wir' aus der Konferenz „Kosovo: Humanitäre Hilfe für Flüchtlinge" mit Claudia Roth: *„Lieber Michael, wie Sie wissen, ringen **wir** in **unserer** Partei um den richtigen Weg [...]"* Frau Roth verweist in diesem Fall auf eine politische Gruppe (die Grünen-Partei), der sie zugehört, und betont dadurch eine kollektive Beschlussfassung und kollektive Verantwortung dafür in der Partei. Mit einem exklusiven ‚wir' stellt sich ein Politiker als Mitglied einer Gruppe dar. Bei einer Rechtfertigung kann sich ein Politiker auf diese Weise mit anderen Gruppenmitgliedern vermischen und unter ihnen „verschwinden". Dadurch entzieht er sich der persönlichen Verantwortung. Außer dieser gruppenintegrativen Funktion kann das exklusive ‚wir' auch eine andere erfüllen: „Es ist unterschwellig appellativ und soll zumeist nach innen gruppenintegrativ, nach außen aus- oder abgrenzend wirken." (Burkhardt 1998: 199) ‚Wir' kann also absichtlich in einer Rechtfertigung gebraucht werden, um dem Adressaten zu zeigen, er gehöre nicht zu einer bestimmten Gruppe und verfüge daher nicht über ausreichende Kenntnisse von Präferenzen, Handlungsnormen, strategischen Zielen und Interessen und könne sich aus diesem Grund in seinen Bewertungen und Urteilen irren. Zur Veranschaulichung dient ein Beispiel aus der Konferenz mit Christian

---

[78] Diese Form von adressatenbezogener Personaldeixis überwiegt z.B. in beiden Konferenzen zum Thema "Weltkindergipfel" vom 11.09.2001 und 24.04.2002, wo die meisten Fragen von Kindern und Jugendlichen gestellt worden sind.

Schwarz-Schilling: Auf den Vorwurf, die NATO verteidige die Menschenrechte selektiv, was der militärische Einsatz im Kosovo und das Nichtstun der NATO in der Türkei bestätigen würden, erwidert er: *„Was im Kosovo passiert, überschreitet alles, was derzeit an Grausamkeiten verübt wird.* **Wir** *sind mit der Türkei, was Menschenrechtsverletzungen angeht, überhaupt nicht einverstanden und monieren das mit allem Nachdruck".*

Ein inklusives ,wir', das außer dem Sprecher und möglichen Dritten auch den Adressaten mit einschließt und eine sprachliche Verbindung mit letztem herstellt, hat in der politischen Rede die Funktion, Sympathien und Vertrauen zu gewinnen, denn „ein solches „integratives" *wir* stellt den Versuch dar, im Adressaten den Wunsch zu wecken, sich als Mitglied der positiv bewertenden Gruppe mitfühlen zu dürfen" (Burkhardt 1998: 200)[79]. In politischen Rechtfertigungen ist aber m.E. der Wirkmechanismus des inklusiven ,wir' der umgekehrte: Dem Adressaten wird das Gefühl vermittelt, er sei ein Mitglied der Gruppe, deren Handeln er als negativ beurteilt, was er eben in seiner Vorhaltung zum Ausdruck gebracht hat. Mit dieser Taktik kann man ihn dazu veranlassen, sich für den problematischen Sachverhalt mitverantwortlich zu fühlen. Das Mitverantwortungsgefühl kann bewirken, dass Argumente des Rechfertigenden vom Hörer schneller akzeptiert werden und seine negative Bewertung eines bestimmten Tatbestands schneller modifiziert wird. Diese These illustriert folgendes Beispiel: Auf eine als Vorwurf gemeinte Frage „Glauben Sie eigentlich wirklich, daß man Gewalt mit Gewalt bekämpfen kann?" antwortet Christian Schwarz-Schilling: *„Leider ist es manchmal notwendig, Gewalt mit Gewalt zu bekämpfen. Das 20. Jahrhundert hat* **uns** *eigentlich genügend Anschauungsmaterial dafür geliefert. Glauben Sie, daß* **wir** *die Hitler-Diktatur losgeworden wären, wenn die Alliierten keine Gewalt angewendet hätten?"*

4. Mit **objektdeiktischen Ausdrücken** verweist der Sprecher auf Objekte im Wahrnehmungsraum, dabei werden unter „Objekten" „außer Dinglichem auch Handlungen, Ereignisse, Sachverhalte, ebenso Personen, soweit sie nicht die Aktanten der sprachlichen Handlung sind", verstanden (Graefen 1996: 216). Graefen weist darauf hin, dass das deiktische System des Deutschen im Bereich der Objektdeixis, erstens, sehr gut ausgebaut ist und, zweitens, in allen Diskurs- und Textsorten einen breiten Gebrauch findet (a.a.O., 216ff.). Zu den

---

[79] Burkhardt weist aber auf den problematischen Gebrauch von ,wir' hin, da "die Gruppengrenzen meistens im Unbestimmten gehalten werden und man daher selten sicher sein kann, welcher Personenkreis genau als *wir* angesprochen ist [...]" (a. a. O., 1999).

Objektdeiktika gehören im Deutschen Demonstrativpronomen, d.h. ,der/die/das', ,dies-' und ,jen-' Formen.

Bevor ich zur Beschreibung von objektdeiktischen Mitteln in Rechtfertigungshandlungen der Online-Konferenzen übergehe, muss man, um den Überblick nicht zu verlieren, eine kurze Klassifikation der Demonstrativpronomen vornehmen. Nach der Rolle im Satz kann eine Objektdeixis entweder substantivisch (beim selbständigen Vorkommen) oder adjektivisch (in Verbindung mit einem Symbolwort) gebraucht werden. Diese zwei Kategorien können ihrerseits nach der Analogie mit lokal- und temporaldeiktischen Prozeduren in Objektdeiktika mit sprechsituativem Gebrauch, wenn auf Objekte außerhalb der Sprechsituation verwiesen wird, oder Objektdeiktika mit ana- bzw. katadeiktischem Gebrauch, wenn auf Objekte innerhalb des Redebeitrags verwiesen wird, eingeteilt werden. Ein sprechsituativer Gebrauch überwiegt im Diskurs, weil dabei der gemeinsame Wahrnehmungsraum die Interaktanten verbindet und es dem Sprecher normalerweise keine Schwierigkeiten bereitet, auf ein Objekt in diesem gemeinsamen Wahrnehmungsraum mit einer deiktischen Prozedur zu „zeigen". Dem Hörer gelingt es leicht, mithilfe dieser Prozedur dieses bestimmte Objekt zu „finden". Ana- bzw. katadeiktischer Gebrauch der Objektdeiktika ist eher dann für Texte typisch, wenn die Aufmerksamkeit des Lesers auf einen bestimmten vorangehenden oder nachfolgenden Textteil fokussiert werden muss.

Wie steht es um die Verteilung der objektdeiktischen Ausdrücke in analysierenden Rechtfertigungshandlungen? Ich bin der Meinung, dass dort sowohl substantivischer als auch adjektivischer Gebrauch von Demonstrativpronomen möglich ist. Im ersten Fall werden sie den Kommunikationspartner auf etwas im Textraum des Politikers verweisen, insbesondere trifft das die substantivische Form ,dies', z.B.: „*Es muß alles versucht werden, um zu einer politischen Lösung zu kommen.* **Dies** *muß mit den vereinten Nationen und mit Rußland unermüdlich versucht werden.*" (aus der Konferenz mit Sabine Leutheusser-Schnarrenberger).

Beim adjektivischen Gebrauch der Objektdeiktika in politischen Internet-Konferenzen kommen beide Verweisfunktionen in Frage, nämlich sprechsituative und ana- bzw. katadeiktische. Ein Beispiel für den sprechsituativen Gebrauch wäre: „*Wie Sie wissen, ringen wir in unserer Partei um den richtigen Weg, um die richtigen Mittel,* **_diese_** *ethnische Säuberung zu beenden [...]*"[80] Die Abgeordnete geht hier

---

[80] Um an dieser Stelle den Verdacht auszuschließen, Frau Roth verweist mit "dieser ethnischen Säuberung" auf einen Teil der Bürger-Frage (was ein Beispiel für die anadeiktische Verwendung wäre), führe ich die Frage von Michael an, mit der diese Sequenz eröffnet wird:

davon aus, beim Adressaten sei das Wissen über den Plan der ethnischen Säuberung auf dem Balkan vorhanden, und sie rekurriert auf einen in dieser Situation für beide Kommunikanten gemeinsamen Vorstellungsraum, wobei das im Voraus angekündigte Thema der Konferenz für ihre Vermutung über das präsente Wissen sicherlich keine geringe Rolle spielt. Bei einem solchen sprechsituativen Gebrauch von Objektdeiktika besteht aber die Gefahr, dass der Gesprächspartner über das vorausgesetzte Wissen nicht verfügt. Dann kann das Ziel des sprachlichen Verweises, nämlich Fokussierung der Aufmerksamkeit des Adressaten auf ein außersprachliches Objekt, nicht erreicht werden. Ein gutes Mittel, dieser Gefahr zu entrinnen, ist der Verzicht auf sprechsituative objektdeiktische Prozeduren. Dies sollte nach meiner Meinung in Online-Konferenzen passieren. Adjektivische Demonstrativpronomen, die in Beiträgen der Abgeordneten zu finden sind, sollten zu größten Teil ana- oder katadeiktischen Charakter haben, dabei kann man bei der beabsichtigten Neufokussierung eines zuvor durch ein Substantiv eingeführten Elements dasselbe Substantiv wiederholen (z.B. *„Der Krieg, der gegen **die Gewaltherrscher** geführt wird, wird, je länger er dauert, die Ressourcen, die militärischen Einrichtungen, die Nachschubbasen und die ganze Struktur des Landes zerstören. Wenn **diese Gewaltherrscher** dann eines Tages merken [...]"*), oder den mental bereits verarbeiteten propositionalen Gehalt mit einem anderen Symbolwort formulieren (z.B.: *„Mit **Albanien** wird kein Krieg geführt. Wir müssen ihnen helfen, da **dieses arme Land** aufgrund der hineinströmenden Flüchtlinge zu ertrinken droht"*) (vgl. Graefen 1996: 218f.).

5. Zur **Aspektdeixis** zählt Graefen den Ausdruck ‚so', seine Komposita und syntaktische Verbindungen von ‚so', wie ‚solch', ‚ebenso', soviel', sogar' etc. In seiner deiktischen Funktion ist ‚so' einschließlich seiner Variationen „nicht auf ein Objekt, sondern anadeiktisch auf einen Aspekt der zuvor benannten Handlung [oder des Objekts] [...] gerichtet" (Graefen 1996: 262).

Ich gehe davon aus, dass Aspektdeixis in ihrer deiktischen Funktion in den Korpusdaten kaum eine Rolle spielt. Dies hat „mit der Abstraktheit der deiktischen Prozedur zu tun: Der Verweis auf einen Aspekt an einem Objekt erfordert, daß H [Hörer] sowohl das Objekt identifiziert als auch im Verweisraum die Frage klären kann, welcher Art und Stärke der fragliche Aspekt im Wissen von S [Sprecher] ist." (Graefen 1996: 270) In diesem Fall wird von dem Sprecher vorausgesetzt, der Adressat

---

"Frau Roth, was ist eigentlich aus der Umweltpolitik der Grünen geworden. Sind Raketen auf Chemiewerke und Ölraffinerien jetzt grundsätzlich nicht schädlich, wenn es um Humanität oder Racheaktionen für ein Defizit derselben geht?"

152

verfüge über bestimmte Einschätzungen, die seinen eigenen entsprechen. Ein Beispiel für die Veranschaulichung dieses Gedankens stammt wiederum von Graefen: „[…] das Verstehen eines bewundernden Ausrufes wie *„So etwas Schönes habe ich noch nicht gesehen!"* [beinhaltet], daß der Hörer nicht nur das bewunderte Objekt in der Sprechsituation identifiziert und seine Qualifizierung als „schön" nachvollzieht, sondern zugleich eine mit dem Sprecher gemeinsame Vorstellungsbasis in Bezug auf ‚Schönheit' hat." (a.a.O., 258f.) Es ist aber in einer Sprechsituation durchaus möglich, dass dem Hörer eine solche Basis fehlt. Dadurch könnte die jeweilige Aussage vom Adressaten als vage wahrgenommen werden, was in einem argumentativen Diskurs, zu dem auch Rechtfertigungshandlungen gerechnet werden, zu vermeiden ist.

Im Gegensatz zu der deiktischen Verwendung von ‚so', die sich für Rechtfertigungshandlungen als ungeeignet erweist, besitzt die paraoperative Verwendung von ‚so'-Ausdrücken eine strukturierende Kraft in der Rede[81] und soll daher nach meiner Einschätzung im Datenmaterial überwiegen.

Nach diesen kurzen Überlegungen möchte ich an dieser Stelle auf die deiktische Verwendung des Ausdrucks ‚so' im Vorwurf-Rechtfertigungs-Muster nicht ausführlicher eingehen, jedes konkrete Beispiel im Gebrauch von der Aspektdeixis im Datenkorpus wird im nächsten Kapitel beleuchtet.

Der Exkurs über die Ausdrucksmöglichkeiten der deiktischen Prozeduren wäre ohne Hinweis auf **paradeiktische Mittel** unvollständig. Gerade im Diskurs der politischen Online-Konferenzen, wenn die Kommunikationspartner in räumlicher Hinsicht voneinander getrennt sind, einander nicht sehen und sich deswegen bei der Kommunikation nicht einer Zeiggeste bedienen können, sich aber in der gleichen zeitlichen Dimension befinden, ist die Gefahr von Unklarheit und Verwirrung beim häufigen Gebrauch der lokal- und temporaldeiktischen Prozeduren innerhalb einer Äußerung besonders groß. Um mögliche Missverständnisse und Wiederholungen zu vermeiden, werden in Internet-Konferenzen statt Deiktika nicht selten paradeiktische Ausdrücke und Ausdruckskombinationen benutzt. Meistens sind es Symbolfeldausdrücke, die dem Adressaten eine zeitliche Orientierung ermöglichen, wie z.B. ‚seit Jahren', ‚inzwischen', ‚jahrelang', ‚letztlich' u.a., oder Ausdrücke, die eine räumliche Orientierung des Gesprächspartner betreffen, z.B. ‚an dieser Stelle', ‚links', ‚rechts', ‚oben' u.a., außerdem einige Präpositionen, z.B. ‚vor', ‚hinter', ‚unter'

---

[81] Näheres zu der paraoperativen Verwendung von ‚so'-Ausdrücken s. in demselben Kapitel unter "operativen Prozeduren".

etc.[82] Deiktische Aufgaben können auch einige zusammengesetzte Verweiswörter erfüllen, die ana- und katadeiktisch verwendet werden können, z.B. für Lokal- bzw. Direktionalangaben: ‚darin', ‚dahin', für Temporalangaben ‚damals', ‚demnächst'. Sie können auch eine Beziehung zu einem Objekt herstellen wie ‚dazu', ‚damit'. Da einige von diesen Verweiswörtern im Diskurs bzw. Text verschiedene prozedurale Aufgaben erfüllen können (z.B. ‚darum' als ana- und katadeiktische Objektdeixis einerseits und als operative Prozedur andererseits), ist es wichtig, bei der prozeduralen Analyse vorsichtig vorzugehen und solche Verweiswörter in jedem konkreten Fall auf ihre Funktion unter Berücksichtigung des jeweiligen sprechsituativen Kontexts zu untersuchen. Dies betont auch Graefen: „Zwei Prozeduren, nämlich die verweisende (Deixis) und eine relationierende (die symbolische oder operative Leistung der Präposition) werden so kombiniert, daß daraus sehr spezifische mentale Abläufe für die Verarbeitung rekonstruiert werden können." (Graefen 1996: 133)

Zum Schluss lässt sich sagen, dass der Gebrauch von paradeiktischen Ausdrücken dem Sprecher ermöglicht, die mit der Verwendung von Deiktika verbundenen Risiken zu umgehen und dem Hörer eine Übernahme der Perspektive des Sprechers verschafft. Das erklärt, warum sie nicht nur in Texten verbreitet sind, sondern auch als alltagssprachlich verfestigte Ausdrucksweise übernommen werden.

3.3.2. OPERATIVE PROZEDUREN DES ARBEITSFELDES

Die Ausdrücke des operativen Feldes tragen dazu bei, dass der Hörer die jeweilige Information adäquat verarbeiten kann:

> Das Operationsfeld unterscheidet sich von den anderen in charakteristischer Weise, indem es hier um die Verarbeitung, die Prozessierung des sprachlichen Geschehens selbst geht, und zwar nicht im Sinne der interaktionalen Minimalerfordernisse [...], sondern stärker mit Blick auf die propositionale Dimension. (Ehlich 1986b: 34)

In einem Vorwurf-Rechtfertigungsmuster, welches früher in dieser Arbeit schon als eine Form der argumentativen Begründung[83] charakterisiert worden ist, soll sich die Proposition der Politiker-Äußerung auf solche Wissenselemente beziehen, über welche der Bürger bereits verfügt, die er aber – nach der Ansicht des Politikers – in den Ablauf seiner mentalen Prozesse noch nicht einbezogen

---

[82] Früher habe ich schon eine Vermutung geäußert, dass eine häufige Verwendung von solchen Ausdrücken wie überhaupt von lokalen Deiktika in politischen Online-Konferenzen nicht empfehlenswert ist. An dieser Stelle soll nur auf die Möglichkeit ihres Gebrauchs hingewiesen werden.

[83] S. Kap. 2.1.

hat. Dabei wird mithilfe von operativen Prozeduren in einer Rechtfertigung die Aufmerksamkeit des Kommunikationspartners auf diese Wissenselemente fokussiert. Mit dem Einsatz von operativen Prozeduren bewirkt der Sprecher, dass der Hörer „die angebotenen Informationen adäquat verarbeiten kann und ihm bereits verfügbare Informationen mit in die Interaktion einbeziehen kann" (Ehlich 1991: 141). Operative Prozeduren dienen also der Wissensorganisation, hierzu gehört die Verarbeitung von Sprache als Sprache. Zu den operativen Prozeduren zählt Ehlich u.a. phorische Prozeduren mit den Ausdrücken *er, sie, es*, Konjunktionen, Partikeln, das Artikelsystem, Fragewörter, „relationierende" Präpositionen (s. Rehbein 1995), den Satzmodus, den Kasus, die Satzintonation etc. Da die operativen Ausdrücke die Aufgaben erfüllen, „die mit der Organisation und der mentalen Verarbeitung der propositionalen Gehalte beim Verständigungshandeln zu tun haben" (Graefen 1996: 156), ist ihr Vorkommen nicht an bestimmte Sprechhandlungs- oder Mustertypen gebunden, sie finden sich in allen Text- bzw. Diskurssorten. Es wäre aber hier nicht sinnvoll, alle in politischen Online-Konferenzen vorkommenden operativen Einheiten der Analyse zu unterziehen. Für das Ziel der vorliegenden Arbeit, Rechtfertigungshandlungen in Internet-Konferenzen zu untersuchen, sind solche operativen Prozeduren von besonderem Interesse, die als kennzeichnende Merkmale eines argumentativen Diskurses angesehen werden, weil sie zur Konklusivität der jeweiligen Äußerung beitragen. Aus diesem Grund gebe ich zuerst einen kurzen Überblick über verschiedene Ausdrucksmittel des operativen Feldes, wobei ich mich in erster Linie auf Graefen (1996) beziehe, und gehe dann zu einer ausführlicheren Beschreibung von operativen Indikatoren der Konklusivität[84] über.

Phorische und andere operative Prozeduren in den politischen Online-Konferenzen:

Während man bei den deiktischen Prozeduren von einem Verweisobjekt spricht, geht es bei den phorischen Prozeduren um ein Bezugselement, das bereits die Aufmerksamkeit des Adressaten auf sich gelenkt hat und das mithilfe einer phorischen Prozedur weiterhin im Fokus der Aufmerksamkeit gehalten werden muss. Die Kategorie der phorischen Einheiten bilden in der deutschen Sprache die Personalpronomen *er, sie, es*, sowie die entsprechenden Possessivpronomen *sein, ihr*, das Reflexivpronomen *sich* und die phorisch-symbolischen Einheiten *seinerseits, ihrerseits* (vgl. Graefen 1996: 142ff.). In Analogie zu den ana- und

---

[84] Außer operativen Einheiten gehören zu den Indikatoren der Konklusivität auch einige Symbolfeldausdrücke, z.B. Substantive (*Grund, Ursache*), Adjektive (*verantwortlich, zweckmäßig*), Verben (*begründen, folgen aus, verursachen*). Klein (2002, 1313) weist darauf hin, dass "vor allem Verben und Nomina [...] die Kausalbeziehung [subspezifizieren], insofern sie zusätzliche modale oder andere semantische Komponenten enthalten." Auf solche Indikatoren der Konklusivität wird später bei der Beschreibung der Symbolfeldausdrücke eingegangen.

katadeiktischen Ausdrücken unterscheidet man ana- und kataphorische Prozeduren, wobei die Anapher in Texten bzw. Diskursen viel häufiger vorkommt. Dies beweisen auch die Korpusdaten: alle 41 phorischen Prozeduren sind anaphorisch, d.h. sie veranlassen beim Hörer einen Rückbezug auf eine bereits erwähnte Person oder ein Objekt bzw. einen Redegegenstand, also auf einen im Kurzzeitgedächtnis des Adressaten noch präsenten propositionalen Gehalt.

Das allgemeine Dominieren der Anaphern im Vergleich zu den Kataphern in Texten und Diskursen wird von vielen Forschern durch die thematische Organisation des Gesagten bzw. Geschriebenen erklärt. Eine Anapher setzt die thematische Orientiertheit des Adressaten voraus, sie bezieht sich immer auf das Bekannte (das Thema), so dass der Hörer problemlos die gemeinte kommunikative Einheit erkennen kann. Bei einer Kataper dagegen entsteht beim Hörer am Anfang eine Leerstelle, die er erst rückblickend auffüllen kann. Dieses Mittel der Wissensverarbeitung kann für die Erzeugung von Spannung und Unmittelbarkeit in der Literatur oder in den Medien eingesetzt werden, oder in der Alltagssprache, wenn „Sprecher manchmal vergessen, ob sie das, was gerade ihre Aufmerksamkeit beschäftigt, dem Hörer gegenüber schon erwähnt oder eingeführt haben" (Graefen 1996: 151). Allerdings birgt eine Kataper das Risiko, sie könnte vom Adressaten nicht richtig verarbeitet werden und könnte so die Interaktion gefährden. Das ist m.E. der Grund dafür, warum die Kataphern im instututionellen Diskurs nicht vorkommen.

Dafür ist aber eine häufige Verwendung der kataphorischen Prozedur in Form vom sogenannten ‚expletiven *es*' ein wesentliches Merkmal politischer Online-Konferenzen. Nach Graefen erfüllt das expletive ‚bedeutungsleere *es*' eine „reine „Statthalter"-Funktion" im Satz, damit können „*satzinterne* operative Beziehungen realisiert werden", dabei „dient die kataphorische Beziehung nicht der thematischen Orientierung von H, sondern der sicheren Erfassung von satzinternen Beziehungen" (a.a.O., 151ff.). Graefen weist darauf hin, dass das expletive ‚*es*' als ein grundlegendes Merkmal deutscher Sätze, in welchen das Subjekt sprachlich ausgedrückt werden muss, der Auffüllung einer hypothetischen Leerstelle dient und „die Verarbeitung des propositionalen Gehalts dadurch [erleichtert], daß die bekannte und erwartete Abfolge der Satzglieder gewährleistet ist. Die Notwendigkeit von *es* ist in solchen Sätzen also nicht von deren propositionalem Gehalt, sondern von der sprachlichen Oberfläche abhängig." In Verbindung mit bestimmten Verben und Adjektiven findet die kataphorische Verwendung vom expletiven ‚*es*' im Deutschen routinisiert statt, wie in folgenden Beispielen des Datenkorpus: „*Tatsächlich **gibt es**, wenn **es** um die Aufnahme von Flüchtlingen (...) geht...*", „**Es** *ist traurig*,...", „**Es** *ist die Verantwortung der Politiker*,...", „**Es handelt sich um** *eine echte Tragödie*" etc. Nach Graefen spielt das kataphorische expletive ‚*es*' im Deutschen die Rolle eines syntaktischen Operators, der

- in einer Prädikation ohne Argument, d.h. ohne Subjektkomplement, als Subjektausdruck dienen kann;

- in einer Prädikation mit besonders komplexem oder rhematischem und deshalb ‚verschobenem' Argument als Vorgriff darauf fungieren kann. (Graefen 1996: 155)

Einen großen Teil des operativen Feldes bilden die sogenannten determinierenden operativen Prozeduren. Im Deutschen gehören dazu vor allem morphologische Mittel (Kasus, Numerus) und das Artikelsystem, die sprachinterne Aufgaben erfüllen. Determinierende operative Prozeduren treten in der Sprache immer in Verbindung mit symbolischen Ausdrücken auf. Redder bezeichnet eine Kombination von symbolischer und (determinierend) operativer Prozedur als eine minimale Einheit des Deutschen: „Syntaktisch präziser wäre des weiteren davon auszugehen, daß eine solche grundlegend symbolische Minimaleinheit aus einer Kombination von symbolischer und „determinierender" sowie „kasusspezifizierender" und „numerusspezifizierender" und zudem „genusrelativer" operativer Prozedur zusammengesetzt ist". (Redder 1999: 238) Determinierende operative Ausdrücke sind für die interaktive Bearbeitung von Wissen wichtig, so tragen z.B. die Artikel dazu bei, „dem Adressaten die *Art der mentalen Zugänglichkeit* von (substantivisch benannten) Gegenständen zu übermitteln, vermittelt etwa über deren Zugehörigkeit zu einer Klasse" (Graefen 1996: 157). Die Funktion der Kasusformen ist, eine geeignete Relation zum diskursiv abgewickelten propositionalen Ganzen herzustellen. Die einzelnen determinierend-operativen Prozeduren werden im Rahmen dieser Arbeit nicht weiter diskutiert, verwiesen sei hier auf die Arbeiten von Redder (1990: 1998) sowie Redder / Rehbein (1998).

Eine wichtige Rolle im operativen Feld kommt ferner Modalverben und Modaladverbien zu. „Mit ihnen kann ein Sprecher eine epistemische Klassifizierung des Gesagten oder eine modale Abstufung vornehmen. Davon ist die illokutive Qualität z.B. der Assertionsrealisierung betroffen: Sie wird mehr oder weniger modifiziert, d.h. abgeschwächt oder verändert." (Graefen 1996: 158)[85]

Wie in anderen sprachlichen Feldern, ist es auch im operativen Feld möglich, dass seine Aufgaben von ursprünglich nicht-operativen Ausdrücken erfüllt

---

[85] Auf die Frage, welche konkrete Bedeutung Modalverben bzw. Modaladverbien im Diskurs politischer Online-Konferenzen erhalten, wird in dieser Arbeit nicht eingegangen. Die einzelnen Vorkommensbeispiele werden im nächsten Kapitel kurz genannt bzw. diskutiert. Dem Problem der Bedeutung von Modalverben im Diskurszusammenhang widmen sich Brünner / Redder (1983). In ihrer Arbeit versuchen sie unter anderem die Frage zu beantworten, "welchen Stellenwert Modalverb-Verwendungen bei der Ausführung eines bestimmten Handlungsmusters haben, und besonders die Frage danach, wieweit verbale Planung die konkreten Äußerungen bestimmt." (83)

werden. Vor allem sind es deiktische und symbolische Ausdrücke, die infolge von Feldtranspositionen in das operative Feld übergegangen sind. So kann z.b. nach Redder (1990: 108) ein paraoperatives ‚denn', das ursprünglich in der Sprache als temporal-deiktische Prozedur funktionierte, später dennoch für das operative Feld nutzbar gemacht wurde, in einem argumentativen Handlungsmuster die Funktion der rückgreifenden (anadeiktischen) Neufokussierung eines Wissenselements beim Hörer leisten. Das trifft auch für das paraoperative ‚dann' (häufiger in Kombination mit ‚wenn') zu, für die Verbindungen ‚so ... dass' und ‚wenn ... so', die eine logische Beziehung eines bestimmten Typs sprachlich verfestigen, d.h. das Gesagte in bestimmter Weise strukturieren und somit der Umformung des Hörerwissens dienen. Außerdem werden einige Verbindungen von deiktischen und symbolischen Ausdrücken wie z.b. ‚also' und ‚aus diesem Grund' paraoperativ verwendet, als logische Schlussfolgerungs-Konnektoren.

Zu den paraoperativen Prozeduren werden auch einige Verweiswörter, oder Pronominaladverbien gezählt. Diese Gruppe bilden Zusammensetzungen zweier Art: mit ‚da'[86] (z.b. ‚dafür', ‚dabei') oder mit ‚hier' (z.b. ‚hierdurch') als erstem Teil. Paraoperativ (bzw. paradeiktisch[87]) sind sie, weil ihre erste Komponente eine deiktische ist, während die zweite meistens – wenn man den Bedeutungswandel im Laufe der Sprachgeschichte betrachtet – ursprünglich dem Symbolfeld zuzuordnen ist (vgl. Rehbein 1995: 170ff.).

Operative Aufgaben erfüllen außerdem bestimmte Komposita mit *der*-Form wie z.B. ‚demnach', ‚trotzdem', ‚außerdem' etc. Strukturell bestehen sie wie zusammengesetzte Verweiswörter aus zwei Teilen: aus einer Deixis und einer Präposition. Sowohl *der*-Adverbien wie auch zusammengesetzte Verweiswörter erfüllen im Text bzw. Diskurs eine doppelte Aufgabe: Erstens, durch den deiktischen Teil dieser Komposita wird der Adressat auf ein gemeinsames Wissen von Sprecher und Hörer gerichtet, welches durch die in vorangehenden Sprechhandlungen enthaltenen propositionalen Gehalte bzw. eine Makroproposition in einem Vorstellungsraum der beiden Interaktanten etabliert ist. Dieses Wissen „ist also nicht-sprachlich konturiert und beruht auf einer *retrograden Projektion* („Kondensierung" o.ä.) aus dem/den voraufgehenden propositionalen Gehalte/n (bzw. propositionalen Elementen) *in die Vorstellung* von L/H" (Rehbein 1995: 173). Durch den zweiten Teil der paraoperativen Zusammensetzungen wird das durch den deiktischen Ausdruck repräsentierte Bezugsobjekt in den Operationsbereich genommen und in spezifischer Weise

---

[86] ‚Des' bei ‚deswegen', und ‚deshalb'. Diese Besonderheit hängt damit zusammen, dass in beiden Zusammensetzungen eine Rektionsbeziehung zwischen dem vorangestellten deiktischen Ausdruck (Genitiv ‚des' von ‚das') und dem ursprünglichen Symbolfeldausdruck (Nomen) ‚Weg' bzw. ‚halb' eingeht (s. Rehbein 1995).

[87] Bei der Beschreibung der paradeiktischen Prozeduren ist bereits auf die Notwendigkeit hingewiesen, die Funktion von zusammengesetzten Verweiswörtern in ihrem Zusammenhang zum Kontext zu untersuchen.

158

kategorisiert, z.B. als Grund oder Ursache (bei ‚deshalb', ‚daher' usw.), oder als Thema des Wissens, das eine Grundlage für den nachfolgenden Schluss herleitet (bei ‚demzufolge', ‚also'), oder eine Mittelbeschreibung für den intendierten Zweck darstellt (bei ‚damit'). Gleichzeitig wird dabei das kategorisierte Bezugsobjekt in den propositionalen Gehalt der laufenden Äußerung integriert (vgl. Rehbein 1995).

Einige zusammengesetzte paraoperative Ausdrücke spielen neben anderen operativen und symbolischen Prozeduren, die in der Sprache als konklusive Indikatoren fungieren, eine bedeutende Rolle im Vorwurf-Rechtfertigungsmuster. Bei einer Rechtfertigung geht es – wie dies im Kapitel 2 schon erläutert ist – um das Stützen einer positiven oder zumindest nicht-negativen Bewertung eines problematischen Sachverhalts und/oder der für diesen Sachverhalt verantwortlichen Person bzw. Personengruppe. Dabei soll der Defendent für eine erfolgreiche Rechtfertigung solche Argumente bzw. Begründungsfaktoren aussuchen, die nach seiner Meinung „als Prämissen eines Schlusses fungieren, in dem der zuvor unklare Sachverhalt bzw. die strittige Position nunmehr als sichere Konklusion und damit als erklärter Sachverhalt bzw. als unstrittige Position dastehen [...]. Die natürliche Sprache [kennt] gerade für den kommunikativen Umgang mit inferenzbezogenen Strukturen eine Fülle sprachlicher Indikatoren, und zwar in allen Wortklassen." (Klein 2000a: 1313ff.)

Im Folgenden geht es um zusammengesetzte paraoperative Prozeduren, die gemeinsam mit Konjunktionen eine Subgruppe von satzverknüpfenden konklusiven Indikatoren bilden. Diese Indikatoren markieren sprachlich das Verhältnis Grund-Folge. Je nachdem, ob der Grund oder die Folge durch konklusive Indikatoren sprachlich explizit gekennzeichnet wird, unterscheidet man im Deutschen kausale, konditionale, konzessive Beziehungen einerseits (für den Verweis auf die Ursache-Wirkung bzw. Grund-Verhältnisse) und konsekutive, finale sowie instrumentale Beziehungen andererseits (für den Verweis auf die Folge- bzw. Zweck- oder Mittel-Verhältnisse).

Operative Mittel zur Indizierung der **Kausalrelation** sind vor allem die Konjunktionen ‚denn', ‚da', ‚weil'. Während ‚weil' in der Alltagskommunikation als ein sprachliches Kennzeichen für den Grund für das Vorliegen eines Sachverhalts überwiegt, kommen ‚denn' und ‚da' als spezifische Konklusions-Konnektoren hauptsächlich in argumentativen Texten vor, sie spielen also in der gesprochenen Sprache eine geringere Rolle. Nach Redder (1990: 83f.) dient ein wirklichkeitsbezogenes ‚weil' der Realisierung des Handlungsmusters „Erklärung", es koppelt einen propositionalen Gehalt als Ursache bzw. Grund zu einem anderen propositionalen Gehalt und transformiert ein Nicht-Wissen des Hörers in ein Wissen. Dagegen trägt ein hörerbezogenes ‚denn' zur Realisierung des Handlungsmusters „Begründung" bei, es verkettet Handlungen und transformiert ein Nicht-Verstehen in ein Verstehen. ‚Da' betrachtet Redder als sprecherspezifisches Planungsindikator, der die

Bearbeitung von diskursiven Übergangsstellen leistet: mit dem vorangestellten ‚da' „wird der Leser [...] in den Gedankengang des Autors involviert", das nachgestellte ‚da' wirkt „neufokussierend mit prolongiertem katadeiktischem Verweis auf die Nachgeschichte" (a.a.O., 251). Auf den Unterschied zwischen ‚denn' und ‚da' macht auch Eggs aufmerksam:

> Wodurch unterscheiden sich *da* und *denn*? Der *denn*-Teilsatz muss immer nachgestellt, der *da*-Teilsatz kann auch vorangestellt werden. Mit *da* wird zudem ein dem Hörer bekanntes oder ein als bekannt unterstelltes Argument eingeleitet, während mit *denn* [...] ein dem Hörer bis dahin unbekanntes Sachverhalt markiert wird, der als Argument für das vorher gesagte dienen kann. (Eggs 2000: 407)

In analysierten Rechtfertigungen der Abgeordneten sind diese Prozeduren insgesamt nur achtmal zu finden. Im Datenkorpus verteilen sich operative Kausalindikatoren folgendermaßen:

weil	2
denn	2
da (nachgestellt)	2
da (vorangestellt)	1

Es sind aber vor allem die Kausal-Indikatoren, die Äußerungen als Begründen bzw. Rechtfertigen sprachlich markieren. Die oben angeführte geringe Zahl der operativen Prozeduren zur Markierung der Kausalrelation lässt zwei Vermutungen zu: entweder werden Grund-Folge-Verhältnisse in den Äußerungen der Abgeordneten in Online-Konferenzen anders ausgedrückt, d.h. durch Substantive, Verben, Adjektive, Modaladverbien usw. oder das Fehlen der für Argumentation typischen sprachlichen Merkmale ist ein Zeichen dafür, dass es sich bei den Rechtfertigungen der Politiker um Scheinbegründungen bzw. Scheinrechtfertigungen handelt. Eine von diesen zwei Thesen soll im nachfolgenden Kapitel bestätigt werden.

Bei einem **Konditional- oder Bedingungsverhältnis** handelt es sich um einen möglichen Grund. Bei der Konditionalbeziehung ist der eine Sachverhalt die Bedingung, der andere – die Folge. Die häufigsten operativen Indikatoren der Konditionalrelation sind die Konjunktionen ‚wenn', ‚falls'. Auch das Modalfeld (insbesondere die Formen des Konjunktivs) spielt eine große Rolle. Für einen argumentativen Diskurs sind solche Konditionalsätze insofern interessant, als man argumentieren kann, „indem man die Wahrheit einer Prämisse nur hypothetisch annimmt. [...] Die kognitive und pragmatische Funktion von hypothetischen Argumenten besteht offensichtlich darin, dass sie rationales Argumentieren ermöglichen, ohne dass man für die Wahrheit aller Prämissen einstehen muss." (Eggs 2000: 408) Diese Möglichkeit des hypothetischen

Folgerns ist besonders für die politischen Akteure von großer Bedeutung, da sie dadurch eine Chance bekommen, in einer Äußerung zwei unterschiedlichen Maximentypen nämlich den Kommunikationsmaximen und den Maximen der Parteisolidarität[88] zu folgen.

Dass hypothetische Argumente bei den Politikern beliebt sind, bestätigt die Analyse des Untersuchungsmaterials: von insgesamt zehn Konditionalsätzen sind fünf hypothetische Argumente mit ‚wenn'-Konjunktion. Wie geschickt hypothetische Argumente verwendet werden können, zeigt ein Beispiel aus der Konferenz „Humanitäre Hilfe für Flüchlinge" mit Sabine Leutheusser-Schnarrenberger: Auf die Frage, ob die Flüchtlinge nach dem Ende des Krieges wirklich zurückkehren und nicht in Deutschland bleiben werden, antwortet sie: *„Wenn es zum Frieden im Kosovo kommt, werden die Flüchtlinge selbstverständlich in ihre Heimat zurückkehren."* Der argumentative Charakter des Satzes wird durch einen epistemischen Operator *‚selbstverständlich'* (Eggs 2000: 409) sowie durch das Futur im Hauptsatz unterstrichen. Da die Prämissen hypothetisch gesetzt werden, kann ihre Wahrheit nicht nachgewiesen werden, daher hat die Schlussfolgerung aus diesen Prämissen *(„Nach dem Krieg werden die Flüchtlinge nicht in Deutschland bleiben.")* auch nur einen hypothetischen Charakter.

Bei der **Konzessivrelation** wird „die Nicht-Geltung einer – ansonsten geltenden oder als geltend erwarteten – konklusiven Beziehung" markiert (Klein 2000a: 1314). Zu den operativen Konzessiv-Indikatoren zählen in erster Linie die Konjunktionen ‚obwohl', ‚dennoch', ‚trotzdem'. Klein sieht die Funktion von Konzessiv-Indikatoren auf der Beziehungsebene darin, „dass man Partnern zwar widerspricht (und dafür auch eigene Erklärungsfaktoren oder Argumente anführt), dass man aber anerkennt, dass die von ihnen angeführten Erklärungsfaktoren oder Argumente unter anderen Umständen, d.h. ohne Berücksichtigung der von einem selbst zusätzlich angeführten Argumente bzw. Erklärungsfaktoren durchaus gelten mögen" (a.a.O., 1314). Das findet seinen Niederschlag im Korpus: Drei gefundene Sätze mit Konzessiv-Indikatoren – mit zwei ‚dennoch' und einem ‚trotzdem' folgen den Sätzen, in welchen der vom Kommunikationspartner zuvor thematisierte problematische Sachverhalt teilweise zugegeben wird, so dass die jeweilige Behauptung des Partners als möglicherweise zutreffend erscheint. Im nächsten Satz wird dann aber mit ‚dennoch' bzw. ‚trotzdem' diese „Illusion" zerstört und ein oder mehrere Gründe für das Stützen der vom Politiker vertretenden Position angeführt. Als Beispiel dafür dient die Antwort von Rudolf Bindig auf den Vorwurf, Deutschland sollte mehr Flüchtlinge aufnehmen, anstatt sie in den armen Nachbarländern zu unterbringen: *„Wahrscheinlich wird auch Deutschland noch mehr Flüchtlinge aufnehmen (müssen). Dennoch bemühen wir uns vor allem*

---

[88] Über Kommunikationsmaximen bzw. Maximen der Parteisolidarität s. unter Symbolfeldausdrücken.

darum, die Flüchtlinge in der Region unterzubringen, da wir immer noch auf eine baldige Rückkehr hoffen. Die regionalen Aufnahmeländer werden durch die internationale Gemeinschaft bei der Versorgung der Flüchtlinge unterstützt. Die Versorgung geschieht fast ausschließlich durch die bessergestellten Länder. "

Bei der **Konsekutivrelation** werden Sachverhalte ausgedrückt, die als Folge oder Wirkung eines gegebenen Sachverhalts beschrieben werden. Konsekutiv-Ausdrücke bilden die größte Gruppe von Konklusiv-Indikatoren, außer den Konjunktionen ‚so dass' und ‚also' gehören zu dieser Gruppe viele zusammengesetzte Verweiswörter wie ‚deshalb', ‚deswegen', ‚darum', ‚daher', ‚demnach', die „den Anschluss zwischen zwei Sätzen herstellen" und durch die „eine enge Folgerung aus dem jeweils vorhergehenden Text vorgenommen" wird (Rehbein 1995: 194f.). Dieser Reichtum von Konsekutiv-Indikatoren erklärt sich dadurch, dass jeder argumentative Konnektor eine spezifische Argumentationskonstellation markiert. So kann zum Beispiel ‚*deshalb'* „nur an das explizit Gesagte anschließen, während *also* auch aus dem Implizierten folgern kann" (Eggs 2000: 408). Von operativen Konsekutiv-Indikatoren kommt ‚also' dreimal im Korpus vor, ‚deswegen' und ‚deshalb' je einmal. Die praktische Untersuchung soll der Frage nachgehen, ob Konsekutivverhältnisse in zur Analyse herangezogenen Rechtfertigungen außer operativen auch durch Symbolfeld-Mittel ausgedrückt werden.

Durch **Final-Indikatoren** werden Zweck-Mittel-Beziehungen markiert: ein Sachverhalt wird als Ziel angestrebt und somit zum Zweck der Handlung eines anderen Sachverhalts gesetzt. Eine Finalrelation wird im operativen Feld in der Regel mit ‚damit' oder ‚um...zu' eingeleitet. Auf der pragmatischer Ebene markieren sie argumentative Sprechhandlungen als handlungsbezogen. Finalbeziehungen können in ein sprachliches Handlungsmuster als ein Erklärungsfaktor des Zwecks eingeführt werden, das macht sie für das Muster ‚Rechtfertigen' besonders wichtig. In einer Rechtfertigung wird mit einem Finalsatz auf „Zwecke mit positiver Wertigkeit" hingewiesen, „die diese Positivität auf die zu rechtfertigenden Handlungen vererben" (Klein 2000a: 1322), oder umgekehrt: Man macht den Hörer auf Zwecke mit negativer Wertigkeit aufmerksam, wenn man über eine verurteilte Handlung – z.B. vom politischen Gegner – spricht. In untersuchten Rechtfertigungen der Abgeordneten des Deutschen Bundestages wird ‚um...zu' dreimal, ‚damit' zweimal zur Markierung der Zwecke mit positiver Wertigkeit und als Erklärungs- und Überzeugungsfaktoren für eine positive Einstellung des Adressaten zum problematischen Sachverhalt benutzt, z.B.: *„Wenn jetzt ein Waffenstillstand gefordert wird, <u>um</u> aus der militärischen Eskalation aussteigen <u>zu</u> können, dann ist es nicht Schwäche..."*

Während die Finalrelation einen Zweck indiziert, weist die **Instrumentalrelation** auf ein Mittel zum Erreichen des Zwecks hin, deshalb werden Instrumental-Indikatoren wie ‚dadurch dass', ‚mittels', ‚durch' oft zusammen mit Final-Indikatoren verwendet.

3.3.3. NENNENDE PROZEDUREN DES SYMBOLFELDES

Die Ausdrücke des Symbolfeldes haben eine referenzielle, darstellende Funktion und dienen dem Vollzug nennender Prozeduren. Diese Prozeduren wie z.B. Substantive, Verben, Adjektive, Präpositionen u.a. symbolisieren Dinge, Gegenstände und Sachverhalte der außersprachlichen Wirklichkeit, durch sie werden verschiedene Elemente der Wirklichkeit dem Hörer mental präsent gemacht. Wenn eine nennende Prozedur vollzogen wird, wird der Adressat „dadurch instande gesetzt, aufgrund seines Wissens das betreffende Element der Wirklichkeit zu finden. Die Symbolfeldausdrücke stellen also ein sprachliches Potenzial für Verbalisieren und Rezipieren von Wissenspartikeln bereit; im Diskurs/Text als dem synsemantischen Umfeld wird die sprachliche Benennung der Wirklichkeit mit der Kategorie des Wissens vermittelt." (Rehbein 2000: 938) Da diesem Feld zum Vollzug einer nennender Prozedur der umfangreichste Apparat von Ausdrucksmöglichkeiten zur Verfügung steht und es im Rahmen einer Arbeit unmöglich wäre, diesen ganzen Apparat zu beschreiben, konzentriere ich mich in der Untersuchung auf zwei Besonderheiten nennender Prozeduren in politischen Online-Konferenzen. Ausgangspunkte für die Untersuchungshauptobjekte im Symbolfeld bilden die Tatsachen, dass

* Rechtfertigungshandlungen, erstens, zum Handlungstyp ‚Begründen' gehören und argumentative Strukturen enthalten sollen. Das bedeutet, dass in Rechtfertigungen der Abgeordneten nach der Analogie mit operativen auch symbolische Konklusivitäts-Indikatoren vorkommen sollen. Das sind z.B. Substantive wie *‚Grund', ‚Ursache'*, Verben wie *‚begründen', ‚verursachen'*, Adjektive wie *‚verantwortlich'*, Präpositionen wie *‚aufgrund', ‚wegen'* u.a. zur Markierung der Kausalrelation, nennende Prozeduren wie *‚folgen aus', ‚Konsequenz'* etc. zur Indizierung der Konsekutivrelation, symbolische Konditional-Indikatoren wie *‚bei', ‚vorausgesetzt', ‚Bedingung'*, Final-Indikatoren wie *‚zwecks', ‚intendieren', ‚Ziel'*, Indikatoren der Instrumentalrelation wie *‚mittels', ‚durch', ‚Mittel'*, und Indikatoren der Konzessivverhältnisse wie *‚trotz', ‚zugegeben dass'* (vgl. Klein 2000a: 1314). Solche symbolischen Prozeduren ermöglichen es dem Defendenten, Gründe für seine positive bzw. nicht negative Bewertung des vorgeworfenen Sachverhalts – Ziele, Konsequenzen, Situationsbewertungen, Werte oder Normen – dem Offendenten darzulegen.

* Zweitens, stellen Online-Konferenzen des Deutschen Bundestages eine Form politischer Kommunikation dar, also müssen sie auch auf der

lexikalischen Ebene typische Merkmale politischer Kommunikation aufweisen. In lexikalischer Hinsicht sind Online-Konferenzen ein Typ schriftlich-mündlicher politischer Kommunikation. Der Sprachgebrauch kann unterschiedlich sein: auf der Beziehungsebene herrscht ein distanzierter standardsprachlicher Ton vor, seltener ist es ein lockerer Ton mit umgangsprachlichen Elementen, wie z.b. in der Konferenz zum Thema „Weltkindergipfel". Auf der Themenebene dominiert die Allgemeinsprache, je nach Thema kann aber auch Fachlexik verwendet werden, wie z.b. in der Konferenz „Folgen der genetischen Diagnostik".

In den Online-Konferenzen geht es für einen Abgeordneten vor allem darum, die eigene Position vor der Öffentlichkeit, d.h. vor möglichst vielen Wählern, eindrucksvoll zu legitimieren. Auf der lexikalischen Ebene wiederspiegelt sich das in Verwendung wertbezogener Lexik und politischer Schlagwörter. Das Symbolfeld in einem politischen Diskurs ist durch folgende Merkmale gekennzeichnet:

⇒ Verwendung von diversen Null-Aussagen, die in der Regel keine neue Information enthalten, keine nennenswerte Meinung, sondern parteikonformes Geschwätz. In den rechtfertigenden Äußerungen der Politiker häufen sich Schlag- und Wertwörter, da eine Rechtfertigung stets eine positive Bewertung beinhaltet. Nach Armin Burkhardts Ansicht dienen solche Wörter dazu, „eigene Position zu positivieren, gegnerische dagegen zu negativieren" (1998: 202). Ihr Einsatz soll zielgruppenübergreifende Zustimmung erzeugen. In erster Linie sind es die sogenannten **Hochwertwörter**, die mehr oder weniger zeitlos über der aktuellen politischen Diskussion stehen: *Zukunft, Freiheit, Frieden, Menschenrechte, Kultur, soziale Sicherheit, Gesundheit* u.a. Auf der anderen Seite befinden sich **Unwertwörter** wie *Rassismus, Terrorismus, Diktatur, Völkermord, Vertreibung* etc. Auf diese Wörter wird von allen Parteien und Parteigruppen zurückgegriffen. Manche Ausdrücke sind mit einem bestimmten Ereignis verbunden und werden zu **Stichwörtern** wie z.B. *der 11. September, Stammzellenforschung, militärischer Einsatz, Globalisierung, Rasterfahndung* u.v.a. Stichwörter setzen einen bestimmten Informiertheitsgrad der Adressaten voraus wie auch **Programmwörter**, die parteilich sind und Konzepte der einzelnen politischen Gruppen bezeichnen: *Gesundheitsreform, Konjunkturprogramm, Antikriegspartei, Klimaschutz, koalitionsfähig, aktive Toleranz.* Das Interessante am Gebrauch solcher Begriffe ist, dass sie häufig paarweise verwendet werden: einerseits – Wörter, die mit positiven Deutungen und Wertungen verbunden sind, mit welchen der Rechtfertigende sich selber oder seine Partei assoziiert, und andererseits – Wörter, die den Gegner negativ bezeichnen.

Burkhardt schreibt, es sei möglich, „durch den Gebrauch geeigneter Schlagwörter die Akzeptanz der mit ihnen verbundenen politischen Konzepte und Personen in der Öffentlichkeit zu fördern, den politischen Gegner aber zu diskreditieren, um so die jeweils eigenen Meinungen und Interessen politisch mehrheitsfähig zu machen und durchzudrücken" (1998: 206).

⇒ Eine ähnliche Strategie ist der wiederholte Gebrauch von Lexemen, die eine positive Bewertung ausdrücken. Vor allem sind es Adjektive und Adverbien, wie z.B. *gut, richtig, sicher, legitim* u.a. Eine **positive Meinungsäußerung** über eine Handlung bedeutet, dass diese Handlung in einer oder mehreren Eigenschaften einem bestimmten Wert des Sprechers entspricht. Beispiel aus der Online-Konferenz „Humanitäre Hilfe für Flüchtlinge" (1999) mit Claudia Roth:

Absender: *Michael*
Frage : *Frau Roth, was ist eigentlich aus der Umweltpolitik der Grünen geworden. Sind Raketen auf Chemiewerke und Ölraffinerien jetzt grundsätzlich nicht schädlich*
Antwort : *Lieber Michael,*
wie Sie wissen, ringen wir in unserer Partei um den <u>richtigen</u> *Weg, um die* <u>richtigen</u> *Mittel, diese ethnische Säuberung zu beenden, die* <u>sichere</u> *Rückkehr der Flüchtlinge zu ermöglichen und einen Demokratisierungsprozeß zu fördern.*

3.3.4. ROLLE DER SPRACHLICHEN PROZEDUREN FÜR DIE THEMATISCHE ORGANISATION EINES HANDLUNGSMUSTERS

Alle sozialen Handlungen laufen nach geregelten Mustern ab, die sozial eingespielt, also im Wissen verankert sind. Während der Planung einer sprachlichen Handlung findet die Übertragung des jeweiligen aktantenseitigen Wissens in die Handlung statt, wobei der Aktant aus seinem Wissen bestimmte Wissenselemente auswählt und sie in Bezug auf den jeweiligen interaktiven Zusammenhang und den Zweck, den er mit seiner Handlung verfolgt, verarbeitet. Sprachliche Handlungen sind Bestandteile von komplexeren Handlungstypen, die eine bestimmte Abfolge haben:

Muster bestehen aus Typen von Handlungen: *mentale Handlungen, sprachliche Handlungen (Interaktionen)* und *Aktionen,* hörer- und sprecherseitig. Diese Handlungstypen haben unterschiedliche Strukturen (in Verlauf, Komplexität, Medium): So können sie gesamte *Handlungen* oder *Prozeduren* oder einfache *Akte* sein. Sie können sich jeweils auch zusammensetzen zu *Strategien, Taktiken, Routinen* und *Manövern.* (Rehbein 1988: 1183)

Handlungsmuster sind flexibel und mit einem Spielraum versehen, da sie kultur-, gruppenspezifisch und historisch bedingt sind. Es wird davon ausgegangen, dass Sprechbeiträge vielschichtige Handlungskomplexe sind, wo jeder einzelne Sprechakt gleichzeitig einem ganzen Netz von verschiedenen Mustern zugeordnet werden kann. In jedem konkreten Fall hat aber die Abfolge von einzelnen Sprechakten letztendlich einen Hauptzweck und konstituiert somit ein Handlungsmuster.

Die Verkettung von Sprechakten zu einem Handlungsmuster basiert „auf spezifischen *Potenzialen von Abläufen,* aus denen die Aktanten je nach Konstellation die Handlungen *sprachlich realisieren...* Solche Ablaufpotenziale sind *„Handlungsmuster".* Muster sind *kommunikative und damit soziale Tiefenstrukturen".* (Rehbein 1988: 1183)

Sprechakte, die innerhalb eines Musters auf ein bestimmtes Ziel gerichtet sind, weisen im Text bzw. Diskurs zwei mögliche thematische Ablauforganisationen auf, das entscheidende Kriterium für die Bestimmung der jeweiligen Ablauforganisation ist die Zerlegung der Sprechakte in ein Thema und ein Rhema. Auf der sprachlichen Ebene sind es phorische und deiktische Prozeduren, die zur thematischen Organisation eines Handlungsmusters beitragen.

Mittels der phorischen Prozeduren wird ein Element des rhematischen Teils eines Sprechaktes durch Fokussierung herausgehoben und für den nachfolgenden Sprechakt thematisiert. Das Neue wird so im nächsten Sprechakt zum bereits Bekannten, welches dann im dritten und in weiteren Sprechakten wieder als Thema aufgegriffen werden kann, ein Thema wird dabei konstant verfolgt (im Diagramm Variante 1, z.B.: *„1) Die Quelle der Gewalt und des Elends ist Milosevic, dem sein Handwerk gelegt werden muss. 2) Er muss vor ein internationales Strafgericht gebracht werden, 3) damit er dort für seine „Verbrechen gegen die Menschlichkeit" zur Verantwortung gezogen werden kann."* (Rhema 1: *Milosevic,* Thema 2 – *er,* Thema 3 – *er.*) Es kann sich aber auch eine lineare thematische Progression wiederholen, wenn ein Element des Rhemas des vorherigen Sprechaktes zum Thema des nachfolgenden Sprechaktes wird (im Diagramm Variante 2, z.B.: *„ 1) Ihren „Teenstar"-Auftritt bereitet die 13-järige Samantha schon seit Wochen vor. 2) Weinrote Sandalen hatte sie sich dafür ausgesucht, 3) doch sie waren zu unbequem."* (Rhema 1: *Samantha,* Thema 2 – *sie,* Rhema 2 – *Sandalen,* Thema 3 – *sie* (Sandalen).) Ausschließlich die erste Variante der thematischen Organisation mit phorischen Prozeduren findet sich bei der Analyse des Datenkorpus, denn bei solcher Organisation verschaffen phorische Ausdrücke zwei oder mehreren Sprechakten einen gemeinsamen Bezug, was eine leichtere Verarbeitung von hinzukommenden neuen propositionalen Gehalten ermöglicht. Die thematische Organisation eines Handlungsmusters mit phorischen Mitteln kann schematisch dargestellt werden:

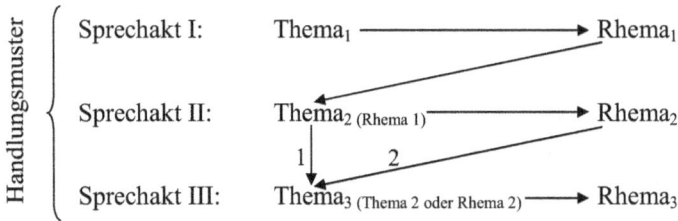

Handlungsmuster:

Sprechakt I: Thema₁ ——————————→ Rhema₁

Sprechakt II: Thema₂ (Rhema 1) ——————→ Rhema₂

Sprechakt III: Thema₃ (Thema 2 oder Rhema 2) ——→ Rhema₃

Thematische Organisation eines Handlungsmusters mit phorischen Mitteln.

Mittels der deiktischen Prozeduren ist es dagegen in einem Handlungsmuster möglich, „eine oder mehrere Propositionen zusammenfassend zu fokussieren und zum Thema einer neuen Sprechhandlung zu machen" (Graefen 1996: 318). Dadurch wird vom Sprecher eine sukzessive Entstehung von neuen Wissenselementen beim Adressaten gesteuert, z.B.: „*Die israelische Regierung begründet ihr Vorgehen mit dem Terrorismus der Palästinenser. Aber aus dieser Eskalation heraus kann kein Friede entstehen, daraus wird allenfalls ein Krieg, der die ganze Region erfasst.*" Das nacheinanderfolgende Fokussieren neuer relevanter Wissensmerkmale in dieser Behauptung mithilfe von deiktischen Ausdrücken sieht folgendermaßen aus: *das Vorgehen der israelischen Regierung – Eskalation – Krieg – Krieg in der ganzen Region.* Das Modell der thematischen Organisation mit deiktischen Mitteln lässt sich mit einem folgenden Schema verdeutlichen:

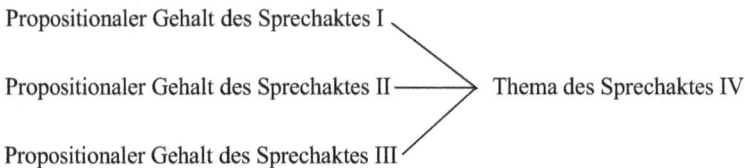

Propositionaler Gehalt des Sprechaktes I

Propositionaler Gehalt des Sprechaktes II ————→ Thema des Sprechaktes IV

Propositionaler Gehalt des Sprechaktes III

Thematische Organisation eines Handlungsmusters mit deiktischen Mitteln.

Eine entscheidende Rolle für die thematische Organisation sprachlicher Handlungsmuster spielen außerdem die oben beschriebenen operativen Konklusiv-Indikatoren, die zwei Sätze bzw. Satzteile verknüpfen und dabei eine bestimmte Konklusivrelation zwischen den propositionalen Gehalten dieser Sätze bzw. Satzteile markieren.

3.4. Zusammenfassung

Wie man sieht, sind Handlungen bzw. Sprechhandlungen komplex, ihre mögliche Beschreibung und Analyse reicht von Prozeduren bis zu globalen Mustern. Dabei gibt es keine Eins-zu-Eins-Entsprechung von Ausdrucksseite und Inhaltsseite. Das Zusammenwirken von Prozeduren und Sprechakten bildet in einer konkreten Situation Sprechhandlungen, die ihrerseits eine bestimmte Text- bzw. Diskursform ausmachen.

Sprachliche Ausdrücke und die mit ihnen vollzogenen Prozeduren sollen bei der Analyse nicht für sich betrachtet werden, sondern in ihren komplexen Vermittlungen. Als solche Vermittlungsstufen erweisen sich einzelne Sprechhandlungen, als eine funktionale Gesamtheit von selbständigen Sprechhandlungen sind Diskurse und Texte zu verstehen. Die Sprechhandlungen sind Aktualisierungen von Handlungsmustern, die sich zur Realisierung bestimmter Zwecke im Laufe der gesellschaftlichen Entwicklung herausgebildet haben. Als Tiefenkategorien stehen sie in einem komplexen Vermittlungsverhältnis mit der sprachlichen Oberfläche.

Sprachliche Prozeduren öffnen den Blick auf die Realisierung sprachlicher Funktionen im Diskurs. Man darf aber nicht vergessen, dass der Feldcharakter sprachlicher Ausdrucksformen, d.h. deren prozedurales Potenzial, sich erst im Diskurs entfaltet. Daher sind sprachliche Ausdrücke in ihrer konkreten Verwendung erst aus dem Zusammenwirken der jeweils mit ihnen verwirklichten Zwecke bzw. Funktionen zu verstehen. Dies gilt auch für die Analyse politischer Internet-Kommunikation. In diesem Kapitel sind insbesondere deiktische, operative und symbolische Prozeduren sowie ihr Zusammenwirken diskutiert worden, da sie sich für die Argumentationsstruktur einer Online-Rechtfertigung als besonders wichtig erweisen.

Bei der Verwendung der deiktischen Prozeduren in politischen Online-Konferenzen spielt der Verweisraum eine wichtige Rolle. Mit dem Verweisraum, in dem sich deiktische Prozeduren vollziehen, hängen der Abstraktionsgrad dieser Prozeduren und damit auch die Häufigkeit ihres Vorkommens zusammen. Bei der Analyse der Korpusdaten muss jede einzelne deiktische Prozedur aus der Perspektive des Zusammenwirkens von deiktischer Dimension und dem Verweisraum der jeweiligen Äußerung betrachtet werden. In dieser Hinsicht wurde angenommen, dass wegen der Aufhebung der räumlichen Einheit der Sprechsituation lokaldeiktische Ausdrücke in Online-Konferenzen äußerst selten vorkommen können. Eine Ausnahme wurde für ‚hier' dank seiner generalisierenden Bedeutung gemacht. In politischer Internet-Kommunikation verweist ‚hier' trotz der Sprechsituationszerdehnung auf einen Ort im Wahrnehmungsraum der Interaktanten. Es lässt sich auch vermuten, dass mit ‚hier' Deutschland oder Europa gemeint werden. Die anderen lokaldeiktischen Ausdrücke, die in Online-Konferenzen vorkommen können, würden den Adressaten auf einen Ort im Textraum verweisen. Die Möglichkeit einer solchen Verwendung im Datenkorpus halte ich jedoch für unwahrscheinlich.

Die Interaktanten befinden sich während der Konferenz in derselben zeitlichen Dimension, daher ist die Verwendung von temporaldeiktischen Prozeduren im Wahrnehmungsraum nach meiner Meinung unproblematisch. Im nächsten Kapitel soll überprüft werden, ob der häufigere Gebrauch von temporaldeiktischen Ausdrücken in Online-Konferenzen dazu beitragen oder wenigstens den Eindruck erwecken kann, dass der Adressat sich wirklich angesprochen und in das persönliche Gespräch mit dem Politiker verwickelt fühlt.

Die Verwendung von personaldeiktischen Ausdrücken im Wahrnehmungsraum ist in politischen Internet-Konferenzen mit der Verteilung von verschiedenen gesellschaftlichen und politischen Rollen verbunden. Den häufigsten Gebrauch vermute ich neben dem Personalpronomen ‚ich' auch beim ‚wir', weil ‚wir' nicht nur als Mittel der Rollenzuweisung sondern auch als sprachliches Mittel zur Schaffung von Integration bzw. Distanzierung eingesetzt werden kann.

Objektdeiktische Ausdrücke bilden im Diskurs wie im Text „ein Netz von ‚inneren' Beziehungen". Dieses Netz „verbindet kleinere und größere Wissenseinheiten miteinander, zugleich verbindet es auch deren textuelle Repräsentanten miteinander [...]." (Graefen 1996: 280) In politischen Online-Konferenzen ist der Einsatz von Demonstrativpronomen, die das wichtigste Ausdrucksmittel der Objektdeiktika sind, in verschiedenen Verweisräumen möglich. Während dem substantivisch verwendeten ‚dies' nur der anadeiktische Gebrauch im Textraum zugeschrieben wird, können adjektivische Formen von Demonstrativpronomen auf Objekte sowohl im Textraum (ana- und katadeiktisch) wie auch im Vorstellungsraum verweisen. Da aber der letzte Fall wegen der Vagheit des Verweises eine bestimmte Gefahr des Missverständnisses in sich birgt, wird er vermutlich im Korpus selten vorkommen. Außerdem halte ich die Verwendung der Objektdeixis im Wahrnehmungsraum für ausgeschlossen, weil die Gesprächspartner einander nicht sehen können und das Objekt, auf das die Aufmerksamkeit fokussiert werden muss, sinnlich nicht wahrnehmen können.

Was Aspektdeixis betrifft, so vermute ich in Rechtfertigungshandlungen eine sehr geringe Zahl von Beispielen mit ‚so' als deiktischer Prozedur. Der abstrakte Charakter von ‚so'-Ausdrücken, verstärkt durch die schriftliche Form der Kommunikation, macht sie für eine argumentative Sprechhandlung wenig geeignet.

Vom ganzen Reichtum operativer Ausdrücke im Deutschen sind für die vorliegende Untersuchung vor allem operative Konklusivitäts-Indikatoren interessant, mit deren Hilfe dem Adressaten aus zwei oder mehreren Prämissen eine logische Konklusion hergeleitet wird. Solche operativen Konklusivitäts-Indikatoren tragen dazu bei, dass argumentative Äußerungen im gegebenen Kontext (z.b. in einer Rechtfertigung) als kohärent verstanden werden können. Bei der quantitativen statistischen Analyse erwies sich die Zahl dieser für eine Rechtfertigungshandlung relevanten operativen Ausdrücke merkwürdigerweise als gering. Diese Tatsache hat zwei mögliche Erklärungen: Entweder wird die Konklusivität im Datenkorpus durch andere sprachliche Prozeduren auf der lexikalischen Ebene (z.b. Symbolfeldausdrücke) bzw. allein durch den Kontext ausgedrückt, oder – sollte die erste Annahme sich als falsch erweisen – so fehlt den Rechtfertigungshandlungen in Online-Konferenzen des Deutschen Bundestages die notwendige argumentative Grundlage.

Bei der Analyse der nennenden Prozeduren liegt der Schwerpunkt einerseits auf den argumentativen lexikalischen Indikatoren, die den Handlungstyp ‚Rechtfertigen' konstituieren, andererseits auf spezifisch politischen Wert- und Schlagwörtern. Es muss untersucht werden, wie diese zwei unterschiedlichen lexikalischen Gruppen in einer Rechtfertigungshandlung miteinander kombiniert und zum Ganzen verbunden werden.

Im Allgemeinen lässt sich sagen, dass jede sprachliche Prozedur „kein isolierbares Element des sprachlichen Handelns ist, sondern integraler Bestandteil einer sprachlichen Handlung" (Graefen 1996: 271). Deswegen ist es notwendig, eine Prozedur in ihrem spezifischen Zusammenhang mit allen anderen sprachlichen Prozeduren der jeweiligen Sprechhandlung zu erfassen.

In diesem Kapitel wurden Hypothesen bezüglich sprachlicher Realisierungsformen der Rechtfertigungshandlungen in politischen Online-Konferenzen dargestellt, die nun im nachfolgenden Kapitel anhand der Datenanalyse überprüft und bestätigt bzw. abgelehnt werden sollen.

4. ERGEBNISSE DER KORPUS-UNTERSUCHUNG

4.1. KORPUSDATEN DER ARBEIT

In diesem Abschnitt wird ein kurzer Überblick über die Daten des Korpus und ihre Charakteristika gegeben.

Die Korpusdaten, die dieser Arbeit zugrunde liegen, gehören der Kategorie „Bürger-Politiker-Kommunikation" an. Im nachfolgenden Kapitel werden nur die für die Untersuchung relevanten Diskursausschnitte, nämlich Vorwurf-Rechtfertigungsmuster, angeführt. Jedes zu analysierende Beispiel besteht aus einer (Bürger)Vorwurf-(Politiker)Rechtfertigungs-Sequenz, dabei wird der Handlungsraum für die Politiker-Äußerung durch die sprachliche Äußerung des Bürgers determiniert. Der Abgeordnete muss in seinem Handlungsraum nach spezifischen Wegen suchen, seine Handlung sprachlich so zu realisieren, dass sich eine Kongruenz zu den hörer- bzw. leserseitigen Bedingungen des Handlungsraums des jeweiligen Bürgers ergibt.

Da die Vorwurf-Rechtfertigungsmuster in verschiedenen bzw. in einer Online-Konferenz eine große Variationsbreite aufweisen, ist es notwendig, eine größere Zahl von Belegen zur Analyse heranzuziehen. Um die einzelnen zu untersuchenden Rechtfertigungsfälle sowie die Ergebnisse ihrer Analyse miteinander vergleichen zu können, werden zuerst alle Vorwurf-Rechtfertigungsbeispiele aus einer Konferenz erfasst und untersucht. Im zweiten Schritt werden dann einzelne Beispiele aus den Online-Konferenzen zu anderen Themen ermittelt. Diese Herangehensweise – Auswertung und Bezug der Untersuchungsergebnisse aus der Konferenz mit einem Abgeordneten aufeinander, danach eine solche Auswertung für die Konferenz zu einem bestimmten Thema mit mehreren teilnehmenden Abgeordneten und endlich dasselbe Vorgehen bei Belegen aus unterschiedlichen Online-Konferenzen – ermöglicht jedes Mal einen höheren Abstraktionsgrad und so die Aufdeckung von Strukturen, die einer politischen Online-Rechtfertigung zugrunde liegen.

Für die vorliegende Analyse wurden von insgesamt 32 durchgeführten Online-Konferenzen[89] vier beliebige Konferenzen zu verschiedenen Themen aus den Jahren 1999, 2000 und 2002 ausgewählt. Jede Konferenz umfasst Beiträge von bis zu fünf Abgeordneten, insgesamt sind es 16 Beiträge unterschiedlichen Umfangs: von fünf bis elf Seiten. Den wichtigsten Teil des Korpus meiner Untersuchung bilden Transkripte der Online-Konferenz des Deutschen Bundestages zum Thema „Kosovo: Humanitäre Hilfe für Flüchtlinge in Europa", die am 21. April 1999 stattfand.

---

[89] Stand: Juli 2004.

Schwerpunkt der Untersuchung sind einzelne Rechtfertigungshandlungen, ihre Kombinierbarkeit im Rahmen einer Rechtfertigung und ihre inneren Zusammenhänge mit Rechtfertigungstechniken. Einen sehr wichtigen Teil der Analyse bilden auch die funktionalen Charakteristika der sprachlichen Prozeduren, ihre Zugehörigkeit zu den verschiedenen Feldern sowie die Häufigkeit ihres Vorkommens in politischen Rechtfertigungshandlungen.

Kurze Beschreibung der Korpusdaten:

1. Online-Konferenz „Humanitäre Hilfe für Flüchtlinge in Europa" vom 21.04.1999.

Das Thema dieser Konferenz war der Krieg im Kosovo und die Hilfsmaßnahmen der europäischen Regierungen bzw. der deutschen Regierung für Flüchtlinge. Teilgenommen haben fünf Abgeordnete: Claudia Roth (Bündnis 90/die Grünen), Ulla Jelpke (PDS), Sabine Leutheusser-Schnarrenberger (F.D.P.), Rudolf Bindig (SPD) und Christian Schwarz-Schilling (CDU/CSU). Nach den im Kapitel II erarbeiteten Kriterien einer Rechtfertigung wurden in dieser Konferenz insgesamt 17 Vorwurf-Rechtfertigungsmuster gefunden und alle in die Analyse übernommen. Die Zahl der insgesamt gemachten Vorwürfe ist relativ hoch (58, das sind ca. 46% aller Sprechhandlungssequenzen), wobei ihr Anteil in den Beiträgen einzelner Abgeordneter unterschiedlich verteilt ist. Es wurde festgestellt, dass Rechtfertigungen ca. ein Siebtel aller Politiker-Aussagen und ca. ein Drittel aller Reaktionsäußerungen auf einen Vorwurf ausmachen. Auf zwei Drittel der Vorwürfe ist mit Zurückweisungen, Geständnisen, Gegenvorwürfen bzw. Ausweichmanövern reagiert worden. Damit ist der Anteil von Rechtfertigungshandlungen in dieser Konferenz am höchsten[90].

2. Online-Konferenz „Folgen der genetischen Diagnostik" vom 06.11.2000.

Diese Konferenz fand zur Problematik der genetischen Diagnostik vor dem Hintergrund „eines erheblichen gesellschaftlichen und parlamentarischen Diskussionsbedarfes zu Fragen der Entwicklung und Anwendung der Biotechnologie und der modernen Medizin"[91] statt. Wie bei der Mehrheit der Online-Konferenzen haben fünf Abgeordnete, in dem Fall alle Mitglieder der Enquete-Kommission „Recht und Ethik der modernen Medizin", teilgenommen: Dr. Wolfgang Wodarg (SPD), Prof. Dr. Therese Neuer-Miebach (CDU/CSU), Monika Knoche (B90/Grüne), Detlef Parr (FDP), Dr. Ilja Seifert (PDS). Der Anteil der registrierten Vorwürfe beträgt im Allgemeinen ca. 25% von allen Frage-Antwort-Sequenzen, wobei er in einzelnen Transkripten stark variiert. Die

---

[90] Statistische Auswertungen von fünf analysierten Online-Konferenzen finden sich in der Tabelle am Ende dieses Abschnitts.

[91] "Enquete-Kommission: Recht und Ethik der modernen Medizin. Auftrag und Handlungsfelder." URL: http://www.bundestag.de/gremien/medi/medi_aha.html (04.12.2002)

im Vergleich zu der ersten Konferenz niedrigere Vorwurfszahl erklärt sich aus meiner Sicht aus der Fragestellung der Konferenz: Zu dem Problem der genetischen Diagnostik gibt es bekanntlich sowohl unter Fachleuten und Politikern wie in der Bevölkerung keine einheitliche Meinung. In der Konferenz wurde mehr nach der eigenen Meinung und der Parteiposition gefragt, als dass diese Position den beteiligten Politikern vorgeworfen wurde. Merkwürdigerweise kommen die meisten Vorwürfe in den Transkripten der Chats mit Detlef Parr und Ilja Seifert vor, die die klarsten Statements abgegeben haben: der eine ist für, der andere gegen die genetische Diagnostik. In den Transkripten dieser Abgeordneten finden sich auch alle elf Fälle des Nicht-Eingehens auf den Vorwurf, da wegen des Zeitlimits nicht alle Fragen beantwortet werden konnten. Rechtfertigungen machen fast ein Drittel der auf einen Vorwurf folgenden Reaktionsäußerungen aus.

3. Online-Konferenz „Weltkindergipfel" vom 24.04.2002.

Die an dieser Konferenz beteiligten Abgeordneten waren in der 14. Wahlperiode Mitglieder der Kommission zur Wahrnehmung der Belange von Kindern (Kiko) des Deutschen Bundestages: Rolf Stöckel (SPD), Ingrid Fischbach (CDU/CSU), Ekin Deligöz (B90/Grüne), Klaus Haupt (FDP), Rosel Neuhäuser (PDS). Diskutiert wurde über den Weltkindergipfel in New York vom 8. bis 10. Mai 2002. Die meisten Fragen kamen von Kindern und betrafen vor allem die Organisation und Teilnehmer des Weltkindergipfels. Das Hauptziel der Beteiligten war, neue Informationen auf dem elektronischen Weg zu bekommen, daraus resultiert die niedrige Zahl der geäußerten Vorwürfe (7) und Rechtfertigungen (1).

4. Online-Konferenz „Warum braucht Europa eine Verfassung?" und „Sollte es ein Referendum über die EU-Grundrechtecharta geben?" vom 16.05.2002.

Am 16. Mai 2002 stellte sich der Vertreter des Deutschen Bundestages im EU-Konvent Dr. Jürgen Meyer, SPD, in einer Online-Konferenz den Fragen zu folgenden Themen: Warum braucht Europa eine Verfassung? Sollte es ein Referendum über die EU-Grundrechtecharta geben? Dabei ging es um die Osterweiterung und Vertiefung der EU und über die Erarbeitung von Grundregeln des Rechtssystems der Europäischen Union. Der Prozentanteil von Vorwürfen am Gesamttext ist in dieser Konferenz am niedrigsten, es konnte nur eine Rechtfertigung gefunden werden.

Wie man sieht, ließen sich bei dieser kurzen quantitativen Auswertung der Daten keine Regelmäßigkeiten bzw. Gemeinsamkeiten beim Vorkommen vom Vorwurf-Rechtfertigungsmuster feststellen. Als die beliebteste Strategie vieler Abgeordneter erwies sich die Zurückweisung eines Vorwurfs (34,9%), wobei die Rechtfertigung mit 25,6% den zweiten Rang einnimmt. Das Verhältnis von

174

Ausweichmanövern, Zurückweisungen und Rechtfertigungen unterscheidet sich bei allen Abgeordneten. Man kann keine Regularität erkennen, die ermöglichen könnte, die Reaktion eines Politikers auf einen Vorwurf vorauszusagen. Wie in jeder anderen Situation, entscheiden sich die Abgeordneten in politischen Online-Konferenzen für die eine oder andere Reaktionshandlung und die entsprechende Ausführung dieser Handlung nach der Einschätzung der Situation, des Kontexts, des Gesprächspartners und der gestellten Frage.

Im Weiteren wird die sprachliche Oberfläche der ausgewählten Beispiele auf Regelmäßigkeiten und Gemeinsamkeiten untersucht.

der/die Abgeordnete	Sprechhandlungssequenzen insgesamt	Äußerungen der Politiker	Vorwürfe[*]	Ausweichmanöver[**]				Zurückweisung[**]	Rechtfertigungen[**]
				Ignorieren	Gegenvorwurf bzw. Schuldabwälzen	Geständnis			
1. Online-Konferenz „Humanitäre Hilfe für Flüchtlinge in Europa" vom 21.04.1999									
Rudolf Bindig (SPD)	24	25	10	1	0	1	3 (30%)	5 (50%)
Christian Schwarz-Schilling (CDU/CSU)	33	34	15	2	0	4	7 (47%)	2 (13,3%)
Claudia Roth (B90/Grüne)	25	25	14	1	0	5	2 (14,3%)	6 (42,9%)
Sabine Leutheusser-Schnarrenberger (FDP)	27	27	15	0	0	6	6 (40%)	4 (26,7%)
Ulla Jelpke (PDS)	14	15	4	0	1	1	2 (50%)	0

[*] Prozentanteil in bezug auf die Gesamtzahl von Sprechhandlungssequenzen.
[**] Prozentanteil in bezug auf geäußerte Vorwurfshandlungen.

Gesamt	**123**	**126**	**58 (46%)**	**4 (6,9%)**	**1 (1,7%)**	**17 (29,3**	**20 (34,5%)**	**17 (29,3%)**
2. Online-Konferenz „Folgen der genetischen Diagnostik" vom 06.11.2000								
Dr. Wolfgang Wodarg (SPD)	31	31	5	0	1	1	0	3 (60%)
Prof. Dr. Therese Neuer-Miebach (CDU/CSU)	31	31	3	2	0	0	1 (33,3%)	0
Monika Knoche (B90/Grüne)	15	15	3	0	0	1	1 (33,3%)	1 (33,3%)
Detlef Parr (FDP)	40	40	16	8	0	0	5 (12,5%)	3 (7,5%)
Dr. Ilja Seifert (PDS)	26	26	10	0	0	3	3 (30%)	4 (40%)
Gesamt	**143**	**143**	**37 (25,9%)**	**10 (27%)**	**1 (2,7%)**	**5 (13,5%)**	**10 (27%)**	**11 (29,2%)**
3. Online-Konferenz „Weltkindergipfel" vom 24.04.2002								
Rolf Stöckel (SPD)	12	12	1	0	0	0	1 (100%)	0
Ingrid Fischbach (CDU/CSU)	23	23	2	0	0	0	2 (100%)	1
Ekin Deligöz (B90/Grüne)	19	19	0	0	0	0	0	0
Klaus Haupt (FDP)	17	17	3	0	0	2	1 (33,3%)	0
Rosel Neuhäuser (PDS)	13	13	1	0	0	0	1 (100%)	0
Gesamt	**84**	**84**	**7 (8,3%)**	**0**	**0**	**2 (28,6%)**	**4 (57,1%)**	**1 (14,3%)**
4. Online-Konferenz „Warum braucht Europa eine Verfassung?" und „Sollte es ein Referendum über die EU-Grundrechtecharta geben?" vom 16.05.2002								
Dr. Jürgen Meyer (SPD)	31	31	2	0	0	0	1 (50%)	1 (50%)
Insgesamt in allen Konferenzen	**381**	**384**	**104 (27,1%)**	**14 (13%)**	**2 (1,9%)**	**24 (23,1%)**	**35 (33,7%)**	**30 (28,8%)**

Tabelle 3: Statistik der Online-Konferenzen

176

4. 2. QUANTITATIVE ERGEBNISSE DER UNTERSUCHUNG UND INTERPRETATION

Wie im ersten Kapitel dieser Arbeit bereits ausführlich erläutert worden ist, stellen Online-Konferenzen des Deutschen Bundestages eine spezifische politische Kommunikationsform dar, deren Grundfunktion einerseits informierend ist, indem der Öffentlichkeit über die Position und das Verhalten einer Partei bzw. der Regierung berichtet wird und Zusammenhänge argumentativ erklärt werden. Andererseits ist die Grundfunktion von solchen kommunikativen Ereignissen gleichzeitig eine werbende und legitimierende, denn es geht dabei auch um Erzeugung bzw. Verstärkung der Zustimmung für die eigene politische Position. Als Thema wird eine aktuelle politische Frage bzw. Entscheidung ausgesucht, dabei wird allen Parlamentsparteien die Möglichkeit gegeben, ihre Position bezüglich dieser Frage in der Online-Konferenz zu vertreten.

Im vorliegenden Teil der Arbeit erfolgt eine kleinschrittige Analyse des Untersuchungsmaterials, deren Ziel das Aufdecken und Beschreiben einzelner Rechtfertigungshandlungen und ihrer semantischen, grammatischen und rhetorischen Merkmale ist. Besonderes Interesse gilt dabei der Bestimmung des Kerns einer Rechtfertigungshandlung – des M-Elements, welches, wie die Analyse sichtbar macht, oft nur einen kleinen Ausschnitt aus dem gesamten Vorwurf-Rechtfertigungsmuster darstellt:

> Bei diesem Vorgehen – charakterisiert als reflektiert-empirisch – geht es um den Bezug kommunikativer Tiefenstrukturen zu einzelfallartig realisierten und empirisch erfaßbaren, verbalen und nonverbalen Oberflächenelementen gesellschaftlicher Kommunikation. (Rehbein 2001: 928)

Analyse der Beispiele:

Online-Konferenz „Kosovo: Humanitäre Hilfe für Flüchtlinge" mit Claudia Roth:

1. Absender: Michael

Frage: *Frau Roth, was ist eigentlich aus der Umweltpolitik der Grünen geworden. Sind Raketen auf Chemiewerke und Ölraffinerien jetzt grundsätzlich nicht schädlich, wenn es um Humanität oder Racheaktionen für ein Defizit derselben geht?*

Antwort: *Lieber Michael,*

wie Sie wissen, ringen wir in unserer Partei um den richtigen Weg, um die richtigen Mittel, diese ethnische Säuberung zu beenden, die sichere Rückkehr der Flüchtlinge zu ermöglichen und einen Demokratisierungsprozeß zu fördern. Dieser Konflikt zerreißt uns, weil niemand für sich behaupten kann, ein Patentrezept zu haben. Ohne jeden Zweifel sind Raketen auf Chemiewerke und auf Raffinerien, sind Bombardements in der Nähe von Atomkraftwerken mit Prinzipien der Humanität absolut nicht vereinbar.

Michael macht Frau Roth, und in ihrer Person auch der ganzen Partei der Grünen, einen Vorwurf in Form einer **Frage**. In dieser Frage will er zeigen, dass die Grünen, seiner Meinung nach, im Kosovo-Krieg gegen ihre eigene Umweltpolitik handeln. In seinen Augen ist die Zustimmung der Grünen für die Kriegsaktion im Kosovo ein Beweis dafür, dass diese Partei gegen innerparteiliche Prinzipien verstößt und Versprechungen nicht hält.

Diese Rechtfertigung ist nach der Strategie des ‚Bestreiten der Absicht' aufgebaut. Am Anfang ihrer Äußerung hebt Claudia Roth das Gute an dem Geschehen hervor, indem sie ihrem Kommunikationspartner etwas über die guten Folgen der Kriegsaktion **mitteilt** (*„ethnische Säuberung zu beenden, die sichere Rückkehr der Flüchtlinge zu ermöglichen und einen Demokratisierungsprozess zu fördern"*). Um den Vorwurf abzuschwächen, **teilt** sie auch **mit**, dass es in der Partei keine Einigkeit bezüglich dieses Problems gibt, nicht alle unterstützen also die Bombardements im Kosovo (*„Dieser Konflikt zerreißt uns, weil niemand für sich behaupten kann, ein Patentrezept zu haben"*). Im nächsten Sprechakt **gibt** Frau Roth aber **zu**, dass *„Raketen auf Chemiewerke und auf Raffinerien, [...] Bombardements in der Nähe von Atomkraftwerken mit Prinzipien der Humanität absolut nicht vereinbar"* sind. Dadurch entstehen in dieser Rechtfertigung zwei Pole: auf der einen Waageschale sind Bombardements, die gegen Prinzipien der Humanität verstoßen, auf der anderen – ethnische Säuberung, Vertriebene und Verletzung von Menschenrechten, die auch mit Prinzipien der Humanität nicht vereinbar sind und die beendet werden sollen. Frau Roth sagt es nicht explizit, sondern überlässt es dem Hörer, das Für und Wider sorgfältig abzuwägen und sich für das Wichtigere zu entscheiden. Obwohl die Abgeordnete von einem Konflikt in den Reihen der Grünen spricht, sagt ihr kurzer Redebeitrag nichts darüber aus, auf welcher Seite sie sich selbst befindet, ob sie einen militärischen Eingriff in solchen Situationen für akzeptabel hält oder ablehnt. Die eigene Position, die normalerweise durch den Gebrauch des Personalpronomens ‚ich' zum Ausdruck kommt, versteckt sich hier hinter der Meinung der Parteimehrheit. Das Verstecken der eigenen Meinung ist der Grund dafür, dass die Abgeordnete in Ihrer Antwort ausschließlich die ‚wir'-Form benutzt.

Ich nehme an, die Politikerin versucht ihren Gesprächspartner zu veranlassen, das Mitgemeinte selbst zu erschließen, nämlich, dass dieses Dilemma in einem größeren Handlungszusammenhang betrachtet werden soll und dass

Verteidigung von Menschenrechten in dieser konkreten Situation letztendlich einen höheren Wert hat als umweltpolitische Prinzipien. Andererseits sind aber Raketen und Bombardements *„mit Prinzipien der Humanität absolut nicht vereinbar".* Zum M-Element der Rechtfertigung wird somit die Behauptung, dass keiner ein *„Patenrezept"* haben kann: Beide Positionen – die der Befürworter und die der Gegner der Bombardements – haben positive und negative Folgen.

Die Abgeordnete spricht den Offendenten mit *„lieber Michael"* direkt an, diese Anrede – und damit auch die Einstellung der Politikerin auf diesen konkreten Kommunikationspartner – wird gleich im Anschluss durch das anaphorische ‚Sie' verstärkt.

In dieser Rechtfertigung dominiert allgemeinsprachliche Lexik, durchsetzt mit wenigen Schlagwörtern: *„ethnische Säuberung", „Demokratisierungsprozess", „Prinzipien der Humanität".* Trotz der Uneinigkeit und Konflikte in den Reihen der Grünen bewertet Frau Roth die Vorgehensweise der eigenen Partei positiv, weil sie sich *„um den richtigen Weg, um die richtigen Mittel"* bemüht.

Die Syntax mit vielen Aufzählungen wie z.B. Klimax (*„diese ethnische Säuberung zu beenden, die sichere Rückkehr der Flüchtlinge zu ermöglichen und einen Demokratisierungsprozess zu fördern"*), Nebensätzen und Infinitivgruppen ist kompliziert und eher für die Schriftsprache kennzeichnend. Die Verflechtung der Sätze innerhalb des analysierenden Beitrags erfolgt durch das rückverweisende anadeiktische Element *„dieser Konflikt",* welches sich auf den Inhalt des vorausgegangenen Satzes bezieht.

Aus dem propositionalen Gehalt des ersten Satzes wird bei dem Kommunikationspartner ein neues Wissenselement hergeleitet (Konflikt in der Partei), zur weiteren thematischen Organisation der Rechtfertigung trägt der operative Konklusiv-Indikator ‚weil' bei, der die Gründe dieses Konfliktes erklärt (*„weil niemand für sich behaupten kann, ein Patenrezept zu haben"*). In dem letzten Satz fehlen jegliche grammatische, lexikalische oder stilistische Mittel der thematischen Organisation. Es ist allein der logische Ablauf von Gedanken der Politikerin, der einzelne Sprachakte zum Handlungsmuster der Rechtfertigung verkettet.

Nach der Analyse des vorliegenden Beispiels lässt sich sagen, dass diese Rechtfertigung durch den nominalen Stil, eine komplizierte Syntax, den Gebrauch von Schlagwörtern und eine geringe Zahl operativer Indikatoren in ihrer Grundfunktion informierend und nicht argumentativ wirkt.

2. Absender: Sven

Frage: *Guten Abend,*

Wie kann es sein das in Deutschland am meisten Vertriebene aus dem Kosovo, die nach Europa ausgeflogen werden, aufgenommen werden? Korrigieren Sie mich wenn ich dabei falsch liege.

Wie sieht die Verteilung der Vertriebenen in Europa aus? Gibt es nicht auch andere Methoden den Menschen zu helfen?

Antwort: *Lieber Sven,*

wenn eine Unterbringung in der Region und in den Nachbarstaaten des Kosovo nicht mehr möglich ist, muß die Hilfe in Drittländern passieren. Tatsächlich gibt es, wenn es um die Aufnahme von Flüchtlingen in den Mitgliedsländern der Europäischen Union geht, ein eklatantes humanitäres Defizit. Es scheint sich ein Wettlauf der Schäbigkeit zu wiederholen, wie ich ihn bei der Flüchtlingsabwehrpolitik am Beispiel der bosnischen Flüchtlinge erlebt habe. Damals haben, verglichen zur Bevölkerungszahl, Österreich, die Niederlande, Luxemburg und die Bundesrepublik Deutschland die meisten Flüchtlinge aufgenommen. Unverantwortlich "zurückhaltend" waren große Länder wie Frankreich und Großbritannien. Offensichtlich gab es keine Bereitschaft im Rahmen der EU, aus den Fehlern zu lernen und sich im Sinne eines europäischen Verantwortungszusammenhanges auf eine neue Notlage vorzubereiten.

Stand heute: 10.000 Menschen aufgenommen in Deutschland, ca. 300 in Frankreich, 360 in Belgien, mehrere 1000 in der Türkei und Norwegen. Diese Realität darf aber bei uns nicht dazu führen, jetzt die Türen zu verschließen, jenseits aller Kritik an den europäischen Partnern muß es darum gehen, Flüchtlinge zu schützen. Auch bei uns wohlwissend, daß es gerade in Deutschland sehr viele verwandtschaftliche und soziale Beziehungen in den Kosovo gibt, und daß die Bereitschaft der Aufnahme in der deutschen Bevölkerung sehr groß ist, größer jedenfalls als bei dem Innenminister der Bundesländer.

In diesem Beispiel wird wie im vorherigen auch der Vorwurf in einer **Frageform** zum Ausdruck gebracht. Aus der ersten Frage („*Wie kann es sein das in Deutschland am meisten Vertriebene aus dem Kosovo, die nach Europa ausgeflogen werden, aufgenommen werden?*") wird nicht klar, gegen wen der Vorwurf gerichtet ist, gegen Deutschland und die deutsche Regierung, welche die meisten Flüchtlinge aufnimmt, oder gegen andere europäische Länder, die den Flüchtlingen zu wenig Hilfe leisten. Erst aus der zweiten und besonders nach der dritten Frage („*Wie sieht die Verteilung der Vertriebenen in Europa aus? Gibt es nicht auch andere Methoden den Menschen zu helfen?*") kann man erschließen, was Sven in Wirklichkeit meint: Warum soll ausgerechnet Deutschland und kein anderes Land die meisten Vertriebenen aufnehmen?

In ihrer Antwort **behauptet** zuerst Frau Roth, dass die Flüchtlinge nur dann aufgenommen werden, „*wenn eine Unterbringung in der Region und in den Nachbarstaaten des Kosovo nicht mehr möglich ist*", sie betont hier also, dieser Schritt werde von den deutschen Behörden nur als letztes Mittel unternommen. Sie **stimmt** Sven **zu**, dass andere europäische Länder in dieser Situation anders als Deutschland handeln, sie definiert aber dieses Handeln als „*humanitäres Defizit*" und **weist** auf die Flüchtlingspolitik anderer Länder am Beispiel der bosnischen Flüchtlinge **hin**, dass die großen EU-Länder ihren Verpflichtungen nicht nachgekommen sind. Die Absicht der Abgeordneten in diesem Aussage-Abschnitt ist es, durch den Vergleich von Deutschland und anderen EU-Ländern zu zeigen, dass der deutsche Staat eine richtige Flüchtlingspolitik betreibt, während andere Drittländer gegen die Prinzipien „*eines europäischen Verantwortungszusammenhanges*" verstoßen. Um ihre Kompetenz und die Rechtmäßigkeit ihrer Position in dieser Frage zu beweisen, **konstatiert** Claudia Roth den Stand der Dinge zur Zeit der Konferenz: „*10.000 Menschen aufgenommen in Deutschland, ca. 300 in Frankreich, 360 in Belgien, mehrere 1000 in der Türkei und Norwegen.*" Trotz dieser Statistik **behauptet** die Abgeordnete, Deutschland dürfte jetzt nicht die Verantwortung auf andere Länder übertragen und „*die Türen schließen*", weil es, ihrer **Erklärung** nach, „*gerade in Deutschland sehr viele verwandtschaftliche und soziale Beziehungen in den Kosovo gibt*" und „*die Bereitschaft der Aufnahme in der deutschen Bevölkerung sehr groß ist*". Diese Erklärung beinhaltet noch einen Grund außer dem oben genannten für die Rechtfertigung der Flüchtlingspolitik Deutschlands. In dieser Aussage appelliert Frau Roth an die moralischen Standards des Gesprächspartners, denn „*es [muß] darum gehen, Flüchtlinge zu schützen.*" Zwischen sechs möglichen Rechtfertigungsstrategien, die einem Defendenten zur Verfügung stehen,[92] entscheidet sich die Abgeordnete in diesem Fall zuerst für ,Verweisung auf positive Folgen', weil sie moralische Standards des „*europäischen Verantwortungszusammenhanges*" als die Grundlage der Flüchtlingspolitik ansieht. Diese Ansicht wird gleich in der ersten Behauptung als M-Element der Rechtfertigung zum Ausdruck gebracht: „*wenn eine Unterbringung in der Region und in den Nachbarstaaten des Kosovo nicht mehr möglich ist, muß die Hilfe in Drittländern passieren*". Als zweiter Teil des M-Elements fungiert m.E. eine weitere Behauptung, die das übergeordnete Ziel der Flüchtlingspolitik während des Krieges verkündet: „*jenseits aller Kritik an den europäischen Partnern muß es darum gehen, Flüchtlinge zu schützen*". Ein solches geteiltes M-Element bildet einen Rahmen der Rechtfertigung, innerhalb dessen Argumentation aufgebaut und Beispiele und statistische Daten angeführt

---

[92] S. Kap. 2.1., Seiten 72-74.

werden sollen. Die Richtigkeit und die Unbestreitbarkeit der Behauptungen des M-Elements werden durch den Gebrauch des Modalverbs ‚müssen' verstärkt.

Innerhalb des erwähnten Rahmens werden zwar viele Zahlen genannt und die frühere Politik einiger Länder gegenüber den bosnischen Flüchtlingen kritisiert, doch finden sich hier keine Gründe bzw. Beweise dafür, warum die Unterbringung der Kosovo-Flüchtlinge in Deutschland notwendig ist. Die konklusiven Indikatoren werden nur in M-Elementen eingesetzt: Die Rechtfertigung fängt mit einem hypothetischen Argument mit ‚wenn' an, in solchen Sätzen ist die Wahrheit der Proposition nur angenommen[93].

Im zweiten Teil des M-Elements wird anadeiktisch auf die angeführte Statistik verwiesen (*„diese Realität"*), eine selbstverständliche Folge der gegebenen Tatsachen (*„die Türen verschließen"*) wird aber abgelehnt (*„darf aber bei uns nicht dazu führen"*), denn es soll in erster Linie um den Schutz der Flüchtlinge gehen.

Eine unzureichende Argumentation im ersten Teil der Rechtfertigung veranlasst die Abgeordnete meiner Meinung nach dazu, noch eine Rechtfertigungsstrategie heranzuziehen: Indem sie besondere Verhältnisse in Deutschland erwähnt, verweist sie ‚auf Umstände', darauf, *„daß die Bereitschaft der Aufnahme in der deutschen Bevölkerung sehr groß ist"*. Mit dem Personalpronomen ‚wir' vereinigt Frau Roth in ihrem Beitrag alle Deutschen, wobei sie einmal auch auf ihre eigene Erfahrung hinweist: *„wie ich ihn bei der Flüchtlingsabwehrpolitik der bosnischen Flüchtlinge erlebt habe"*. Dadurch werden persönliche Gefühlsbeziehungen stärker betont.

Durch die Verwendung von allgemeinsprachlicher Lexik mit einigen Schlagwörtern, von expressiven Ausdrücken wie z.B. *„ein eklatantes humanitäres Defizit"*, *„ein Wettlauf der Schäbigkeit"*, durch die Angabe von aktuellen Realien wie Zahlen, Orten, Ländern, komplizierte Syntax mit vielen Satzgefügen und Einschubsätzen, durch eine geringe Zahl von Konklusiv-Indikatoren ähnelt der Stil dieser Rechtfertigungshandlung dem informierenden Stil der Publizistik.

3. Absender: Mag. Natascha Borozan

Frage: *Sehr geehrte Frau Roth!*

Ohne zynisch klingen zu wollen, kann ich mir beim besten Willen nicht vorstellen, wie ein Bombenkrieg aus der Luft Flüchtlingselend verhindern oder nur mindern kann. Ich verurteile die Vertreibungspolitik des Milosevic Regime

---

[93] S. Kap. 2.3.2.

> *schärfstens, verstehe aber nicht, daß auch die Grünen zu solchen*
> *Gegenmitteln bereit sind. Hiermit wird nicht der Schuldige,*
> *sondern die gesamte Bevölkerung Jugoslawiens ins Elend*
> *gestürzt. Meiner Meinung nach hätte schon viel früher etwas*
> *unternommen werden sollen, aber etwas konstruktives.*
> *Hochachtungsvoll*

Antwort: *Liebe Natascha Borozan,*
> *vieles, was Sie sagen, teile ich. Wir Grüne sind seit Jahren*
> *zerrissen im Konflikt über die richtigen, legitimen Mittel gegen*
> *Menschenrechtsverletzungen, gegen Verbrechen gegen die*
> *Menschlichkeit, wie sie im Kosovo passieren. Viele Mitglieder*
> *der Grünen glauben, daß das Mittel des Krieges gegen*
> *Jugoslawien sich nicht auf militärische Ziele reduzieren läßt,*
> *sondern tatsächlich auch zivile Opfer fordert.*
> *Deswegen wird der Ruf nach einem Ende der Bombardements*
> *lauter, wird der Ruf nach einem Zurück zur Politik, wie sie zum*
> *Beispiel der Friedensplan von Joschka Fischer vorsieht,*
> *drängender. Es ist traurig, aber wahr, seit vielen Jahren wurden*
> *politische Mittel nicht genügend eingesetzt, um die jetzige*
> *Situation zu verhindern.*

Der Redebeitrag von Frau Borozan enthält einen direkten Vorwurf, sie ist der Meinung, der Bombenkrieg im Kosovo sei ein verkehrtes Mittel, das eine humanitäre Katastrophe nicht verhindert, sondern *„die gesamte Bevölkerung Jugoslawiens ins Elend"* treibt. Besonders kritisiert sie aber die Grünen, von denen sie enttäuscht ist, da sich die Grünen früher immer gegen den Krieg und gegen jeden militärischen Eingriff nachdrücklich eingesetzt haben. Die Tatsache, dass die Mehrheit der Grünen bei der Entscheidung für oder gegen die Bombardements auf dem Balkan dafür gestimmt hat, findet bei vielen – wie hier bei Natascha Borozan – kein Verständnis: *„Ich verurteile die Vertreibungspolitik des Milosevic Regime schärfstens, verstehe aber nicht, daß auch die Grünen zu solchen Gegenmitteln bereit sind."* Der Hauptgrund für diese Enttäuschung ist die Unfähigkeit der Grünen in diesem Fall, ihre eigenen Parteiprinzipien zu befolgen und durchzusetzen. Eine solche Verletzung von Prinzipien der Parteisolidarität[94] schwächt die Position der betroffenen Partei in der Bevölkerung[95].

Frau Borozan beschuldigt auch die europäischen Politiker des Nichtstuns, denn sie hatten zu lange zugeschaut, bevor sie militärisch eingriffen: *„Meiner*

---

[94] S. Kap. 2.4.1., Seite 101.

[95] Das Betreiben einer Politik, die mit eigenen Grundsätzen nicht übereinstimmt – außer der Kosovo-Aktion sei hier die Unterstützung des NATO-Krieges in Afghanistan zu erwähnen – ist wohl eine der Ursachen für Stimmenverluste der Grünen bei Wahlen auf Landesebene.

Meinung nach hätte schon viel früher etwas unternommen werden sollen, aber etwas konstruktives. "

Die Abgeordnete **stimmt** Frau Borozan in einigen Punkten **zu**: *„ vieles, was Sie sagen, teile ich. [...]. Es ist traurig, aber wahr, seit vielen Jahren wurden politische Mittel nicht genügend eingesetzt, um die jetzige Situation zu verhindern.*" Diese Zustimmung der Abgeordneten am Anfang und am Ende ihrer Äußerung bildet einen Rahmen, in dem die Politikerin den Standpunkt ihrer Gesprächspartnerin unmittelbar (*„ vieles, was Sie sagen, teile ich"*) oder indirekt (*„ es ist traurig, aber wahr"*) unterstützt. Die Bewertung im letzten Satz trägt zu der Emotionalisierung des ganzen Beitrags bei. Es ist keine klassische Rechtfertigung in dem Sinne, dass die negative Einschätzung der Kosovo-Politik seitens Natascha Borozan von Frau Roth nicht akzeptiert wird, aber sie versucht in ihrer Antwort diese negative Einstellung etwas zu mildern, indem sie ihrer Kommunikationspartnerin **mitteilt,** dass keiner in der Grünen-Partei sicher ist, ob die Zustimmung für den Krieg richtig gewesen ist, ob es ein richtiges, legitimes Mittel sei, da sich der Krieg gegen Jugoslawien *„ nicht auf militärische Ziele reduzieren läßt, sondern tatsächlich auch zivile Opfer fordert"*. Aber trotz vieler Zweifel behauptet Frau Roth hier implizit, der Krieg diene als Mittel – wenn es auch möglicherweise kein richtiges Mittel ist – *„gegen Menschenrechtsverletzungen, gegen Verbrechen gegen die Menschlichkeit, wie sie im Kosovo passieren"*. Der Einsatz von Waffen auf dem Balkan kann also teilweise mit guten Absichten legitimiert werden. Der zuletzt zitierte Teil aus der Äußerung der Abgeordneten ist in dieser Sequenz m.E. jenes M-Element, das eine Veränderung in Natascha Borozan's Bewertung der Grünen-Politik bewirken soll.

Frau Roth setzt in ihrer Antwort den Akzent auf ‚gute Absichten' ihrer Partei. Dies sowie der weitere **Hinweis** auf den Friedensplan von Joschka Fischer, der ihrer Meinung nach den Bombardements ein Ende machen könnte, bestätigen mich in meiner Vermutung, es handle sich in dieser Rechtfertigungshandlung um die Rechtfertigungs-Strategie ‚Bestreiten der Absicht', die Rehbein als „Rechtfertigung als Entschuldigung" bezeichnet.

Interessant ist in diesem Beispiel der Umgang mit dem Personenbezug: Mit dem katadeiktischen ‚wir' am Anfang identifiziert sich Frau Roth mit der ganzen Partei (*„ wir Grüne"*), wenn sie über die quälende Suche nach den richtigen Mitteln in Parteireihen spricht. Im nächsten Satz aber, wo es um die negativen Folgen der Angriffe im Kosovo geht, redet die Abgeordnete über die *„ viele Mitglieder der Grünen"*. Dabei gibt sie keineswegs zu erkennen, ob sie selbst zu diesen *„ vielen Mitgliedern"* gehört oder nicht. In zwei nacheinander folgenden Sätzen werden zwei entgegengesetzte Mittel benutzt: integratives ‚wir' und distanzierendes ‚viele Mitglieder der Grünen'. Dadurch betont Claudia Roth m.E. die von ihr behauptete Zerrissenheit der Parteimitglieder.

Von den konklusiven Indikatoren kommt in diesem Beitrag eine Konsekutiv-Konjunktion ‚deswegen' vor, die eine enge Verbindung zu dem vorherigen Satz herstellt und dessen Folge einleitet. Dadurch, dass viele Grüne mit den Militärangriffen im Kosovo nicht einverstanden sind, weil sie „auch zivile Opfer fordern", „wird der Ruf nach einem Ende der Bombardements immer lauter." Im Kontext dieses ganzen Vorwurf-Rechtfertigungsmusters dient dieser konklusive Indikator aber nicht der Unterstützung von Rechtfertigungsgründen, was mit der Strategie der Rechtfertigung als Entschuldigung zusammenhängt. Mithilfe dieser Konjunktion ‚deswegen' wird in diesem Beispiel nicht die negative Beurteilung der Kosovo-Politik der Grünen bestritten, sondern eher die Berechtigung des Vorwurfs bestätigt. Der vorhergehende Satz, der das nötige Wissen für das Verstehen des nachfolgenden Konsekutiv-Satzes herleitet, verweist auf die unzulässigen Folgen des Krieges, auf die auch Frau Borozan in ihrer Frage hinweist. Also unterstützt die Politikerin Natascha Borozan in ihrer Meinung. Das Problem in diesem Fall ist aber, dass die vorherige Äußerung von Frau Roth („Viele Mitglieder der Grünen glauben, daß das Mittel des Krieges gegen Jugoslawien sich nicht auf militärische Ziele reduzieren läßt, sondern tatsächlich auch zivile Opfer fordert.") nicht klar genug gegliedert ist. Das Wissenselement, welches die Gesprächspartnerin für die Refokussierung der Aufmerksamkeit braucht, kann durchaus falsch ausgesucht werden, da das Bezugsobjekt von ‚deswegen' nicht klar abgegrenzt ist: Es könnte die Behauptung sein, dass der Krieg viele zivile Menschen das Leben kostet oder die, dass viele Mitglieder der Grünen daran glauben. Die Richtigkeit des Vorwurfs wird außerdem durch einen weiteren konklusiven Indikator nämlich durch eine Finalrelation mit dem Hinweis auf einen positiven Zweck, der aber zum Zeitpunkt der Konferenz nicht erreicht worden war („um die jetzige Situation zu verhindern").

In lexikalischer Hinsicht überwiegt allgemeinsprachliche Lexik, zum Teil mit Unwertwörtern („Menschenrechtsverletzungen", „Verbrechen gegen die Menschlichkeit") und Programmwörtern („der Friedensplan von Joschka Fischer"). Zwar ist die Syntax der analysierten Äußerung wie in den vorherigen Beispielen durch die Verwendung von langen Satzgefügen sowie durch die rückwärts- und vorwärtsweisenden Satzverflechtungen und einen ziemlich hohen Anteil nominaler Elemente kompliziert und dadurch dem Stil eines politischen Kommentars nahe. Doch wirken die von der Politikerin eingesetzten rhetorischen Figuren wie Anapher („wird der Ruf nach einem Ende der Bombardements lauter, wird der Ruf nach einem Zurück zur Politik") und Klimax („die richtigen, legitimen Mittel gegen Menschenrechtsverletzungen, gegen Verbrechen gegen die Menschlichkeit") nicht nur textgliedernd, sondern auch expressiv und gedanken-hervorhebend.

In seiner Grundfunktion wirkt dieser Redebeitrag von Claudia Roth informierend und appellativ, aber nicht argumentativ.

4. Absender: **Gerold**

Frage: *Guten Tag Frau Roth,*

warum stellen sich die Grünen so gegen einen Einsatz unserer Bundeswehr mit der nato, von der wir nun endlich als vollwertiger Partner angesehen werden? Ich habe Ihre Partei gewählt, kann mich also durchaus mit vielen Ihrer Ansichten vereinbaren, aber gibt es nicht einen Punkt, ab dem Gewalt nur noch mit Gewalt beantwortet werden kann? Natürlich ohne den politischen, diplomatischen Weg aus den Augen zu verlieren? Mitten in Europa ist hier ein zweiter Hitler am Werk und es gibt tatsächlich Leuete, die das nicht verbittert bekämpfen wollen ! Ihre Partei verliert durch eine solche Haltung und die ständige Unruhe, die sie produziert, nur an Souverenitiät.

Antwort: *Lieber Gerold,*

niemand, absolut niemand in meiner Partei toleriert die menschenverachtende Politik von Milosevic. Was uns mit aller Intensität beschäftigt ist nicht die Frage, ob etwas getan werden soll oder nicht, sondern was mögliche legitime, effiziente Mittel dagegen sind. Diese Frage wird in meiner Partei, wie in der Bevölkerung unterschiedlich beantwortet. Ich diejenigen respektiere, die für sich jedes Mittel der Gewalt als Konsequenz aus der deutschen Geschichte ausschließen, genauso wie ich respektiere diejenigen, die sagen, gerade aus historischer Verantwortung ist das Mittel der Gewalt gegen Gewalt nicht prinzipiell auszuschließen.

Ich glaube, daß ein Moment erreicht ist, an dem ernsthaft Bilanz gezogen werden muß über die Frage, ob das, was mit den Bombardements erreicht werden sollte, tatsächlich erreicht wurde oder nicht. Wenn jetzt ein Waffenstillstand gefordert wird, um aus der militärischen Eskalationslogik aussteigen zu können, dann ist es nicht Schwäche, dann ist es nicht das Nein zu einem Kampf gegen Menschenrechtsverletzungen, sondern dann ist es eine neue Möglichkeit zu eröffnen, beispielsweise durch international anerkannte Vermittler, wie Kofi Annan, wie Nelson Mandela, wie Papst Johannes Paul II.

Bei aller Gewalt, mit der wir zumindest in Bildern und Nachrichtensendungen konfrontiert sind, bei allem Abscheu davor, wehre ich mich gegen den Versuch der Gleichsetzung mit Hitler und Auschwitz.

Dieser Vorwurf ist genau das Gegenteil von dem vorherigen Vorwurf. Frau Roth und die Grünen werden nämlich für ihren Widerwillen gegen die militärischen Maßnahmen im Kosovo kritisiert: *„Warum stellen sich die Grünen so gegen einen Einsatz unserer Bundeswehr mit der nato...?"* Dieser sehr emotionale Vorwurf fängt mit einer Warum-Frage an, danach folgt eine Entscheidungsfrage. Interessant ist, dass Gerold mit der nachfolgenden Behauptung auch seine Gefühle und seine Gemütsverfassung zum Ausdruck bringt: Der Ausruf zeigt Gerolds Unzufriedenheit mit der Haltung von den Grünen. *„Mitten in Europa ist hier ein zweiter Hitler am Werk und es gibt tatsächlich Leute, die das nicht verbittert bekämpfen wollen!"* Er teilt auch seine Meinung mit, die Grünen verlören an Souveränität durch ihr Verhalten.

Um Gerold und anderen Teilnehmern der Konferenz noch schwerere Beschuldigungen gleich vorwegzunehmen, **bestreitet** Frau Roth Gerolds Behauptung, dass die Grünen Milošević *„nicht verbittert bekämpfen wollen"*: *„Niemand, absolut niemand in meiner Partei toleriert die menschenverachtende Politik von Milosevic"*. Darüber hinaus **korrigiert** sie die in der Frage implizit ausgedrückte und mitverstandene Proposition, dass die Grünen nichts gegen die Tyrannei von Milošević unternehmen wollen: *„Was uns mit aller Intensität beschäftigt ist nicht die Frage, ob etwas getan werden soll oder nicht, sondern was mögliche legitime, effiziente Mittel dagegen sind"*. Nach der weiteren **Mitteilung,** es gäbe keine Einigkeit in der Partei (wobei die Partei mit der ganzen Bevölkerung verglichen wird und die Meinungsdifferenzen unter den Grünen mit solchen in der deutschen Bevölkerung gleichgesetzt werden: *„Diese Frage wird in meiner Partei, wie in der Bevölkerung unterschiedlich beantwortet.")*, **äußert** die Abgeordnete ihre eigene **Meinung,** dass beide Einstellungen – Kampf gegen Milošević auf einem militärischen oder diplomatischen Weg – als Konsequenzen aus der deutschen Geschichte zu verstehen und zu respektieren seien.[96] Nach der **Behauptung,** man müsse noch einmal ernsthaft das Für und Wider überprüfen und Bilanz über das mit den Bombardements Erreichte ziehen, **behauptet** Claudia Roth, ein Waffenstillstand könne in dieser Situation neue Wege im Kampf gegen Menschenrechtsverletzungen zeigen, und **weist** auf die Möglichkeit **hin,** weltweit anerkannte Persönlichkeiten als Vermittler heranzuziehen. Ihre Aussage schließt Frau Roth mit einem weiteren zurückweisenden Sprechakt ab: Sie **widerspricht** Gerold, indem sie seinen Vergleich von Milošević und Hitler nicht akzeptiert: *„Bei aller Gewalt, mit der wir zumindest in Bildern und Nachrichtensendungen konfrontiert sind, bei allem Abscheu davor, wehre ich mich gegen den Versuch der Gleichsetzung mit Hitler und Auschwitz."*[97] Die zurückweisenden Sprechakte

---

[96] Man muss hier aber darauf hinweisen, dass sich Frau Roth weder in dieser Antwort noch im Laufe der ganzen Konferenz explizit dazu äußert, in welchem von diesen zwei Lagern sie sich selbst befindet.

[97] In Widerspruch zu diesem Statement steht aber eine andere Stelle in der Konferenz, wenn Frau Roth sagt: *„Dabei stoßen unterschiedliche Grundsätze aufeinander. Der Grundsatz von Gewaltlosigkeit und der Grundsatz "nie wieder Faschismus".* Obwohl die Namen nicht genannt worden sind, regt das Wort ‚Faschismus' den Rezipienten mittelbar zum Vergleich

eröffnen und beenden den oben zitierten Redebeitrag von Frau Roth und bilden so einen Rahmen. Innerhalb dieses Rahmens entsteht eine Sprechaktreihe nach absteigender Intensität: zurückweisender - problematisierender – erläuternder plus zum Schluss noch ein zurückweisender Sprechakt. Zurückweisende Sprechakte besitzen m.E. im Rechtfertigungskontext das größte Wirkungs- bzw. Überzeugungspotenzial, da der Defendent mit solchen Sprechakten am deutlichsten seinen festen Glauben daran signalisiert, die im Vorwurf ausgedrückte Proposition sei nicht zutreffend. Gleichzeitig bergen aber zurückweisende Sprechakte im Kommunikationsverlauf die Gefahr, vom Gesprächspartner nicht akzeptiert zu werden: die Akzeptanz würde für den Offendenden bedeuten, das eigene Unrecht und die Haltlosigkeit des eigenen Vorwurfs zuzugeben. Um das Risiko solcher Nicht-Akzeptanz zu verringern, setzt die Abgeordnete in ihre Rechtfertigung problematisierende und erläuternde Sprechakte ein, die – ausgehend von der Charakteristik der entsprechenden illokutiven Typen[98] – weniger konflikt- und mehr konsensorientiert sind.

Auf den ersten Blick ist diese Äußerung von Frau Roth kaum einer konkreten Rechtfertigungsstrategie zuzuordnen. Ich bin der Meinung, dass sie hier zwei Strategien verbindet: Einerseits ist es ,Abstreiten der Vorwurfsnorm', wenn die Politikerin beide Wege im Kampf gegen Milošević – eine militärische Aktion vs. diplomatische Bemühungen – für zulässig und damit auch das entsprechende politische Handeln für nicht rechtfertigungsbedürftig erklärt. Andererseits verweist Frau Roth ,auf (mögliche) positive Folgen', wenn in dieser Situation *„Bilanz gezogen"* und *„ein Waffenstillstand gefordert wird"*. Dementsprechend sind in dieser Rechtfertigung auch zwei M-Elemente zu finden, wobei das erste M-Element (*„Ich diejenigen respektiere, die für sich jedes Mittel der Gewalt als Konsequenz aus der deutschen Geschichte ausschließen, genauso wie ich respektiere diejenigen, die sagen, gerade aus historischer Verantwortung ist das Mittel der Gewalt gegen Gewalt nicht prinzipiell auszuschließen"*) nach meiner Meinung etwas vorsichtiger formuliert wird als das zweite (*„Wenn jetzt ein Waffenstillstand gefordert wird, um aus der militärischen Eskalationslogik aussteigen zu können, dann ist es nicht Schwäche, dann ist es nicht das Nein zu einem Kampf gegen Menschenrechtsverletzungen, sondern dann ist es eine neue Möglichkeit zu eröffnen, beispielsweise durch international anerkannte Vermittler, wie Kofi Annan, wie Nelson Mandela, wie Papst Johannes Paul II."*). Durch das personaldeiktische ,ich' im ersten M-Element setzt die Abgeordnete den Akzent darauf, dass dies nur ihre eigene Meinung ist, die sie niemand aufzwingen will. Das zweite M-Element ist eine **Behauptung**, deren Richtigkeit

---

mit Mussolini und Hitler an. Diese Inkonsequenz von Frau Roth kann zweierlei erklärt werden: dieser Widerspruch ist ihr selber nicht bewusst, entweder weil sie sich an ihre frühere Antwort nicht erinnert oder weil sie nicht mutmaßt, der Begriff ,Faschismus' würde bei einem Anderen die Assoziation mit Hitler hervorrufen. Die zweite Erklärung scheint mir sehr unglaubwürdig zu sein.

[98] S. Kap. 2.2., Seite 76ff.

und Allgemeingültigkeit durch das Fehlen des Personenbezugs sowie durch den Hinweis auf die *„international anerkannte Vermittler"* verstärkt wird.

Außer dem oben erwähnten personaldeiktischen ‚ich', das die Meinung der Politikerin einleitet, gibt es noch einige personaldeiktische Ausdrücke in diesem Beispiel, die für verschiedene Zwecke eingesetzt werden: um die Zugehörigkeit der Abgeordneten zur Partei der Grünen zu betonen (*„meine Partei"*, *„uns"*, *„wir"* – das ist ein exklusives ‚wir'), um die eigene Einstellung zu zeigen (ein weiteres ‚ich'), oder um sich mit einer größeren Gruppe von Menschen zu identifizieren – ein inklusives ‚wir' (*„Bei aller Gewalt, mit der wir zumindest in Bildern und Nachrichtensendungen konfrontiert sind..."*). Durch temporaldeiktische Prozedur stellt die Abgeordnete einen direkten Bezug zur Gegenwart her: ‚jetzt' bezieht sich auf die damalige Situation auf dem Balkan.

Der analysierte Beitrag von Frau Roth ist reich an konklusiven Indikatoren. So rechtfertigt sie beide Strategien im Kampf gegen Milošević mithilfe von nennenden Prozeduren, die operative Funktionen erfüllen und eine Konsekutivrelation kennzeichnen: *„aus der deutschen Geschichte"*, *„aus historischer Verantwortung"*. Mit dem Finalindikator ‚um...zu' setzt die Abgeordnete den Akzent auf den nach ihrer Auffassung wichtigsten Zweck aller politischen Bemühungen zum Zeitpunkt der Konferenz: *„um aus der militärischen Eskalationslogik aussteigen zu können"*. Die Politikerin weist auch mit einem Instrumental-Indikator auf ein mögliches Mittel zum Erreichen dieses Zwecks, nämlich *„durch international anerkannte Vermittler"*.

In der Rechtfertigung dominiert wie in anderen Beispielen allgemeinsprachlicher Wortschatz mit einem kleinen Anteil an aktuellen politischen Schlagwörtern (*„Waffenstillstand"*, *„militärische Eskalationslogik"*, *„Kampf gegen Menschenrechtsverletzungen"*). Genauso wie in anderen Beispielen greift sie zu Wortwiederholungen als Mitteln der Hervorhebung (*„niemand, absolut niemand"*), was ihre Äußerung expressiver macht. Die Syntax tendiert zum Verbalstil, mit vielen Satzgefügen mit ana- und katadeiktischen Verweisen, die bei einem gesprochenen Dialog zu einem Verständigungsproblem führen könnten, weil der Gesprächspartner seine Aufmerksamkeit auf Sachverhalte lenken soll, die Thema der folgenden Sprechhandlungen sind. Bei einem schriftlichen Austausch wird dieses Problem umgangen, da der Gesprächspartner sich auf den schriftlich vorliegenden Text der Äußerung stützen kann.

Die ganze Rechtfertigung wirkt bewertend und überzeugend. Die Musterorganisation ist durch die thematische Organisation mit phorischen Mitteln gekennzeichnet, dabei bleibt dem Gesprächspartner der Inhalt eines Satzes oder mehrerer Sätze bei der gedanklichen Aufnahme der Aussage eines neuen Satzes präsent. Das bisher Gesagte bildet als Bekanntes dank den phorischen und objektdeiktischen Prozeduren – wie z.B. dem anaphorischen ‚es' im zweiten M-Element – die Basis für die Informationselemente, die ein neuer Satz hinzufügt.

Objektdeiktische Ausdrücke werden anadeiktisch wie auch katadeiktisch verwendet, das bestätigt die im Kapitel 3 geäußerte Überlegung, dass die Objektdeiktika in Online-Konferenzen keinen sprechsituativen Gebrauch finden.

5. Absender: H.Knagge

Frage: *Was hätte man übrigens mit den 200000 Serben im Kosovo gemacht, hätte sich Milosevic auf das Ramboullet-Diktat eingelassen?*
Sind Sie wirklich so naiv zu glauben, daß die Serben dort noch hätten leben können? Sie wären wie in der Vergangenheit bereit geschehen Stück für Stück hinausgeeckelt worden (man könnte auch sagen "vertrieben"). Wäre das in Ihren Augen eine wünschenwerte Situation gewesen? Gibt es gute und böse Vertriebene, gut und böse Tote in Ihren Augen?
Ich sage das so zynisch, um Ihren Zynismus, der da heißt "Bomben auf Belgrad, Nis usw. und Zerstörung der Lebensgrundlagen der serbischen Bevölkerung und damit verbunden die Kolaterialschäden" (wie fein!) deutlich zu machen.

Antwort: *Lieber Herr Knagge,*

es gibt keine guten und bösen Truppen, es gibt keine guten und bösen Vertriebenen. Es gibt keine guten und bösen Opfer eines Krieges. Aus meiner Sicht war Rambouillet kein Diktat, sondern der Versuch, eine militärische Eskalation zu verhindern. Ich lehne jede ethnische Vertreibung ab. Es ist schrecklich, erleben zu müssen, wie das Gift, der ethnischen Differenz, Menschen, die Nachbarn waren, die miteinander gelebt haben, zu Feinden gemacht hat.
Also muß es immer darum gehen, muß die Perspektive sein, nicht nur über den Wiederaufbau von Straßen und Brücken nachzudenken, sondern die Abrüstung in den Köpfen und Herzen der Menschen zu unterstützen, damit sie gemeinsam auf diesen Straßen und über diese Brücken aufeinander zugehen können.

Im Vorwurf von Herrn Knagge geht es darum, das Ramboullet-Diktat[99] sei keine gute Lösung des Kosovo-Problems gewesen. Hr. Knagge stellt zuerst eine Frage

---

[99] Im Abkommen von Rambouillet vom 6. Februar 1999 war der Fristenplan zur Demilitarisierung des Kosovo bestätigt worden. Das Abkommen sollte den Kosovo-Albanern die größtmögliche Autonomie, unter gleichzeitiger Wahrung der territorialen Integrität der Bundesrepublik Jugoslawien verschaffen. Es wurde Folgendes vorgesehen: sechs Monate für

190

(*„ Was hätte man übrigens mit den 200000 Serben im Kosovo gemacht, hätte sich Milosevic auf das Ramboullet-Diktat eingelassen?"*) und beantwortet diese Frage selbst, indem er erklärt, warum diese Lösung in seinen Augen nicht akzeptabel war: Sie hätte nämlich in diesem Fall zur Vertreibung und Vernichtung von den Serben geführt (*„Sie wären wie in der Vergangenheit bereit geschehen Stück für Stück hinausgeeckelt worden (man könnte auch sagen "vertrieben")"*). Seinem Zweck nach ist der erste Satz eine rhetorische Frage, illokutiv handelt es sich dabei nicht um eine Frage, sondern um eine indirekte Behauptung, mit der Herr Knagge der Abgeordneten seine eigene Meinung mitteilt. Letztendlich zielt der Absender mit seinem Vorwurf auf eine Ungerechtigkeit, die die Grünen mit ihrer Antikriegs-Politik zugelassen hätten: Die vertriebenen Kosovo-Albaner seien die guten Vertriebenen, denen geholfen werden muss, die Serben seien dagegen die ‚bösen' Vertriebenen, die an ihrem Unglück selber schuld sind, deswegen könne man bei ihrer Vertreibung beide Augen zudrücken. Die letzte Entscheidungsfrage (*„Gibt es gute und böse Vertriebene, gute und böse Tote in Ihren Augen?"*) ist auch eine indirekte Behauptung bzw. Beschuldigung, sie verlangt aber von Frau Roth gleichzeitig eine Bewertung bzw. eine Stellungnahme zu dieser Behauptung, falls sie diese Frage beantwortet.

Die Antwort der Abgeordneten ist sehr persönlich und expressiv. Das erste zeigt sich in den gebrauchten personaldeiktischen Prozeduren: Es ist ausschließlich die ‚ich'-Form. Frau Roth geht gleich im ersten Satz auf diese Behauptung ein und **verneint** sie (*„es gibt keine guten und bösen Truppen, es gibt keine guten und bösen Vertriebenen. Es gibt keine guten und bösen Opfer eines Krieges."*). Dabei greift sie zur zweifachen Wiederholung: Erstens, wiederholt Claudia Roth die Behauptung vom Herrn Knagge wortwörtlich, sie fügt nur die Verneinung ‚kein' in die Wiederholung ein. Beim Wiederholen des zweiten Teils verwendet die Abgeordnete ein Synonym: *„Gute und böse Tote"* werden zu *„guten und bösen Opfern"*. Die zweite Wiederholung ist eine anaphorische: *„Es gibt keine..."* Da die Abgeordnete in der Online-Konferenz keine Möglichkeit hat, ihrer Behauptung durch Intonation bzw. Körpersprache mehr Überzeugungskraft zu verleihen, macht sie es mithilfe von Wiederholungen: die Anapher gilt in der Rhetorik als Figur, die Eindringlichkeit hervorrufen und Übersichtlichkeit über das Gesagte erzielen soll. Wiederholungen werden oft in politischen Reden verwendet, um Sympathien bei den Adressaten auszulösen, denn „was man dem Volk dreimal sagt, hält das Volk für wahr" (Kleist 1809). Die Expressivität der

---

den (Teil-)Rückzug der jugoslawischen Streitkräfte, zwölf, erforderlichenfalls 24 Monate für die Rückführung der Sonderpolizei, aber nur vier Monate für die Entwaffnung und Auflösung der UCK. Parallel dazu sollte der Neubau der politischen Ordnung erfolgen, schrittweise in Form eines Überleitungskonzepts von unten nach oben aus den bestehenden Institutionen heraus und auf der Grundlage demokratischer Wahlen. Das Rambouillet-Abkommen trat nicht in Kraft: es wurde zwar von den Kosovo-Albanern unterzeichnet, nicht aber von der jugoslawischen Regierung.

Aussage geht auch auf die benutzten Metaphern zurück: *„das Gift der ethnischen Differenz"*, *„die Abrüstung in den Köpfen und Herzen der Menschen"*.

Claudia Roth **kritisiert** die Einstellung ihres Gesprächspartners zum Rambouillet-Abkommen (*„Aus meiner Sicht war Rambouillet kein Diktat..."*) und äußert eine **Positivbesprechung,** sie legt nämlich eine kurze **Fürsprache** für den Rambouillet-Friedensplan ein (*„...sondern der Versuch, eine militärische Eskalation zu verhindern"*). Dieser Satz ist der Kern der Rechtfertigung, sein M-Element. Die Abgeordnete gibt zu, diesen Friedensplan unterstützt zu haben, sie bewertet ihn aber anders als Herr Knagge: Frau Roth glaubt, dieser Plan – wäre er in Kraft getreten – hätte wahrscheinlich den Krieg verhindern und das Kosovo-Problem lösen können. Den indirekten Vorwurf bezüglich der Ungerechtigkeit den Vertriebenen gegenüber **weist** Frau Roth **zurück** (*„Ich lehne jede ethnische Vertreibung ab."*) und verstärkt diese Zurückweisung durch eine bewertende **Konstatierung** (*„Es ist schrecklich, erleben zu müssen, wie das Gift, der ethnischen Differenz, Menschen, die Nachbarn waren, die miteinander gelebt haben, zu Feinden gemacht hat."*). Auf den ersten Blick bezieht sich der letzte Satz von Frau Roth nicht auf den Vorwurf und gehört nicht zur Rechtfertigung (*„Also muß es immer darum gehen, muss die Perspektive sein, nicht nur über den Wiederaufbau von Straßen und Brücken nachzudenken, sondern die Abrüstung in den Köpfen und Herzen der Menschen zu unterstützen, damit sie gemeinsam auf diesen Straßen und über diese Brücken aufeinander zugehen können."*). Näher betrachtet stellt diese **Behauptung** eine Folgerung aus dem schon Gesagten dar, einen zusammenfassenden Schluss, der aus den angeführten Argumenten mit dem logischen Konnektor ‚also' hergeleitet wird. Angesichts der Tatsache, dass die Abgeordnete im ersten Teil ihres Redebeitrags ihre eigene Einstellung und somit explizit auch die grundsätzliche Einstellung der Partei Bündnis 90/Die Grünen zu den Rambouillet-Grundsätzen, zum Krieg und zu den Vertriebenen äußert, bezieht sich der zweite Teil des Redeabschnittes auch auf die Parteistrategie. Durch das auf die vorherige Äußerungseinheit verweisende und verbindende ‚also' wird dem Adressaten klar, dass *„die Abrüstung in den Köpfen und Herzen der Menschen"* für die Grünen eine höhere Priorität hat als der *„Wiederaufbau von Straßen und Brücken"*. Frau Roth formuliert gleich das Ziel dieser *„Abrüstung in den Köpfen und Herzen"*, mit dem zweiten konklusiven Indikator ‚damit': *„damit sie gemeinsam ... aufeinander zugehen können"*. Im Beitrag dominiert allgemeinsprachliches Vokabular. In syntaktischer Hinsicht handelt es sich um eine Mischung aus einfachen kurzen Sätzen und Satzgefügen mit einem kataphorischen Verweis.

Diese Rechtfertigung wird also wie die vorherige mit einem zurückweisenden Sprechakt eröffnet. Der in diesem ersten Sprechakt zum Ausdruck gebrachten kategorischen Behauptung wird durch die nachfolgenden problematisierenden, bewertenden und anschließend erläuternden Sprechakte eine Basis geliefert.

Bezüglich der Rechtfertigungsstrategie kann man sagen, dass wir es hier mit einem komplexen Rechtfertigungsplan zu tun haben, bei dem eine Strategie in die andere übergeht. Frau Roth fängt an mit dem ‚Abstreiten der Vorwurfsnorm', wenn sie in den ersten zwei Sätzen Herrn Knagge zu verstehen gibt, er habe kein Recht, den Grünen die Bevorzugung einer nach der ethnischen Zugehörigkeit bestimmten Gruppe von Vertriebenen vorzuwerfen. Dann greift die Politikerin zum ‚Umdeuten des Vorgeworfenen', da sie das Rambouillet-Abkommen im Gegensatz zu ihrem Kommunikationspartner positiv bewertet. Die letzte Behauptung gehört m.E. nicht direkt zu einer Rechtfertigungstechnik, sie dient zur Verstärkung der Gesamtargumentation, verbindet also beide angewendeten Techniken.

Die thematische Organisation des Rechtfertigungsmusters erfolgt durch das zusammenfassende Fokussieren mehrerer Propositionen, wenn jeder Satz mit seinem Inhalt in direkter oder indirekter Beziehung zum Hauptgedanken des ganzen Beitrages steht. Von den für diese Musterorganisation wichtigen deiktischen Prozeduren kommen in diesem Beispiel die vorwärtsweisende Objektdeixis ‚darum' und die rückwärtsweisende Objektdeixis ‚diese' vor. Die ganze Rechtfertigung wirkt in ihrer Grundfunktion argumentativ und expressiv.

6. Absender: Michael

Frage: *Macht sich nicht eine Partei zur willenlosen Marionette, wenn Sie gegen Ihre eigenen Grundsätze verstößt, um eine fragwürdige Koalition aufrechtzuerhalten?*

Antwort: *Lieber Michael,*

es geht nicht darum, eine "fragwürdige" Koalition aufrechtzuerhalten, es geht nicht darum, eigene Grundsätze zu verletzen, es geht darum, die richtigen, die legitimen Mittel gegen eine menschenverachtende Vertreibungspolitik zu finden. Dabei stoßen unterschiedliche Grundsätze aufeinander. Der Grundsatz von Gewaltlosigkeit und der Grundsatz "nie wieder Faschismus".
Dieser Konflikt wird in unserer Partei schmerzvoll ausgetragen. Niemand hat ein Patentrezept, viele fühlen sich von diesem Konflikt persönlich zerrissen.

Hier haben wir einen direkten Vorwurf in einer Frageform, der drei miteinander zusammenhängende Punkte aufweist: Michaels Hauptbeschuldigung in Bezug auf die Grünen ist der Verstoß gegen eigene Grundsätze („...*wenn sie gegen ihre eigenen Grundsätze verstößt...*"). Gleichzeitig wird nach der Zweckmäßigkeit dieses Verstoßes gefragt, da er der Aufrechterhaltung einer „*fragwürdigen Koalition*" dient. Aus der Sicht eines Bürgers zeigt eine solche Strategie die

Machtlosigkeit der Partei und ihre Unfähigkeit, eigene Politik in die Tat umzusetzen und bis zur letzten Konsequenz zu verteidigen.

Am Anfang dieser expressiven Äußerung verwendet Frau Roth die gleiche Taktik wie bei der vorherigen Rechtfertigung: Sie **widerspricht** Michael in seiner Einschätzung der Situation und **teilt** ihr eigenes Verständnis des Problems **mit,** dabei greift sie wieder zur anaphorischen Wiederholung (*„es geht nicht darum, eine "fragwürdige" Koalition aufrechtzuerhalten, es geht nicht darum, eigene Grundsätze zu verletzen, es geht darum, die richtigen, die legitimen Mittel gegen eine menschenverachtende Vertreibungspolitik zu finden."*). Dieser Satz bildet das M-Element der Rechtfertigung. Im Ganzen ist diese Rechtfertigung durch die Strategie der ‚Berufung auf höhere Norm' gekennzeichnet, wenn das Geschehen nicht nur in einem Zusammenhang mit Partei-Richtlinien betrachtet und bewertet werden muss, sondern in einem größeren Handlungszusammenhang nämlich auf dem Hintergrund einer *„menschenverachtenden Vertreibungspolitik"*. Die Abgeordnete **behauptet,** es gäbe zwei Grundsätze: *„Der Grundsatz von Gewaltlosigkeit und der Grundsatz „nie wieder Faschismus"*. Durch die Gegenüberstellung von diesen zwei Grundsätzen gibt Claudia Roth zu verstehen, dass eine Entscheidung für einen davon zu treffen ist, worauf besonders mit dem Anfang der nächsten **Mitteilung** *„dieser Konflikt"* hingewiesen wird. Und obwohl sich viele in der Partei *„von diesem Konflikt persönlich zerrissen"* fühlen, hat *„niemand ein Patenrezept"*, was im Kontext der ganzen Antwort dem Adressaten explizit **mitteilt,** der Verstoß gegen das Prinzip der Gewaltlosigkeit kann gerechtfertigt werden, weil auf diesem Weg der Faschismus in Europa gestoppt wird.

Zur Expressivität der Rechtfertigung trägt die einfache verständliche Syntax und die Verwendung von Hochwert- und Unwertwörtern bei, wie *„menschenverachtende Vertreibungspolitik"*, *„Faschismus"*, *„Grundsatz von Gewaltlosigkeit"*. Die thematische Organisation des Rechtfertigungsmusters baut sich als das nacheinanderfolgende Fokussieren neuer relevanter Wissenselemente mit objektdeiktischen Prozeduren auf. Jeder nächste Satz nimmt durch deiktische Ausdrücke Bestandteile wieder auf, die aus Vorgänger-Sätzen dem Gesprächspartner bereits bekannt sind, und knüpft sie an das Neue an. Die schematische Darstellung der Musterorganisation mit deiktischen Mitteln sieht für das analysierte Beispiel folgendermaßen aus: Es geht [...] darum, [...], es geht [...] darum, [...], es geht darum, [...]. Dabei [...]. Dieser Konflikt [...]. [...] von diesem Konflikt [...].

Fazit aus der Konferenz mit Claudia Roth:

Obwohl die Abgeordnete in den analysierten sechs Beispielen auf der Makroebene fünf unterschiedliche Rechtfertigungsstrategien benutzt und dabei auch zum Kombinieren zweier Strategien in einer Rechtfertigung tendiert, lassen sich in allen Beispielen auf der Meso- und Mikroebene einige Gemeinsamkeiten feststellen. In fast allen Beiträgen mischen sich kurze Sätze mit langen Satzgefügen, das vorwiegend alltagssprachliche Vokabular enthält einen erheblichen Anteil von wertbezogenen Schlagwörtern. Als Gründe zur Stützung der eigenen Position werden von Claudia Roth vorwiegend Situationsbewertungen, Ziele und Konsequenzen des politischen Handelns sowie allgemeingültige gesellschaftliche Werte angeführt.

Durch die personaldeiktischen ‚wir' bzw. ‚ich' betont die Politikerin ihre Zugehörigkeit zu der Partei oder weist auf ihre eigene Position hin. Ein inklusives ‚wir', welches die ganze deutsche Gesellschaft bezeichnet, kommt nur zweimal vor. Außerdem greift Claudia Roth in ihren Aussagen oft zu Mitteln, die eine adversative Beziehung markieren, z.B. ‚sondern', ‚aber', um ihre eigene Meinung der Meinung des Offendenten entgegenzusetzen und dadurch die eigene Einstellung expressiv hervorzuheben.

Trotz der vielen Merkmale der mündlichen Kommunikation in allen sechs Rechtfertigungen – Expressivität, allgemeinsprachlicher Lexik und der zahlreichen anadeiktischen Verweise – gibt es in diesen Beiträgen genug Kennzeichen der Vorbereitetheit der Aussagen, also Kennzeichen der schriftlichen Kommunikation. Das sind in erster Linie die Wiederholungen, die sich wie ein roter Faden durch mehrere Rechtfertigungen ziehen: Mehrmals spricht die Abgeordnete über *„den Konflikt"*, der die Partei *„zerreißt"*, darüber, dass die Parteimitglieder versuchen, *„die richtigen, die legitimen Mittel"*, *„den richtigen Weg"* zu finden, aber keiner *„ein Patentrezept"* hat. Auf die schriftliche Vorbereitung der Antworten deuten außerdem viele katadeiktische und kataphorische Ausdrücke hin, die in der gesprochenen Sprache ziemlich selten vorkommen.[100]

Die zahlreichen konklusiven Indikatoren und rhetorische Figuren tragen dazu bei, dass die Themenentfaltung expressiv, explikativ und argumentativ erfolgt.

Online-Konferenz „Kosovo: Humanitäre Hilfe für Flüchtlinge" mit Sabine Leutheusser-Schnarrenberger:

7. Absender: **BiC der IHK zu Bochum**

Frage: *SgF LS, haben Sie rechtliche Bedenken gegen unseren Einsatz im Kosovo ohne UNO Mandat? Vielen Dank im voraus.*

Antwort: *Die Selbstmandatierung der NATO ist rechtlich nicht unproblematisch. Eine Beschlußfassung des UN-*

---

[100] S. Kapitel 3.3.2.

Sicherheitsrates wäre für diesen Einsatz die beste Legitimation. Über die "Nothilfe-Konstruktion" kann man den Einsatz rechtfertigen, aber je nach Weiterentwicklung des Krieges wird eine UN-Resulotion immer wichtiger.

Der Vorwurf bezieht sich in diesem Fall nicht konkret auf Frau Leutheusser-Schnarrenberger oder die FDP, sondern auf das ganze Parlament, dessen Mitglied auch Sabine Leutheusser-Schnarrenberger ist und welches eine Teilnahme der deutschen Soldaten an einer militärischen NATO-Aktion ohne UNO-Mandat zulässt.

Gleich im ersten Satz **gibt** Frau Leutheusser-Schnarrenberger die Gerechtigkeit dieses Vorwurfs **zu:** (*„Die Selbstmandatierung der NATO ist rechtlich nicht unproblematisch."*) und **teilt** ihre Meinung **mit,** dass *„Eine Beschlußfassung des UN-Sicherheitsrates [...] für diesen Einsatz die beste Legitimation"* wäre. Gleichzeitig **weist** die Abgeordnete doch auf einen möglichen Rechtfertigungsgrund **hin** – den NATO-Einsatz im Kosovo als *„Nothilfe-Konstruktion"* – aber sie **konstatiert** trotzdem die Notwendigkeit einer Resolution des UN-Sicherheitsrates. In ihrer Äußerung beantwortet Frau Leutheusser-Schnarrenberger die vom Absender gestellte Frage: Sie persönlich hat rechtliche Bedenken gegen die NATO-Aktion im Kosovo. Aber sie versucht auch das politische Handeln im Kosovo durch ,Berufung auf höhere Norm' zu rechtfertigen, da es sich dabei um die *„Nothilfe"* handelt, was auf der ersten Etappe den militärischen Einsatz auch ohne UNO-Mandat zulässig macht. Auf das Mittel der Rechtfertigung verweist Frau Leutheusser-Schnarrenberger mit einem paraoperativen Instrumental-Indikator: *„über die „Nothilfe-Konstruktion".* Der letzte Satz erweist sich als das M-Element der ganzen Rechtfertigung.

Die Abgeordnete spricht zwar in kurzen verständlichen Sätzen, aber die eingesetzten Schlagwörter (*„Beschlussfassung des UN-Sicherheitsrates", „Legitimation", „UN-Resolution"*), kein direkter Personenbezug (ein unbestimmt-persönliches ,man'), keine bewertenden Elemente und keine konklusiven Indikatoren verwandeln diese Rechtfertigung in ein medienorientiertes Statement in einem distanzierten standardsprachlichen Ton.

8. Absender: Ch. Bauer

Frage: *Hallo Frau Leutheusser Schnarrenberger, mich würde interessieren,wie lange die NATO noch gedenkt, im Kosovo zu bombardieren. Ich glaube einfach nicht daran, daß man ethnische Konflikte mit Bomben lösen kann, es sterben doch immer die Unschuldigen.Gibt es einen Plan, das Morden dort endlich zu beenden?*

Antwort: *Hallo Herr oder Frau Bauer,*

das Militär weiss nicht, wie lange noch Krieg geführt wird. Ein
Politiker kann das dann erst recht nicht wissen. Es muss alles
versucht werden, um zu einer politischen Lösung zu kommen.
Dies muss mit den Vereinten Nationen und mit Rußland
unermüdlich versucht werden.
Bomben lösen ethnische Konflikte nicht, sie können vielleicht
Milosevic zur Aufgabe bringen.

Der Vorwurf von Herrn bzw. Frau Bauer, gerichtet gegen die NATO-Politik auf dem Balkan, fängt an mit einem interrogativen Fragesatz (*„wie lange die NATO noch gedenkt, im Kosovo zu bombardieren"*), wird dann in einer bewertenden Behauptung konkretisiert (*„Ich glaube einfach nicht daran, daß man ethnische Konflikte mit Bomben lösen kann, es sterben doch immer die Unschuldigen."*). Der letzte Satz, obwohl er als eine Entscheidungsfrage aussieht, ist eine Aufforderung an die Politiker, die Bombardements zu beenden (*„Gibt es einen Plan, das Morden dort endlich zu beenden?"*), und zeigt deutlich eine sehr negative Haltung von Ch. Bauer bezüglich des Geschehens im Kosovo: Er bezeichnet eine militärpolitische Aktion als ‚Morden'.

Den Kern der Rechtfertigung von Frau Leutheusser-Schnarrenberger – das M-Element – bildet der letzte Satz, in dem sie unmittelbar auf den Vorwurf eingeht: Sie **gibt** zwar **zu,** dass *„Bomben ethnische Konflikte nicht [lösen]",* **äußert** dann aber ihre **Meinung,** dass *„sie vielleicht Milosevic zur Aufgabe bringen [können]".* Die Rechtfertigungsstrategie ist hier also die der ‚Verweisung auf positive Folgen', dabei ist aber die Abgeordnete nicht ganz sicher, ob die politische Taktik der NATO die erwartete Wirkung zeitigen kann. Dieser Zweifel wird mithilfe des Modalwortes ‚vielleicht' zum Ausdruck gebracht, das die Behauptung *„sie können Milosevic zur Aufgabe bringen"* zu einer einschätzenden Meinungsäußerung modifiziert. Im Allgemeinen lässt sich sagen, dass Frau Leutheusser-Schnarrenberger in dieser Antwort – so wie auch in der Antwort auf den vorherigen Vorwurf (7) – zwischen einem Eingestehen des im Vorwurf behaupteten Unrechts und einer Rechtfertigung laviert: Einerseits teilt sie die negative Einschätzung ihres Kommunikationspartners (*„Bomben lösen ethnische Konflikte nicht"* und *„Es muss alles versucht werden, um zu einer politischen Lösung zu kommen."*) mit, mit ihren ersten **konstatierenden** Sätzen distanziert sie sich dabei als Politikerin von dem Militär, das den Krieg führt (*„das Militär weiss nicht, wie lange noch Krieg geführt wird. Ein Politiker kann das dann erst recht nicht wissen."*). Das Hauptziel eines Politikers wird in einem Finalsatz formuliert: *„um zu einer politischen Lösung zu kommen".* Dabei vermeidet die Abgeordnete den Personalbezug, ausgedrückt durch Personalpronomen und /oder Substantive. Dadurch bekommt ihre Aussage einen allgemeingültigen Charakter. Sie beantwortet zwar nicht direkt die Frage von Ch. Bauer, ob es einen Plan für das Beenden des Mordes auf dem Balkan gibt, **weist** aber auf die Vereinten Nationen und Russland **hin,** die für die friedliche Lösung des Konflikts zur

Zusammenarbeit herangezogen werden müssen („*Dies muss mit den Vereinten Nationen und mit Rußland unermüdlich versucht werden.*").

Andererseits verweist Frau Leutheusser-Schnarrenberger auf die möglichen positiven Konsequenzen der vorgeworfenen Handlung, was den Krieg aus ihrer Sicht zum Teil rechtfertigen kann. Durch eine solche doppelgerichtete Strategie gelingt es der Abgeordneten, ihr Gesicht zu wahren: zum einen als Mensch, der einen Krieg aus verständlichen Gründen im Prinzip verurteilt, und zum anderen als Politikerin, die – ausgehend von der aktuellen Weltlage – die Möglichkeit einer gewaltsamen Lösung nicht ausschließen darf.

Der Beitrag zeichnet sich durch mündliche kurze Sätze und allgemeinsprachliche Lexik aus. Modalverben und Passivkonstruktionen („*es muss alles versucht werden*") verleihen ihm aber einen normativen Charakter. Das Thema wird deskriptiv entfaltet, die ganze Äußerung erinnert an den Sprachstil eines Presse-Kommentars.

9. Absender: Dennis Wolters

Frage: *Sehr geehrte Frau Leuthheusser-Schnarrenberger,*

wie lange sollen die Flüchtlinge aus dem Kosovo in Deutschland bleiben? Werden sie auch wirklich nach dem Ende des Krieges in Ihre Heimat zurückkehren, oder werden sie wie viele andere zuvor auf Kosten des Staates in Deutschland bleiben, nachdem sie hier ein oder mehrere Kinder zur Welt gebracht haben?!

Antwort: *Sehr geehrter Herr Wolters,*

wo sollen die Flüchtlinge denn jetzt hin? Sollen sie im Schlamm, in Fäkalien leiden? Kinder, Kranke, alte Menschen können wohl nicht verstehen, dass sie nicht ausfliegen können, nur weil die Empfängerländer Angst haben, dass sie zu lange bleiben könnten? Wenn es zum Frieden im Kosovo kommt, werden die Flüchtlinge selbstverständlich in ihre Heimat zurückkehren. Sie verlassen die Heimat ja nicht freiwillig, sondern sie werden von paramilitärischen Kräften, von Verbrechern vertrieben.

Dennis Wolters äußert hier einen direkten Vorwurf an den Staat, dessen Politik den Flüchtlingen die Möglichkeit gibt, „*auf Kosten des Staates*" in Deutschland zu bleiben. Somit wird die deutsche Regierung beschuldigt, nicht genug getan zu haben, damit die Flüchtlinge nach dem Ende des Krieges Deutschland verlassen und in ihre Heimatländer zurückkehren. Stattdessen halten sie sich längere Zeit in Deutschland auf, bekommen Kinder und – was damit meiner Meinung nach implizit gemeint ist – stetig wachsende soziale Hilfe. Seine Angst vor einem solchen Entwicklungsvorgang der Ereignisse begründet er damit, dass es früher schon in Deutschland Präzedenzfälle gegeben habe, da *„viele andere zuvor auf Kosten des Staates"* im Land geblieben seien.

Frau Leutheusser-Schnarrenberger geht auf den Vorwurf ein, indem sie statt einer Antwort mit einer **Gegenfrage** kontert: *„wo sollen die Flüchtlinge denn jetzt hin? Sollen sie im Schlamm, in Fäkalien leiden?"* Damit will sie sagen, dass es keine andere Möglichkeit für die Flüchtlinge gibt, außer in anderen europäischen Ländern untergebracht zu werden, wo sie eine sichere Existenz haben und im Notfall Hilfe bekommen können. Grundlage für eine solche Reaktion von Frau Leutheusser-Schnarrenberger ist die Verhandlungsmaxime, welche heißt: „Wer fragt, der führt!"

Die nächste Äußerung, die in Form eines Fragesatzes zum Ausdruck kommt, ist aus meiner Sicht schwer als ein bestimmter Sprechakt zu definieren (*„Kinder, Kranke, alte Menschen können wohl nicht verstehen, dass sie nicht ausfliegen können, nur weil die Empfängerländer Angst haben, dass sie zu lange bleiben könnten?"*). Trotz des Fragezeichens am Ende hat dieser Satz die Wortfolge eines Aussagesatzes, es kann also keine rhetorische Frage sein. Ausgehend von der illokutiven Struktur dieser Äußerung glaube ich, dass es sich hier um eine **emotionale Behauptung** handelt, mit welcher die Abgeordnete ihre Meinung zum Ausdruck bringt. Das Fragezeichen kann in Online-Kommunikation nonverbale, sprechhandlungsbegleitende Merkmale ersetzen, in diesem Fall ersetzt es die Intonation und offenbart somit den emotionalen Zustand von Sabine Leutheusser-Schnarrenberger[101]. Gleichzeitig kann man diese Bemerkung der Abgeordneten als **Kritik** einschätzen: Da Frau Leutheusser-Schnarrenberger Dennis Wolters ihre im Vergleich zu seiner gegensätzliche Meinung mitteilt, informiert sie ihn, dass sie seine Einstellung zu der Unterbringung der Flüchtlinge nicht teilt. Die Politikerin interpretiert den Vorwurf von Herrn Wolters richtig, sie akzeptiert aber nicht seinen Grund, den Flüchtlingen die Zuflucht zu verweigern. Dieser Grund ist für sie nicht ausreichend, diese Einstellung äußert die Abgeordnete, indem sie vor dem Kausalindikator ‚weil' das Adverb ‚nur' platziert.

Mit den ersten drei Sätzen macht sich Sabine Leutheusser-Schnarrenberger die pragmatische Regel zunutze, dass Fragen den Kommunikationspartner weitaus stärker zu einer erwünschten Reaktion – hier Veränderung der Einstellung zu einem problematisierenden Sachverhalt – verpflichten, als ein darstellender Sprechakt, z.B. eine Behauptung. „Wer [...] seine Aussagen/Behauptungen/Feststellungen geschickt in Fragen einkleiden kann,

---

[101] Es lässt sich vermuten, dass dieser Satz von Frau Leutheusser-Schnarrenberger mit der einen Fragesatz bzw. einen emotionalen Aussagesatz kennzeichnenden fallend-steigenden Intonation ausgesprochen worden ist, als sie ihn ihrem Assistenten bzw. ihrer Assistentin diktiert hat.

nötigt dem Hörer durch den Zwang zur Antwort sein Thema auf." (Wagner 2001: 317)

Mit der anschließenden **Behauptung** gibt die Abgeordnete ihrer Überzeugung Ausdruck, *„wenn es zum Frieden im Kosovo kommt, werden die Flüchtlinge selbstverständlich in ihre Heimat zurückkehren."* Um die Überzeugungskraft des hypothetischen Arguments mit ‚wenn'[102] zu verstärken, begründet sie ihre Zuversicht durch eine **Feststellung,** dass die Flüchtlinge *„die Heimat ja nicht freiwillig [verlassen], sondern [...] von paramilitärischen Kräften, von Verbrechern vertrieben [werden]."* Während der erste Teil der Rechtfertigung (Fragesätze) die Strategie ‚Abstreiten der Vorwurfsnorm' aufweist, da die Richtigkeit der Regierungspolitik behauptet wird, baut sich der zweite Teil als ‚Verweisung auf Umstände' auf.

Obwohl in dieser Rechtfertigung keine personaldeiktischen Ausdrücke zu finden sind und dementsprechend der konkrete Personenbezug fehlt, wirkt sie sehr expressiv und unvorbereitet. Dazu tragen auf der Mesoebene die rhetorische Frage, und auf der Mikroebene Modaladverbien ‚denn', ‚wohl', ‚ja' bei. Diese Mittel der Satzbelebung sind ein Kennzeichen der mündlichen Rede und können Anteilnahme, persönliches Interesse, Zweifel, Erstaunen etc. ausdrücken. Die ganze Aussage ist in der Alltagssprache formuliert, mit einer Schlagwort-Gruppe *„paramilitärische Kräfte".* Syntaktisch dominieren lange Satzgefüge, die thematische Organisation der Rechtfertigung erfolgt durch anaphorische Verweise und konklusive Indikatoren. Durch die anaphorischen Prozeduren wird das bisher Gesagte und dem Gesprächspartner Bekannte im nächsten Satz wieder aufgenommen und durch neue Wissenselemente erweitert.

10. Absender: Werner Kalliske

Frage: *Also ich habe eben den Beitrag eines Hans und Ihre Antwort gelesen. Diese Antwort ist typisch für die meisten mir bekannten Spitzenpolitiker. Warum maßen Sie sich an, zu allem und jedem eine dezidierte Meinung zu haben, aber nicht zu dem direkten Vergleich der Menschenschlächter Hitler und Milosovic. Der Beitrag von H. trifft sicherlich nicht nur meine Meinung!*

Antwort: *Guten Abend Herr Kalliske,*

                 es ist die Verantwortung der Politiker, eine Meinung zu haben. Es ist auch die Verantwortung der Politiker, mit historischen Vergleichen vorsichtig zu sein.

---

[102] S. Näheres im Kapitel 3.3.2., S. 159f.

Dies ist ein sehr seltener Fall in einer politischen Online-Konferenz, wenn ein Teilnehmer Bezug auf den Beitrag eines anderen Teilnehmer nimmt. Außerdem wird die Antwort der Politikerin auf die Aussage dieses anderen Teilnehmers zum Objekt des Vorwurfs von Werner Kalliske. Dies ändert den auf der Seite 122 im Ablaufdiagramm E dargestellten Ablauf des Vorwurf-Rechtfertigungsmusters: Die problematische (Sprech-)Handlung C, die als Auslöser negativer Einschätzungen bzw. Emotionen den Hörer Y veranlasst, einen Vorwurf zu äußern, ist hier ausnahmsweise im interaktionalen Bereich desselben Diskurses (d.h. derselben Online-Konferenz) zu finden. Damit klar wird, worum es im Vorwurf von Herrn Kalliske geht, möchte ich hier auch den Beitrag von Hans und die Antwort von Frau Leutheusser-Schnarrenberger auf diesen Beitrag anführen:

Absender: **Hans**

Frage :   *Was halten Sie davon die Menschen-Schlächter Milosevic und seine Clique direkt zu bombardieren und mit Spezialtrupps zu physisch verfolgen und ihnen systematisch alles das zu nehmen, was ihnen lieb und teuer ist? Haben diese gemeinen Menschen mehr Rücksicht verdient als Hitler?*
Hätten Sie sich während der Nazi-Zeit gegen die physische Vernichtung des Diktators gestellt?

Antwort :   *Mit den Bombardements soll Milosevic zur Aufgabe gezwungen werden. Das ist Ziel des Krieges. Milosevic gehört vor den Internationalen Gerichtshof in Den Haag. Ich bin 1951 geboren. Ich maße mir nicht an, rückblickend zu beurteilen, wie ich mich verhalten hätte.*

Nun wird der letzte Satz von Frau Leutheusser-Schnarrenberger zum Objekt des oben angeführten Vorwurfs. Dieser Satz zeigt nämlich das *„typische"* Diskussions-Verhalten der *„bekannten Spitzenpolitiker"* für Herrn Kalliske und dieses Verhalten ist für den Bürger die Handlung C unseres Vorwurf-Rechtfertigungsdiagramms, denn er kann eine solche Vorsicht bei historischen Vergleichen nicht verstehen. Er akzeptiert – so meine Annahme – die von ihm unterstellte Feigheit der Politiker nicht, die es nicht wagen, zwischen den Ereignissen der 30er Jahre in Deutschland und der gegenwärtigen Situation auf dem Balkan Parallelen zu ziehen. Diese Einstellung, mit solchen Vergleichen besonders vorsichtig zu sein, bringt die Abgeordnete in ihrer Antwort auf Hans' Frage mit dem letzten Satz zum Ausdruck: *„Ich maße mir nicht an, rückblickend zu beurteilen, wie ich mich verhalten hätte"*. So wird diese Äußerung von Frau Leutheusser-Schnarrenberger zum Element [E' von C] des Ablaufdiagramms. Sarkastisch übernimmt Werner Kalliske einen Teil davon in seinen Vorwurf: *„Warum maßen Sie sich an, zu allem und jedem eine dezidierte Meinung zu haben..."*, aber haben seiner Meinung nach nicht den Mut, eine offensichtliche Tatsache zuzugeben: *„...aber nicht zu dem direkten Vergleich der*

Menschenschlächter Hitler und Milosovic". Sarkastisch ist dieser Vorwurf deswegen, weil der erste Teil (*„ eine dezidierte Meinung zu allem"*) dem zweiten widerspricht (*„ aber nicht zu dem direkten Vergleich"*). Diese Äußerung des Bürgers entspricht dem [Prä-E]-Element im Ablaufdiagramm.

In ihrer Antwort reagiert Sabine Leutheusser-Schnarrenberger auf den propositionalen Gehalt der Vorwurfs-Aussage und geht mit deren zwei Teilen so um, als wären es zwei Vorwürfe und nicht eine sarkastisch gemeinte Vorhaltung: Obwohl sie die anaphorische Wiederholung des Satzanfangs verwendet, geht sie doch aus meiner Sicht auf jeden Teil der Vorwurfs-Frage einzeln ein. Die Rechtfertigungsstrategie ist dabei ‚Berufung auf höhere Norm' im weiten Sinne, in diesem konkreten Fall kann ich das als ‚Berufung auf die höhere Position' bezeichnen. Die Abgeordnete **behauptet**, es gebe einen Grund dafür, warum ein Politiker mit historischen Vergleichen vorsichtig sein soll: Ein Politiker ist sowohl für seine Meinung wie auch für jede seiner öffentlichen Aussagen verantwortlich. Die damit antizipierte Bereitschaft bzw. Pflicht der Politiker, die Folgen für eigenes (Sprech-)Handeln zu tragen, macht die Abgeordnete für den Ablauf dieses Vorwurf-Rechtfertigungsmusters zum M-Element, zum ‚Operator', der Werner Kalliske im Idealfall – d.h. bei einer gelungenen Rechtfertigung – beeinflussen und bei ihm die Umformung E zu E' bewirken soll.

Leider ist es im Rahmen einer Online-Konferenz nicht möglich, das von einem Politiker formulierte M-Element daraufhin zu untersuchen, ob es wirklich geeignet ist, die Vorbehalte des Kommunikationspartners auszuräumen. Aber da jedes sprachliche Muster in politischen Online-Konferenzen von Interaktanten nicht vollständig durchlaufen wird, kann ich hier die These aufstellen, dass sprachliche Handlungsmuster im Diskurs einer politischen Online-Konferenz kein unmittelbares diskurs- bzw. musterinternes Handlungsziel haben. Die Kommunikanten entbehren der Möglichkeit, im Laufe der Konferenz über das Erreichen vs. Nicht-Erreichen ihrer Handlungsziele urteilen zu können. Dies findet seinen Niederschlag darin, dass die Aktanten an der inneren Kohärenz des Diskurses bzw. an dem erfolgreichen Abschluss des jeweiligen Musters kein Interesse haben und mit den Handlungsmustern oft spielerisch umgehen. Diese These lässt sich in dem oben angeführten Beispiel beweisen: hier wird ein für eine Rechtfertigung unentbehrliches M-Element von Frau Leutheusser-Schnarrenberger zwar formuliert, (es wird ein Grund für eine problematische Handlung angegeben, hier: Verantwortung der Politiker), aber diese (sich-) verteidigende Reaktionsäußerung erweist sich als ein Argument nur auf der Beziehungsebene der Interaktanten, auf der Inhaltsebene wird aber in Richtung ‚Begründung der Zulässigkeit der vorgeworfenen Handlung' nicht argumentiert.

Auch in diesem Beitrag sind Wortschatz und Satzbau allgemeinverständlich. Das Substantiv ‚Politiker' bezieht sich zwar auf jeden Politiker einschließlich Frau Leutheusser-Schnarrenberger, bringt aber nicht ihre eigene Persönlichkeit ins Spiel, ihre individuelle Position wird nicht angesprochen. Die anaphorische

Wiederholung des Satzanfanges, der wiederholende Satzbau (Parallelismus) sowie die benutzten Hochwertwörter (*„die Verantwortung der Politiker"*) verleihen der Rechtfertigung ein besonderes Gewicht, durch den fehlenden Selbstbezug aber wirkt die ganze Aussage wie eine Floskel.

Fazit aus der Konferenz mit Sabine Leutheusser-Schnarrenberger:

Drei der vier Rechtfertigungen von Sabine Letheusser-Schnarrenberger sind einander ähnlich, obwohl sie sich verschiedener Rechtfertigungsstrategien bedient: zweimal ist das ,Berufung auf höhere Norm', je einmal ,Verweisung auf Umstände' und ,Verweisung auf positive Folgen'. Alle drei Beispiele sind wie kurze politische Statements aufgebaut, ihre Struktur scheint von den Standards der Schriftsprache geleitet zu werden. Das wird erkennbar, wenn man sich mit der Analyse der sprachlichen Prozeduren auseinandersetzt. In den Beiträgen der Abgeordneten fehlt ein konkreter Personenbezug, es werden kaum deiktische Mittel eingesetzt. Zwei Ausnahmen sind eine sprechsituative Temporaldeixis ,jetzt' und zwei rückwärtsverweisende Objektdeiktika ,dies'. Auch die Zahl von konklusiven Indikatoren lässt vermuten, dass diese Rechtfertigungen keine argumentative Funktion haben. Vielmehr wirken sie deskriptiv. In sprachlicher Hinsicht dominieren kurze verständliche Sätze und ein distanzierter standardsprachlicher Ton und damit das einfache Alltagsvokabular, durchsetzt mit wenigen Schlagwörtern. Aus den beschriebenen Beobachtungen resultiert die Vermutung, dass die Aussagen von Frau Leutheusser-Schnarrenberger zum Teil im Voraus schriftlich vorbereitet waren.

Nur die dritte Rechtfertigung unterscheidet sich von allen anderen durch ihre Expressivität und sprachliche Merkmale, die der mündlichen Rede zuzuordnen sind.

Online-Konferenz „Kosovo: Humanitäre Hilfe für Flüchtlinge" mit Rudolf Bindig:

11. Absender: Stefan Graf

Frage: *Sehr geehrter Herr Bindig,*

ich bin erfreut zu lesen, daß sich der Bundesrat ohne unwürdige öffentliche Diskussionen auf eine Verteilung der Flüchtlinge im Bundesgebiet einigen konnte. Erstaunt bin ich jedoch darüber, daß diese Frage erst jetzt diskutiert wurde, nachdem doch abzusehen war, daß die Menschen in der Balkanregion spätestens zu Beginn der NATO-Luftangriffe versuchen werden, ins sichere Ausland zu fliehen. Hat man mit der Flucht der Menschen tasächlich nicht gerechnet oder war

> *die ganze NATO-Aktion politisch nicht zu Ende gedacht?*

Antwort: *Mit einer solchen Zahl von Flüchtlingen hat wohl keiner gerechnet. Ich gebe allerdings zu, die NATO hätte dies besser mit einkalkulieren müssen.*

Die Zahl der in Deutschland aufzunehmenden Flüchtlinge ist in einer Schaltkonferenz zwischen dem Bundesinnenminister und den Innenministern der Länder - also nicht im Bundesrat - besprochen worden. Man hat sich auf zunächst 10.000 aufnehmende Flüchtlinge geeinigt. Die 10.000 sind jetzt auch hier. Leider ist die ursprüngliche Bereitschaft, noch mehr Flüchtlinge aufzunehmen - bis zu 40.000 - doch noch nicht bestätigt worden.

Im Vorwurf von Stefan Graf, dessen Kern der letzte Fragesatz bildet, werden die Bundespolitiker der Unfähigkeit beschuldet, die Konsequenzen einer militärischen Aktion in Europa voraussehen zu können. Obwohl Herr Graf am Anfang dem Bundesrat einen kleinen Lob ausspricht: (*„ich bin erfreut zu lesen, daß sich der Bundesrat ohne unwürdige öffentliche Diskussionen auf eine Verteilung der Flüchtlinge im Bundesgebiet einigen konnte."*), ist er doch der Meinung, die Frage über die Verteilung der Flüchtlinge im Bundesgebiet sei im Bundesrat zu spät diskutiert worden, erst nachdem Tausende von Menschen vor den Bomben geflohen sind: (*„Erstaunt bin ich jedoch darüber, daß diese Frage erst jetzt diskutiert wurde, nachdem doch abzusehen war, daß die Menschen in der Balkanregion spätestens zu Beginn der NATO-Luftangriffe versuchen werden, ins sichere Ausland zu fliehen."*). Die Vorhaltung von Stefan Graf ist kein direkter Angriff, er lässt für die von ihm nicht akzeptierte Handlung C (zu späte Entscheidung über Flüchtlinge) zwei mögliche Ursachen zu: entweder hängt es damit zusammen, dass *„man mit der Flucht der Menschen tasächlich nicht gerechnet"* hat oder *„war die ganze NATO-Aktion politisch nicht zu Ende gedacht"*.

Gleich in ersten zwei Sätzen bestätigt Rudolf Bindig die Richtigkeit der beiden Mutmaßungen seines Kommunikationspartners: *„Mit einer solchen Zahl von Flüchtlingen hat wohl keiner gerechnet. Ich gebe allerdings zu, die NATO hätte dies besser mit einkalkulieren müssen."* Der Abgeordnete **gibt zu**, die Verteilungsmaßnahmen für die Flüchtlinge seien wirklich ein Fehlgriff gewesen, verteidigt aber die Politiker, indem er die erste Vermutung von Herrn Graf umformuliert. Mit seinem ersten Satz macht er dem Kommunikationspartner klar, dass man mit der Flucht der Menschen doch gerechnet hat, aber nicht *„mit einer solchen Zahl von Flüchtlingen"*. Man hat sich also über das Problem Gedanken gemacht, aber man konnte das Ausmaß dieses Problems nicht vorhersehen. Diese kleine **Korrektur** des propositionalen Gehalts der Vorwurfs-Äußerung wird zum Kern, d.h. zum M-Element der Rechtfertigungshandlung. Es ist m.E. eine Rechtfertigung durch ‚Bestreiten der Absicht', da die im Vorwurf thematisierten

Fehler von den Bundespolitikern nicht mit böser Absicht, sondern wegen der Unterschätzung der Situation begangen wurden.

Um den Erfolg seiner Rechtfertigung zu sichern und gleich die weiteren möglichen Vorhaltungen von Stefan Graf und anderen Konferenz-Teilnehmern vorwegzunehmen, **berichtet** Rudolf Bindig ausführlich über den gegenwärtigen Stand der Dinge, dabei **korrigiert** er zugleich Stefan Graf, da die Entscheidung über die Aufnahme der Flüchtlinge nicht im Bundesrat getroffen worden ist: *„Die Zahl der in Deutschland aufzunehmenden Flüchtlinge ist in einer Schaltkonferenz zwischen dem Bundesinnenminister und den Innenministern der Länder - also nicht im Bundesrat - besprochen worden. Man hat sich auf zunächst 10.000 aufnehmende Flüchtlinge geeinigt. Die 10.000 sind jetzt auch hier.“* Das Problem ist damit aber nicht gelöst, was mit der letzten **bewertenden Mitteilung** zum Ausdruck gebracht wird: *„Leider ist die ursprüngliche Bereitschaft, noch mehr Flüchtlinge aufzunehmen - bis zu 40.000 - doch noch nicht bestätigt worden.“* Dies ist das erste analysierte Beispiel, wo die Einstellung des Politikers zum besprochenen Sachverhalt erkennbar wird. Durch das Adverb ‚leider' an der ersten Stelle im Satz zeigt sich das Bedauern des Abgeordneten und seine Unzufriedenheit mit der Tatsache, dass der deutsche Staat mit dem Beschluss zögert, mehr Flüchtlinge aufzunehmen.

Durch diesen Redebeitrag kann Rudolf Bindig zusätzlich zu seiner Rechtfertigung noch ein Ziel erreichen, nämlich das der Sympathie-Gewinnung in der Bevölkerung. Er zeigt sich erstens als ein beschlagener Politiker, der gut informiert ist – dazu dient nicht zuletzt die Korrektur bezüglich des Bundesrates, – und zweitens als ein Mensch, der die Flüchtlinge bemitleidet und Verzögerungen beim Lösen ihrer Probleme nicht gutheißt. Diese persönliche Einstellung zur bedauerlichen Fehleinschätzung der NATO wird besonders deutlich durch den Gebrauch des Personalpronomens ‚ich', gleichzeitig kann es auch ein Zeichen dafür sein, dass diese Meinung des Abgeordneten Rudolf Bindig von anderen SPD-Mitgliedern nicht geteilt wird. In allen anderen Sätzen kommt entweder Passiv oder das Indefinitpronomen ‚man' bzw. ‚keiner' vor. Im ersten Fall wird über eine Handlung berichtet, ohne die Verantwortlichen für diese Handlung zu nennen. Auch im zweiten Fall ist der Kommunikationspartner gezwungen, selbst eine beliebig große Gruppe von verantwortlichen Tätern zu bestimmen.

Die Syntax dieser Äußerung ähnelt meiner Ansicht nach dem syntaktischen Aufbau eines politischen Presseberichts: es dominieren kurze Sätze mit geringer Komplexität. In sprachlicher Hinsicht ist diese Rechtfertigung durch allgemeinsprachliche Lexik mit wenigen politischen Schlüsselwörtern (*„Schaltkonferenz"*, *„Bundesinnenminister"*, *„Innenminister der Länder"*) gekennzeichnet.

Der Gebrauch der deiktischen Prozeduren bestätigt die Annahmen, die im vorherigen Kapitel geäußert worden sind: Während ‚hier' anadeiktisch im Rederaum auf Deutschland verweist, bezieht sich ‚jetzt' auf die Kommunikationssituation, verweist also auf die Gegenwart im gemeinsamen Wahrnehmungsraum.

12. Absender: Olaf Reuter

Frage: *Tach' Hr. Bindig,*

Sie sprechen davon, daß man sich auf die Aufnahme von 10.000 Flüchtlingen geeinigt hat. Aber werden nicht noch viel mehr Flüchtlinge nach Deutschland kommen wollen und müssen, da in den Ländern rund um den Kosovo zwar kein Krieg herrscht, aber doch eine Situation, die es für armen Länder aus finaziellen Gründen unmöglich macht, den Flüchtlingen eine angemessene Hilfe zu gewähren? Muß der reiche Westen (und damit die Bundesregierung) nicht vielmehr machen und humanitäre Hilfe nicht wörtlich nehmen?

Antwort: *Inzwischen dürften es 600.000 Flüchtlinge sein, die nach Mazedonien, Albanien und Montenegro geflüchtet sind. Ca. 100.000 sollen in die verschiedenen europäischen Länder gebracht werden. Während Deutschland in wenigen Tagen die 10.000 Flüchtlinge aufgenommen hat, müssen die anderen Länder teilweise ihren Verpflichtungen noch nachkommen. Wahrscheinlich wird auch Deutschland noch mehr Flüchtlinge aufnehmen (müssen). Dennoch bemühen wir uns vor allem darum, die Flüchtlinge in der Region unterzubringen, da wir immer noch auf eine baldige Rückkehr hoffen. Die regionalen Aufnahmeländer werden durch die internationale Gemeinschaft bei der Versorgung der Flüchtlinge unterstützt. Die Versorgung geschieht fast ausschließlich durch die bessergestellten Länder.*

In seiner Äußerung rekurriert Olaf Reuter auf Rudolf Bindigs Antwort auf den vorherigen Vorwurf: „*Sie sprechen davon, daß man sich auf die Aufnahme von 10.000 Flüchtlingen geeinigt hat.*" Im Vergleich zum Vorwurf von Herrn Graf (s. oben) verlagert sich hier zwar die Betrachtungsweise des Problems von der Verantwortung der Machthaber für politisches Handeln auf die Notwendigkeit, „*den Flüchtlingen eine angemessene Hilfe zu gewähren*", es handelt sich in beiden Vorwürfen im Grunde genommen um dasselbe: um die Zahl der Flüchtlinge aus der Balkan-Region, die von den westeuropäischen Staaten einschließlich Deutschland aufgenommen werden sollen. Beide Offendenten behaupten mit ihren Aussagen – der eine (Stefan Graf) implizit, der andere (Olaf Reuter) explizit, – die Zahl von 10.000 Flüchtlingen sei zu gering gegenüber dem Ausmaß der humanitären Katastrophe im Kosovo. Olaf Reuter weist außerdem darauf hin, dass von den Hilfsmaßnahmen in der Region viel gesprochen wird, in Wirklichkeit aber die Flüchtlinge diese Hilfe nicht bekommen können: *„Aber werden nicht noch viel mehr Flüchtlinge nach Deutschland kommen wollen und müssen, da in den Ländern rund um den Kosovo zwar kein Krieg herrscht, aber doch eine Situation, die es für arme Länder aus finanziellen Gründen unmöglich macht, den Flüchtlingen eine angemessene Hilfe zu gewähren?"* Für Herrn Reuter wird also die Korrelation zwischen dem, was von den Politikern, genauer von der Bundesregierung behauptet und versprochen wird, und dem, was tatsächlich versucht und unternommen wird, zu einem Widerspruch, was er mit seinem letzten Satz als Prä-E zum Ausdruck bringt: *„Muß der reiche Westen (und damit die Bundesregierung) nicht vielmehr machen und humanitäre Hilfe nicht wörtlich nehmen?"*.

Rudolf Bindig fängt seine Rechtfertigung mit dem **Informieren** an, er setzt seinen Kommunikationspartner in Kenntnis, wie sich die Situation mit den Flüchtlingen bis zum Zeitpunkt der Konferenz entwickelt hat, wie die Flüchtlinge in Europa verteilt sind: *„Inzwischen dürften es 600.000 Flüchtlinge sein, die nach Mazedonien, Albanien und Montenegro geflüchtet sind. Ca. 100.000 sollen in die verschiedenen europäischen Länder gebracht werden."* Mit diesen Worten bestätigt der Abgeordnete die Diskrepanz zwischen der Zahl der aufgenommenen Flüchtlinge in den Nachbarländern und im ‚reichen' Westen. Aber im weiteren Verlauf der Rechtfertigungsstrategie versucht Herr Bindig seinem Kommunikationspartner zu beweisen – ausgehend von den eben zitierten Zahlen, – warum ausgerechnet Deutschland (und somit die Bundesregierung) am wenigsten den Vorwurf verdient hat. Er **weist** darauf **hin**, dass die deutsche Regierung im Vergleich zu den anderen europäischen Regierungen ihre Pflichten schnell erfüllt hat: *„Während Deutschland in wenigen Tagen die 10.000 Flüchtlinge aufgenommen hat, müssen die anderen Länder teilweise ihren Verpflichtungen noch nachkommen."* Auf dieser Etappe der Vorwurf-Rechtfertigungshandlung liegt also die Strategie des ‚Abstreitens der Vorwurfsnorm' vor, wenn der andere, der dasselbe getan bzw. nicht getan hat, nicht zur Rechenschaft gezogen wird.

Dieser Sprechakt, der nach den Prinzipien der Parteisolidarität aufgebaut wird, d.h. die eigene Position (in diesem Fall – die Taten der Bundesregierung) muss positiv, die ‚gegnerische' (hier – andere westeuropäische Länder) muss jedoch negativ dargestellt werden (vgl. Klein 1996: 10), könnte aber beim Adressaten den Eindruck der Schuldabwälzung erwecken. Um dies zu verhindern, macht Rudolf Bindig im nächsten Satz einen kleinen Rückzug, indem er **zugibt:** *„Wahrscheinlich wird auch Deutschland noch mehr Flüchtlinge aufnehmen (müssen)."* Dieser Sprechakt beendet den ersten Teil dieser Rechtfertigungshandlung, diesen ersten Teil kann man als konsensorientiert bezeichnen: Der Offendent wird über den Stand der Dinge informiert und es wird ihm sogar zum Teil Recht gegeben.

Der nachfolgende Satz wird gleich am Anfang mit ‚dennoch' dem vorherigen konsensorientierten Teil gegenübergestellt, denn sein Zweck ist, den Kommunikationspartner in seiner Meinung umzustimmen. Dieser Satz eröffnet die eigentliche Rechtfertigung, er bildet den Kern der Äußerung – das M-Element – und wird von dem Abgeordneten in Form einer **Mitteilung** formuliert: *„Dennoch bemühen wir uns vor allem darum, die Flüchtlinge in der Region unterzubringen, da wir immer noch auf eine baldige Rückkehr hoffen".* Hier wird die Verantwortung für die strittige Politik übernommen, was mithilfe des personaldeiktischen exklusiven ‚wir' geschieht. Dieses ‚wir' verweist auf die Bundesregierung und das Parlament, dessen Mitglied auch Rudolf Bindig ist. Mit dieser Mitteilung beansprucht der Politiker die Richtigkeit der von der NATO und Bundesregierung betreibenden Flüchtlingspolitik, indem er einen Grund anführt, der diesen Richtigkeitsanspruch stützen soll. Dieser Grund ist die Hoffnung der Regierung auf eine schnelle Heimkehr der Flüchtlinge. Die Relation zwischen Grund und Begründungsobjekt wird durch den operativen Kausalkonnektor ‚da' hergestellt. ‚Da', leitet meist thematische Kausalsätze ein, also etwas, was dem Kommunikationspartner bereits bekannt ist oder als bekannt präsupponiert wird. In der Postposition, wenn die traditionellen Thema und Rhema ihre Plätze tauschen, bedeutet der ‚da'-Satz für den Adressaten eine zusätzliche mentale Arbeit. Aus diesem Grund kommen die nachgestellten ‚da'-Sätze selten in der gesprochenen Sprache vor. Dementsprechend kann auch der Gebrauch von ‚da' als Kausalkonnektor in dem analysierenden Beispiel als typisches Merkmal der Schriftsprache angesehen werden.

Das M-Element wird durch weitere Argumente unterstützt, die zeigen, dass die Bundesregierung, obwohl sie sich weigert, noch mehr Flüchtlinge in Deutschland aufzunehmen, doch nicht der Katastrophe auf dem Balkan untätig zusieht. Dem Kommunikationspartner wird **mitgeteilt,** dass *„die regionalen Aufnahmeländer [...] durch die internationale Gemeinschaft bei der Versorgung der Flüchtlinge unterstützt [werden]"* und dass *„die Versorgung [...] fast ausschließlich durch die bessergestellten Länder [geschieht]".* Hinter dieser Argumentation verbirgt sich die Strategie der ‚Verweisung auf positive Folgen', denn auf der Appell-Ebene kann diese Rechtfertigung m.E. folgenderweise verstanden werden: Die Unterbringung der Flüchtlinge vor Ort ist billiger als Aufnahme und Unterbringung in Deutschland und anderen westlichen Ländern. Durch eine solche Politik kann letztendlich mehr Menschen geholfen werden, da das gesparte Geld für Hilfsmaßnahmen in der Region ausgegeben wird. Andererseits kann mit diesen Worten impliziert werden, dass dank einer solchen Vorgehensweise eine große Zahl von Flüchtlingen nach dem Krieg nicht in Deutschland bleibt, wovor viele Konferenzteilnehmer warnen.

Diese Rechtfertigungshandlung von Rudolf Bindig ist sachlich und ohne bewertende Elemente, sie ist durch kurze, verständliche Sätze und allgemeinsprachliche Lexik gekennzeichnet.

13. Absender: **M. Derscheider**

Frage: *Hallo Herr Bindig!*

Was denken Sie eigentlich, wann der Krieg vorbei sein wird und somit, wann die Flüchtlinge in ihre Heimat zurückkehren können? Werden sie unmittelbar danach zurückgeschickt? Außerdem finde ich es paradox, daß mit dem Geld der NATO, Deutschlands und somit auch mit unserem Geld zuerst alles kaputtgebombt wird da unten und dann mit dem gleichen Geld wieder aufgebaut wird. Kann man nicht doch eine friedliche Lösung finden?
Tschö, Matthias Derscheider

Antwort: *In jahrelangen Verhandlungen hat sich die internationale Diplomatie darum bemüht, zu einer friedlichen Lösung zu kommen. Leider hat der Diktator Milosevic seine Vertreibungspolitik gnadenlos fortgesetzt. Dies hat letztlich zu der Einsicht geführt, daß diese Gewalt nur mit militärischen Gegenmaßnahmen gestoppt werden kann. Flüchtlinge werden dann in ihre Heimat zurückkehren können, wenn dafür die notwendigen Wiederaufbaumaßnahmen paralell dazu anlaufen. Dies wird einige Zeit in Anspruch nehmen.*

In der Äußerung von Herrn Derscheider kommt eindeutig ein expliziter Vorwurf zum Ausdruck: Er bezweifelt die Zweckmäßigkeit der ganzen Militär-Aktion der NATO im Kosovo, weil dadurch seiner Meinung nach das Geld – darunter auch das Geld der Deutschen – zum Fenster hinausgeworfen wird. Erst wird mit diesem Geld im ehemaligen Jugoslawien bombardiert und alles zerstört, dann mit dem gleichen Geld wieder aufgebaut. Dieses offenbar paradoxe Verhalten der NATO, welches Deutschland jeden Tag sehr viel Geld kostet, ist für Matthias Derscheider nicht zu erklären. Dazu kommt noch, dass er nicht sicher ist, ob wirklich alle Möglichkeiten einer friedlichen Lösung des Kosovo-Konfliktes ausgenutzt worden sind: *„Kann man nicht doch eine friedliche Lösung finden?"* Außerdem erscheinen im Lichte dieser Aussage auch die ersten beiden Sätze, die am Anfang als einfache Frage verstanden werden können, als ein Einwand vom Herrn Derscheider gegen die NATO-Flüchtlingspolitik: *„Was denken Sie eigentlich, wann der Krieg vorbei sein wird und somit, wann die Flüchtlinge in ihre Heimat zurückkehren können? Werden sie unmittelbar danach zurückgeschickt?"* Denn die Aufnahme und Versorgung der Flüchtlinge mit allem Nötigen kostet ebenso viel Geld. In diesem doppelten Vorwurf geht es also in erster Linie um den materiellen Schaden für Deutschland, den der Kosovo-Krieg verursacht.

Wie bei allen Rechtfertigungen der Politiker in dieser sowie in anderen Online-Konferenzen, geht es für Rudolf Bindig als SPD-Politiker vor allem darum, von der Öffentlichkeit in jedem konkreten Punkt der Regierungspolitik unterstützt zu werden, d.h. jeden einzelnen Teilnehmer der Konferenz von der Richtigkeit dieser Politik zu überzeugen. Obwohl der Adressatenkreis in Online-Konferenzen nach wie vor gering bleibt, soll diese Überzeugung letztendlich doch den Zwecken der Parteiwerbung zugunsten kommen.

Um seinen Kommunikationspartner nun überzeugen zu können, setzt der Abgeordnete in seiner Rechtfertigung auf demokratische Normen, die offensichtlich höher einzuschätzen sind als der materielle Schaden. Diese Strategie der ‚Berufung auf höhere Norm' verbindet Rudolf Bindig mit einer weiteren Rechtfertigungsstrategie nämlich mit der ‚Verweisung auf Umstände', wenn auf jahrelange erfolglose Bemühungen der internationalen Diplomatie **hingewiesen** und mit Bedauern **konstatiert** wird, dass *„der Diktator Milosevic seine Vertreibungspolitik gnadenlos fortgesetzt"* hat. Dabei wird ‚die höhere Norm' zwar nicht explizit zum Ausdruck gebracht, sie sollte aber logisch aus der Beschreibung der Situation folgen und als Mitverstandene als M-Element fungieren. Der Abgeordnete weiß, dass der Offendent bereits über das Wissen über Fortsetzung der Vertreibungspolitik trotz der jahrelangen Verhandlungen verfügt, nimmt aber an, dass Matthias Derscheider aus diesem Wissen nicht die Schlussfolgerung gezogen hat, dass diese Vertreibungspolitik und Gewalt um des Friedens und der Demokratie willen gestoppt werden müssen und dass sie *„nur mit militärischen Gegenmaßnahmen gestoppt werden"* können. Bindig will mit seiner Äußerung bewirken, dass Herr Derscheider nun noch einmal die ihm bekannten Wissenselemente in den aktuellen mentalen Prozess einbezieht und auf ihrer Grundlage zu demselben Schluss kommt. Das macht Rudolf Bindig, indem er diese Schlussfolgerung in Form einer **Mitteilung** selbst zum Ausdruck bringt: *„Dies hat letztlich zu der Einsicht geführt, daß diese Gewalt nur mit militärischen Gegenmaßnahmen gestoppt werden kann."* Diese Folge-Beziehung ist geschaffen durch substantivische bzw. adjektivische objektdeiktische Verweise auf das zuvor Gesagte: ‚dies' und ‚diese Gewalt' sowie durch die Verbindung des anadeiktischen ‚dies' mit dem Symbolfeld-Mittel ‚führen zu', welches ein Konsekutivverhältnis zwischen einzelnen Teilen der Aussage ausdrückt.

Von der Syntax und Lexik her kennzeichnet sich diese Rechtfertigungshandlung durch gesprochen-sprachliche unkomplizierte kurze Sätze und allgemeinsprachliches Vokabular mit Einsetzung von wertenden und emotionalen Begriffen, Hoch- und Unwertwörter. Durch letztere werden die Position und die Vorgehensweise der westlichen Regierungen bzw. der NATO und die des Milošević deutlich gegenübergestellt. Der Westen wird mit positiv oder zumindest nicht negativ bewertenden Lexemen charakterisiert, Milošević und seine Politik dagegen – mit äußerst negativen: Während *„die internationale Diplomatie"* sich um eine *„friedliche Lösung"* bemüht, setzt der *„Diktator Milosevic seine Vertreibungspolitik"* fort. Während Milošević gnadenlos *„Gewalt"* ausübt, greift die NATO zu *„militärischen Gegenmaßnahmen"*. Gleichzeitig wird in dieser Rechtfertigung durch das Fehlen der Personaldciktika und verwendete Passivkonstruktionen der allgemeinsprachliche Charakter der Aussage beansprucht.

Im letzten Satz geht der Abgeordnete zwar auf den zweiten Vorwurf ein, behandelt ihn aber als eine Frage und reagiert auf diese Frage nicht mit einer Rechtfertigung, wo die Richtigkeit eines längeren Aufenthalts der Flüchtlinge in Deutschland begründet wird, sondern mit einer einfachen Antwort: *„Flüchtlinge werden dann in ihre Heimat zurückkehren können, wenn dafür die notwendigen Wiederaufbaumaßnahmen parallel dazu anlaufen. Dies wird einige Zeit in Anspruch nehmen."* Dadurch verwandelt Rudolf Bindig eine mögliche Vorwurf-Rechtfertigungssequenz in eine Frage-Antwort-Sequenz.

14. Absender: Tanja

Frage: *Sehr geehrter Herr Binding,*

mich würde es interessieren, ob den nur den albanischen Flüchtlingen geholfen wird oder ob man auch versuchen wird, denn serbischen irgendwie zu helfen.
Mir ist nämlich bekannt, daß auch serbische Flüchtlinge unterwegs sind, nur diese werden hier nicht erwähnt.
Eine weitere Frage ist die, ob man auch daran denkt die jugoslawische Teilrepublik Montenegro finanziell zu unterstützen, da sich dort auch um die 60.000 Flüchtlinge befinden.
Meiner Meinung nach ist es nicht verständlich, daß man Montenegro auch bombardiert, wenn auch deutlich weniger. Immerhin befinden sich dort auch sehr viele Kosovo-Albaner.
Ich denke, daß durch weitere Angriffe auf Montenegro die Sicherheit der Kosovo-Albaner in Montenegro gefährdet wäre.
Für Ihre Antwort bedanke ich mich im voraus.
Mit freundlichen Grüßen
Tanja

Antwort: *Es wird allen Flüchtlingen geholfen, egal von welcher Ethnie sie sind.*
In Montenegro werden hauptsächlich militärische Ziele angegriffen. Da in Montenegro soviel serbisches Militär stationiert ist, daß man dort einen Militärputsch der

serbischen Zentralregierung befürchtet, dient die Schwächung
des Militärs auch der Reduzierung der Möglichkeiten einer
gewaltsamen Machtübernahme in Montenegro.

In dieser Sequenz interessiert uns nur die zweite Frage von Tanja, da sie von Rudolf Bindig als Vorwurf interpretiert wird und dementsprechend reagiert er darauf mit einer Rechtfertigung. In ihrer Frage bezweifelt Tanja die Vernünftigkeit der Bombardements in Montenegro, wo sich viele Flüchtlinge aufhalten. Ihren Vorwurf richtet die Teilnehmerin der Konferenz in erster Linie an die NATO, die *„durch weitere Angriffe auf Montenegro die Sicherheit der Kosovo-Albaner in Montenegro gefährdet".*

Rudolf Bindig bestreitet nicht, dass durch Bombardements die Flüchtlinge in Montenegro in Gefahr gebracht werden, er erklärt aber, warum die Angriffe trotzdem fortgesetzt werden. Dabei verwendet er wie im vorigen Beispiel die Strategie der ‚Berufung auf höhere Norm', weil der Sinn der Militäraktionen in Montenegro in einem größeren Zusammenhang berücksichtigt werden muss: Diese an sich negativen Handlungen der NATO haben den Zweck, serbisches Militär zu schwächen. Der Abgeordnete nimmt an, bei seiner Kommunikationspartnerin bestehe ein Wissensdefizit über die aktuelle Lage und Ereignisse in Montenegro. Um seine Behauptung, das Vorgehen der NATO in Montenegro sei richtig, zu stützen, muss er nun diese Wissenslücke bei Tanja füllen. Das macht er mit einem kurzen einleitenden **informierenden** Sprechakt (*„In Montenegro werden hauptsächlich militärische Ziele angegriffen."*), der zum M-Element dieser Rechtfertigungshandlung wird. Daraufhin wird von R. Bindig eine Argumentation aufgebaut, um den Sinn der Angriffe auf militärische Ziele zu **erklären:** *„Da in Montenegro soviel serbisches Militär stationiert ist, daß man dort einen Militärputsch der serbischen Zentralregierung befürchtet, dient die Schwächung des Militärs auch der Reduzierung der Möglichkeiten einer gewaltsamen Machtübernahme in Montenegro."* Diese Erklärung weist typische Merkmale eines schriftlichen argumentativen Textes auf: komplizierte Syntax, Nominalstil mit Unwert- und Stichwörtern (*„militärische Ziele"*, *„Militärputsch"*, *„gewaltsame Machtübernahme"*) sowie vorangestelltes ‚da' als operatives Mittel zur Kennzeichnung der Kausalrelation[103], welches den Grund für das Vorliegen des problematischen Sachverhalts (hier: Bombardements in Montenegro) einleitet. Innerhalb dieses äußeren Kausalrahmens wird die Argumentation durch das paraoperative konsekutive ‚soviel, dass' entfaltet. Mithilfe des ‚dass-Satzes' schafft der Abgeordnete eine logische Beziehung zwischen dem bestehenden Sachverhalt (zu viele serbische Militärkräfte in Montenegro) und seiner möglichen Folge (Militärputsch), die unbedingt vermieden werden soll, und sichert somit noch zusätzlich die Verständigung und Akzeptanz der eigenen Gründe bei der Kommunikationspartnerin.

---

[103] S. Kap. 3.3.2.

Personalpronomen gibt es in dieser Rechtfertigung nicht, stattdessen verwendet Rudolf Bindig eine Passivkonstruktion ohne Nennung des Urhebers der Handlung (*„In Montenegro werden hauptsächlich militärische Ziele angegriffen."*) und das Indefinitpronomen ‚man'. Eine solche Technik der Entpersonifizierung setzt der Abgeordnete m.E. absichtlich ein: ‚Man' kann sowohl einen beliebigen Menschen wie auch eine beliebig große Gruppe von Menschen bedeuten, dabei bleibt es dem Hörer überlassen, die Repräsentanten dieser Gruppe für sich zu identifizieren. Letzteres kann durchaus schwierig sein: In Abhängigkeit vom Situationskontext bezieht sich ‚man' auf unterschiedlich große Kreise von Mitbeteiligten. So kann sich im analysiertden Beispiel hinter ‚man' z.b. die Regierungs-Koalition verbergen, der Rudolf Bindig selbst zugehört, aber auch das deutsche Parlament, welches der Beteiligung der Bundeswehr an dem Kosovo-Krieg zugestimmt hat, es können aber auch die westlichen Demokratien oder die NATO gemeint sein. Dank dieser Technik wird das diskutierte Ereignis zu einer allgemeinen Gesetzmäßigkeit.

15. Absender: Uwe L. Pawlowski (CH)

Frage: *Ist es nicht vermessen, seitens der Parteien und der Bundesregierung einschliesslich der EU zu behaupten, es handle sich um einen humanitären Einsatz der Nato und gleichzeitig nimmt das Elend nur zu statt ab und man streitet sich um die Kontigente zur Aufnahme von Flüchtlingen?*

Antwort: *Das Motiv des Einsatzes ist und bleibt ein humanitäres Anliegen. Die Vertreibung und brutale Gewaltanwendung hat es bereits vor den Militärschlägen gegeben. Man kann doch nicht zusehen, wenn Menschen in fürchterlichster Weise mißhandelt werden. Durch die Militäreinsätze wird man schuldig, durch das Zusehen wird man ebenfalls schuldig. Die Frage ist, durch was man mehr Schuld auf sich lädt. Es handelt sich um eine echte Tragödie. Immerhin wird so auch ein Signal gesetzt, daß die internationale Gemeinschaft nicht mehr bereit ist wegzuschauen, wenn mit größter Brutalität gegenüber unschuldigen Menschen vorgegangen wird. Das Vertreibungselend kann doch nicht der NATO zugerechnet werden. Die Quelle der Gewalt und des Elends ist Milosevic, dem sein Handwerk gelegt werden muß. Er muß vor ein internationales Strafgericht gebracht werden, damit er dort für seine "Verbrechen gegen die Menschlichkeit" zur Verantwortung gezogen werden kann.*

Uwe Pawlowski richtet seinen Vorwurf gleichzeitig an die EU-Regierung, Bundesregierung und alle politischen Parteien in Deutschland. Er weist auf einen für ihn persönlich unverständlichen Widerspruch hin: Während Politiker über einen humanitären Einsatz der NATO sprechen, dessen Ziel offensichtlich die Verringerung des menschlichen Leidens im ehemaligen Jugoslawien sein sollte, wird die Situation im Kosovo und seinen Nachbarländern immer schlimmer. Statt wie vereinbart Flüchtlinge aufzunehmen und somit ihren Verpflichtungen nachzukommen, streiten sich die EU-Länder über die Zahl der aufzunehmenden Flüchtlinge. Der Gegenstand des Vorwurfs ist also eine Diskrepanz zwischen dem, was in der Politik verkündet wird, und dem, was in der Tat zur Erreichung des Verkündeten unternommen wird.

Der Abgeordnete nimmt m.E. die implizite Andeutung dieser Diskrepanz nicht wahr und reagiert in seiner Antwort nur auf den ersten Teil der Vorhaltung, also auf den Zweifel seines Kommunikationspartners daran, dass man wirklich von einem humanitären Einsatz im Kosovo sprechen kann. Er rechtfertigt nicht die unzureichenden Bemühungen der Bundesregierung in der Flüchtlingspolitik, sondern die Notwendigkeit der Bombardements, was Rudolf Bindig bereits im 13. Beispiel gemacht hat. Daher wiederholt sich im aktuellen Beispiel die Strategie ,der Berufung auf höhere Norm', die im M-Element, also im Kern der Rechtfertigung zu erkennen ist: *„Durch die Militäreinsätze wird man schuldig, durch das Zusehen wird man ebenfalls schuldig. Die Frage ist, durch was man mehr Schuld auf sich lädt."* Der Politiker betont immer wieder, die Militäreinsätze, obwohl sie unzählige Opfer fordern und das Elend der unschuldigen Menschen verstärken, seien das letzte Mittel, das der Diktatur von Milošević und seiner Vertreibungspolitik ein Ende machen kann. Dieser im M-Element in Form einer **Behauptung** ausgedrückte Anspruch auf die Richtigkeit und Alternativlosigkeit der Bombardements wird mit weiteren **feststellenden Sprechakten** gestützt. So beginnt Rudolf Bindig seine Aussage mit der **Behauptung,** welche die von Uwe Pawlowski zuvor in Frage gestellte Auffassung aufrechterhalten soll: *„Das Motiv des Einsatzes ist und bleibt ein humanitäres Anliegen."* Der nächste Sprechakt, das **Konstatieren** *(„Die Vertreibung und brutale Gewaltanwendung hat es bereits vor den Militärschlägen gegeben.")* gehört meiner Meinung nach nicht zu der analysierenden Rechtfertigung, sondern zur nächsten Sprechhandlung, die mit diesem Satz eröffnet wird und später mit der Behauptung *„Das Vertreibungselend kann doch nicht der NATO zugerechnet werden"* fortgesetzt wird. Das ist keine Rechtfertigung mehr, das ist eine Zurückweisung des Vorwurfs, die Schuld an dem Elend der Flüchtlinge trüge die NATO. Hier findet also eine Überlagerung zweier Handlungsmuster statt: Vorwurf-Rechtfertigung und Vorwurf-Zurückweisung. Nach der Eröffnung der Zurückweisung kehrt der Politiker allerdings zu seiner Rechtfertigung zurück, formuliert das M-Element, bringt seine negative Bewertung der Lage im Kosovo zum Ausdruck *(„Es handelt sich um eine echte Tragödie")* und beendet das Vorwurf-Rechtfertigungsmuster mit einer weiteren **Behauptung,** wo er noch einmal ausdrücklich betont, es sei richtig zu handeln statt wegzuschauen: *„Immerhin wird so auch ein Signal gesetzt, daß* *die internationale Gemeinschaft nicht mehr bereit ist wegzuschauen, wenn mit größter Brutalität gegenüber unschuldigen Menschen vorgegangen wird. "*

Der Abgeordnete hält sich bei dieser Rechtfertigung nicht nur an dieselbe Strategie, sondern auch an denselben syntaktischen Aufbau wie im Beispiel 13. Er tendiert zu kurzen, prägnanten Sätzen mit Verbformen im Indikativ Präsens. Der Personenbezug durch Personalpronomen fehlt, stattdessen kommen wie in allen vorigen Rechtfertigungen von Rudolf Bindig entweder Passivformen ohne Nennung des Täters oder das indefinite ‚man' vor. Außerdem ist in dieser Rechtfertigungshandlung eine Verbindung von einer Anapher und einer Epiphora zu finden: *"Durch die Militäreinsätze wird man schuldig, durch das Zusehen wird man ebenfalls schuldig."* Diese rhetorischen Figuren bringen einen bestimmten Rhythmus in das M-Element und machen es übersichtlicher.

Auf der lexikalischen Ebene verwendet der Politiker solche nennenden Prozeduren, die seine moralische Wertung des Geschehens zum Ausdruck bringen: Während die eine Seite der an diesem Krieg Beteiligten als *"internationale Gemeinschaft"* bezeichnet wird, für die es um *"ein humanitäres Anliegen"* geht, wird die andere Seite *"der Vertreibung, brutaler Gewaltanwendung und größter Brutalität gegenüber unschuldigen Menschen"* beschuldigt. Außerdem ist diese Rechtfertigung von Rudolf Bindig sehr expressiv, sie zeichnet sich aus durch einen hohen Anteil von Lexemen, die eine negative Bewertung ausdrücken (*"brutal"*, *"fürchterlich"*, *"Tragödie"*). Dabei bringt der Abgeordnete all diese Wörter in Verbindung mit der Politik und der Vorgehensweise Miloševićs. Auf diese Weise werden die gravierenden Unterschiede zwischen den zwei politischen Lagern – dem von Milošević und der NATO – unterstrichen.

Dem Stützen des Richtigkeitsanspruchs dient auch die Verwendung der Modalpartikel ‚doch': *"Man kann doch nicht zusehen, wenn Menschen in fürchterlichster Weise mißhandelt werden."* Graefen definiert ‚doch' als ein operatives Mittel, „dessen Funktionsweise als Aufhebung einer Negation und Bearbeitung eines Widerspruchs zu beschreiben ist. [...] Es entsteht insofern der Eindruck einer Bekräftigung, als der Sprecher sich durch die Infragestellung nicht von seiner Auffassung abbringen lässt." (Graefen 2000: 11) Aus dem gemachten Vorwurf zieht der Politiker den Schluss, sein Kommunikationspartner sei gegen den Militäreinsatz im Kosovo, obwohl diese Einstellung nicht explizit zur Sprache kommt. Der Abgeordnete selbst sieht aber keine andere Alternative, den Kosovo-Konflikt zu lösen, und muss nun in seiner Rechfertigung diese mitverstandene Einstellung ändern. ‚Doch' hat einen auffordernden Charakter, der Satz mit ‚doch' ist ein Appell an den Kommunikationspartner, den Sachverhalt einzusehen, den Widerspruch anzuerkennen und seine Meinung zu ändern.

Fazit aus der Konferenz mit Rudolf Bindig:

Aus der Analyse aller 5 Rechtfertigungsbeispiele aus der Konferenz mit Rudolf Bindig lassen sich einige Schlüsse über die Rechtfertigungstaktik des Abgeordneten ziehen. Auf der Makroebene bedient sich der Politiker in drei von fünf Beispielen der Strategie der ,Berufung auf höhere Norm', dabei geht es in diesen Beispielen um eine Rechtfertigung der Militärangriffe im Kosovo. Diese Äußerungen sind auf der Meso- bzw. Mikroebene nach einem bestimmten Prinzip aufgebaut: Rudolf Bindig spricht in kurzen Sätzen und verwendet allgemeinsprachlichen Wortschatz, durchsetzt mit wertenden Lexemen und politischen Ideologie- und Schlagwörtern. In Beispielen 13, 14 und 15 findet sich eine Polarisierung der Lexik, durch den Gebrauch von Hochwert- und Unwertwörtern wird ein Kontrast zwischen zwei politischen Positionen geschaffen – der Position der NATO und der von Milošević, statt des negativ konnotierten Wortes ,Krieg' werden eher neutrale Wörter eingesetzt: *„militärische Gegenmaßnahmen"*, *„Militäreinsätze"*. Beim Vergleich werden auch die Wiederholungen von ähnlichen Phrasen und Wortgruppen erkennbar wie z.B. *„10 000 aufnehmende Flüchtlinge"*, *„die internationale Gemeinschaft"*, *„die Vertreibungspolitik – die Vertreibung – das Vertreibungselend"*, *„Gewalt – Gewaltanwendung"*. Interessant ist auch, dass der Politiker in allen fünf Beispielen einen direkten Personenbezug vermeidet, zwei Ausnahmen sind ,ich' im Beispiel 11 und ,wir' im Beispiel 12. Dadurch fehlt diesen Beiträgen die Referenz auf eine Person, Personengruppe oder Institution, die für die in der Äußerung thematisierte Handlung verantwortlich gemacht werden kann.

Das entscheidende Charakteristikum einer jeden Rechtfertigungshandlung ist das Vorhandensein von Indikatoren, die eine konklusive Relation in der Rechtfertigung markieren und grammatischer oder lexikalischer Natur sein können: „Damit eine minimal explizite Sprechhandlung als „konklusiv" [...] zählt, [...], muss mindestens ein sprachlicher Indikator hinzukommen, der sie als Konstituente einer kS (konklusiven Sprechhandlung) ausweist" (Klein 1987: 220). In zwei von fünf analysierten Beispielen (11 und 15) fehlen diese Indikatoren. Dementsprechend erfolgt die Themenentfaltung in diesen Beispielen aufzählend bzw. narrativ und nicht argumentativ.

Online-Konferenz „Kosovo: Humanitäre Hilfe für Flüchtlinge" mit Christian Schwarz-Schilling:

16. Absender: Willi Pichler, Österreich

Frage: *Glauben Sie eigentlich wirklich, daß man Gewalt mit Gewalt bekämpfen kann?*

Antwort: *Leider ist es manchmal notwendig, Gewalt mit Gewalt zu*

216

bekämpfen. Das 20. Jahrhundert hat uns eigentlich genügend Anschauungsmaterial dafür geliefert. Glauben Sie, daß wir die Hitler-Diktatur losgeworden wären, wenn die Alliierten keine Gewalt angewendet hätten? Leider zeigt die Geschichte, daß nur die Entschlossenheit, Freiheit und Recht zu verteidigen, dafür bürgt, daß wir nicht alle in einer Welt der Unfreiheit und Tyrannei enden werden. Und nur in diesem Sinne lohnt sich der Kampf.

Hier liegt ein versteckter Vorwurf in Form einer rhetorischen Frage vor. Die Frage, ob man Gewalt mit Gewalt bekämpfen kann, bezieht sich auf die aktuelle Situation im Kosovo und den NATO-Krieg in dieser Region. Durch ‚eigentlich wirklich' im ersten Teil des Satzes wird klar, dass Willi Pichler diese Frage für sich mit ‚nein' beantwortet. Aus dieser Position verurteilt er die Unterstützung des Krieges durch das deutsche Parlament, er braucht keine Antwort ‚ja' oder ‚nein', sondern er fragt den Abgeordneten der CDU nach seiner persönlichen Meinung nach der Begründung dieser Meinung.

Bei der Rechtfertigung von Christian Schwarz-Schilling geht es also im Grunde genommen um die Legitimation der Militäreinsätze im Kosovo. Er rechtfertigt sie gleich mit seiner ersten **Behauptung:** *„Leider ist es manchmal notwendig, Gewalt mit Gewalt zu bekämpfen".* In einigen Fällen bleibt also einfach nichts anderes übrig als zur Gewalt zu greifen, und die Situation im ehemaligen Jugoslawien ist wohl ein solcher Fall. Durch das Adverb ‚leider' kommt in dieser Behauptung ein wertender Aspekt hinzu, damit bringt der Abgeordnete sein Bedauern hinsichtlich der ausgedrückten Proposition zur Sprache, stützt aber seinen Anspruch auf eine nicht negative Bewertung der Militäraktion im Kosovo mit einem Argument. Als Argument, das die Richtigkeit seiner These beweisen soll, nutzt der Politiker einen historischen **Hinweis** auf den Zweiten Weltkrieg und die Hitler-Diktatur: *„Das 20. Jahrhundert hat uns eigentlich genügend Anschauungsmaterial dafür geliefert. Glauben Sie, daß wir die Hitler-Diktatur losgeworden wären, wenn die Alliierten keine Gewalt angewendet hätten?"* Interessant ist, dass Christian Schwarz-Schilling dasselbe rhetorische Mittel benutzt wie sein Kommunikationspartner: Er antwortet mit einer rhetorischen Frage, die ebenso wie die Frage von Herrn Pichler mit *„Glauben Sie, ..."* anfängt. Aus dem Hinweis auf den Zweiten Weltkrieg zieht der Abgeordnete eine Parallele zu der aktuellen Situation im Kosovo – wobei meiner Meinung nach implizit auch Hitler mit Milošević verglichen wird – und kommt zu einem Schluss, der in Form einer **Behauptung** die Vorgehensweise im Kosovo legitimiert und daher als M-Element dieser Rechtfertigungshandlung definiert werden kann: *„Leider zeigt die Geschichte, daß nur die Entschlossenheit, Freiheit und Recht zu verteidigen, dafür bürgt, daß wir nicht alle in einer Welt der Unfreiheit und Tyrannei enden werden. Und nur in diesem Sinne lohnt sich der Kampf."*

Aus dem M-Element wird klar, welcher Rechtfertigungsstrategie sich der Politiker in diesem Beispiel bedient. Indem er als Endziel der Gewaltanwendung das Beenden „*der Unfreiheit und Tyrannei*" verkündet, verweist er ‚auf positive Folgen' des Kampfes. Diese positiven Folgen würden sich auf die ganze Menschheit ausdehnen, denn auf diese Weise würden „*wir alle*" vor der Unfreiheit gerettet. ‚Wir alle' verweist darauf, dass jeder Mensch – und nicht nur EU-Bürger – das Recht auf ein freies Leben hat. Diese Behauptung könnte beim Offendenten Schuldgefühle auslösen, denn seine Einstellung (keine Gewaltanwendung im Kosovo) verweigert möglicherweise den Kosovo-Albanern dieses Recht auf Freiheit. Mit dem ersten inklusiven personaldeiktischen ‚wir' integriert der Abgeordnete sich selbst und seinen Gesprächspartner in die Gruppe von Menschen, die schon einmal gezwungen waren, Gewalt mit Gewalt zu bekämpfen und damals auch Recht hatten: „*Glauben Sie, daß wir die Hitler-Diktatur losgeworden wären, wenn die Alliierten keine Gewalt angewendet hätten?*" Dadurch wird bei Willi Pichler an das Mitverantwortungs- und Solidaritätsgefühl für alle Deutschen und Europäer, die im Zweiten Weltkrieg gekämpft haben, appelliert. Dank einem geschickten Gebrauch von personaldeiktischen Prozeduren werden also beim Kommunikationspartner Gefühle ausgelöst, die ihn dazu bringen können, seine Position umzudenken und seine Bewertung des problematischen Sachverhalts zu modifizieren.

Die Sprache dieser Rechtfertigungshandlung lässt sich eher als politische Schriftsprache charakterisieren. Dies beweisen die komplizierte Syntax im M-Element der Rechtfertigung, der gehobene Stil im letzten Satz, die Polarisierung der Lexik, wobei der gebrauchte ideologische Wortschatz deutlich auf zwei unterschiedliche politische Lager verweist: das der Gerechten („*Entschlossenheit*", „*Freiheit*", „*Recht*") und das der Ungerechten („*Diktatur*", „*Unfreiheit*", „*Tyrannei*").

Eine Rechtfertigung setzt immer eine bestimmte Argumentation voraus und sollte daher aus drei Teilen bestehen: aus einer oder mehreren Propositionen, die einen Grund bzw. Gründe einer Handlung zum Ausdruck bringen, aus einer oder mehreren Propositionen, die sich auf die Folgen beziehen, und einem konklusiven Indikator, der eine regelhafte Beziehung zwischen den ersten beiden Teilen ausdrückt. Im analysierten Beispiel von Christian Schwarz-Schilling sind nicht alle drei Konstituenten vorhanden. Trotzdem spreche ich von einer Rechtfertigung, denn der konklusive Indikator fehlt m.E. wegen der veränderten Propositions-Reihenfolge: die Folge-Proposition wird gleich im ersten Satz hergeleitet und somit vorangestellt („*Leider ist es manchmal notwendig, Gewalt mit Gewalt zu bekämpfen*"). Erst dann wird eine Basis für diese Behauptung (Grund-Propositionen) geliefert. Dabei sind in diesem den Grund beschreibenden Abschnitt noch zwei Unter-Argumente zu finden: „*Glauben Sie, daß wir die Hitler-Diktatur losgeworden wären, wenn die Alliierten keine Gewalt angewendet hätten?*" und „*Leider zeigt die Geschichte, daß nur die Entschlossenheit, Freiheit und Recht zu verteidigen, dafür bürgt, daß wir nicht alle in einer Welt der*

Unfreiheit und Tyrannei enden werden." Durch den Konditionalsatz mit ‚wenn' thematisiert der Abgeordnete absichtlich eine in der Vergangenheit nicht-stattgefundene Bedingung und aktiviert das Kulturkontext-Wissen seines Kommunikationspartners. Im Konsekutivsatz wird durch die Indikatoren ‚dass' die Zwischenbilanz aus dem vorher Gesagten gezogen. Die Gesamtargumentation dieses Beispieles lässt sich folgenderweise rekonstruieren:

Grund: Der Annahme von Willi Pichler, dass man Gewalt mit Gewalt nicht bekämpfen kann, widerspricht die Geschichte, insbesondere das 20. Jahrhundert. Nur weil die Alliierten Gewalt angewendet haben, sind die Europäer die Hitler-Diktatur losgeworden und leben jetzt in der Freiheit und nicht in der Tyrannei. Eine Parallele zwischen der Hitler-Diktatur und der Milošević-Diktatur im gegenwärtigen Jugoslawien wird zwar nicht sprachlich explizit gezogen, aber aus dem Situationskontext-Wissen implizit mitgemeint und mitverstanden.

Folge: Dieser Präzedenzfall bestätigt die Richtigkeit und die Notwendigkeit des Kampfes. Also ist man manchmal gezwungen, Gewalt anzuwenden. Die konklusive Grund-Folge-Beziehung der gesamten Äußerung wird ebenso mitgemeint.

17. Absender: Ulrike

Frage: *Herr Dr. Schwarz- Schilling,*

warum greift die Nato ausgerechnet im Kosovo ein, wo doch in der Türkei die Menschenrechte ebenfalls massiv mißchtet werden?
Wie stellen sie sich - nachdem es sich immer mehr abzeichnet, daß die Nato ratlos ist - den weiteren Verlauf des Konflikts vor?

Antwort: *Was im Kosovo passiert, überschreitet alles, was derzeit an Grausamkeiten verübt wird. Wir sind mit der Türkei, was Menschenrechtsverletzungen angeht, überhaupt nicht einverstanden und monieren das mit allem Nachdruck. Dennoch kann man die Tyrannei des Milosevic mit dem immer noch funktionierenden Parteienstaat der Türkei nicht vergleichen. Bei der Türkei sehe ich durchaus Chancen, schrittweise Verbesserungen durchzuführen. Bei der Mentalität des Herrn Milosevic sehe ich diese Chance nicht. Er übt seine Gewalt skrupellos und ohne jedes Maß, ja, man kann sagen: ohne jede politische Rationalität aus.*

Es gibt Beispiele dafür in der Geschichte, wie sich solche Tyrannen verhalten, wenn sie Kompromisse eingehen oder echte Verhandlungen führen sollen. Ihre Gewalttaten werden nur noch größer. Insofern ist der Vergleich mit der Türkei nicht richtig.

Der Krieg, der gegen die Gewaltherrscher geführt wird, wird, je länger er dauert, die Ressourcen, die militärischen Einrichtungen, die Nachschubbasen und die ganze Struktur des Landes zerstören. Wenn diese Gewaltherrscher dann eines Tages merken, daß sie gar keine Werkzeuge des Tötens mehr in der Hand haben, wird es neue Entwicklungen geben. Ich bin kein Prophet, um hier einen genauen Verlauf des Konflikts voraussagen zu können.

Ein Vorwurf-Rechtfertigungsmuster wird in diesem Beispiel zweimal durchlaufen, da in der Frage von Ulrike zwei Vorwürfe und in dem Beitrag von Christian Schwarz-Schilling dementsprechend zwei Rechtfertigungen zu finden sind.

Beide Vorwürfe von Ulrike richten sich gegen die Politik des Bundestages im Kosovo, der Hauptgrund für diese Vorwürfe ist die Unterstützung des Krieges von der Mehrheit im Bundestag. Unterschiedlich sind allerdings die Gegenstände für die beiden Vorhaltungen: im ersten Fall sind es die Einstellungen der NATO und der deutschen Abgeordneten, die den Krieg befürworten. Ulrike beschuldigt sie der ungleichen Behandlung der Regime, wo Menschenrechte verletzt werden. Sie vergleicht den Kosovo, wo ein Krieg geführt wird, mit der Türkei, wo keine der westlichen Demokratien eingreift: *„warum greift die Nato ausgerechnet im Kosovo ein, wo doch in der Türkei die Menschenrechte ebenfalls massiv mißachtet werden?"* Der Gegenstand für den zweiten Vorwurf, der indirekt zur Sprache kommt, sind politische Handlungen. Mit den Worten *„nachdem es sich immer mehr abzeichnet, dass die Nato ratlos ist"* wird m.E. gemeint, dass die militärischen Angriffe der NATO offensichtlich keinen Erfolg haben und nichts an der tragischen Lage im Kosovo ändern. Nach der Klassifikation von Rehbein[104] sind hier zwei Typen von Vorwurfshandlungen zu finden: Kontextvergleich des Sachverhalts und Klassifizierung des Sachverhalts.

Die Antwort von Christian Schwarz-Schilling teilt sich in zwei Abschnitte: der erste, größere Teil bezieht sich auf den ersten Vorwurf, der letzte Absatz seiner Aussage – auf den zweiten Vorwurf von Ulrike. Der Abgeordnete bedient sich zweier Rechtfertigungsstrategien: ‚Abstreiten der Vorwurfsnorm' als Grundlage der ersten Rechtfertigungshandlung und ‚Verweisung auf positive Folgen', um die Vorgehensweise der NATO im Kosovo zu rechtfertigen.

---

[104] S. Kap. 2.1., Seite 70 dieser Arbeit.

Mit seiner ersten **Behauptung** gibt der Politiker zu verstehen, dass die Verbrechen des Milošević-Regimes im Kosovo von den Menschenrechtsverletzungen in anderen Ländern zu unterscheiden und für ihn persönlich deswegen von allen anderen Fällen abzugrenzen sind: *„Was im Kosovo passiert, überschreitet alles, was derzeit an Grausamkeit verübt wird."* Er **gibt** aber auch gleich **zu**, seine Kommunikationspartnerin habe Recht, wenn sie über die Situation in der Türkei spricht: *„Wir sind mit der Türkei, was Menschenrechtsverletzungen angeht, überhaupt nicht einverstanden und monieren das mit allem Nachdruck."* Die nächste **Behauptung** (*„Dennoch kann man die Tyrannei des Milosevic mit dem immer noch funktionierenden Parteienstaat der Türkei nicht vergleichen."*) stellt das M-Element der Rechtfertigung dar, welches dann am Ende der Sprechhandlung noch einmal in Form eines **widerlegenden Sprechaktes** wiederholt wird: *„Insofern ist der Vergleich mit der Türkei nicht richtig."* Das M-Element bildet somit einen Rahmen, dabei wird der letzte Sprechakt – **Widerlegen von Ulrikes Behauptung** – aus der Argumentation abgeleitet, die der Politiker innerhalb dieses Rahmens aufbaut. Zuerst **erklärt** er, warum er die Menschenrechtsverletzungen im Kosovo und in der Türkei so strikt auseinander hält: *„Bei der Türkei sehe ich durchaus Chancen, schrittweise Verbesserungen durchzuführen. Bei der Mentalität des Herrn Milosevic sehe ich diese Chance nicht. Er übt seine Gewalt skrupellos und ohne jedes Maß, ja, man kann sagen: ohne jede politische Rationalität aus."* Diese angegebenen Gründe reichen anscheinend in den Augen von Christian Schwarz-Schilling nicht aus, weil er sie noch durch einen zusätzlichen **Hinweis** auf die Beispiele aus der Vergangenheit unterstützt: *„Es gibt Beispiele dafür in der Geschichte, wie sich solche Tyrannen verhalten, wenn sie Kompromisse eingehen oder echte Verhandlungen führen sollen. Ihre Gewalttaten werden nur noch größer."* Mit der ganzen Rechtfertigungshandlung versucht der Politiker zu beweisen, dass seine Gesprächspartnerin die Situation in den beiden Ländern falsch einschätzt, er bestreitet somit die für Ulrike geltende Norm, welche die Grundlage für den Vorwurf liefert.

Diese Rechtfertigung ist ein Beispiel dafür, wie eine Argumentation ohne Einsatz von im dritten Kapitel angesprochenen konklusiven Indikatoren aufgebaut werden kann. Das gelingt dem Abgeordneten einerseits durch die richtige Auswahl und die richtige Reihenfolge von einzelnen Sprechakten auf der Mesoebene, andererseits werden diese Sprechakte auf der Mikroebene logisch miteinander verbunden. Dies geschieht mithilfe von phorischen und deiktischen Prozeduren, die rückverweisend wirken: ‚...monieren das...', ‚...Chancen, ...diese Chance', ‚...Milosevic, ... er, ...solche Tyrannen, ...sie, ...ihre Gewalttaten...'. Jeder Satz steht hier in einer engen semantischen Beziehung zu seinen Nachbarsätzen, es gibt nur zwei Konjunktionen, die eine adversative (‚dennoch') und eine kausale (‚insofern') Beziehung zwischen einzelnen Sprechakten markieren.

Interessant ist in diesem Beispiel auch der Wortschatz: Beim Vergleich von der Türkei und dem Kosovo greift Schwarz-Schilling zu solchen lexikalischen

Mitteln, die das Gute in einem Land und das Schlechte im anderen betonen: *„Grausamkeit"* im Kosovo, *„Menschenrechtsverletzungen"* in der Türkei (was zwar nicht gut ist, aber eine schwächere negative Bedeutung hat), *„die Tyrannei des Milošević"* und *„der immer noch funktionierende Parteistaat der Türkei, schrittweise Verbesserungen"* einerseits und *„skrupellose Gewalt ohne jedes Maß"* andererseits. Dieser Kontrast beweist, dass der Kosovo und die Türkei nicht zu vergleichen sind und erklärt den unterschiedlichen Umgang der deutschen Regierung mit diesen zwei Ländern.

Die zweite Rechtfertigung beginnt mit einer **Mitteilung:** *„Der Krieg, der gegen die Gewaltherrscher geführt wird, wird, je länger er dauert, die Ressourcen, die militärischen Einrichtungen, die Nachschubbasen und die ganze Struktur des Landes zerstören."* In diesem Satz informiert er über die einzelnen Ziele, die mit den Bombardements erreicht werden sollen. Die Wichtigkeit dieser Mitteilung wird durch eine sich steigernde Aufzählung von Zerstörungsobjekten, also durch Klimax, verstärkt. In der nächsten **Behauptung,** die in Form eines hypothetischen Arguments formuliert ist, spricht der Abgeordnete über das übergeordnete Ziel der ganzen Aktion, die letztendlich positive Folgen haben soll: *„Wenn diese Gewaltherrscher dann eines Tages merken, daß sie gar keine Werkzeuge des Tötens mehr in der Hand haben, wird es neue Entwicklungen geben."* Dieser Verweis auf das Endziel der Angriffe bildet das M-Element der Rechtfertigungshandlung. Der Abgeordnete ist aber meiner Meinung nach selbst nicht sicher, ob er mit seiner Vermutung richtig liegt. Dies äußert sich einerseits in dem hypothetischen Argument, bei dem die Wahrheit der Proposition nur angenommen wird und nicht bewiesen werden soll, andererseits steht der letzte **konstatierende** Satz der Rechtfertigung im Widerspruch zu den ersten zwei: Nachdem der Abgeordnete in den vorherigen Sätzen den weiteren Verlauf der Ereignisse auf dem Balkan geschildert hat, gibt er zu, dass er nichts voraussagen kann: *„Ich bin kein Prophet, um hier einen genauen Verlauf des Konflikts voraussagen zu können."*

In beiden Rechtfertigungen sind zwei Personaldeiktika zu finden: Ein exklusives ‚wir' bezeichnet die deutschen Politiker, wenn es um die Verurteilung der Menschenrechtsverletzungen in der Türkei geht. Das personaldeiktische ‚ich' bezieht sich auf den Abgeordneten selbst und bringt seine eigene Meinung zu diesem Problem zur Geltung. Auch die temporal- und lokaldeiktische ‚derzeit' bzw. ‚hier' verweisen auf die aktuelle Situation der Online-Konferenz. Als ein weiteres Merkmal der mündlichen Rede kann Alltagsvokabular angesehen werden, auf die vorbereitete Schriftsprache verweist eine komplizierte Syntax. Die Grundfunktion dieser Rechtfertigungshandlung ist argumentativ und überzeugend.

Fazit aus der Konferenz mit Christian Schwarz-Schilling:

Beide analysierten Rechtfertigungen des Abgeordneten Christian Schwarz-Schilling weisen einige Gemeinsamkeiten auf. Auf der Makroebene bedient sich der Politiker der Strategie ‚Verweisen auf positive Folgen', in beiden Fällen rechtfertigt er die NATO-Angriffe im Kosovo. Auf der Mesoebene wird die Argumentation mit verschiedenen übermittelnden und feststellenden Sprechakten aufgebaut, interessant ist in beiden Beispielen der Hinweis auf geschichtliche Ereignisse, der bei anderen Abgeordneten selten zu finden ist. Die Syntax in den Beiträgen von Christian Schwarz-Schilling scheint von den Standards der Schriftsprache geleitet zu werden. Auf der Mikroebene fällt auf, dass das verwendete Vokabular in zwei Gruppen aufgeteilt werden kann: Milošević und sein Regime werden mit negativ bewertenden nennenden Prozeduren (Unwertwörter) beschrieben, während für andere europäische Länder positiv bewertende Hochwertwörter oder zumindest nicht negative Symbolfeldprozeduren ausgewählt werden. Trotz einer geringen Zahl von konklusiven Indikatoren in den Aussagen des Abgeordneten entfaltet sich das Thema argumentativ, die einzelnen Sprechakte werden mit zahlreichen phorischen und deiktischen Mitteln zu Sprechhandlungen verknüpft.

Online-Konferenz „Folgen der genetischen Diagnostik" (06.11.2000) mit dem Abgeordneten Dr. Wolfgang Wodarg (SPD):

18. Absender: **rainer S.**

Frage: *Zum Thema embryonale Stammzellen: Angenommen unter Verwendung eines Embryos, der ja ein gehirnloser Zellhaufen ist, liese sich ein Menschenleben retten und angenommen es gäbe keine Alternativen. Würden Sie den Tod eines Menschen in Kauf nehmen um einen Embryo zu schützen?*

Antwort: *Das Menschsein ist eben nicht an bestimmte Fähigkeiten gebunden. Mensch ist wessen Eltern Mensch sind. Wer anfängt andere Bedingungen für Menschsein zu definieren, macht Menschen zum Zweck und gefährdet die Basis unseres gesellschaftlichen Zusammenlebens. Wenn wir wirklich Menschenleben retten wollten, könnten wir bereits jetzt täglich Tausenden helfen (z.B. durch Geld für Medikamente). Die modernen Technologien werden nicht durch Betroffene eingefordert, sondern schaffen sich ihre Märkte meist selbst. Deshalb setzt Ihre Frage viel zu spät an.*

Der Vorwurf von Rainer S. versteckt sich hinter einer hypothetischen Vermutung, dass Wolfgang Wodarg bereit wäre, ein Menschenleben zu opfern, nur „um einen

Embryo zu schützen". Mit seinem Vorwurf bringt Rainer sehr deutlich seine eigene Einstellung zu diesem Problem zum Ausdruck: Er würde sich zweifellos für ein Menschenleben entscheiden, weil ein Embryo für ihn nichts anderes als *„ein gehirnloser Zellhaufen ist".* Durch seine Antworten während der Konferenz und eventuell auch durch seine früheren öffentlichen Aussagen verletzt der Abgeordnete die Präferenzen von Rainer S.

Wolfgang Wodarg teilt aber die Einstellung seines Gesprächspartners nicht, deswegen **widerspricht** er dem Vorwerfenden gleich im ersten Satz: *„Das Menschsein ist eben nicht an bestimmte Fähigkeiten gebunden."* Hr. Wodarg lehnt damit die Norm ab, von der aus sein Kommunikationspartner den Vorwurf macht, und benutzt somit die Strategie ‚des Abstreitens der Vorwurfsnorm'. Gleichzeitig teilt er dem Offendenten die für ihn gültige Norm mit, die seine Meinung zu dem angesprochenen Problem bestimmt. Diese **Behauptung** steht im Mittelpunkt der ganzen Äußerung und bildet das M-Element der Rechtfertigung: *„Mensch ist wessen Eltern Mensch sind."* Zur Hervorhebung dieses Satzes trägt seine Einrahmung durch Wortwiederholung bei: ‚Mensch ist – Mensch sind'. In seinen Augen ist also ein Embryo kein *„gehirnloser Zellhaufen"*, sondern ein Mensch, der nicht getötet werden darf, um andere Menschen zu retten. Der Abgeordnete bleibt nicht beim M-Element, er geht weiter in seiner Nicht-Akzeptanz der Vorwurfsnorm und greift zu einem Gegenvorwurf: *„Wer anfängt andere Bedingungen für Menschsein zu definieren, macht Menschen zum Zweck und gefährdet die Basis unseres gesellschaftlichen Zusammenlebens."* In dieser **Behauptung** grenzt sich Wolfgang Wodarg von den Leuten ab, die derselben Meinung sind wie Rainer S., mit dem inklusiven personaldeiktischen ‚unser' (*„unseres gesellschaftlichen Zusammenlebens"*), mit dem hier die ganze Menschheit bezeichnet wird, vereinigt sich der Abgeordnete wieder mit diesen Leuten. Das macht der Politiker m.E. absichtlich, um seinen Gegenangriff zu mildern. Letztendlich ist das Ziel einer jeden Online-Konferenz das Erreichen eines Konsenses mit den Bürgern. Diese Milderung mit dem inklusiven ‚wir' findet sich auch in dem nächsten Satz von Wodarg, der sich als eine **Behauptung** mit verstecktem Vorwurf begreifen lässt: *„Wenn wir wirklich Menschenleben retten wollten, könnten wir bereits jetzt täglich Tausenden helfen (z.B. durch Geld für Medikamente)."* Mit diesem Bedingungssatz im Indikativ gibt der Abgeordnete seinem Gesprächspartner zu verstehen, auch ohne Verwendung von embryonalen Stammzellen gibt es heutzutage andere Möglichkeiten, Menschenleben zu retten. Diese Möglichkeiten werden aber von vielen Leuten unterschätzt, weil sie auf die modernen Technologien (z.B. auf Gentechnik bzw. therapeutisches Klonen) hoffen, die ihrer Meinung nach Wunder vollbringen können. Mit dem nächsten **konstatierenden** Satz weist der Politiker indirekt darauf hin, dass es in Wirklichkeit oft keine Rolle spielt, ob eine neue Technologie den Bedürftigen zugute kommt, wichtiger sind wirtschaftliche Faktoren: *„Die modernen Technologien werden nicht durch Betroffene eingefordert, sondern schaffen sich ihre Märkte meist selbst."*

In diesem Beitrag rechtfertigt sich der Abgeordnete, indem er a) die Vorwurfsnorm seines Kommunikationspartners abstreitet und b) diese Vorwurfsnorm verurteilt. Die Rechtfertigung ist durch eine verständliche Syntax gekennzeichnet, in der einfache und zusammengesetzte Sätze im gleichen Verhältnis gebraucht werden. Durch einzelne Hochwertwörter wie *„ Menschsein"*, *„das gesellschaftliche Zusammenleben"*, *„Menschenleben retten"* wirkt der Wortschatz etwas gehoben. Durch das inklusive ‚wir' setzt der Politiker den Akzent darauf, dass das angesprochene Thema für jeden einzelnen Menschen wichtig ist, dass jeder angesprochen ist. In dieser Aussage gibt es wenige konklusive Indikatoren, das liegt daran, dass dieser Beitrag in seiner Grundfunktion nicht argumentativ, sondern appellativ ist. Die ganze Rechtfertigung ist eher für die anderen Teilnehmer der Konferenz als für den Offendenten bestimmt, Wolfgang Wodarg möchte die Öffentlichkeit für die eigene Position (und damit für die Position der SPD) und gegen die Position von Rainer S. gewinnen.

Online-Konferenz „Weltkindergipfel" (24.04.2002) mit der Abgeordneten Ingrid Fischbach (CDU/CSU):

19. Uli E.aus Wanne-Eickel fragte: *Hallo, warum fahren eigentlich 5 Abgeordnete aber nur 4 Kinder nach New York??*

I.Fischbach antwortet: *Lieber Uli, das liegt daran, daß die Kinderkommssion 5 Mitglieder hat, die Zahl der Kinderdelegierten von der National Coalition festgelegt wurde. Darauf hatten wir keinen Einfluß!*
Liebe Grüße Ingrid Fischbach

Dieses Beispiel stammt aus der Konferenz zum Thema „Weltkindergipfel", in der die meisten Fragen von den Kindern gestellt worden waren. Die fünf am Weltkindergipfel in New York teilnehmenden Abgeordneten sind Mitglieder der Kinderkommission. Auf diese Tatsache bezieht sich Uli E. in seiner Frage: Ihn interessiert, warum es weniger Kinderdelegierte gibt als Erwachsene. Seine Warum-Frage enthält den impliziten Vorwurf, dass durch die geringe Zahl der Kinder-Abgesandten, welche die Hauptrolle bei dem Treffen in New York übernehmen sollten, die Interessen der Kinder benachteiligt werden. Hinter der Äußerung von Uli steckt die Befürchtung, nicht die Kinder sondern die erwachsenen Abgeordneten würden in New York die wichtigsten Entscheidungen treffen.

Obwohl Frau Fischbach bei der Antwort ihren Kommunikationspartner duzt, ihn direkt anspricht (*„Lieber Uli"*) und ihre Äußerung mit einer Abschiedsformel beendet (*„Liebe Grüße"*), sind dies keine Beweise dafür, dass die Abgeordnete sich konkret auf diesen Menschen einstellt. Im Laufe der ganzen Konferenz wiederholen sich in jeder Antwort der Politikerin dieselbe Anrede („lieber/liebe + Name') und der gleiche Satz am Ende („liebe Grüße Ingrid Fischbach'). Der einzige Unterschied beim Ansprechen der Gesprächspartner während der Konferenz ist das Duzen gegenüber den Kindern und das Siezen gegenüber den Erwachsenen, wenn erkennbar ist, wer die Frage gestellt hat. Ein solcher Aufbau von Antwort-Aussagen ist eher für eine schriftliche Brief- bzw. E-Mail-Kommunikation kennzeichnend als für ein Gespräch.

Auf der Makroebene benutzt die Abgeordnete die Strategie der ‚Verweisung auf Umstände', indem sie den Kommunikationspartner **informiert,** dass *„die Zahl der Kinderdelegierten von der National Coalition festgelegt wurde".* Als M-Element fungiert der vorletzte **informierende** Satz, welcher durch das Ausrufezeichen am Ende eine besondere Bedeutung und ein besonderes Gewicht innerhalb der ganzen Äußerung bekommt: *„Darauf hatten wir keinen Einfluß!"* Die Politikerin verweist in dieser Rechtfertigung auf die bestehende Ordnung bei der Festlegung der Teilnehmer des Kindergipfels, und auch darauf, dass die Mitglieder der Kinderkommission diese Ordnung nicht ändern können. Sie rechtfertigt nicht nur sich selbst, sondern alle Mitglieder der Kinderkommission, das zeigt sich an deren Bezeichnung durch das exklusive ‚wir'. Die innere Kohärenz zwischen Frage und Antwort sowie zwischen den einzelnen Sprechakten innerhalb der Rechtfertigung schafft Frau Fischbach mithilfe von rückwärts- und vorwärtsweisenden deiktischen und paraoperativen Prozeduren (‚das', ‚daran', ‚darauf'), dadurch stehen die nacheinanderfolgenden Sätze in einer engen semantischen Beziehung zueinander. Da die Bedingungen für den problematischen Sachverhalt von der Abgeordneten als im Voraus festgelegte dargestellt werden, wirkt die Rechtfertigung durch verständliche Syntax, das Alltagsvokabular und das Vermeiden der rhetorischen Figuren wie eine kurze sachliche Aussage, deren Grundfunktion informierend ist.

Online-Konferenz zu den Themen: „Warum braucht Europa eine Verfassung?" und „Sollte es ein Referendum über die EU-Grundrechtecharta geben?" mit dem Abgeordneten J. Meyer (SPD):

20. David Wilkens aus Köln fragte:	*Sie befürworten ein politisches Gremium zur schnellen Klärung von Kompetenzfragen. Führt dies nicht gerade zu der weiteren Verkomplizierung die bei der Idee einer 2.Kammer im EP von nationalen Abgeordneten auch befürchtet wird?*
J. Meyer antwortet:	*Es besteht meines Erachtens die Notwendigkeit, die oftmals politisch bedeutsamen Kompetenzprobleme auf eine befriedigendere Art zu lösen, als das gegenwärtig geschieht. Wenn dadurch die nationalen Parlamentarier in den Entscheidungsprozess einbezogen werden, so besteht die*

Möglichkeit, rasch eine Konsenslösung zu erreichen. Ein Subsidiaritätsausschuss ist jedenfalls eine wesentlich einfachere Lösung als eine zusätzliche Kammer.

In der Frage von David Wilkens geht es um ein zusätzliches politisches Gremium nämlich um eine zweite Kammer im Europa-Parlament, die sich mit der Lösung von Problemen der Kompetenzverteilung in der EU befassen soll. Herr Wilkens stellt mit seiner Frage den Bezug zu einer früheren Äußerung von Herrn Meyer her, wo der Letzte über die Möglichkeit spricht, anstelle des bereits existierenden *„Rates eine Staatenkammer zu bilden"*, um die Konfliktfelder in der EU zu verringern. Diese Möglichkeit scheint dem Fragenden nicht der beste Weg zu sein, er schließt sich der Meinung von einigen nationalen Abgeordneten an, die zweite Kammer würde *„zu der weiteren Verkomplizierung ... im EP"* führen. Der Vorwurf, keine gute politische Lösung vorgeschlagen zu haben, richtet sich also konkret gegen J. Meyer.

Der Abgeordnete **teilt** seinem Kommunikationspartner in den ersten zwei Sätzen **mit,** warum er die Bildung der zweiten Kammer befürwortet. Dabei führt er zwei Hauptursachen dafür an: Erstens werden für politische Kompetenzprobleme im Europa-Parlament nicht immer die richtigen Lösungen gefunden (*„Es besteht meines Erachtens die Notwendigkeit, die oftmals politisch bedeutsamen Kompetenzprobleme auf eine befriedigendere Art zu lösen, als das gegenwärtig geschieht."*), dabei bezieht er sich auf die gegenwärtige Situation. ‚Gegenwärtig' ist ein symbolischer Ausdruck, tritt aber in dieser Äußerung als eine temporale paradeiktische Prozedur auf, die sprechsituativ auf einen größeren Zeitraum verweist, in dem auch die Konferenz stattfindet. Zweitens würde das neue Gremium das Einbeziehen der nationalen Abgeordneten in die Konfliktlösung ermöglichen, was eine Konsenslösung beschleunigen könnte (*„Wenn dadurch die nationalen Parlamentarier in den Entscheidungsprozess einbezogen werden, so besteht die Möglichkeit, rasch eine Konsenslösung zu erreichen."*). Der Politiker bewertet die Konsequenzen einer positiven Entscheidung über das neue Gremium anders als sein Kommunikationspartner, für ihn bringt eine solche Entscheidung mehr Positives als Negatives mit sich. Die verwendete Rechtfertigungs-Strategie ist hier also die ‚Verweisung auf positive Folgen'.

Die zweite Mitteilung ist m.E. das M-Element der Rechtfertigung, denn in diesem Satz werden die möglichen positiven Auswirkungen der zusätzlichen Kammer begründet. Der argumentative Charakter dieser Mitteilung zeigt sich an der logischen Beziehung zu dem vorangegangenen Satz sowie an den eingesetzten konklusiven Indikatoren. Es gibt einen Instrumental-Indikator ‚dadurch', der auf den ersten Blick eine kausale Relation zwischen den beiden Sätzen herstellt. Wenn man aber die Funktion von ‚dadurch' berücksichtigt, – es sollte auf ein Mittel zum Erreichen des verkündeten Ziels hinweisen – so stellt man fest, dass dieser Instrumentalindikator nicht auf den ersten Satz verweist (die Notwendigkeit einer besseren Lösung der Kompetenzprobleme im EP als ein

Mittel, um Abgeordnete in den Prozess einzubeziehen und eine schnellere Lösung zu finden), sondern auf den im Vorwurf problematisierten Sachverhalt (Bildung eines neuen Gremiums als Mittel zum Erreichen der im Folgesatz angestrebten Ziele). Durch diesen Rückbezug auf das in der Frage des Offendenten angesprochene Thema kann meiner Meinung nach ein Missverständnis entstehen, weil der Gesprächspartner logischerweise versuchen wird, das Verweisobjekt von ‚dadurch' im vorhergehenden Satz zu finden. Es ist aber allein der Inhalt und die Reihenfolge der beiden Sätze des Politikers, die dazu beitragen, den logischen Zusammenhang zwischen beiden Mitteilungen gedanklich richtig herzustellen. Bei diesem Aufbau der Argumentation läuft der Abgeordnete die Gefahr, von seinem Kommunikationspartner nicht oder falsch verstanden zu werden.

Im M-Element benutzt der Politiker ein hypothetisches Argument, um eine ebenfalls hypothetische Folgerung auszudrücken. Die Konstruktion ‚wenn ... so' stellt eine logische Beziehung zwischen zwei Satzteilen her, von denen der erste eine Bedingung, und der zweite eine Folge ist. Dabei wird aber diese logische Bedingung-Folge-Beziehung von J. Meyer nur angenommen, was er selber auch betont: *„so besteht die Möglichkeit"*. Hypothetisches Argumentieren lässt einem Politiker immer die Chance, sich später zu rechtfertigen, wenn seine Annahmen falsch waren und sich nicht bestätigt haben.

In der Rechtfertigung von J. Meyer überrascht der letzte Satz: Plötzlich macht der Abgeordnete in seiner Argumentation einen Schritt zurück und **behauptet,** *„Ein Subsidiaritätsausschuss ist jedenfalls eine wesentlich einfachere Lösung als eine zusätzliche Kammer."* Mit diesem Satz bestätigt er implizit die Berechtigung des Vorwurfs, weil er zugibt, es gibt tatsächlich eine viel einfachere Lösung, also könnte man sich theoretisch Probleme mit der Bildung der zweiten Kammer ersparen. Mit dieser Aussage, die bedeutet, dass der Abgeordnete das im Vorwurf angesprochene Problem einsieht und auch selber nichts gegen eine andere einfachere Lösung hat, entzieht sich der Politiker teilweise der Verantwortung für den problematischen Sachverhalt und wandelt eine angefangene Rechtfertigung in eine Zurückweisung des Vorwurfs um.

Die angesprochenen kritischen Punkte der analysierten Rechtfertigungshandlung – hypothetisches Argumentieren, das problematische Einsetzen von konklusiven Indikatoren, kein logischer Zusammenhang zwischen dem ersten und zweiten Teil der Aussage – sowie komplizierte Syntax mit Satzgefügen, Vergleichen, Infinitivgruppen und Tendenz zur Nominalisierung, kein Personenbezug und schriftsprachliche Ausdrücke (*„meines Erachtens"*) machen die Argumentation in diesem Beispiel meiner Meinung nach zu kompliziert und unverständlich.

Fazit aus dem analysierten Material:

Anschließend sollen die wichtigsten Ergebnisse der durchgeführten Analyse kurz aufgezählt werden:

1. Kein analysiertes Vorwurf-Rechtfertigungsmuster ist abgeschlossen, das im Kapitel 2 dargestellte Ablaufdiagramm eines solchen Musters wird in politischen Online-Konferenzen nur zur Hälfte durchlaufen. Das findet seinen Niederschlag in der Beobachtung, dass in Online-Konferenzen ausnahmslos zweiwertige Rechtfertigungshandlungen zu finden sind.

Außerdem hat die Untersuchung der Beispiele aufgezeigt, dass die Abgeordneten sich auf der <u>Makroebene</u> aller sechs Rechtfertigungsstrategien bedienen, wobei aber die Häufigkeit ihrer Verwendung unterschiedlich ist. Als beliebteste und am häufigsten angewendete erwiesen sich die Strategien der ‚Verweisung auf positive Folgen' (in sieben Beispielen), der ‚Berufung auf höhere Norm' und des ‚Abstreitens der Vorwurfsnorm' (jeweils in sechs Beispielen). Die Strategie des ‚Umdeutens des Vorgeworfenen' kommt dagegen im Datenkorpus nur einmal vor, die des ‚Bestreitens der Absicht' – dreimal. Dabei konnte auch anhand der Beispiele aus der Konferenz „Kosovo: Humanitäre Hilfe für Flüchtlinge" festgestellt werden, wie oft einzelne Politiker in verschiedenen Rechtfertigungshandlungen die gleichen Strategien nutzen. Diese Tatsache bestätigt die früher aufgestellte Hypothese, dass jeder Politiker für den Umgang mit der Öffentlichkeit bestimmte sprachliche Techniken entwickelt, die in einem Gespräch in gewissem Umfang unabhängig von dem Kommunikationspartner stereotyp umgesetzt werden.

2. Auf der <u>Mesoebene</u> dominieren zwar erläuternde Sprechakte, es gilt aber anzuerkennen, dass ein Rechtfertigen im Grunde genommen über Illokutionen aller im zweiten Kapitel dargestellten Sprechakte operieren kann.

Gemeinsam für die meisten Rechtfertigungen ist komplizierte Syntax mit vielen Satzgefügen und Nominalgruppen. Ein solcher Satzaufbau entspricht eher den Standards der Schriftsprache, zur „Belebung" der Äußerungen werden von den Abgeordneten einzelne rhetorische Figuren wie z.B. anaphorische Wiederholungen, Klimax, Metapher u.a. eingesetzt.

3. Die wichtigsten und zahlreichsten Erkenntnisse werden aus der Untersuchung der <u>Mikroebene</u> gewonnen. Erst die prozedurale Analyse gewährleistet eine Vergleichbarkeit der Ergebnisse.

Auffallend für die analysierten Rechtfertigungen ist eine geringe Zahl von konklusiven Indikatoren, die ein Grund-Folge-Verhältnis in argumentativen Sprechhandlungen markieren. Dieses Phänomen ist im Datenkorpus auf zwei Erklärungen zurückzuführen: die logische Kohärenz der Rechtfertigung wird geschaffen durch eine richtige Reihenfolge der einzelnen Sprechakte und ihre Verknüpfung zum Ganzen mit phorischen und deiktischen Mitteln. Neben der Organisation mit konklusiven Indikatoren ist die Organisation mit phorischen und deiktischen Mitteln eine alternative Möglichkeit, argumentative Sprechhandlungen zu realisieren. Eine weitere Alternative, und zwar der Aufbau der Argumentation mit nennenden Prozeduren, die als Indikatoren der Konklusivität fungieren, wird in den untersuchten Rechtfertigungen nicht genutzt. In anderen Rechtfertigungshandlungen werden aber keine richtigen Gründe für den problematischen Sachverhalt angeführt, sondern das im Vorwurf angesprochene Thema wird vom Standpunkt des Defendenten informierend, deskriptiv oder appelativ entfaltet, was das Ausbleiben der konklusiven Indikatoren in diesen Beispielen erklärt.

Die Analyse hat außerdem die im vorigen Kapitel geäußerte Hypothese bestätigt, dass in Online-Konferenzen anadeiktische und anaphorische Prozeduren überwiegen, dabei werden sie ausschließlich sprechsituativ verwendet. Zum Gebrauch des Personalpronomens ‚wir', lässt sich sagen, dass ‚wir' in politischen Online-Konferenzen eine beliebig große Gruppe von Menschen bezeichnet, angefangen von einer Fraktion bzw. einer Partei bis zu der ganzen Menschheit. ‚Ich' kommt dagegen selten vor und betont immer die eigene Meinung der /des Abgeordneten.

Das Kernstück der nennenden Prozeduren in den Rechtfertigungsbeiträgen bildet allgemeinsprachliche Lexik, mit Einsatz von politischen Hochwert-, Unwert- und Programmwörtern. Einige Abgeordnete (z.B. Rudolf Bindig und Christian Schwarz-Schilling) neigen zur Polarisierung der Lexik, wenn mithilfe von symbolischen Prozeduren, die positiv und negativ gefärbt sind, eine strikte Linie zwischen dem eigenen und dem gegnerischen Lager gezogen wird.

5. RÜCKBLICK UND ZUSAMMENFASSUNG

In diesem letzten Teil sollen die wichtigsten Ergebnisse der Arbeit zusammenfassend dargestellt werden. In der vorliegenden Arbeit wurde der Versuch unternommen, eine neuartige Form politischer Kommunikation daraufhin zu untersuchen, ob diese neue Form – politische Online-Konferenzen, hier am Beispiel der Konferenzen des Deutschen Bundestages – tatsächlich bisher unerreichte Möglichkeiten einer direkten, offenen und ungefilterten Kommunikation zwischen Politikern und Öffentlichkeit eröffnet. Politische Online-Konferenzen sind der linguistischen Analyse zugänglich gemacht worden, indem aus dem gesamten Konferenz-Diskurs nur ein bestimmtes (Sprech-)Handlungsmuster – Vorwurf-Rechtfertigung – in die Analyse einbezogen und mit dem Instrumentarium der Funktionalen Pragmatik rekonstruiert worden ist.

Die Untersuchung beginnt mit der Beschreibung des Gesamtzusammenhanges. Im **ersten Kapitel** ist zuerst darauf hingewiesen worden, inwiefern das Internet sich auf die politische Kommunikation auswirkt, welche demokratischen Potenziale darin stecken und wie diese Potenziale in politischen Online-Konferenzen realisiert werden. Im fortschreitenden Prozess der Digitalisierung der Politik ragen vor allem solche Kommunikationsformen hervor, die nicht nur über bestimmte politische Entscheidungen informieren, sondern den Meinungsaustausch zwischen politischen Repräsentanten und der Öffentlichkeit möglich machen. Dabei galt es in dieser Arbeit zu überprüfen, ob Online-Konferenzen des Deutschen Bundestages als derartige Kommunikationsformen definiert werden können.

Anhand von Erfahrungen der teilnehmenden Bürger und der Analyse der Makroebene einzelner Online-Konferenzen wurde nachgewiesen, dass die Sprache in Online-Konferenzen eine komplexe Mischung von Mündlichkeit und Schriftlichkeit und somit eine neuartige Gesprächssorte darstellt. Es handelt sich um dialogisches Sprechen, weil es bis zu einem gewissen Grad simultan und spontan ist. Wenn man aber die Struktur dieser Kommunikationsereignisse genauer untersucht, weisen viele Beiträge einen ziemlich hohen Grad an Vorbereitetheit auf. Daher bezeichne ich diese Kommunikationsform als Diskurs mit textuellen Einschüben.

Die Frage, ob Internet-Konferenzen für die politische Kommunikation wirklich Vorteile bringen und ob sie den Erwartungen der teilnehmenden Bürger entsprechen, wurde negativ beantwortet. Nach den Aussagen der Teilnehmer bekamen sie im Laufe der Konferenz kaum neue Informationen, viele Fragen blieben unbeantwortet, auf problematische bzw. kritische Punkte wurde seitens der Politiker oft nicht eingegangen. Außerdem weisen Statistiken nach, dass die

Nutzer der politischen Netzangebote hinsichtlich ihrer Geschlechteraufteilung, ihres Alters, ihrer formalen Bildung und ihrer zur Verfügung stehenden Ressourcen nicht repräsentativ für die Bevölkerung sind, es handelt sich bei solchen Kommunikationsangeboten nur um eine Teilöffentlichkeit, die erreicht wird.

Eine erste Untersuchung der sprachlichen Oberfläche bestätigte, dass die Politiker Online-Kommunikation meistens nicht als eine neue Form der Kommunikation und wahrscheinlich auch nicht als mündliche Kommunikation betrachten, sondern als schriftliche öffentliche Kommunikation zu einem bestimmten Thema. Das erklärt die niedrigen Benutzerwerte der direkten Online-Kommunikation in der deutschen Politik.

Im **zweiten Kapitel** wird die theoretische Grundlage der nachfolgenden Untersuchung dargestellt. Im ersten Teil des Kapitels wird in Auseinandersetzung mit früher erschienenen Arbeiten eine Definition der Sprechhandlung ‚Rechtfertigen' erarbeitet. Dabei wird besonders auf drei obligatorische Bedingungen eines Vorwurf-Rechtfertigungsmusters hingewiesen: Jede Vorwurf-Rechtfertigungsinteraktion impliziert eine schon stattgefundene Handlung, welche für mindestens einen der Kommunikanten nicht akzeptabel ist, was er mit seinem Vorwurf zum Ausdruck bringt. Als nächster Schritt entscheidet sich der Defendent dafür, die Verantwortung für diese Handlung zu übernehmen. Das Kernstück jedes Vorwurf-Rechtfertigungsmusters bildet das Ausdiskutieren der Interpretation dieser fraglichen Handlung, wobei der (Sich-)Rechtfertigende versucht, durch bestimmte argumentative Strategien die Zweifel seines Kommunikationspartners auszuräumen.

Eine Rechtfertigung wird in der vorliegenden Arbeit als eine Sprechhandlung definiert, bei der relevante Aspekte der inkriminierten Handlung argumentativ thematisiert werden. Dabei stehen dem Defendenten sechs mögliche Rechtfertigungsstrategien zur Verfügung.

Ausschlaggebend für den Erfolg einer Rechtfertigung ist in erster Linie, dass der Sprecher seine Argumente durch die richtige Wahl der passenden Sprechakte stützen kann. Diese Auswahl bestimmter Sprechakte, die in einer Sprache für bestimmte Zwecke ausgearbeitet vorliegen, passiert nicht zufällig, sondern aufgrund des Handlungsziels des Sprechers, seines Welt- und Sprachwissens sowie seiner Antizipation des hörerseitigen Wissens. Dabei verfügt der Sprecher über mehrere Handlungsalternativen, die als Sprechhandlungspotenzial einer Rechtfertigung inhärent sind. Mit welchen Handlungsalternativen nun eine Rechtfertigung in einer konkreten Situation realisiert wird, hängt davon ab, welche kommunikative Funktion einzelne Sprechakte haben und wie sie zu der gewählten Rechtfertigungsstrategie passen.

Ausgehend von unterschiedlichen Funktionen einzelner Sprechakte wurde im zweiten Kapitel eine Taxonomie der Rechtfertigungs-Sprechakte erstellt. Dabei stellte sich heraus, dass beim Rechtfertigen eine Fülle von Abläufen und möglichen Äußerungen zur Verfügung steht. In erster Linie aber operieren Rechtfertigungen über Illokutionen assertiver Sprechakte, hauptsächlich sind es erläuternde und problematisierende Sprechakte. Ein weiterer Punkt bei der Untersuchung der Vorwurf-Rechtfertigungsinteraktion ist der Hinweis darauf, dass bei der Analyse jeder einzelnen Rechtfertigungshandlung die Berücksichtigung der Vor- und Nachgeschichte eine entscheidende Rolle spielt. Eine zusammenfassende Darstellung des Handlungsablaufs einer handlungs- bzw. absichtsbegründenden Rechtfertigung findet sich in Ablaufdiagrammen im Kapitel 2.3.

In der vorliegenden Arbeit bin ich der Frage nachgegangen, ob Rechtfertigungshandlungen in den Medien – vor allem in politischen Online-Konferenzen – allen Kriterien einer regulären Rechtfertigung entsprechen. Das Besondere an der politischen Kommunikation beruht darauf, dass sich in der Politikersprache Kommunikationsmaximen und Maximen der Parteisolidarität gegenseitig ausschließen. Die Politiker, die sich bei ihren Auftritten um das Vertrauen der Öffentlichkeit und die Legitimation ihrer Politik bemühen, entscheiden sich nicht selten für Prinzipien der Parteisolidarität und verstoßen dabei gegen Kommunikationsmaximen.

Die Vermutung, dass bei einer Rechtfertigung mehrere Kombinationen zwischen illokutionären Rollen der verschiedenen Sprechhandlungsklassen möglich sind, hat sich beim Vergleich der Rechtfertigungsbeispiele aus verschiedenen Medien bestätigt. Aber trotz einer großen Vielzahl von konkreten Realisierungen des Rechtfertigungsmusters in politischen Online-Konferenzen haben alle etwas Gemeinsames: Das sprachliche Handlungsmuster ‚Vorwurf-Rechtfertigung' bleibt in Internet-Konferenzen nicht abgeschlossen. Die durchgeführte Analyse hat aufgezeigt, dass eine notwendige Komponente jedes sprachlichen Musters – die Nachgeschichte – nicht nachvollzogen werden kann. Somit bleibt eine Rechtfertigungshandlung ergebnislos und ihr Ablauf hängt nicht mit dem erfolgreichen Abschluss des Gesamtmusters zusammen. Das führt dazu, dass die Teilnehmer der politischen Online-Konferenzen an dem Resultat ihrer Sprechhandlungen nicht interessiert sind und sich nicht bemühen, eine richtige Argumentation aufzubauen.

In dieser Arbeit geht es in erster Linie um das Aufdecken sprachlich-mentaler Tätigkeiten, die gesellschaftlichen Charakter haben und dazu dienen, den Zweck des sprachlichen Handelns zu erfüllen. Diese Tätigkeiten zeigen sich an der Oberfläche als sprachliche Prozeduren. In dem **dritten Kapitel** wende ich mich der ausführlichen Vorstellung meines methodischen Ansatzes zu und der Beschreibung der Mikroebene in politischen Online-Konferenzen.

Im dritten Kapitel sind nach der Erläuterung des Begriffs ‚sprachliche Prozeduren' und ihrer Funktion als Konstituenten eines Sprechhandlungsmusters einige Hypothesen bezüglich der nennenden, deiktischen und operativen Prozeduren in politischen Online-Konferenzen aufgestellt. Eine Basis für solche Hypothesen lieferten einerseits die in den vorigen Kapiteln vorgestellten Überlegungen über einen argumentativen Charakter einer Rechtfertigungshandlung und andererseits die bereits existierenden Arbeiten von den Theoretikern der Funktionalen Pragmatik über sprachliche Prozeduren.

In politischen Online-Konferenzen gilt zu klären, ob temporal-, lokal- bzw. objektdeiktische Ausdrücke auf den Textraum, Wahrnehmungsraum oder auf den Vorstellungsraum der Aktanten verweisen, denn ein häufigerer sprechsituativer Gebrauch von diesen Prozeduren ist ein wichtiger Beweis für mündliche, unvorbereitete, an einen Adressaten gerichtete Rede.

Es wurde außerdem auf die Möglichkeiten hingewiesen, die sich bei einem geschickten Umgang mit personaldeiktischen Ausdrücken eröffnen. Mithilfe von Personalpronomen können die Abgeordneten in Online-Konferenzen Gemeinsamkeiten bzw. Nähe oder Distanz zu einer Adressatengruppe explizit betonen.

Eine Rechtfertigung setzt immer Argumentation voraus und besteht deswegen aus drei Bestandteilen: einem oder mehreren Sprechakten, die Gründe einer Handlung anführen, aus einem oder mehreren anderen Sprechakten, die die Folgen der angesprochenen Handlung beschreiben, und einem konklusiven Indikator, der eine regelhafte Beziehung zwischen einzelnen Sprechakten ausdrückt. Dieser notwendige, begründende Charakter einer Rechtfertigung ließ mich die Vermutung äußern, dass in politischen Online-Konferenzen eine Vielzahl von operativen bzw. paraoperativen Konklusivitäts-Indikatoren zu erwarten sei.

Im **vierten Kapitel** wurde diese Vermutung bei der Untersuchung mehrerer Rechtfertigungsbeispiele aus Online-Konferenzen überprüft, es wurden die Ergebnisse der Analyse ausgewertet. Dabei ließen sich einige gemeinsame Tendenzen feststellen:

Politiker sind in ihren Antworten sehr vorsichtig, in den meisten Fällen vermeiden sie es, die Verantwortung für die problematische Handlung persönlich zu übernehmen, sie ziehen indirekte Antworten vor und beziehen sich in ihren Aussagen nicht selten auf ihren eigenen früheren Beitrag und nicht auf den Beitrag des Kommunikationspartners. Darum werden bestimmte Abschnitte einzelner Äußerungen in weiteren Redebeiträgen wiederholt. Außerdem neigen die Abgeordneten in ihren Antworten dazu, historische Parallelen aufzuzeigen und entsprechende Schlussfolgerungen aus der Geschichte zu suggerieren. Zur

Unterstützung eigener Positionen berufen sich deutsche Politiker gern auf eine andere Autorität.

Bei einer Auswertung der Korpusdaten konnten individuelle Vorlieben der Abgeordneten für einzelne Rechtfertigungsstrategien und bestimmte Ausdrucksmittel aufgezeigt werden. Von der Vorsicht der Politiker zeugt auch die Tatsache, dass die bewertenden Äußerungen, die neben Informationssprechakten die Struktur einer Rechtfertigungshandlung ausmachen, in der Gesamtmenge der analysierten Beispiele einen sehr geringen Anteil ausmachen. Meistens sind es einzelne Lexeme, die geeignet sind, eine Bewertung auszudrücken wie z.B. *richtig, gut, traurig, falsch, leider* u.a. Ein weiteres wesentliches Merkmal der mündlichen Kommunikation ist die Belebung der Rede durch Verwendung von Grad- und Modalpartikeln. In den rechtfertigenden Politikeräußerungen finden solche Elemente aber wenig Gebrauch.

Bei Benutzung der deiktischen Prozeduren werden in Online-Konferenzen oft gleichzeitig mehrere Verweisräume – Wahrnehmungsraum und Textraum, seltener auch Vorstellungsraum – in den Beitrag einbezogen. Eine deiktische Prozedur kann aber nur dann erfolgreich sein, wenn damit die Aufmerksamkeit des Kommunikationspartners auf ein Element in einem gemeinsamen Verweisraum fokussiert wird. Durch mehrere Verweisräume besteht die Gefahr, dass sich die Adressaten zwischen diesen Verweisräumen nicht richtig orientieren können, weil ihnen bei einem schriftlich fixierten „Gespräch" der Wechsel von einem Verweisraum zum anderen nicht immer bewusst wird.

Am Beginn des Kapitels wurde schon das Ziel einer Online-Konferenz formuliert: Sie soll zur Herstellung von öffentlichem Vertrauen sowie zur Schaffung gesellschaftlicher Verständigung bzw. eines gesellschaftlichen Konsenses beitragen. Diesem Ziel, die Richtigkeit einer Handlung zu beweisen und dadurch die Unterstützung der Öffentlichkeit abzusichern, dient jede einzelne Rechtfertigungshandlung. Bei Online-Konferenzen kann dieses Ziel aber wegen der Unabgeschlossenheit des Handlungsmusters nicht erreicht werden. Es ist von vornherein klar, dass ein Konsens mit dem Kommunikationspartner ausbleibt, deswegen sind die Abgeordneten am Erfolg ihrer Rechtfertigungen nicht interessiert. Dies spiegelt sich auf der Ebene der sprachlichen Prozeduren wieder: In den analysierten Beispielen dominieren Informations- und Beschreibungsfunktionen gegenüber der Argumentation. Das, was aufgrund der Sprechaktanalyse wie eine Rechtfertigung erschien, erwies sich somit in vielen Fällen nach der genauen Untersuchung der sprachlichen Prozeduren – vor allem der operativen – als Schein-Rechtfertigung, deren Funktion als rein informierend und nicht argumentativ und Zusammenhänge erklärend definiert werden kann. Anhand der durchgeführten Analyse wird erkennbar, dass in politischen Online-Rechtfertigungen kein direkter Zusammenhang zwischen dem Handlungszweck und dem Handlungsvollzug, d.h. zwischen dem Zweck einer Rechtfertigungshandlung und ihrer sprachlichen Realisierung, aufgedeckt werden kann. Das erklärt die Frustration der teilnehmenden Bürger und ihre geringe Wertschätzung der Online-Konferenzen.

Selbstverständlich konnten nicht alle Fragen und Probleme, die sich bei der Untersuchung von Rechtfertigungshandlungen stellen, im Rahmen dieser Arbeit behandelt werden. In erster Linie sei besonders darauf hingewiesen, dass Annahmen, Ziele und Strategien der Kommunikationsteilnehmer in analysierten Beispielen nicht beobachtet werden konnten, sondern im Nachhinein interpretiert wurden. Bei solchen Interpretationskonstrukten besteht immer die Gefahr, dass mehrere Lösungen und Interpretationen für eine oder andere Kategorie der erhobenen Daten möglich sind. Das ist aber ein beinahe unumgängliches Problem für jede linguistische Untersuchung heute, welches nur mit weiteren nachfolgenden Arbeiten gelöst werden kann. Dabei sollte m.E. das in dieser Arbeit vorgelegte Instrumentarim durch eine semantische Analyse ergänzt werden, um die linguistischen Charakteristika der politischen Kommunikation zu erfassen. Die vorliegende Arbeit kann für eine solche Untersuchung Grundlagenkenntnisse liefern.

Die Erkenntnisse dieser Untersuchung können in verschiedenen Bereichen Anwendungen finden: in erster Linie sind es angewandte linguistische Arbeiten, die sich auf politische Kommunikation in den Neuen Medien beziehen. Außerdem könnte diese Arbeit für Politiker und Politikwissenschaftler interessant sein, weil sie auf die Probleme der ‚direkten' Kommunikation zwischen Politikern und der Öffentlichkeit aufmerksam macht. Die beobachteten Phänomene im Gebrauch der sprachlichen Prozeduren decken ein Missverhältnis zwischen den Erwartungen der Kommunikationspartner und den Antworten der Abgeordneten auf. Eine Weiterentwicklung der beschriebenen Analyseschritte sollte letzendlich zu der Verbesserung der gesellschaftlichen Praxis mit wissenschaftlichen Mitteln beitragen. Ich hoffe auch, dass die Erkenntnisse dieser Studie didaktische Umsetzungsmöglichkeiten in den höheren Ebenen des Deutschunterrichts finden können: für das Erlernen von mentalen und sprachlichen Prozeduren, mit deren Hilfe sich eine Rede abhängig von ihrem Zweck erfolgreich gestalten lässt.

Schließlich könnten die Ergebnisse dieser Arbeit Konsequenzen in anderen Sprachen bzw. Ländern haben, wie z.B. in Russland und Osteuropa, wo sich die politische Online-Kommunikation noch im Entwicklungsstadium befindet. Ein Studium der hier angestellten Überlegungen könnte dazu beitragen, mögliche Fehler bei der Organisation dieser neuen Kommunikationsform zu vermeiden.

LITERATURVERZEICHNIS

Austin, John L. (1994): *Zur Theorie der Sprechakte. (How to do things with words)*. Stuttgart: Reclam.

Bak, Yong-Ik / Kang, Chang-Uh / Waßner, Ulrich (1992): Illokutionshierarchie im argumentativen Dialog. In: König, Peter-Paul / Wiegers, Helmut (Hrsg.): Sprechakttheorie. München: LIT Verlag. 71-85.

Bentele, Günter (1998): Politische Öffentlichkeitsarbeit. In: Sarcinelli, Ulrich (Hrsg.): Politikvermittlung und Demokratie in der Mediengesellschaft. Beiträge zur politischen Kommunikationskultur. Opladen: Westdeutscher Verlag. 124-145.

Bickel, Hans (1998): Wold-Wide-Web – eine neue Kommunikationsform auf dem Internet. In: Holly, Werner / Biere, Bernd Ulrich (Hrsg.): Medien im Wandel. Opladen: Westdeutscher Verlag. 211-220.

Bieber, Christoph (1998): Weitere Inseln im Datenstrom. In: Leggewie, Claus / Maar, Christa (Hrsg.): Internet & Politik. Von der Zuschauer- zur Beteiligungsdemokratie? Köln: Bollmann. 529-547.

Bieber, Christoph (1999): *Politische Projekte im Internet: Online-Kommunikation und politische Öffentlichkeit*. Frankfurt/Main, New York: Campus.

Bins, Elmar / Piwinger, Boris-A. (1997): Newsgroups: Weltweit diskutieren. Bonn: International Thomson Publishing Company.

Boventer, Hermann (Hrsg.): Medien und Demokratie. Nähe und Distanz zur Politik. Konstanz: Universitätsverlag.

Brandt, Margareta (1993): Zur Grammatik und Pragmatik von Partizipialattributen. In: Rosengren, Inger (Hrsg.): Satz und Illokution. Bd. 2. Tübingen: Niemeyer. 193-230.

Brockhaus-Enzyklopädie (1998). Bd. 14. (20.Aufl.) Leipzig et. al.: Brockhaus.

Brockhaus-Enzyklopädie (1998). Bd. 18. (20.Aufl.) Leipzig et. al.: Brockhaus.

Brünner, Gisela (1999): Medientypische Aspekte der Kommunikation in medizinischen Fernsehsendungen. In: Bührig, Kristin / Matras, Yaron (Hrsg.): Sprachtheorie und sprachliches Handeln. Tübingen: Stauffenburg. 23-42.

Brünner, Gisela / Graefen, Gabriele (1994): Texte und Diskurse. Opladen: Westdeutscher Verlag.

Brünner, Gisela / Redder, Angelika (1983): Studien zur Verwendung der Modalverben. Tübingen: Narr.

Bublitz, Wolfram (1978): *Ausdrucksweisen der Sprechereinstellung im Deutschen und Englischen.* Tübingen: Niemeyer.

Bublitz, Wolfram (2001): *Englische Pragmatik. Eine Einführung.* Berlin: Erich Schmidt Verlag.

Bührig, Kristin (1996): *Reformulierende Handlungen. Zur Analyse sprachlicher Adaptierungsprozesse in institutioneller Kommunikation.* Tübingen: Narr.

Burger, Harald (1991): *Das Gespräch in den Massenmedien.* Berlin, New York: de Gruyter.

Burger, Harald (2000a): Gespräche in den Massenmedien. In: Brinker, Klaus (Hrsg.): Text- und Gesprächslinguistik: ein internationales Handbuch zeitgenössischer Forschung. Berlin, New York: de Gruyter. 1492-1505.

Burger, Harald (2000b): Textsorten in den Massenmedien. In: Brinker, Klaus (Hrsg.): Text- und Gesprächslinguistik: ein internationales Handbuch zeitgenössischer Forschung. Berlin, New York: de Gruyter. 614-628.

Buri, Heinz (1992): *Argument und Parlament. Versuch der Entwicklung einer Methodologie zur Analyse dialogischer Sequenzen am Beispiel der "Nachrüstungsdebatte".* München: tuduv-Verl.-Ges.

Burkhardt, Armin (1996): Politolinquistik. Versuch einer Ortsbestimmung. In: Klein, Josef / Diekmannshenke, Hajo (Hrsg.): Sprachstrategien und Dialogblockaden. Linguistische und politikwissenschaftliche Studien zur politischen Kommunikation. Berlin, New York: de Gruyter. 75-100.

Burkhardt, Armin (1998): Integration und Distanzierung. Zu einigen typischen Sprachphänomenen im modernen Parlamentarismus. In: Reiher, Ruth / Kramer, Undine (Hrsg.): Sprache als Mittel von Identifikation und Distanzierung. Frankfurt am Main: Lang. 195-231.

Bußmann, Hadumod (1990): Lexikon der Sprachwissenschaft. Stuttgart: Kröner.

Czerwick, Edwin (1996): Politikverdrossenheit – politische Selbstreferenz und die „Stimme des Volkes". In: Klein, Josef / Diekmannshenke, Hajo (Hrsg.): Sprachstrategien und Dialogblockaden. Linguistische und politikwissenschaftliche Studien zur politischen Kommunikation. Berlin, New York: de Gruyter. 49-71.

Debatin, Bernhard (1998): Analyse einer öffentlichen Gruppenkonversation im Chat-Room. In: Prommer, Elizabeth / Vowe, Gerhard (Hrsg.): Computervermittelte Kommunikation: Öffentlichkeit im Wandel. Konstanz: UVK Medien. 13-37.

Der Wegweiser zur Online-Konferenz. URL: http://www.bundestag.de/blickpkt/arch_on/tech.htm (16.07.1999).

Dieckmann, Walter (1975): *Sprache in der Politik.* Heidelberg: Winter.

Dieckmann, Walter (1981): *Politische Sprache. Politische Kommunikation.* Heidelberg: Winter.

Dollhausen, Karin (2000): Neue Medien und Kommunikation: Medien- und kommunikationstheoretische Überlegungen zu einem neuen Forschungsfeld. In: Voß, Günter G. / Holly, Werner / Boehnke, Klaus (Hrsg.): Neue Medien im Alltag. Begriffsbestimmungen eines interdisziplinären Forschungsfeldes. Opladen: Leske + Budrich.

Eggs, Ekkehard (2000): Vertextungsmuster Argumentation: Logische Grundlagen. In: Brinker, Klaus (Hrsg.): Text- und Gesprächslinguistik: ein internationales Handbuch zeitgenössischer Forschung. Berlin, New York: de Gruyter. 397-414.

Ehlich, Konrad (1986a): *Interjektionen.* Tübingen: Niemeyer.

Ehlich, Konrad (1986b): Funktional-pragmatische Kommunikationsanalyse – Ziele und Verfahren. In: Hartung, W. (Hrsg.): Untersuchungen zur Kommunikation – Ergebnisse und Perspektiven. Berlin: Zentralinst. für Sprachwiss. 183-201.

Ehlich, Konrad (1986c): *Muster und Institution: Untersuchungen zur schulischen Kommunikation.* Tübingen: Narr.

Ehlich, Konrad (1991): Funktional-pragmatische Kommunikationsanalyse. In: Flader, Dieter (Hrsg.): Verbale Interaktion. Studien zur Empirie und Methodologie der Pragmatik. Stuttgart: Metzler. 127-143.

Ehlich, Konrad (1996a): Funktionalpragmatische Kommunikationsanalyse. In: Hoffmann, Ludwig (Hrsg.): Sprachwissenschaft: ein Reader. Berlin, New York: de Gruyter. 183-201.

Ehlich, Konrad (1996b): Sprechhandlungsanalyse. In: Hoffmann, Ludwig (Hrsg.): Sprachwissenschaft: ein Reader. Berlin, New York: de Gruyter. 211-226.

Ehlich, Konrad / Rehbein, Jochen (1972a): Zur Konstitution pragmatischer Einheiten in einer Institution: das Speiserestaurant. In: Wunderlich, Dieter (Hrsg.): Linguistische Pragmatik. Frankfurt am Main: Athenäum. 209-254.

Ehlich, Konrad / Rehbein, Jochen (Hrsg.) (1972b): Kommunikation in Schule und Hochschule: linguistischen und ethnomethodologischen Analysen. Tübingen: Narr.

Ehlich, Konrad / Rehbein, Jochen (1979): Sprachliche Handlungsmuster. In: Soeffner, Hans-Georg (Hrsg.): Interpretative Verfahren in den Sozial- und Textwissenschaften. Stuttgart: Metzler. 243-274.

Ehlich, Konrad / Rehbein, Jochen (1986): Die Entwicklung der Kommunikationstypologien und die Formbestimmtheit des sprachlichen Handelns. In: Kallmeyer, Werner (Hrsg.): Kommunikationstypologie. Handlungsmuster, Textsorten, Situationstypen. Düsseldorf: Schwann. 47-72.

Feldbusch, Elisabeth / Pogarell, Rainer / Weiß, Cornelia (Hrsg.) (1991): Neue Fragen der Linguistik. Akten des 25. Linguistischen Kolloquiums, Padeborn 1990. Tübingen: Niemeyer.

Fienemann, Jutta (1999): Histoire de la Mandarine: funktional-pragmatische Untersuchung einer lustigen Erzählung. In: Bührig, Kristin / Matras, Yaron (Hrsg.): Sprachtheorie und sprachliches Handeln. Tübingen: Stauffenburg. 97-112.

Filinski, Peter (1998): *Chatten in der Cyber-Word.* Bonn: Internat. Thomson Publ.

Fishkin, James F. (1998) : Das ganze Land in einem Raum. In: Leggewie, Claus/ Maar, Christa (Hrsg.): Internet & Politik. Von der Zuschauer- zur Beteiligungsdemokratie? Köln: Bollmann. 342-353.

Frankenberg, Hartwig (1976): *Vorwerfen und Rechtfertigen als verbale Teilstrategien der innerfamilialen Interaktion.* Düsseldorf: Univ., Phil. Fak., Diss.

Floeting, Holger / Grabow, Busso (1998): Städte am Netz. In: Leggewie, Claus / Maar, Christa (Hrsg.): Internet & Politik. Von der Zuschauer- zur Beteiligungsdemokratie? Köln: Bollmann.

Frindte, Wolfgang / Köhler, Thomas (1999): Kommunikation im Internet. Frankfurt a.M.: Lang. 262-276.

Georgakopoulou, Alexandra / Goutsos, Dionysis (1999): Discourse Analysis. An Introduction. Edinburgh : University Press.

Graffe, Jürgen (1990): *Sich festlegen und verpflichten. Die Untertypen kommissiver Sprechakte und ihre sprachlichen Realisierungsformen.* Münster: Waxmann.

Graefen, Gabriele (1997): *Der Wissenschaftliche Artikel – Textart und Textorganisation.* Frankfurt am Main: Lang.

Graefen, Gabriele (2000): Ein Beitrag zur Partikelanalyse – Beispiel *doch.* In: Linguistik online 6, 2/00. URL: http://www.linguistik-online.de/2_00/index.html (03.02.2003).

Grewenig, Adi (1993): *Inszenierte Information. Politik und strategische Kommunikation in den Medien.* Opladen: Westdeutscher Verlag.

Gruber, Helmut (1996): *Streitgespräche. Zur Pragmatik einer Diskursform.* Opladen: Westdeutscher Verlag.

Gürtler, Christian (1996): Politische Kommunikation am Internet. URL: http://bau2.uibk.ac.at/guerti/polwi (25.11.2002).

Hanssen, Rainer / Klein, Josef / Sauer, Hans-Gerd (1981): „Befehl-(Bestätigung)-Gehorsam" als zentrales dienstliches Handlungsmuster des Militärs – dargestellt am Beispiel Bundeswehr. In: Klein, Josef / Presch, Gunter (Hrsg.): Institutionen – Konflikte – Sprache. Arbeiten zur linguistischen Pragmatik. Tübingen: Niemeyer. 182-205.

Harras, Gisela (1977): Handlungen begründen. In: Baumgärtner, Klaus (Hrsg.): Sprachliches Handeln. Heidelberg: Quelle & Meyer. 28-46.

Heine, Roland (1989): *‚rechtfertigen': zum Aushandlungs- und Rekonstruktionscharakter einer Sprechhandlung.* Frankfurt am Main: Lang.

Henne, H. (1975): *Sprachpragmatik (Nachschrift einer Vorlesung).* Tübingen: Niemeyer.

Herrmann, Theo (1989): Sprachpsychologische Beiträge zur Partnerbezogenheit des Sprechens. In: Scherer, Hans (Hrsg.) Sprache in Situation: eine Zwischenbilanz. Bonn: Romanistischer Verlag. 56-81.

Hindelang, Götz (1983): *Einführung in die Sprechakttheorie.* Tübingen: Niemeyer.

Hoffmann, Ludger (1999): Eigennamen im sprachlichen Handeln. In: Bührig, Kristin / Matras, Yaron (Hrsg.): Sprachtheorie und sprachliches Handeln. Tübingen: Stauffenburg. 213-234.

Hoffmann, Ludwig (Hrsg.) (1996): *Sprachwissenschaft: ein Reader.* Berlin, New York: de Gruyter.

Hölzl, Bernhard (1987): *Die rhetorische Methode. Theorien und Modelle zur Pragmatik argumentativer Diskurse.* Würzburg: Königshausen und Neumann.

Holly, Werner (1990): *Politikersprache: Inszenierungen und Rollenkonflikte im informellen Sprachhandeln eines Bundestagsabgeordneten.* Berlin, New York: de Gruyter.

Holly, Werner (1996): Hier spricht der Zuschauer. Ein neuer methodischer Ansatz in der sprachwissenschaftlichen Erforschung politischer Fernsehkommunikation. In: Klein, Josef / Diekmannshenke, Hajo (Hrsg.): Sprachstrategien und Dialogblockaden. Linguistische und politikwissenschaftliche Studien zur politischen Kommunikation. Berlin, New York: de Gruyter. 101-121.

Holly, Werner / Biere, Bernd Ulrich (1998): Medien im Wandel. Opladen: Westdeutscher Verlag.

Jakobs, Eva-Maria (1998): Mediale Wechsel und Sprache. Entwicklungsstadien elektronischer Schreibwerkzeuge und ihr Einfluß auf Kommunikationsformen. In: Holly, Werner / Biere, Bernd Ulrich: Medien im Wandel. Opladen: Westdeutscher Verlag, 187-209.

Jarren, Otfried (1998): Medien, Mediensystem und politische Öffentlichkeit im Wandel. In: Sarcinelli, Ulrich (Hrsg.): Politikvermittlung und Demokratie in der Mediengesellschaft. Beiträge zur politischen Kommunikationskultur. Opladen: Westdeutscher Verlag. 74-94.

Jasper, Dirk (1997): *Internet Newsgroups. Suchen, Anzapfen, Nutzen, Diskutieren.* Düsseldorf: Econ.

Kaase, Max (1998): Demokratisches System und die Mediatisierung von Politik. In: Sarcinelli, Ulrich (Hrsg.): Politikvermittlung und Demokratie in der Mediengesellschaft. Beiträge zur politischen Kommunikationskultur. Opladen: Westdeutscher Verlag. 24-51.

Kallmeyer, Werner (Hrsg.) (1986): *Kommunikationstypologie. Handlungsmuster, Textsorten, Situationstypen.* Düsseldorf: Schwann.

Kameyama, Shinichi (1999): Wiederholen. In: Bührig, Kristin / Matras, Yaron (Hrsg.): Sprachtheorie und sprachliches Handeln. Tübingen: Stauffenburg. 187-202.

Kindt, Walther (1985): Selbstanknüpfung und Stereotype in Politikeräußerungen. In: Sucharowski, Wolfgang (Hrsg.): Gesprächsforschung im Vergleich: Analysen zur Bonner Runde nach der Hessenwahl 1982. Tübingen: Niemeyer. 146-176.

Klein, Josef (1981): Sprachstrategien zur innerparteilichen Konfliktvermeidung oder Wie ist die Rekonstruktion interaktionaler Bedeutung möglich? In: Klein, Josef / Presch, Gunter (Hrsg.): Institutionen – Konflikte – Sprache. Arbeiten zur linguistischen Pragmatik. Tübingen: Niemeyer. 1-35.

Klein, Josef (1987): *Die konklusiven Sprechhandlungen. Studien zur Pragmatik, Semantik, Syntax und Lexik von BEGRÜNDEN, ERKLÄREN-WARUM, FOLGERN und RECHTFERTIGEN.* Tübingen: Niemeyer.

Klein, Josef (1998): Politische Meinungssprache als Mittel von Identifikation und Distanzierung. In: Reiher, Ruth / Kramer, Undine (Hrsg.): Sprache als Mittel von Identifikation und Distanzierung. Frankfurt am Main: Lang. 187-193.

Klein, Josef (1996): Dialogblockaden. Dysfunktionale Wirkungen von Sprachstrategien auf dem Markt der politischen Kommunikation. In: Klein, Josef / Diekmannshenke, Hajo (Hrsg.): Sprachstrategien und Dialogblockaden. Linguistische und politikwissenschaftliche Studien zur politischen Kommunikation. Berlin, New York: de Gruyter. 3-29.

Klein, Josef (2000a): Erklären und Argumentieren als interaktive Gesprächsstrukturen. In: Brinker, Klaus (Hrsg.): Text- und Gesprächslinguistik: ein internationales Handbuch zeitgenössischer Forschung. Berlin, New York: de Gruyter. 1309-1329.

Klein, Josef (2000b): Gespräche in politischen Institutionen. In: Brinker, Klaus (Hrsg.): Text- und Gesprächslinguistik: ein internationales Handbuch zeitgenössischer Forschung. Berlin, New York: de Gruyter. 1589-1606.

Klein, Josef (2000c): Textsorten im Bereich politischer Institutionen. In: Brinker, Klaus (Hrsg.): Text- und Gesprächslinguistik: ein internationales Handbuch zeitgenössischer Forschung. Berlin, New York: de Gruyter. 732-755.

Klein, Josef / Diekmannshenke, Hajo (Hrsg.) (1996): Sprachstrategien und Dialogblockaden. Linguistische und politikwissenschaftliche Studien zur politischen Kommunikation. Berlin, New York: de Gruyter.

Klein, Josef / Presch, Gunter (Hrsg.) (1981): Institutionen – Konflikte – Sprache. Arbeiten zur linguistischen Pragmatik. Tübingen: Niemeyer.

Kleinsteuber, Hans J. / Thomass, Barbara (1998): Politikvermittlung im Zeitalter von Globalisierung und medientechnischer Revolution. Perspektiven und Probleme. In: Sarcinelli, Ulrich (Hrsg.): Politikvermittlung und Demokratie in der Mediengesellschaft. Beiträge zur politischen Kommunikationskultur. Opladen: Westdeutscher Verlag. 209-229.

Kohl, Mathias / Kranz, Bettina (1992): Untermuster globaler Typen illokutionärer Akte. Zur Untergliederung von Sprechaktklassen und ihrer Beschreibung. In: König, Peter-Paul / Wiegers, Helmut (Hrsg.): Sprechakttheorie. München: LIT Verlag. 1-44.

Kohler, Georg (1988): *Handeln und Rechtfertigen. Untersuchungen zur Struktur der praktischen Rationalität.* Frankfurt am Main: Athenäum.

Kolodziejcok, Michaela (1996): Kommunikation mit dem Anrufbeantworter. Untersuchungen zu Formen und Funktionen des Sprechens über ein neues technisches Medium. Magisterarbeit im Fach Allgemeine und Deutsche Linguistik. Freie Universität Berlin.

Kolšanski, G.W. (1985): *Kommunikative Funktion und Struktur der Sprache.* Leipzig: Bibliographisches Institut.

Krebs, Birgit-Nicole (1993): *Sprachhandlung und Sprachwirkung.* Berlin: Erich Schmidt.

König, Peter-Paul / Wiegers, Helmut (Hrsg.) (1992): Sprechakttheorie. München: LIT Verlag.

Kraft, Barbara (1999): Aufforderungsausdrücke als Mittel kommunikativer Lenkung. Überlegungen zu einem Typ von Sprechhandlungsaugmenten. In: Bührig, Kristin / Matras, Yaron (Hrsg.): Sprachtheorie und sprachliches Handeln. Tübingen: Stauffenburg. 23-42.

Kresic, Marijana (2000): Kommunikationstheorie und Internet. URL: http://www.websprache.uni-hannover.de/networx/docs/networx-15.pdf (10.06.2002).

Kübler, Hans-Dieter (2000): *Mediale Kommunikation.* Tübingen: Niemeyer.

Kügelgen, Rainer von (1999): Loriots „Ei" – Eristik in Filzpantoffeln. In: Bührig, Kristin / Matras, Yaron (Hrsg.): Sprachtheorie und sprachliches Handeln. Tübingen: Stauffenburg. 171-185.

Kühn, Peter (1992): Adressaten und Adressatenkarussell in den öffentlich politischen Auseinandersetzungen. In: Dyck, Joachim / Jens, Walter / Ueding, Gert (Hrsg.): Rhetorik und Politik. Tübingen: Niemeyer. 51-67.

Leggewie, Claus / Maar, Christa (Hrsg.) (1998): Internet & Politik. Von der Zuschauer- zur Beteiligungsdemokratie? Köln: Bollmann.

Leggewie, Claus (1998): Demokratie auf der Datenautobahn. In: Leggewie, Claus / Maar, Christa (Hrsg.): Internet & Politik. Von der Zuschauer- zur Beteiligungsdemokratie? Köln: Bollmann. 15-51.

Leggewie, Claus (1999): Demokratie auf der Datenautobahn. URL: http://www.politik-digital.de/e-demokratie/forschung/datenautobahn.shtml (25.11.2002).

Lenke, Nils / Schmitz, Peter (1995): Geschwätz im ‚Globalen Dorf‘ – Kommunikation im Internet. In: OBST 50: Neue Medien. Hrsg. von U. Schmitz, 155-163.

Levinson, Stephen C. (1994): *Pragmatik*. Tübingen: Niemeyer.

Liedke, Martina (1994): *Die Mikro-Organisation von Verständigung. Diskursuntersuchungen zu griechischen und deutschen Partikeln*. Frankfurt am Main: Lang.

Maar, Christa (1998): Internet & Politik. In: Leggewie, Claus / Maar, Christa (Hrsg.): Internet & Politik. Von der Zuschauer- zur Beteiligungsdemokratie? Köln: Bollmann. 9-14.

Marcinkowski, Frank (1998): Politikvermittlung durch Fernsehen und Hörfunk. In: Sarcinelli, Ulrich (Hrsg.): Politikvermittlung und Demokratie in der Mediengesellschaft. Beiträge zur politischen Kommunikationskultur. Opladen: Westdeutscher Verlag. 165-183.

Marquard, Judith (1994): Argumentieren in einem Problemlösungsdiskurs in der Industrie. In: OBST 49. Diskursanalysen in praktischer Absicht. Hrsg. von Angelika Redder. 172-189.

Marschall, Stefan (1999): Glaubwürdigkeit in der politischen Online-Kommunikation. In: Rössler, Patrick / Wirth, Werner (Hrsg.): Glaubwürdigkeit im Internet: Fragestellungen, Modelle, empirische Befunde. München: Fischer. 157-172.

Matoba, Kazuma (1997): *Referenzperspektive in Sprechakten. Ihre Funktion und Entwicklung in der deutschen und japanischen Sprache*. Frankfurt am Main: Lang.

Meibauer, Jörg (1999): *Pragmatik. Eine Einführung*. Tübingen: Stauffenburg.

Michel, Georg (1968): Einführung in die Methodik der Stiluntersuchung. Ein Lehr- und Übungsbuch für Studierende. Verf. Von einem Autorenkollektiv u. d. L. von G. Michel. Berlin: Volk und Wissen.

246

Nothdurft, Werner (1986): Das Muster im Kopf? Zur Rolle von Wissen und Denken bei der Konstitution interaktiver Muster. In: Kallmeyer, Werner (Hrsg.): Kommunikationstypologie. Handlungsmuster, Textsorten, Situationstypen. Düsseldorf: Schwann. 92-116.

Ormelius, Elisabet (1993): Die Modalpartikel „schon". In: Rosengren, Inger (Hrsg.): Satz und Illokution. Bd. 2. Tübingen: Niemeyer. 151-192.

Peotta, Leona (1998): *Kontrastive Fachtextpragmatik: deutsche und italienische Gerichtsurteile im Vergleich.* Frankfurt am Main: Lang.

Petter, Yvonne (1988): Argumentationsstrategien. In: Sandig, Barbara (Hrsg.): Stilistisch-rhetorische Diskursanalyse. Tübingen: Narr. 103-120.

Petter-Zimmer, Yvonne (1990): *Politische Fernsehdiskussion und ihre Adressaten.* Tübingen: Narr.

Rathmayr, Renate (1996): *Pragmatik der Entschuldigungen. Vergleichende Untersuchung am Beispiel der russischen Sprache und Kultur.* Köln, Weimar, Wien: Böhlau.

Redder; Angelika (1990): *Grammatiktheorie und sprachliches Handeln: „denn" und „da".* Tübingen: Niemeyer.

Redder, Angelika (1994): Diskursanalysen in praktischer Absicht – Forschungszusammenhang und Zielsetzung. In: OBST 49. Diskursanalysen in praktischer Absicht. Hrsg. von Angelika Redder. 5-15.

Redder, Angelika (1998): Sprachwissen als handlungspraktisches Bewußtsein – eine funktional-pragmatische Diskussion. In: Didaktik Deutsch 5, 60-76.

Redder, Angelika (1999): Mann, oh Mann! In: Bührig, Kristin / Matras, Yaron (Hrsg.) (1999): Sprachtheorie und sprachliches Handeln. Tübingen: Stauffenburg. 235-245.

Redder, Angelika /Rehbein, Jochen (1998): Zusammenhänge von Grammatik und mentalen Prozessen. In: Redder, Angelika /Rehbein, Jochen (Hrsg.): Grammatik und mentale Prozesse. Tübingen: Stauffenburg. 1-12.

Rehbein, Jochen (1972): Entschuldigungen und Rechtfertigungen. Zur Sequenzierung von kommunikativen Handlungen. In: Wunderlich, Dieter (Hrsg.): Linguistische Pragmatik. Frankfurt am Main: Athenäum. 288-317.

Rehbein, Jochen (1977): *Komplexes Handeln. Elemente zur Handlungstheorie der Sprache.* Stuttgart: Metzler.

Rehbein, Jochen (1988): Ausgewählte Aspekte der Pragmatik. In: Ammon, Ulrich et al.: Soziolinguistik. Berlin, New York: de Gruyter. 1181-1195.

Rehbein, Jochen (1995): Über zusammengesetzte Verweiswörter und ihre Rolle in argumentativer Rede. In: Wohlrapp, Harald (Hrsg.): Wege der Argumentationsforschung. Stuttgart: Friedrich Fromann. 166-197.

Rehbein, Jochen (2000): Das Konzept der Diskursanalyse. In: Brinker, Klaus (Hrsg.): Text- und Gesprächslinguistik: ein internationales Handbuch zeitgenössischer Forschung. Berlin, New York: de Gruyter. 927-952.

Reiher, Ruth / Kramer, Undine (Hrsg.) (1998): Sprache als Mittel von Identifikation und Distanzierung. Frankfurt am Main: Lang.

Riedner, Ursula (1996): *Sprachliche Felder und literarische Wirkung. Exemplarische Analysen an Brigitte Kronauers Roman „Rita Münster"*. München: Iudicium.

Rössler, Patrick / Wirth, Werner (Hrsg.) (1999): Glaubwürdigkeit im Internet: Fragestellungen, Modelle, empirische Befunde. München: Fischer.

Rolf, Eckard (1997): *Illokutionäre Kräfte. Grundbegriffe der Illokutionslogik*. Opladen: Westdeutscher Verlag.

Rolf, Eckard (Hrsg.) (1997): Pragmatik. Implikaturen und Sprechakte. Opladen: Westdeutscher Verlag.

Rosengren, Inger (Hrsg.) (1993): Satz und Illokution. Tübingen: Niemeyer.

Runkehl, Jens / Schlobinski, Peter / Siever, Torsten (1998): Sprache und Kommunikation im Internet: Überblick und Analysen. Opladen: Westdeutscher Verlag.

Sandig, Barbara (Hrsg.) (1988): Stilistisch-rhetorische Diskursanalyse. Tübingen: Narr.

Sarcinelli, Ulrich (1996): Politische Kommunikation in der Medienöffentlichkeit. Kommunikationsstrukturelle Bedingungen politischer Realitätsvermittlung. In: Klein, Josef / Diekmannshenke, Hajo (Hrsg.): Sprachstrategien und Dialogblockaden. Linguistische und politikwissenschaftliche Studien zur politischen Kommunikation. Berlin, New York: de Gruyter. 31-47.

Sarcinelli, Ulrich (Hrsg.) (1998): Politikvermittlung und Demokratie in der Mediengesellschaft. Beiträge zur politischen Kommunikationskultur. Opladen: Westdeutscher Verlag.

248

Sarcinelli, Ulrich (1998): Politikvermittlung und Demokratie: Zum Wandel der politischen Kommunikationskultur. In: Sarcinelli, Ulrich (Hrsg.): Politikvermittlung und Demokratie in der Mediengesellschaft. Beiträge zur politischen Kommunikationskultur. Opladen: Westdeutscher Verlag. 11-23.

Sarcinelli, Ulrich / Wissel, Manfred (1998): Mediale Politikvermittlung, politische Beteiligung und politische Bildung: Medienkompetenz als Basisqualifikation in der demokratischen Bürgergesellschaft. In: Sarcinelli, Ulrich (Hrsg.): Politikvermittlung und Demokratie in der Mediengesellschaft. Beiträge zur politischen Kommunikationskultur. Opladen: Westdeutscher Verlag. 408-427.

Saxer, Ulrich (1998): Mediengesellschaft: Verständnisse und Mißverständnisse. In: Sarcinelli, Ulrich (Hrsg.): Politikvermittlung und Demokratie in der Mediengesellschaft. Beiträge zur politischen Kommunikationskultur. Opladen: Westdeutscher Verlag. 52-73.

Schenk, Michael (1998): Mediennutzung und Medienwirkung als sozialer Prozeß. In: Sarcinelli, Ulrich (Hrsg.): Politikvermittlung und Demokratie in der Mediengesellschaft. Beiträge zur politischen Kommunikationskultur. Opladen: Westdeutscher Verlag. 387-407.

Scherer, Hans (1989): *Sprache in Situation: eine Zwischenbilanz.* Bonn: Romanistischer Verlag.

Scheufele, Bertran (1999): Mediendiskurs, Medienpräsenz und World Wide Web. In: Rössler, Patrick / Wirth, Werner (Hrsg.): Glaubwürdigkeit im Internet: Fragestellungen, Modelle, empirische Befunde. München: Fischer. 69-88.

Schmidt-Knaebel, Susanne (1999): Zur Typologie des psychotherapeutischen Dialogs. Syntaktische, semantische und kommunikativ-pragmatische Besonderheiten der Gesprächsführung im Neurolinguistischen Programmieren (NLP). In: Bührig, Kristin / Matras, Yaron (Hrsg.): Sprachtheorie und sprachliches Handeln. Tübingen: Stauffenburg. 43-60.

Schönherr, Hartmut / Tiedemann, Paul (1999): Internet für Germanisten: eine praxisorientierte Einführung. Darmstadt: Primus.

Schuler, Douglas (1998): Neue Bürgernetzwerke. In: Leggewie, Claus / Maar, Christa (Hrsg.): Internet & Politik. Von der Zuschauer- zur Beteiligungsdemokratie? Köln: Bollmann. 300-315.

Schwarz, Joachim (1999): Theoretische und praktische Aspekte des Einsatzes des Mediums Internet in der offenen Jugendarbeit. URL: www.deutschland-sozial.de (26.11.2002).

249

Schweiger, Wolfgang (1999): Medienglaubwürdigkeit – Nutzungserfahrung oder Medienimage? In: Rössler, Patrick / Wirth, Werner (Hrsg.): Glaubwürdigkeit im Internet: Fragestellungen, Modelle, empirische Befunde. München: Fischer. 89-110.

Searle, John R. (1990): *Ausdruck und Bedeutung. Untersuchungen zur Sprechakttheorie.* Frankfurt am Main: Suhrkamp.

Searle, John R. (1992): *Sprechakte. Ein sprachphilosophischer Essay.* Frankfurt am Main: Suhrkamp.

Seck, Wolfgang (1990): *Politische Kultur und Politische Sprache. Empirische Analysen am Beispiel Deutschlands und Großbritanniens.* Frankfurt am Main: Lang.

Sennholz, Klaus (1985): *Grundzüge der Deixis.* Bochum: Brockmeyer.

Storrer, Angelika (2000): Schriftverkehr auf der Datenautobahn: Besonderheiten der schriftlichen Kommunikation im Internet. In: Voß, Günter G./ Holly, Werner / Boehnke, Klaus (Hrsg.): Neue Medien im Alltag. Begriffsbestimmungen eines interdisziplinären Forschungsfeldes. Opladen: Leske + Budrich. 153-177.

Stradtmann, Philipp (1999): Deutschland auf dem Weg in die elektronische Demokratie? URL: http://www.politik-digital.de/e-demokratie/forschung/elektronischedemokratie.shtml (25.11.2002).

Straßner, Erich (1992): Dementis, Lügen, Ehrenwörter. Zur Rhetorik politischer Skandale. In: Dyck, Joachim / Jens, Walter / Ueding, Gert (Hrsg.): Rhetorik und Politik. Tübingen: Niemeyer. 1-32.

Sucharowski, Wolfgang (1985): Protektives Kommunikationsverhalten bei der Einführung des Gesprächsgegenstandes. In: Sucharowski, Wolfgang (Hrsg.): Gesprächsforschung im Vergleich: Analysen zur Bonner Runde nach der Hessenwahl 1982. Tübingen: Niemeyer. 1-38.

Sucharowski, Wolfgang (1993): *Problemfelder einer linguistischen Pragmatik. Annäherungsversuche.* Regensburg: Roderer.

Tauss, Jörg / Kollbeck, Johannes (1998): Der vernetzte Politiker. In: Leggewie, Claus / Maar, Christa (Hrsg.): Internet & Politik. Von der Zuschauer- zur Beteiligungsdemokratie? Köln: Bollmann. 277-289.

Tenscher, Jens (1998): Politik für das Fernsehen – Politik im Fernsehen. Theorien, Trends und Perspektiven. In: Sarcinelli, Ulrich (Hrsg.): Politikvermittlung und Demokratie in der Mediengesellschaft. Beiträge zur politischen Kommunikationskultur. Opladen: Westdeutscher Verlag. 184-208.

250

Thimm, Caja (1996): „Power-related talk (PRT)": Argumentationsstile in einer politischen Debatte. In: Klein, Josef / Diekmannshenke, Hajo (Hrsg.): Sprachstrategien und Dialogblockaden. Linguistische und politikwissenschaftliche Studien zur politischen Kommunikation. Berlin, New York: de Gruyter. 123-148.

Trautmann, Caroline (1994): Argumentieren – Versuch einer Begriffsbestimmung aus diskursanalytischer Sicht. In: OBST 49. Diskursanalysen in praktischer Absicht. Hrsg. von Angelika Redder. 150-171.

Ulkan, Maria (1992): *Zur Klassifikation von Sprechakten. Eine grundlagentheoretische Fallstudie.* Tübingen: Niemeyer.

Vogt, Rüdiger (1988): Wozu haben Sie mich eingeladen? In: Fiehler, Reinhard (Hrsg.): Verständigungsprobleme und gestörte Kommunikation. Opladen: Westdeutscher Verlag. 155-176.

Voß, Günter G./ Holly, Werner / Boehnke, Klaus (Hrsg.) (2000): Neue Medien im Alltag. Begriffsbestimmungen eines interdisziplinären Forschungsfeldes. Opladen: Leske + Budrich.

Wagner, Klaus R. (1978): *Sprechplanung. Empirie, Theorie und Didaktik der Sprecherstrategien.* Frankfurt am Main: Lang.

Wagner, Klaus R. (2001): *Pragmatik der deutschen Sprache.* Frankfurt am Main: Lang.

Was erwartet der Bürger vom Internet - Programm des Deutschen Bundestages? URL: http://www.bundestag.de/blickpkt/arch_bpk/frage.htm (16.07.1999).

Weigand, Edda (1989): *Sprache als Dialog. Sprechakttaxonomie und kommunikative Grammatik.* Tübingen: Niemeyer.

Weingarten, Rüdiger (Hrsg.) (1997): Sprachwandel durch Computer. Opladen: Westdeutscher Verlag.

Wetzstein, Thomas A. / Dahm, Hermann / Steinmetz, Linda / Lentes, Anja / Schampaul, Stephan / Eckert, Roland (1995): Datenreisende. Die Kultur der Computernetze. Opladen: Westdeutscher Verlag.

Wilke, Jürgen (1998): Politikvermittlung durch Printmedien. In: Sarcinelli, Ulrich (Hrsg.): Politikvermittlung und Demokratie in der Mediengesellschaft. Beiträge zur politischen Kommunikationskultur. Opladen: Westdeutscher Verlag. 146-165.

Wohlrapp, Harald (Hrsg.) (1995): Wege der Argumentationsforschung. Stuttgart: Friedrich Fromann.

Wunderlich, Dieter (Hrsg.) (1972): Linguistische Pragmatik. Frankfurt am Main: Athenäum.

Zillig, Werner (1982): *Bewerten. Sprechakttypen der bewertenden Rede.* Tübingen: Niemeyer.

QUELLENANGABEN

"Kosovo: humanitäre Hilfe für Flüchtlinge in Europa". Transkript der Online-Konferenz mit dem Abg. Rudolf Binding, 21.04.1999: (http://www.bundestag.de/blickpkt/arch_trs/bindiru.htm) (15.11.2003).

"Kosovo: humanitäre Hilfe für Flüchtlinge in Europa". Transkript der Online-Konferenz mit der Abg. Ulla Jelpke, 21.04.1999: (http://www.bundestag.de/blickpkt/arch_trs/jelpku13.htm) (15.11.2003).

"Kosovo: humanitäre Hilfe für Flüchtlinge in Europa". Transkript der Online-Konferenz mit der Abg. Sabine Leutheusser-Schnarrenberger, 21.04.1999: (http://www.bundestag.de/blickpkt/arch_trs/leuhsa2.htm) (15.11.2003).

"Kosovo: humanitäre Hilfe für Flüchtlinge in Europa". Transkript der Online-Konferenz mit der Abg. Claudia Roth, 21.04.1999: (http://www.bundestag.de/blickpkt/arch_trs/roth_cl.htm) (15.11.2003).

"Kosovo: humanitäre Hilfe für Flüchtlinge in Europa". Transkript der Online-Konferenz mit dem Abg. Dr. Christian Schwarz-Schilling, 21.04.1999: (http://www.bundestag.de/blickpkt/arch_trs/schwach.htm) (15.11.2003).

www.ingramcontent.com/pod-product-compliance
Lightning Source LLC
Chambersburg PA
CBHW022307280326
41932CB00010B/1018